ニホン語・トルコ語・アルタイ語研究

竹内和夫 著

Japanese
Turkish
Altaic

岡山大学出版会

まえがき

　このたび岡山大学出版会から著作集を出していただくことになりました。題して『ニホン語・トルコ語・アルタイ語研究』としました。本書のうしろにならべてある著作物のうち＊印のものを、ここに取り入れてあります。高校生むきのお話のようなものから、かなり時間をかけて研究したものまで、いろいろな論文がふくまれています。

　題名についてひとこと説明しておかなければなりません。まず日本という漢字はニホンなのかニッポンなのか、まあどちらでもいいようなものですが、かつて姫路獨協大学で数十人の学生諸君に「夏休みの宿題」として、実態調査をしてもらいましたところ、ほぼ80％のニホン人がニホンと発音していることがわかりました。庶民が歴史をつくると信じているものですから、ニホンの方がいまも将来も有望でしょう。

　つぎにトルコ語は、もちろんトルコ諸語、トルコ系の諸言語ないしは方言のことです。チュルクとかテュルクとか、庶民にとって遠い存在はやめたいと思います。本書にはウイグル語、カザック語、アゼルバイジャン語なども入れました。

　アルタイ語は、もちろんいわゆるアルタイ系の諸言語のことです。トルコ系の諸言語、モンゴル系の諸言語、マンジュ・トゥングース系の諸言語は、それぞれ独立した3語族を形作ると考えます。ウラル・アルタイ語族やアルタイ語族は証明されておりません。

　この本が世に出るにあたっては、岡山大学出版会のみなさん、現在の田中俊二課長、猪原千枝担当をはじめ、たくさんの方にお世話になりました。とくに元岡山大学文学部教授の辻星児氏には、大へん厄介な音声記号や変った文字などの校正で、わたしの気づかなかったところまで、くわしく指摘してくださいました。

　また、ほとんどの原文を横書きになおしてもらいましたために、学生諸君にコンピューター入力の仕事をしていただき大へん助かりました。新田志穂（Nitta）さん、生野聡美（Syoono）さん、阿武聡子（Anno）さんのみなさんです、

ありがとう。また、表紙カバーの蝶の絵は、友人の石川真佐代さんにかいてもらいました。むかし、わたしは蝶の標本づくりを趣味にしていましたので、ここに登場させたわけです。石川さん、ありがとうございます。

2017年5月1日
竹内和夫

【凡例】
各論文の収録にあたっての表記は、原則として原文通りとするが、一部次のような変更を加えた。

・適宜句読点を施したところがある。
・明らかな誤字・脱字はこれを訂正した。
・著者の訂正・加筆箇所は、そのように改めた。

目　次

まえがき

第1部　ニホン語

1. 世界のなかの日本語 ……………………………………………………… 2
2. 日本語の語順を考える ………………………………………………… 16
3. 音のことばを考える …………………………………………………… 21
4. 日本語はどんな言語か —類型論的考察— …………………………… 26
5. 国語辞典類にみえる「膠着語」の記述 ……………………………… 44
6. ことばの近代化 ………………………………………………………… 53
7. 日本語の要点 …………………………………………………………… 60
8. 東京下町はなしことば亀戸方言 ……………………………………… 69
9.「現代かなづかい」のゆれ
　　—中学・高校・大学生460人について調べる— ………………… 80
10. 母語からみた他言語と他言語からみた母語 ……………………… 96

第2部　トルコ語

1. トルコの詩人　ナーズム・ヒクメット　Nâzım Hikmet …………… 106
2. トルコの国語国字改革 ………………………………………………… 109
3. 黒子は私よ ……………………………………………………………… 120
4. 国際トルコ語学会報告 1988、1992 ………………………………… 122
5. トルコ語の言文一致・不一致 ………………………………………… 126
6. 2か国語辞典の理想と現実 …………………………………………… 132
7. 動詞の機能的カテゴリー —日本語とトルコ語— …………………… 139
8. トルコにおける外来語と外来語論 …………………………………… 150
9. トルコ語のなかの外来語 ……………………………………………… 154
10. 基本語彙に関する一考察 —トルコの教科書から— ……………… 162
11. トルコ語とウイグル語の文末ムード ……………………………… 184

第3部　トルコ系諸言語

1. トルコ諸語をたずねて ……………………………………… 204

2. トルコ諸語について ………………………………………… 209

3. トルコ諸語の品詞 …………………………………………… 216

4. トルコ諸語の動詞 …………………………………………… 223

5. トルコ諸語の指示語 ………………………………………… 231

6. アゼルバイジャン語音声資料 ……………………………… 240

7. 新疆ウイグルの文字改革 —文化大革命とその後— ……… 263

8. ウイグル語音声資料 —北京放送 ………………………… 266

9. トルコ諸語のなかでの現代ウイグル語の位置 …………… 289

10. 旧ソ連文字事情 —トルコ系諸国でロシア字からローマ字へ— …… 298

11. 中国のカザック語（方言）、とくに数詞とその音声をめぐって ……… 306

12. Türk 語の長母音について ………………………………… 324

13. トルコ諸語音韻史上の Rhotacism と Lambdacism ……… 347

第4部　「アルタイ」諸語ほか

1. モンゴル諸語とトルコ諸語の親族関係 I ………………… 354

2. モンゴル諸語とトルコ諸語の親族関係 II ………………… 384

3. 日本のアルタイ諸語研究のあけぼの（江戸時代）……… 407

4. 日本語系統論・類型論とアルタイ語学 ………………… 415

5. 形動詞・副動詞とアルタイ諸語・ニホン語 …………… 425

6. 膠着・孤立・屈折……
   　—言語の形態論的なタイプの位置づけと日本語— ……… 433

7. 膠着語における単語と接辞 ……………………………… 440

8. 第3人称について ………………………………………… 449

著者略歴

著作目録

第1部　ニホン語

第1部

ニホン語

1. 世界のなかの日本語

①日本語の位置

　日本語は、どこにあるか。おかしな設問と思われるかもしれないが、ものごとを地球的な広がりでとらえることが、非常に大切であると、わたくしは考えているから、この問いをまともに受けとめてみる必要があると思う。常識には広い深いものと狭い浅いものとがある。一般的には狭いより広い方がいい。日本語についての常識のなかから、まちがった不確実なものをとりのぞいて、常識をゆたかにしていく、そして人類のことばの1つとしての日本語を客観的に見つめてみるというのも意味のあることにちがいない。

　国語といわずに、あえて日本語としたのにも意味がある。国語ということばの使い方には、大きく2つの用法がある。1つは習慣的に教科書などで使われていて、国語・社会・数学などと教科の名前の1つにもなっていて、外国語との対比をとくに意識せずに一般化している用法である。もう1つは、ある種の価値観をそなえた国家的規範を伝統としている用法である。もちろん前者は後者から出発していて、そのあいだに明確な切れめをもたない連続体である。

　その国家的伝統とは、漢字文化圏のなかで形成されてきたものだから、国語といういい方は、日本だけの現象ではなく、中国・朝鮮・ベトナムといった漢字の文化に強い影響をうけた国々において見られる現象である。たとえば『国語辞典』や『国語概説』は中国にも朝鮮にも存在したし、現に存在している。世界のなかで日本の言語を考えるときには、そしてまた、時に罪つくりの側面をもつといえそうな、この表現をさけたいと考えるとき、国語といわずに、日本語といった方がいいのである。

　さて、日本語は日本列島にある。ハワイの日本語とか、ブラジルの日本語とか、諸外国の日本語研究者や学生が使う日本語とかも、時に問題となることがあるが、ここではそれらを除外して考えるならば、日本語は日本列島にあるといっていい。すなわち日常の自分の母語として、たがいに意志を通じあえることばとしての日本語を使用している集団が、日本列島に住んでいるということ

である。日本列島とは、台湾のすぐ近くの与那国島から北海道までのことであろう。歴史的には、この範囲に異同があるが、以下問題とする日本語は、現代日本語中心という了解のもとに論をすすめるとしよう。

②世界地図を見て考える

　では日本列島は、地球のどんな位置にあるか。世界地図をひろげてみる。地図のちょうど中ほどに、赤く細長く横たわっている日本を発見する。われわれは小学校からずっと、こういった地図になれてきた。地図の左の方はヨーロッパとアフリカ、右の方はアメリカ、下の方はオーストラリア。ヨーロッパとアメリカは、紙の右と左にわかれていて距離感がうすい。地球は丸い、球状であることを知ってはいるものの、長年にわたってこういった世界を見ていると、日本という国は、いつも世界の中心にあるといった意識ができあがってきはしないだろうか。

　ドイツの地図は、フランスの世界地図は、どうなっているだろうか。当然のことながら、紙の中心部がヨーロッパ、左側に大西洋をはさんでアメリカ大陸がある。日本などは右のかたすみにミミズのように（赤と限らず）横たわる。ソビエトの地図は？こんどは北極圏が紙の中央部へ移動してくる。すると太平洋の大きさが歴然としてきて、大西洋の3倍ぐらいに見えてくる。東京―ニューヨーク、東京―モスクワ、どちらが近いか。こんなことを考えていくと、われわれの「常識」が、だんだんあやしくなっていくことがわかる。

　なぜ世界地図をもち出したのか。「井の中のかわず大海を知らず」という。孟子は外国語を評して南蛮鴃舌（モズの悪声）といったが、それはもう昔話になってしまったのであろうか。そんなことはない。現に、英語と朝鮮語に対する日本人の好ましさの態度は平等だろうか。「未開」民族の言語を、どのように想像しているだろうか。日本語は世界一すばらしい言語だと信じている人はいないだろうか。

　世界地図の上で自分の国を中心にえがくのは、自分の国が世界の中心であることを誇るためではない。教育の必要から地球上の位置をあたえてあるにすぎない。とすれば中心も左も右も値打ちにかわりがないはずである。いかなる民族も、いかなる言語も、人類の中にしめる位置は平等である。人種もしかり。ホモサピエンスという種は、この世にただ一種。黒か白か黄色かは、たとえて

第1部　ニホン語

みれば、ミケかブチかトラのようなもの。

③日本語の大きさ

　日本という国は、「単一民族、単一言語」からなりたつ世界でもめずらしい
国、というようなことが公然といわれたり書かれたりしている。これは不正確
で、誤解をまねきやすい。現在の日本には、日本民族のほかにアイヌ民族もお
り、日本語のほかにアイヌ語もある。もっとも、過去からの政府の政策によって、
アイヌ語とアイヌ民族は滅亡にひんしている。それはアイヌが先天的に「ひよ
わ」だからではない。武力と差別によって滅亡させられつつあるのが真相であ
る。自分の言語を失う、いや失わざるをえない、この悲しみを日本人は理解で
きるであろうか。立場を逆にして考えてみる必要がある。朝鮮人、中国人をは
じめとする日本に住む外国人の種類は、想像以上に多いが、外国人だから、い
まは論外としよう。在日朝鮮人については、いうべきことがたくさんあるけれ
ど、省略する。

　さて、日本列島は地球上のほかの国々とくらべ、その言語のおよぶ範囲は、
そう大きくはない。むしろ狭い。しかし日本語を母語とする人々の数は1億人
をこす。アラビア語のように通用する地域も広く（19か国にのぼる）、使用人
口も日本語より多いものは、日本語より当然大きいといえそうである。近年ア
ラビア語が国連の公用語として、中国語・英語・ロシア語・スペイン語・フラ
ンス語にくわえられたのは、このためであろう。使用人口からいえば、なんと
いっても一番大きいのは中国語である。ついで英語・ロシア語・スペイン語・
ヒンディー語・ドイツ語・アラビア語・ベンガル語・ポルトガル語のようにつ
づき、日本語は10番目ぐらいに位置する。この地球上には3,000以上の言語
が存在するから、日本語は大きい言語といってよい。ただし大きいことは、い
いことと、直接かかわるものではない。

④日本語はひとつの言語か

　地球上に3,000もの言語がある、といった。どうやって数えるか、その数え
方が問題である。たとえば東京育ちのものは、青森県人どうしの話す日常会話、
青森方言まるだしの会話を、ほとんど理解することができない。別の言語といっ
てもいいのだろうか。琉球列島の言語も、かつては中国語の方言と考えられて

- 4 -

1. 世界のなかの日本語

いた時期があるが、いまは日本語の一方言としての位置が確立している。逆に低地ドイツ語を母語とするドイツ人と、オランダ人とでは会話ができるけれど、一方はドイツ語、他方はオランダ語とよばれる。陸つづきのフランスからイタリアへかけて、どこにフランス語とイタリア語とのさかいがあるのか、会話では見わけがつきにくいといわれる。

独立国を単位として言語の数をきめるわけにもいかない。スイス語という言語はなく、スイスという独立国にあるのは、ドイツ語とフランス語とイタリア語とルマンシュ語だからである。ロシア語は100をこす民族の共通語であるけれども、ソビエト語はない。幸か不幸か、日本人は生れてから死ぬまで、日本語だけで生活できるし、大部分の日本人は、そうしている。ことなる言語を2つ以上使いわけて生活している人々は、この地球上にたくさんいる。それは生活の必要から、そうなのであって、日本人の外国語べたといわれる迷信とは直接関係はない。

かつてフランス・アカデミーは、世界の言語の数を2,796と発表したが、人により数え方はことなる。何らかの基準をもうけて一言語としなければならないが、その有力な手がかりは正書法である。正書法とは、その言語を表記するための文字使い、つづり方が一定の基準にもとづいて定められたものである。たとえば英語の「本」はbookと書くことになっていて、bukと書くことはゆるされない。このような正書法で律せられている言語を単一の言語とみることができる。青森方言の話し手も、東京方言の話し手も、沖縄方言の話し手にとっても、新聞は共通であり、学校の教科書もほぼ同じものが使われている。

⑤日本語の正書法

正書法は、その伝統が長いほど固定的である。英語の正書法などを唯一の基準とすれば、日本語には正書法がないということになる。なぜなら「キョオ」は「今日」と書かれることもあり、「きょう」と書かれることもある。漢字の使い方、かなづかいなど国語審議会の案が、たびたび改訂されたり、個人の好みによる文章の書き方には、大きな幅があるからである。「タマゴ」は、どう表記するのか、「卵」でなければいけないのか、「玉子」に目くじらを立てる人もいるし、等々文字づかいでの苦労はかぎりがない。いささか無駄なエネルギーを使っているといったら、いいすぎであろうか。日本の国語問題は、実は国語

第1部　ニホン語

問題ではなくして、国字問題になってしまっている。「日本語を大切に」などという新聞投書をよく見かけるが、読んでみると何のことはない、漢字のつかい方論争なのである。

　四書五経をそらんじるのが学問であった時代とくらべれば、いまは科学や文化の進歩によって、まなぶべき学問の量は大きくなっている。若ものが老人より漢字が書けないのも当然であろう。文字は音をうつすものであって、それは漢字だとて例外ではない。漢字は、表意文字とよばれることがあるが、誤解をまねきやすい。たしかに日月山川は象形であるが、中国語としての音をともなって出現したにちがいない。まして漢字の大部分は音を表す文字からできていることを知るならば、見てわかる文字といった錯覚から解放されねばならない。

　岡山駅の近くに西川（ガワと発音するのです）という、きれいな小川がある。川べりをきれいにし、ニシキゴイを放ち、散歩する人の目をたのしませてくれている。この公園はリョクドー公園であると、はじめて耳にしたとき、わたくしは「なんと、きたない名前の公園！」と直感した。それは緑内障とか暴力とか極道とか、あまりかんばしくない名詞の音声が、わたくしの大脳に喚起したからである。たぶん市民のアンケートの中から審査員の先生がたが「緑道」という文字をえらんだものと思われるが、新しい名前をつけるときには、もっと日本語そのものを大切に、うつくしい音をえらんだ方がよいのではないか。

⑥文法を教えない日本の学校

　小学校の国語教育では、文字、特に漢字の学習が中心となっていて、文や単語の認識、文法などというものについては、ほとんど学習するいとまがない。中学に入って日本語の文法を習うけれど、相もかわらずの古典的文法、橋本文法中心の暗記ものである。こどもたちを文法ぎらいに追いやっている罪は重大といわねばならぬ。現によく知っている自分の言語の文法を、暗記させるなどというのは、もってのほかである。すでに所有している言語のきまりを、こどもの中から引き出し、気づかせ発見させていくことが大切なのである。現行教科書の文法体系にも問題が多い。形容動詞や助動詞のあつかいには、学者間に異論が多く、動詞の語幹と語尾の切り方にも非科学的なものが見られる。

　たとえば「書く」の語幹を「書」とする。それは「掻く」、「勝つ」、「噛む」、「買う」、「貸す」、「刈る」、「嗅ぐ」などの語幹「カ」と共通である。「カ」という動

1. 世界のなかの日本語

詞語幹が日本語に存在するとすれば、それはどんな意味をになうものであるのか。まさか上の「書く」から「嗅ぐ」にいたる8つの意味を（アクセントを考慮に入れても4つずつの意味を）共有するものとするわけにはいくまい。こんな超多義的な、うらがえしていえば無意味な形式は、人間言語に存在するわけがない。いうまでもなく、この非科学性は漢字の視覚的魔術にまどわされたところからきている。要するに、あらっぽい言い方がゆるされるならば、学校文法では日本語の文法はあつかわれていないといえよう。

⑦日本語は、むずかしいか

　言語の大きさと同様に、言語のむずかしさ、やさしさも比較の問題である。そしてまた、だれにとって、どの点を問題とするかなどによってもちがってくる。しかし、日本語がむずかしいというのは一種の迷信である。ごく通俗的にいえば、標準日本語の母音は5つ、子音は17、この組合せによってつくられる可能な音節（拍）は102という、きわめて単純な音韻構造をなしている。五十音図といったものを利用できるのも、この単純性のためである。もし英語で五十音図のようなものをつくろうとすると、万に近い数千音図にもなろうか。アルファベット26文字と五十音図をくらべるのはナンセンスである。一方は正書法に使用される文字の数であって、英語の音韻構造を一覧表にしたものではないから。日本語をローマ字で書きあらわすならば、20字もあればたりる。

　注意しなければならないのは、単に音の数の多少が言語の難易の基準ではないということである。まして、その言語を母語とする人々にとっては、生れおちてからの経験によって獲得しえた言語に関して、むずかしいとか、やさしいとかいえるものではない。日本語を母語とする両親から生れたこどもでも、フランス人の子どもの中で生活し、フランス語の環境で育てられるならば、難なくフランス語をものにしてしまう。周知のようにフランス語の母音は、鼻母音をふくめ15個にものぼる。外国語を学習したことがなく、音声学の訓練をうけてもいない日本人は、外国語の音を5つの範囲でしかききわけることができない。しごく当然のことである。

　文法はどうだろうか。日本語の、たとえば動詞の変化についてみると、いわゆる五段活用と一段活用の2種類の規則的な変化によっている。不規則変化はきわめて少ない。「来る」と「する」のほかにも不規則はあるが、少ないことは

- 7 -

第1部　ニホン語

事実。外国人が日本語を学習しようとするとき、不規則動詞を何十と暗記しなくてもすむし、きちんとした日本語の規則を身につければよいのであるから、日本語を学習するのは容易であろう。大正から昭和へかけてフィンランドの駐日代理公使をしていたラムステッドという学者がいる。彼は言語学者であり、外国語をたくさん知っていたが、日本語について、こういっている。

「日本語は習うのに大変やさしい言語です。おそらく世界で一番やさしい言語の1つではないかと思います」と。

⑧日本語愛とむずかしさ

では、日本語はむずかしい、という日本人自身の迷信は、どこから来ているのだろうか。いくつかの要因があるが、その1つは、自分の言語に対する愛情である。すなおな愛情もあるし、かたよった愛情もある。すなおな愛情としては、自分の考えや意志を他人によくわかってもらおうとするとき、逆に他人の気持ちを言語を通して理解しようとするとき、なにかものたりない、ことばたらずな感じを表現しようとして、「どうも日本語はむずかしいなあ」などという場合のことを考えることができる。このような現象は、ひとり日本語の世界に限られたものではなく、どんな言語にも共通しておこりうることである。それは言語というものの性格から来ている。

人間の経験は日々あらたに、時々刻々としてあたらしい事態にぶつかって、ゆたかになっていく。言語も変化しつつ、不必要なものを切りすて、必要なものを加えながら歴史をあゆんできた。しかし言語は人の心のように直感的ではない。順序だてて話をし文章を書かなければならない。たとえば、すばらしい絵を見て、瞬間的におぼえる感動を、ことばとして表現しようとするとき、短いことばではいいあらわせない、なにかが残ることを経験することがある。小説家は、こういった場面を長々と、いろいろな単語を動員して、あの手この手で真に迫ろうとするかもしれない。

一言語は、ある限られた音（音素）の組合せからなり立っている。しかも、それは時間の流れにそって配列される。すなわち「パンがたべたい」という意志は、ことばとしては「パ」のつぎに「ン」、「ン」のつぎに「ガ」………というぐあいに配列していかねばならない。人間の自然言語が分節的であるといわれるのは、このことである。もし「すばらしい！」という日本語ではものたりな

いからといって、自分ひとりで、その感動を「すってんつくしい！」といってみたところで自己満足にすぎない。言語は社会的約束であり、言語集団のおきてに束縛されているものであるから、他人がそれを採用してくれないかぎりは、社会の共有とはなりえない。わかってもらえないわけである。歯がゆさが、むずかしさの一面となる。

⑨日本語びいきの問題点

　かたよった愛情にうつろう。日本人にとって日本語は一生のあいだ、なしではすまされない貴重な文化の１つである。日本語でしか、ものを考えることができないようになっている。水か空気のように自然に身についた言語であるから、そこに優劣の価値観は存在しないようにも見える。外国旅行をした人が、日本の水はうまいといい、山に登って、ここの空気はうまいとかいうことがある。たしかに汚染された公害地の空気よりも、山頂の空気の方が、物質的にも精神的にも人間にとって好ましいにちがいない。水は長年飲みなれた日本の水の方が、口にあうことはたしかだが、水質と人体の関係を医学的に言えば、どちらが好ましいか素人判断できない場合もある。

　日本人にとって唯一の言語としての日本語について、諸外国語より優れているとか、劣っているとかの価値判断をくだすことは、それこそむずかしい。あるいは、そのような判断がゆるされないものというべきだろう。それにもかかわらず、ふるさとを愛し、祖国を愛する心情とむすびついて、意志伝達の手段として有用な、この日本語という言語を、いとおしむ心情が生れるのも、また当然のことなのである。そして一方には、優れたものはむずかしく、容易に手にいれられないものは貴重であり、高尚である、という価値観が存在する。学問が庶民のものでなかったころはもちろん、国民にひらかれつつある（？）大学の存在する現在でも、このような考えはひきつがれている。なにやら、むずかしいことばのならんだ文章を、いともありがたがる風潮は、けっして去ってはいない。

　日本人にとって日本語が、すばらしいものであると同様に、外国人にとっての当該の外国語も、かけがえのない、いとおしい存在であることを、わすれてはならない。みずからの言語こそは、他国人のはいりこむ余地をあたえない、むずかしいものなのである。このことを理解せずに、日本語のみが、世界一で

第1部　ニホン語

あったりしてはならない。優越感と劣等感は、うらおもてにある。よく日本語を理解する外国人に出あうと、「お上手ですね」などと、お世辞をいうのが一種の礼儀のようであるが、そのうらには、「何年もかかって手にいれた、わが日本語が、そうやすやすと外国人にわかってたまるものか」といった気持ちが潜んでいるのではないだろうか。

⑩井の中のか̇わ̇ず̇からの脱出

　たしかに外国語をものにするのは容易なしごとではない。その言語の使い手と完全に同じレベルにまで到達することは不可能であろう。よほどの特殊な条件にめぐまれて、数年間にわたって、その言語環境で生活し、その文化にしたしみ、その民族の言語習慣の一切を知りつくすことなくして、その言語の使い手に近づくことはできない。したがって、世界のいかなる言語も、こういった観点からは、ひとしくむずかしいものなのである。

　日本人が日本語を愛し、それをいっそうゆたかなものにしようとする歴史的なたたかいは進行している。このたたかいは、世界の諸言語のにない手にとっても進行中なのであって、ひとり日本人のいとなみに限ったことではない。他を重んじないものは重んじられることもない。われわれは、ややもすると自分の経験や習慣から、それらを基準にして判断を下すことがある。なかなか避けがたいことであるが、注意しなければならない。

　たとえば、にじの色はなん色あるかと問われれば、7色と答えることになっているが、ほかの答もあるのである。物理学や光学の立場でなく、言語の立場からは、3色とか4色とか答える民族が存在しても、一向に不思議ではない。したり顔に、それをしもあやまりと断ずる権利はない。人の視覚神経のはたらきは同じでも、どの範囲の色に、どんな名前をつけるのかは、それぞれの言語によってちがっている。古代日本語には、色の名が4つしかなかったといわれる。アオ・アカ・シロ・クロである。ダイダイ色の屋根の家を、アカイ屋根の家というではないか。マッカな太陽も時にキイロがかっているではないか。リンゴは世界中アカくはないし、クジラは漢字で魚へんだし、ドイツ語でもヴァルフィッシュという魚である。

⑪言語と文字の混同

　日本語はむずかしい、といわれる迷信（？）の主たる原因は別にある。それは文字づかいである。文字と言語は無関係ではないけれど、本来別々のものである。日本語を文字で書き表す方法は、漢字とカナしかないわけではない。ギリシャ文字でもよいだろうし、アラビア文字でだって書ける。逆に、「あいらぶゆう」、「愛羅部有」と書いてみたところで、英語であることをやめはしない。

　長い長い言語の歴史から見れば、文字の使用は近々数千年のこと、日本についていえば、中国文化の影響下にあったという歴史的事実から、漢字、そしてカナの使用となったものである。だから日本語を書き表すのに一番適した文字というわけではない。しかし現実には、漢字とカナが通用しており、その使い方が複雑で、学習に時間がかかり、外国人はいうにおよばず日本人の言語教育に多大の困難をもたらしているのも事実である。

　横文字を見れば英語、漢字がならんでいれば中国語と思いこむ。それが当たることもあるけれど、見当はずれであることもある。それを見やぶるには、その言語そのものの知識が必要である。ロシア文字で書かれた文章が、モンゴル語であったり、ウズベック語であったりしても、一向にさしつかえはない。もし古代日本語をとりまく文化が、エジプト文明の中にあったと仮定するならば、日本語はローマ字かアラビア文字のような文字で書き表されることになっていたであろう。

　漢字とカナを用いる現行の表記法は、たしかにむずかしい。小学校を出ても満足に新聞が読めないという事実は、このことを如実に物語っている。大学生の誤字・あて字が問題になったり、非識字のすくないことで世界一といわれながら、いざきちんと文章を読み書きさせると、たちまちボロが出てくる。漢字をつかいながら、それにカナをふるという二重の文字づかい、書いてあっても他人には読めないしかけになっている人名・地名漢字やら、200種も読みかえられるという「生」の字など、日本語そのもののむずかしさではない種類のむずかしさが日本語の文字づかいには存在する。

　これらを日本語それ自体のむずかしさと誤認し、時にはそれを誇らしげに語る人々の習慣は、なんとしてもいただけない。

第1部　ニホン語

⑫日本語の論理性

　ヨーロッパ諸語を基準にして、日本語の非論理性がいわれることがある。たとえば英語では、命令文をのぞいて、文には主語というものが必要であるが、日本語では、しばしば主語が省略されるという。行為の主体を明示しない、論理的ではないと。また「わが輩はネコである」は、アイアムアキャットと翻訳できるが、「ぼくはウナギだ」といって食堂で注文するときの、この文は論理にかなっていないと。

　一体ことばの論理とはなにか。ヨーロッパで発達した形式論理学にあうかどうか、ではないはずである。その言語には、その言語の論理がある。日本語の論理は、日本文法学の中で追究されるのであって、外国語の論理を当てはめて日本語を論じるのは、かならずしも正当ではない。

　日本語の主語は省略されるのではない。省略とは、本来あるべきはずのものが、はぶかれるという感覚をともなうから、適当な用語ではない。いらないものはいらないのであって、それが日本語の論理というもの。日本語と語順が同じ言語は、いくらもある。

　この地球上のいかなる人間集団であろうとも、言語をもたないものはなく、一定の音と文法と基礎語彙をもって相互理解の手段としている。物質文明がおよばない人々のことを、「未開」民族ということがあるが、かれらの言語も基本的には「文明」民族のそれと同列である。しかし、このような認識に人類が到達しえたのは、そう古いことではない。いまでもまだ、文明からとりのこされた人々の言語は貧弱だとか、文法も簡単で語彙も数百しかない、などと想像する人がいるかもしれない。あやまれる空想というべきである。

⑬膠着語のあやまり

　日本語にはいくつかあやまったレッテルがはられている。その1つに膠着語というのがある。どんな辞典でもよい、国語辞典をひもといて「膠着語」という見出しをさがしてみよう。かならず日本語は膠着語だと書いてある。たとえば、講談社学術文庫『国語辞典』（昭和54）をみると、次のようになっている。

　　語の順序や語形変化よりも、接辞や助詞・助動詞などの付属語によって、
　　文法的な関係を示す諸言語。日本語・朝鮮語・アルタイ諸語など。付着語。

－ 12 －

1. 世界のなかの日本語

⑬屈折語・孤立語。

　この記述が不正確であることを証明するには、かなりの説明が必要である。
ごくかいつまんでいうと、こうである。世界の諸言語を分類して、膠着語・屈
折語・孤立語の3つとする形態的類型論がはじまったのは19世紀のはじめで
あるが、そもそも言語分類の方法は、大きくわけて2つある。ひとつはルーツ
による分類、もう1つはタイプによる分類である。ルーツによる分類は、根っ
こをたどっていって系統を明らかにし、語族にまとめる作業、タイプによる分
類は、A型O型のような血液型にたとえられるように、ある種の特徴を基準と
して類型化する作業によって行われる。

　前者にはインド・ヨーロッパ語族とかマライ・ポリネシア語族などがある。
タイプによる分類、これをタイポロジーというが、膠着語以下の名称は、膠着
的諸言語あるいは膠着性の高い諸言語という内容をもつものであって、特定の
一言語をさすものではない。

　さて言語の膠着性とは、語幹と接辞がゆるやかに結びつく方法で語を形成す
る文法特徴をいう。例をあげよう。「水」という単語が「お水」と形を変えるとき、
「お」は接頭辞であり、「パンをたべ、水をのみ」における「たべ」という単語が、「た
べた」と形を変えるとき、「た」は接尾辞または語尾である。このような方法を
膠着法という。膠着法が優勢な言語は膠着語とよばれる。

　ところが日本語は膠着性がそれほど高くはない。むしろ孤立的である。孤立
という用語は、語族が明らかでない言語をさしていう場合もあるが、ここでは
類型論上の孤立のことである。日本語はルーツからいっても孤立語であり、タ
イプからいっても孤立語的である。孤高とか孤独とかとは無関係である。念の
ため。

⑭仮説は仮説

　先の国語辞典の記述にもどろう。どこに落とし穴があるか。「助詞・助動詞
などの付属語」という記述、これがまちがいのもとである。付属語は、英語で
いえば冠詞や前置詞という単語であって、名詞や動詞などの自立語に対してい
る。日本語の助詞、いわゆるテニヲハは単語であって、膠着性の指標をなす接辞・
接尾辞ではない。そして、助動詞といわれるものの大部分は、名詞・動詞とな

- 13 -

第1部　ニホン語

らぶ詞という単語ではない。「書かない」の「ない」が単語であるならば、「書か」という単語があるはずである。もし付属語によって文法的な関係を示す言語が膠着語であるならば、前置詞と名詞からなる英語の句のでき方も膠着ということになってしまう。

　英語が屈折語とよばれ、日本語が膠着語とよばれることに、共通の真理は存在しない。古代英語が屈折語であったことはいいとして、古代日本語が膠着語であったとの証明はない。現代英語は孤立語的言語へとタイプを変化させたが、日本語は歴史的文献に照らしても、孤立語的言語である。このように言語のタイプは変化しうる。現代日本語は孤立語的性格がつよいけれど（膠着語的・屈折的性格はないといっているのではない）、文献以前の日本語が膠着性をもって特徴としていたと想定することはゆるされる。

　しかし、この場合あくまでも仮説である。たとえば「書く」という動詞の活用がkakという独立した自立語（たとえば命令形のような）の存在を前提として、それに-iという接尾辞がつくことによってkakiという名詞形＝中止形を形成したとする、あるいはkakiという独立した自立語（これは現代でもある）を「書く」の唯一の語幹として、それに-aという接尾辞がつくことによってkaki-aという自立語ができ、それからkakaへの変化が生じたとする、したがって「書かぬ」kaki-a-nuという語構成のしかたはkak→kakiと同様に、正に膠着語的ではないか。このような仮説の当否は、今後の証明を必要とするから、その仮説によって日本語の膠着語たる根拠とすることは、ゆるされない。

⑮日本語のルーツとの関係

　では明治の末からずっと、日本語が膠着語と信じられてきた別の原因はなにか。さきの『国語辞典』の記述を見ると、「日本語・朝鮮語・アルタイ諸語など。」となっている。辞典によっては、「アルタイ語族」、「ウラルアルタイ語族」、「アルタイ語」とか書かれている。これらの記述には、日本語のルーツを想像させるものがひそんでいる。トルコ、モンゴル、ツングース系の諸言語をアルタイ諸語とよぶならわしであるが、これは用語の問題でもあるから、とくに気にしないとして、それらが1つの語族をなすかどうかは、学界論争の課題であって定説はない。「ウラルアルタイ語族」となると、仮説の仮説でしかない。また「アルタイ語」という一言語は、トルコ諸語の1つとして現に存在するから、「ア

- 14 -

1. 世界のなかの日本語

ルタイ諸語」の代用として「アルタイ語」というのは、不適切である。

　日本語の系統は不明である。系統不明の言語はたくさんあるから、日本語が特別ではない。日本語の系統を明らかにしようとするこころみは、100年以上の歴史をもち、さまざまな学説があらわれている。しかしキメテがない。そのなかに「日本語アルタイ説」も属している。明治以来の、この北方説は1つの有力な説として現在もひきつがれている。そこで、ルーツとタイプは別々の発想から出ているにもかかわらず、アルタイ諸語が膠着語であるならば、日本語も膠着語であるだろう、との考えがひろがっていったものと思われる。

（1980. 2 ～ 4『高3講座国語』福武書店（現ベネッセコーポレーション））

第1部　ニホン語

2. 日本語の語順を考える

①人の話は最後まで聞け

　みなさんは、先生や先輩から、あるいは両親から、つぎのようなことを言われた経験をもっていませんか。

　「日本語は述語（動詞）が最後なのだから、人の話は最後まで聞かなければいけません」

　そう、たしかに人が話をしている途中で、早のみこみして失敗することがあります。失礼にあたることもあるでしょう。

　だから、こうした言われかたは、それなりに正しい側面をもっています。しかし、よく考えてみましょう。人の話を最後まで聞かないで、自分ひとりで、きめてかかってしまう人たちに対する説得に、これが利用されているのかもしれません。だとすれば、前段はいりません。「人の話は最後まで聞いてみるものだ」と言えば、だれもが賛成できる教訓となります。

　では、前段はどうでしょう。たしかに、日本語の文は述語（動詞）で終わっています。文とはなにかとか、会話では述語が先に来ることがよくある（たとえば「来た、来た、やっと、あいつ！」など）ではないか、とかいった議論は、とても大事なのですが、いまは省略して先へすすむことにします。新聞などの書きことばでは、日本語の語順は、述語（動詞）でしめくくるのが普通です。問題は「日本語は……」という部分を、どう受けとめるかなのです。

②「買う」か「買わない」かの判断

　みなさんは英語を知っていますね。漢文を知っていますね。おそらく先の発言をした人たちも、英語や漢文を知っているのかもしれません。それで、日本語は英語や漢文とちがって、述語（動詞）が終わりの方にあるのだから、と言いたいのかもしれません。知識として、そうとらえていると言っていいでしょう。

　この人たちは、まちがってはいません。しかし、もし「日本語は……」という部分を「日本語だけは……」とか「日本語は特に……」とか「日本語こそは……」とかいった意味あいで発言しているとしたら、そして、その恐れは十分にあると思いますが、これは問題です。

－ 16 －

ひとまず、つぎの例を見てください。

・Er kauft es nicht. Sagen Sie es ihm nicht.

　これはドイツ語です。単語ひとつひとつ、この順序で英語におきかえてみましょう。

・He buys it not. Say you it him not.

　意味は簡単「買わない」と「言うな」です。「買う」か「買わない」か、「言え」か「言うな」かは、判断の重大な分かれ目でしょう。ここまでくれば「日本語だけは……」といったたぐいの考えが、あやしくなってきたことに気がつくでしょう。

③ "常識" をうたがえ

　英語とドイツ語はsister languages姉妹言語（なぜ兄弟言語ではないのかな？）と呼ばれ、たがいに親族関係にあるゲルマン系の言語なのに、ちがいますね。さらに「ソークラテースがプラトーンを見る」という文を、フランス語やスペイン語の元であるラテン語でも

・Socrates Platonem videt.

ということができ、動詞で終わっています。

　こうやって見てくると、もしかすると、英語も動詞が最後に来ていた時代があったのではないか、と想像したくなりませんか。そうなんです、12世紀ごろまでの英語では、動詞が文末にある文の方が多かったのです。

　みなさんは、英語やドイツ語やラテン語などが、インド・ヨーロッパ語族に属する言語だということを、きっと知っているでしょう。むかしむかし、そのむかし紀元前3000年ごろの語順は、どうだったのか、いろいろと議論がたたかわされていますが、動詞おわりの語順だった、というのが有力な学説になっています。いまインドで話されている多数の言語は、みんな動詞おわりの語順で文をつくります。これに反しヨーロッパの諸言語は、どういうわけか、動詞おわりではなくなっています。なぜ、そういう変化がおこったのでしょうか。

　去年の6月、岡山大学の、ぼくの教えていない学生90人に○×式の言語常識テストをやってもらいました。20の設問のひとつに、「日本語と同じような語順で文を構成する言語は、かなりある」というのがありました。これに×をつけた学生が62人、○をつけたのは28人でした。3分の2以上が、日本語の語順は変わっていると思いこんで、あるいは思いこまされているようです。さ

第1部　ニホン語

て、あなたは○でしょうか、×でしょうか。

④ヒト種は一種、言語は数千

現在この地球上には、脊椎動物門・哺乳動物綱・霊長目・ヒト科・ヒト属・ヒト種と分類される、ただ一種の生物が40億もすんでいます。みんな言語をもち、きちんとした音韻組織と文法と語彙をそなえています。その言語の数は、かぞえ方によってちがいますが、3,000とも4,000とも5,000とも言われています。

なかには1億人以上もの使用人口をもつ日本語のような大言語（数が多いという意味で大）もあれば、数百人しか話し手のいない小言語もあります。物質文明のおよばない人々のことを「未開」民族とよぶことがありますが、かれらの言語も基本的には「文明」民族のそれと同列なのです。

しかし、このような認識に人類が到達しえたのは、そう古いことではありません。いまでもまだ、文明からとりのこされた人々の言語は貧弱だとか、文法もなく語彙も数百しかない、などと想像する人がいるかもしれません。あやまれる空想というべきです。

日本語の音声や文法は簡単な方だといったら、みなさんは怒りますか。むずかしい方が高尚だと思いこんではいませんか。事実、先の言語常識テストで、「日本語の音声や文法は、外国人にとって学びやすい」という設問に、○をつけたのは、たったの5人だけでした。85人であってほしかったのに！

⑤日本語は普通の語順だ

さて、「本を読む」、「パンをたべる」などの語順をOV型、英語式や漢文式の語順をVO型としましょう。それからOVでもVOでも両立しうる自由型というのも忘れてはいけません。ヒトの言語に、こういった3つの型があるならば、3,000のうち1,000はOV型すなわち日本語式の語順をもっていても、ちっともおかしくはありません。むしろ、そう考えた方が、日本語式が特殊だと考えるよりも、ずっと真実に近いと思ってください。ちょっと、ぼくが調べてみた範囲だけでも400以上ありました。それを右の世界地図上に斜線でしめしてみました。

日本語、アイヌ語、朝鮮語、シベリアの諸言語、モンゴル語、チベット語、

－ 18 －

2. 日本語の語順を考える

ビルマ語、インドの諸言語、ニューギニアの諸言語、オーストラリアの諸言語、トルコ系の諸言語、アルメニア語、バスク語と……もうこの辺でやめておきます。

　もちろん、語順にかぎらず日本語とまったく同じものは、他の言語にはありません。だって、まったく同じだったら、それは日本語になってしまうからです。しかし同時に大切なことは、

日本語にあるようなことは、他にもきっとあると考えることです。なぜならばヒトの言語なのですから。

　日本語と同じような語順をもっている言語の実例を3つだけあげておきましょう。

モンゴル人民共和国の言語で
- Ter　　zam-aar　　yab-bal　　ger-tee　　ert　　hür-č　　bol-no.
　その　　道―で　　行け―ば　　家―に　　早く　着い―て　でき―る。

スリランカ民主社会主義共和国の言語で
- Jōn　　janēle　　iňdəla　　balla-və　　däkka　　də?
　ジョンは　窓　　から　　犬―を　　見た　か？

中華人民共和国新疆維吾尓自治区のウイグル語で
- Bu　　bahar-da　　Liuzhou-da　　poyiz-ga　　otur-up　　šimal　　täräp-kä
　この　春―に　　柳州―で　　汽車―に　　乗っ―て　　北　　方―へ
　meng-ip　　uzun　　yolluk　　sayahät-kä　　čik-ti.
　向っ―て　　長い　　道のりの　　旅―に　　出―た。

- 19 -

第1部　ニホン語

⑥執念深く

　なにごとも、うたがうことなしに進歩はない、と言われますね。3つ4つの子どもが、よく大人にむかって「なに？」、「なぜ、なぜなの？」と聞くのを耳にします。大人は、はじめのうちは丁寧に、次第にぞんざいに答えてやりますが、だんだん面倒になってきます。「自分で考えてみなさい！」なんて。そのうち子どもの方も、あきらめてしまうのでしょうか。

　去年なくなられた湯川秀樹さんは、「人間の創造性という点で一番大切なのは、執念深いということではないかと思っています」と書かれています。学問はむずかしいものではありません。こつこつと積みあげながら、執念深く楽しむものです。そうすれば真理は、おのずからあなたに近づいてくるでしょう。

（1982. 4 .1『高2講座国語』福武書店（現ベネッセコーポレーション））

3. 音のことばを考える

①文字の裏を読む

「ドンブリコンブリ、スッテンゴー」

「ドベドン、ドベドン」

「クシャアン」………

さて、なんの音に聞こえますか。この種明かしは、すこし先にのばして、音と言語のかかわりあいを、今回は考えてみることにしましょう。

日本語も、どんな言語も音なしに存在することはできません。文字に書かれているものも、もちろん音の裏づけがあるはずですから、やかましく言うと、古典などはどう読んだらいいのかうっかり読めなくなるということになりかねません。たとえば紫式部の録音テープがないかぎりは、正確に『源氏物語』を音読することができないのです。

「いづれのおほんときにか………」と平気で『源氏』の出だしを読みます。しかし待てよ、平安時代の「づ」はduではなかったかとか、「ほ」も「フォ」だったろうとか、アクセントも京都式でなければとか考えていると、さっぱり先へすすみません。光源氏のロマンスなど、どこかへすっとんで行ってしまいそうです。だから普通わたしたちは、そんな気を使わずに読んでいって、いっこうにさしつかえありません(使えずにと言った方が実情かもしれませんが)。

②地方のことばは大切

古典のことはさておき、さっきの種明かしにかかります。

川の上から大きな大きな桃が、
ドンブリコンブリ、スッテンゴー
ドンブリコンブリ、スッテンゴー
と流れてきたそうな。

時には、池の中にとびこんで
ドベドン、ドベドン水泳をする者もいる。

— 21 —

第1部　ニホン語

と、出かけたら、くまん蜂が頭をクシャアンと刺した。

　もうおわかりでしょ？一番目は「桃の子太郎」のお話。つぎは「頭が池」という笑い話、つぎは「蟹の仇討」御存知「サルカニ合戦」とござーい。

　これらは『岡山の民話』（岡山民話の会編）という本に出てくる、ほんの一例です。この本は190ページの小さな文庫本ですが、こういった音をあらわすことばが270種類も出てきて、びっくりするような表現がいくつも目につきます。きっとみなさんの地方にも、いろいろと変った音ことばがあるでしょう、大事にしなければいけません。でもモモはほんとうに「ドンブリ……スッテンゴー」なんて音を立てていたのでしょうか。「ドベドン」なんて泳ぎ方ってあるのでしょうか。

　音波とは、物体が振動するとき、そのまわりの空気に起こる波動である、これが耳の鼓膜をふるわして、音として聞こえるのであーる、というわけですが、そういった音をヒトの言語はどのように受けとめ、どういう形で表わすか、そこが問題になるのです。

③音のいろいろ

　ハクション、これはクシャミの音。ヒヒーン、これは馬のなき声。これらを擬声語ということがあります（ギセイなんて耳ざわりですね）。ピーポーピーポー、これは救急車が出す音。キーキー、これはガラス戸をナイフでこすった音。これらを擬音語とか写音語とかいうことがあります（祇園のことばかな、謝恩のことばかな）。ゾロゾロ、人がたくさん出てくる様子などは擬態語ということがあります（動物のギタイではありません）。全部まとめて象徴語なんて言い方もありますが、これらの区別のしかたは思ったより簡単ではありません。

　日本語には、こういった音のことばがたくさんあるので有名です。『擬音語・擬態語辞典』（角川小辞典）には1,650種類ものっています。もちろん他の言語にも、こういった音ことば（オノマトペ）がたくさんありますから、日本語だけの特色だと考えないでください。しかし、たとえば英語のsplashは日本式にいうと「ザブザブ、ザンブ、ザブリ、ジャブジャブ、ビチャビチャ、バチャバチャ、ボチャン……」などにあたり、crackは「ピシッ、ピシャッ、ピシャリ、パチッ、パチリ、パチン、パーン、バリバリ、ガチャッ、ガチャン、メリメリ、

- 22 -

ガラッ……」などにあたるところを見ると、日本語の方が表現がこまかくなっているようです。

④音のわくと変化

　それから大事なことは、どの言語を使っても自然の音波を正確に表現することができないということです。声帯模写というのを知っているでしょう。たくみに鳥の声やカエルのなき声をまねる芸です。あれは言語とはいえません。日本語なら日本語の語彙の中に位置をしめるためには、日本語の音韻組織（アカサタナ……といった、たった102拍ぐらいしかない）のわくにとじこめてしまう必要があるのです。

　さらに地方によって、あるいは時代によって、もちろん言語が変わるごとに、そのわく取りはちがいます。さきほど馬の声をヒヒーンと書きましたが、本居宣長の『漢字三音考』（『本居宣長全集』第5巻、筑摩書房刊386ページ）を見ますと、「馬ハニイ 牛ハモオ」と書いています。

　　万葉集第12巻2991番の歌は

垂乳根之母我養蠶乃眉隠馬聲蜂音石花蜘蟵荒鹿異母二不相而

　苦心のすえ、いまはこう読まれています。
　　　たらちねの母が養ふ蚕の繭隠り
　　　いぶせくもあるか妹にあはずして

馬声は「い」、蜂音は「ぶ」と解釈すると、うまく五七五の和歌にあうというわけです。万葉人は漢字あそびをやって後世の人をなやませようとしたのかもしれません。法華経となく鳥を知っていますか。そう、ウグイスです。仏法僧となく鳥もいますね。

⑤ひとり合点はいけません

　つぎは外国の話です。日本人はクシャミをするとき「（ハ）クション」とやります。ほんとうの音は、こんなカナで表わせないはずなのに、日本人はみんな

- 23 -

第1部　ニホン語

（ハ）クションだと思いこんでいて、実際に見事に（ハ）クションと言うのです。ところがトルコ人はハプシュ〔hapʃu〕、ドイツ人はハチー〔hatʃiː〕とかハツィー〔hatsiː〕、フランス人はアチュム〔atʃum〕（フランス人はハと発音できないのが普通です）、英語ではアチュー〔æʧuː〕とかアティシュー〔ətiʃuː〕とかカチュー〔kəʧuː〕、ロシア人はアプチヒ〔apʧxi〕と言うのですよ。

　数年まえトルコ共和国は首都アンカラの友人の家にいたときのこと、3つになる男の子がエレベーターの中で突然ナーニーナーニー（ナを高くニを低く）と言い出しました。すると父親も今度はナを低くニを高くナー二ーナー二ーと調子をあわせるのです。「何‼」と、ぼくはびっくり。聞くと、これは救急車のまねだったのです。トルコの救急車も日本のと同じような音を出します。ずいぶんちがうものだなと思いました。だがしかし、一度よおく聞いてごらんなさい。ピーポーなんて言ってはいませんから。ああそれなのに、だれに聞いても救急車の音はピーポーだと答えるんですから、おそれいりました。

　そうそう、この年は東京オリンピックの年でした。例の3つになる元気なフラット君（ユーフラテス河のこと）は長椅子の上から絨氈へ水泳のとびこみをやって見せてくれました。ナニッ！と。日本だったらピッと笛がなるところでしょう。

　トルコ語の勉強をしていると、どうもわからない音ことばにぶつかります。トルコ語と英語、ドイツ語、フランス語、ロシア語の辞書など、いくつもありますが、辞書の説明を読んでもわからないのです。たとえばガジュルグジュルというのは、どんな音なのか知りたいと思い、去年の正月トルコにいたとき聞いてみました。その友人はガラス戸にナイフの刃をこすりつけて、「これだ、これだ」と教えてくれました。近くにいた奥さんから「なにしてんのよ、よしてよ、いやな音！」なんて叱られましたが、ははあ、日本人がキーキーというやつだなと感じいった次第です。

⑥カラスのなき声と

　最後に音ことばの昇格について考えてみます。カラスという鳥がいます。カラは黒でスは鳥のことだという語源説もありますが、なき声はカーカー（ほんと？）。ところがカラスのことを英語クロウ crow, トルコ語カルガ karga, ラテン語コルヴス corvus, ペルシャ語クラーグ klāg, フランス語コルボー corbeau, ネ

- 24 -

3. 音のことばを考える

パール語カーグkaag, ドイツ語クレーエKrähe, 朝鮮語カマグィkamagui, ルーマニア語コルブcorb, モンゴル語ケレーkheree, インドネシア語ガガクgagak, ポーランド語クルクkruk, 満洲語ガハgaha, スワヒリ語クングルkunguru, ポルトガル語コルヴcorvo, ウイグル語カガkaga, 古代ギリシャ語コラクkorakh, ギリヤーク語カルkarr, アラビア語グラーブgurāb……

　このように多くの言語で、似ている形があるところを見るとカラスという名詞は、そのなき声から名づけられたものだろう、もと擬声語だったものが、一般の語彙の中に肩をならべるようになったものだろう、と考えることができそうです。遠い遠い大むかしのヒトの言語の発生について語ることはできません。単なる想像の世界は科学の世界とは異なりますが、人間言語の一部分には、こうした音ことばから昇格したものも存在したと見ることはできるでしょう。

（1982. 5. 1『高２講座国語』福武書店（現ベネッセコーポレーション））

第1部　ニホン語

4. 日本語はどんな言語か —類型論的考察—

①はじめに

　日本語はどんな言語か？という設問にこたえるには、いうまでもなく、日本語学ないしは国語学にたずさわる研究者の総動員を必要とする。それは、日本語自体の歴史的研究や現代語の構造的研究、地域的研究あるいは系統論上の諸問題に対するとりくみなどをふくむ、現に進行中の諸研究が総合的に回答をあたえるべき課題である。

　本稿は、副題にかかげるとおり、日本語と他の言語との類型論typology上のひとつの問題をとりあげたものである。それは、日本語が膠着語であるとの一般に流布しているとみられる説に疑問をいだき、それを否定的に結論づけたものである。本稿であつかう日本語とは、現代の標準とされる文章日本語であり、その分析の材料としては、イソップの「北風と太陽」を利用した。

　日本語に関して専門家、非専門家によって、とかれてきた諸言説のなかには、いくつかの不確実なものがふくまれていた。そのひとつは、日本語が「ウラル・アルタイ語族」ないしは「アルタイ語族」に属するという系統論についてのものであるが、日本語の系統をさぐる、いくたの研究にもかかわらず、いまなお不明といわざるをえないのが実状であり、将来のことに属するものであることは、いうまでもない。学問的に確立されていない「ウラル・アルタイ語族」などの名称は、世間にあやまって理解されるおそれをふくむものとして、さしひかえるべきである。

　または、迷信的ともいえる言説のひとつに、日本語は非論理的言語である、というのがある。言語は、それを使用する人間の通信の道具であり、なにをもって論理的とし、なにをもって非論理的とするかは、にわかにさだめがたいことがらである。その言語には、その言語なりの論理があって、すこしもおかしくはない。本稿の主題にはいるまえに、もうひとつ、日本語は特殊な、むずかしい言語だろうか？という疑問を発してみることにする。

②日本語は特殊な、むずかしい言語だろうか？

　特殊とか特異とかは、普通とちがっていることをさす、とすることができよう。世界にその数三千といわれる言語において、普通の言語と特殊の言語とが

あるとすれば、その基準はなにか。金田一春彦氏は『日本語』（岩波新書 P.10、昭32）において「日本語は、文明諸国語の中にあって、きわめて特異な地位を占めている」といわれている。ここでの基準は、文明諸国語における地位であるらしい。文明諸国語を文明諸国の言語と解すれば、英語やフランス語やドイツ語などを意味しているであろう。また文明の諸言語と解すれば、いささか面倒になってくる。金田一氏の文はつづく。すなわち、なにが特異かというと、系統が不明であることが特異だという。インドヨーロッパ語族に属する諸言語は、系統がはっきりしているけれど、中国語はどうだろうか。文明諸国語のなかまいりをするなら、中国語も特異ということになる。系統のあきらかでない言語は、世界にいくらでも存在する。

「世界の言語全体からいって、日本語だけが特殊だということはない。ただ、今日の文化の主流をなす国々の属する印欧語と大いに異なることが、時にはある種の劣等意識と結びつくことがあるようである」（池上禎造氏、『国語学辞典』（東京堂）P.723）との、この説には耳をかたむける価値がある。ただ、劣等意識のうらには優越感がひそんでいる、とわたくしはかんがえる。どの民族も、自分の言語にほこりをもち、それを大切にする気持があるものである。日本語は特殊だ、特異だ……世界一すぐれている、外国人にわかろうはずがない、などとつづくかどうかは、また別の問題。

日本語はむずかしい言語か？「むずかしい」という発想は、特殊視とも優越感とも、かたくつらなっていて、学問的にこれをあきらかにすることは、むずかしい。ひとつの言語が、だれにとって、やさしいとか、むずかしいとか、いえるのか。使用者、学習者など、そこにかかわる人間をぬきにして論じるわけにはいかない。しかし、言語それ自体としての日本語は、それほどむずかしい言語ではない、といいうる。かつて駐日フィンランド代理公使をしていた著名なアルタイ語学者ラムステッド G.J. Ramstedt（1873-1950）は「日本語は覚えるのが大変楽です。世界でも一番やさしいのではないでしょうか」とのべている（『月刊言語』1976、No.11、P.101）。

1）音韻
以下、日本語の構造を音韻と名詞・動詞の変化について、また表記にもちいられている文字について、英語、中国語、ロシア語、トルコ語と対照させなが

第1部　ニホン語

ら、むずかしいかどうかの判断の**ごく一部**の資料を提供する。

	母音	子音	ことなる音節（拍）数	一音節（拍）の構造
英　　語	9	24	数万？	aから struggle などまで多数
中 国 語	6	24	411	V, Vn, Vŋ; CV, CVn, CVŋ
ロシア語	6	21	数万？	aから взгляд などまで多数
トルコ語	8	21	五千ぐらい？	V, VC, VCC; CV（30%?）, CVC（60%?）, CVCC
日 本 語	5	17	102	V, CV, CyV, N, ?

この表はアクセント、声調などを考慮外におき、音素と音節を数的に単純化
してみたものである。母音音素は、つぎのとおり。

英語（総合型）	中国語（拼音）	ロシア語	トルコ語	日本語
i ɨ u	i ü u	i ɨ u	i ü u ɪ	i u
e ə o	e o	e o	ö o	e o
æ a ʌ	a	a	e a	a

子音音素は、つぎのとおり。

英　　語	pbmw,	fv, θð,	tdčj	ln, sz	šžry,	kgŋ,	h
中 国 語	pbmw,	f ,	tdčjts dz	ln, sṣ cḥ zḥ sḥ	rḥy,	kgxŋ,	
ロシア語	pbm ,	fv,	tdč ts	ln, sz	šžry',	kgx,	
トルコ語	pbm ,	fv,	tdčj	ln, sz	šžry,	kgǧ,	h
日 本 語	pbmw,		td ts	n, sz	ry,	kgN,	ɦ?

ことなる音節（拍）数は、きわめてすくない。したがって、ひとつの音節（拍）
がもちうる型も、ごく単純であり、英語やロシア語などのように子音がかさな
ることがない。

	a	e	o	i	u	ya	yo	yu	wa	N	?	11
pbmnszrkgh	+	+	+	+	+	+	+	+				80
td	+	+	+									6
ts				+	+	+	+	+				5

－ 28 －

4. 日本語はどんな言語か

2) 語形変化

つぎに名詞が、どのように語形変化するかをみるために、「ひと」を例として対照表をつくる。

	性	数	格	人　称
英　語	man, 変化なし	men, 語尾-sが規則的に	man's, men'sのみ、 代名詞に三格	変化なし
中 国 語	rén　人、 変化なし	rénmen　人們、 人間のみ	rénde　人的のみ	変化なし
ロシア語	čelovék（男）、 男・女・中性 を区別する	lyúdi（この場合 不規則） すべて複数変化	čelovéka　…の、を čelovéku　…に čelovékom　…で 対格〈主格（無生物） 　　属格（生　物）	変化なし
トルコ語	adam, 変化なし	adamlar, すべて変化しうる	adamın　…の adama　…へ adamı　…を adamda　…に adamdan　…から	adamım　…私の adamımız　…私たちの adamın　…君の adamınız　…君たちの
日 本 語	hito, 変化なし	hitobito, …ら、たち、ども	変化なし	変化なし

　ロシア語は、もっとも語形変化にとみ、不規則である。トルコ語も変化がおおいが、きわめて規則的である。日本語は、ほとんど変化しない。

　つぎに動詞の変化を「かく」を例として表をつくる。

	原　型	性	数	人　称	終止形	分詞型	命令形
英　語	to write	変化なし	三単現で writes	三単現で writes	write wrote	writing written	変化なし
中 国 語	xiě 写	変化なし	変化なし	変化なし	xiěle 写了 xiězhe 写着	xiězhe 写着？	変化なし
ロシア語	pisát'	pisál（男） pisála（女） pisálo（中）	pisáli（複） cf.人称	（複） 1.pišú略 2.píšeš- 3.píšet-	cf.性 数 人称	pišúščiy （現在形動） ---------- písannii （被動過去）	pišĭ pišíte

－ 29 －

第1部　ニホン語

	原　型	性	数	人　　称	終止形	分詞型	命令形
トルコ語	yazmak	変化なし	yazdılar cf. 人称	1.yazdım 2.yazdın	yazıyor yazar yazdı yazmış ……	yazıp yazarak yazınca —————	yaz yazın yazayım ————————
日　本　語	kaki	変化なし	変化なし	変化なし	kaku kaita kakimasu kakimasita	kaki kaite kakeba kakicucu	kake kakoo kakitai kakumai

　名詞のときとことなり、ここでは日本語はおおいに変化する。変化の単純な英語や中国語と対照的である。

　敬語表現をとりあげるならば、うえの諸言語中で体系的に「かく」と「かきます」、「かいた」と「かきました」のような表現が存在するのは日本語だけである。これをもって日本語のむずかしさを云々することもできない。朝鮮語やジャワ語には、もっと複雑な敬語表現があり、また、いずれの言語にも対人関係では微妙な表現のちがいがある。『世界の敬語（敬語講座⑧）』（明治書院、昭49）P.186、212などをみれば、英語やドイツ語における敬語表現の複雑さにびっくりさせられてしまう。

3) 文字

　表記にもちいられている文字は、どうか？文字の数は、単音文字が英語26×2、中国語（拼音）27×2、ロシア語32×2、トルコ語29×2、日本語（ローマ字）20×2。音節文字ではカタカナ46＋20＋5＋4＝75と、ひらがな75。漢字では中国（常用）2,000が原則として一字一音であるのに対し、日本（当用）1,850が音2,100と訓1,900の合計約4,000のよみかたがあり、そこに一定の規則を発見するのが困難である。生という漢字などは200種も、よみかたがあるという。日本語を表記するのに、もちいられている文字は、正書法orthographyが ないといってよい。これは致命的である。ともかく、日本語の「むずかし」さは、日本語それ自身のむずかしさではなくて、表記する文字づかいのむずかしさであるといえよう。

－ 30 －

4. 日本語はどんな言語か

③日本語は膠着語だろうか？

『日本国語大辞典』（小学館）をひいて「膠着語」の項をみる。その解説に：

> 「屈折語、孤立語とならび言語の類型論的分類の一つ。実質的な意味を示す語の文法的機能が、文法的意味を示す非独立性の言語要素の比較的自由な連接（膠着）によって示される言語。フィンランド語、トルコ語、朝鮮語、日本語などウラルアルタイ語族はこれに属する。」

とある。一読して要をえない文である。明治以来の解説がつづいている。岩波『広辞苑』にも、ほぼ同様の記述がみえる。これらに類する、日本語の類型論的解説は、いくらもみつけることができ（新コンサイス英和辞典、岩波国語辞典など多数）、一般に日本語は膠着語というものらしいと信じられてきたようにおもわれる。それらのなかにあって、いくつか疑問をなげかけている論考もある。たとえば、平凡社『日本語の歴史・八巻』昭38〜41、その別巻P.234に「しばしば日本語は＜膠着語＞とよばれる。これは、ある意味ではかなり不精確なレッテルである」とある。またH.A. Gleason : *An Introduction to Descriptive Linguistics* 1961, P.416-417は "In particular, Japanese is a highly inflected language with numerous and often complex affixes." グリースンが日本語を「かなり屈折的な言語」とのべている（inflectionalでなく）、その理由は推測できないことはないが、本書ではあきらかではない。泉井久之助『言語の構造』（昭14弘文堂 P.27、1967紀伊国屋 P.24）においても「日本語を単純に膠着語とするのは日本語の現実に沿はないもの（そぐわない議論）と云（い）はなくてはならない」とのべられている。

1) 類型的分類

言語の形態上の類型的分類がはじまったのは、19世紀にはいってからである。18世紀末までには、世界のことなる言語が500ぐらい、しられるようになっており、それらを形態上のタイプによって分類するこころみが開始された。1808年 F. von Schlegel : *Über die Sprache und Weisheit der Indier* において、諸言語はふたつのタイプにわけられた。接辞による言語と、屈折による言語とに。1818年 A.W. von Schlegel : *Observation sur la langue et litérature provençale* に

第1部　ニホン語

おいては、三分法がとられ、文法構造のない言語がつけくわえられた。1836年 W. von Humboldt : Über die Verschiedenheit der Menschlichen Sprachbaues においては、四分法がとられ、抱合語がつけくわえられた。1850年 H. Steinthal : Classification der Sprachen においては八分法がとられ、1861年 A. Schleicher : Compendium der vergleichende Grammatik der indogermanischen Sprachen においては Schlegel 兄弟の三分法にもどって考察がふかめられ、今日にいたっている。その後1921年 E. Sapir : Language においては別の観点から一層の細分化がこころみられた。

　日本語が、どのタイプの言語に属するかは、以上の文献に徴しても、あきらかではなく、Sapir の細分類にも日本語は登場しない。膠着語の代表としてトルコ語がよくとりあげられるが、トルコ・モンゴル・ツングースのいわゆるアルタイ諸語と日本語との系統的親類関係がとかれるようになると、それと平行して日本語が膠着タイプの言語であることが必然のようにかんがえられたのではないか。日本の近代言語学は、明治19年に東京大学に博言学科がおかれ、輸入された学問として出発した。ときの上田万年教授の講義録（明29、30年度、新村出筆録）が最近出版されたが、その『言語学』（昭50教育出版）P.65、122、195などをみると、かれが日本語を膠着タイプの言語とかんがえていたらしきふしがある。もっとも、そこには「膠着語」という用語はなく agglutinative lang, Agglutinierende として記録されている。ちなみに agglutinative language という用語は The Oxford Dictionary of English Etymology 1966によると agglutinative(of language, first used by Max Müller, 1861) となっている。

　日本では、すでに明治の末年ヨーロッパの言語学書が翻訳されている。agglutinative 1.の訳語として登場するのは、A.H. Sayce（上田万年・金沢庄三郎訳『言語学』明31）の「付着語」、W.D. Whitney（保科孝一訳『言語発達論』明32）の「加添語」、M. Müller（金沢庄三郎・後藤朝太郎訳『言語学　上、下』明39、40）の「添着語」、H. Sweet（金田一京助訳『新言語学』明45）の「膠着語」である。保科氏は著者『言語学講話』（宝永館、明35）P.194において、日本語が加添語に属することをとき、金田一氏も上述の『新言語学』（子文社、明45）自序において「日本語は膠着語に属する」と明記されている。

　言語の類型は、どのように定義されているか？ここでは『国語学辞典』（東

- 32 -

京堂）にみえる定義の部分を引用させていただく。

孤立語　isolating language

単語はそれだけでは単に実質的意味のみを示し、互に孤立的に配列される独立
の形式であって、文法的機能は語順によって果される言語。……中国語および
その系統の言語が代表とされる。

膠着語　agglutinative language

粘着語、付着語、漆着語、接続語とも。文法的機能が、実質的意味を示す独立
の単語（あるいは語幹）に、文法的意味を示す独立しない形式が連接すること
（「膠着」agglutination）によって示される言語。……日本語、朝鮮語、アルタイ
諸語、フィン―ウゴル語などがその代表。

屈折語　inflexional language

……単語の実質的意味を表わす部分と文法的意味を表わす部分とが、分離で
きないほど緊密に結合して、そのために単語そのものが、文中における他の
部分に対する文法的関係を表わし、さらに、その語形の交替――これを屈折
（inflexion）という――によって、種々の文法的機能を果す言語。……印欧語族、
ハム・セム語族の諸言語がその代表。

　　以上、定義の部分と言語例だけを拝借したが、一言語のタイプは一様ではな
い。たとえば、ここに英語の文 He lives in a hotel. をとって、うえの定義にあ
てはめてみると、「he という単語そのものが、文中における他の部分に対する
文法的関係を表わし（主格として）、さらに語形 he の交替形 his, him によって、
種々の文法的機能を果」している点で屈折的であり、「実質的意味を示す独立
の単語 live に、文法的意味を示す独立しない形式 -s が連接することによって」
膠着的であり、「hotel または a hotel はそれだけでは単に実質的意味のみを示し、
互に孤立的に配列（in a hotel）される独立の形式であって、文法的機能は語順
（hotel a in でもなく、a in hotel でもなく、a hotel in でもない）によって果される」
点で、孤立的といいうる。しかし、これはひとつの例であって、その言語には
その言語の形態的な特徴がないわけではない。孤立性のつよい言語か、膠着性

- 33 -

第1部　ニホン語

のつよい言語かといった性格づけができるからこそ、類型論的分類が可能となる。

2）数量化の作業

　日本語をふくむ上記の五言語は、それぞれいかなるタイプの性格づけがなしうるであろうか？ここにひとつの論文がある。それはJ.H. Greenberg：A Quantitative Approach to the Morphological Typology of Language（*International Journal of American Linguistics* Vol. 26, No.3, 1960 P.178-194）である。さきにふれたSapirにいたる類型論の歴史をふまえて、いくつかのタイプを数量化してみせたものである。残念ながら、ここにも日本語は登場しない。グリーンバーグがあつかったのは、サンスクリット語、アングロ・サクソン語、ペルシャ語、英語、ヤクート語、スワヒリ語、ベトナム語、エスキモー語である。分析にもちいた材料は性質のことなる、いろいろの文章から100語だけきりとったものである。分析の方法はしめされているが、分析の過程はしめされていないから、本稿の結果と単純にくらべることはできない。つぎの表は、かれの結果である。

QUANTITATIVE APPROACH TO MORPHOLOGICAL TYPOLOGY OF LANGUAGE
TABLE 1

	Sanskrit	Anglo-Saxon	Persian	English	Yakut	Swahili	Annamite	Eskimo
Synthesis	2.59	2.12	1.52	1.68	2.17	2.55	1.06	3.72
Agglutination	.09	.11	.34	.30	.51	.67	…	.03
Compounding	1.13	1.00	1.03	1.00	1.02	1.00	1.07	1.00
Derivation	.62	.20	.10	.15	.35	.07	.00	1.25
Gross inflection	.84	.90	.39	.53	.82	.80	.00	1.75
Prefixing	.16	.06	.01	.04	.00	1.16	.00	.00
Suffixing	1.18	1.03	.49	.64	1.15	.41	.00	2.72
Isolation	.16	.15	.52	.75	.29	.40	1.00	.02
Pure inflection	.46	.47	.29	.14	.59	.19	.00	.46
Concord	.38	.38	.19	.11	.12	.41	.00	.38

　わたくしは、この表にある十指標のうちCompoundingは結果がにたりよったりだから、そしてPrefixingとSuffixingは、いま直接の関心事ではないので、

4. 日本語はどんな言語か

やめにして、Derivation, Gross inflection, Pure inflection, Concordの四者を「屈折性」という項目にまとめてみた。分析につかう材料は均質であることがのぞましいとかんがえ（言語がことなるから、それは不可能ではあるが）、イソップの「北風と太陽」にした。これはグリーンバーグのものとはちがって、完結した文章である。ただロシア語だけは、それをみいだすことができず、ツルゲーネフの「ロシア語」をかりることにした。『世界言語概説、上・下』（研究社）から日本語以外の材料をかり、日本語は河野与一訳『イソップのお話』（岩波少年文庫）からとった。かならずしもグリーンバーグによらず、分析の指標と内容と方法とを以下にしるす。分析の過程は、それぞれの言語別の文例に、こまかくしめしてある（P.39 〜 P.43）。

$$\textbf{総合性} \text{ synthetic} = \frac{\text{M形態素数}}{\text{W単語数}} \times \frac{100}{2}$$

　この指標は、一語中の文法的要素の多少にかかっている。形態素morphemeは、意味のある最小の単位とする。たとえば、英語のim-mediate-lyは三形態素、blewは二形態素からなる。中国語の太陽、本事、袍子などは一形態素とみとめた。語が、もし、それ以上分析不能の単位のみで構成されているならば（単語＝形態素）、その言語は極度に非総合的で、**分析性**のいちじるしい言語ということになる。100倍したのは、単に小数をなくすためであり、小数は四捨五入によった、以下同様。ただ総合性の数式においてのみ2分したのは、100を基準にすると他の指標との比較に便利なためであるにすぎない。

英　　語	$\frac{148}{110}$	……68	中　国　語	$\frac{143}{95}$	……75	ロシア語	$\frac{89}{52}$ ……85
トルコ語	$\frac{153}{80}$	……96	日　本　語	$\frac{176}{120}$	……73		

$$\textbf{膠着性} \text{ agglutinative} = \frac{\text{A膠着構造数}}{\text{J単語内形態素のつぎめ数}} \times 100$$

- 35 -

第1部　ニホン語

　この指標は、語幹と文法要素とのむすびつきの強弱にかかっている。膠着構造とは、語幹に規則的に接辞がつき、語幹のみ分離して、もちいることができるような構造をいう。トルコ語では大部分の語形成がそうであり、日本語では一段活用の動詞がそうである。英語の例ではun-tru-th-ful-ly, -ing, -er, -edなど、中国語では、的、着、了、們など、ロシア語ではpaз-, под-, в-, -cяなど。

　日本語の助詞の大部分は単語であって、接辞ではないから、名詞と助詞のあいだには膠着構造をみとめることができない。もし、そうすると英語のin a hotelなども膠着といわねばならなくなり、「英語は膠着語に属する」ということになりかねない。ローマ字がきの日本語の文例「北風と太陽」において、単語のきりかたは、問題がないとかんがえる。（服部四郎「付属語と付属形式」『言語学の方法』1960岩波書店 P.461-491などを参照）。文例3行目と7行目にあらわれるsuruto, 5行目のTokoroga, 9行目のSokodeなどは、一種の接続詞（単語）であって、普通の名詞プラス助詞とは意味がことなっている。

英　　語 $\dfrac{18}{38}$ ……47　中 国 語 $\dfrac{18}{48}$ ……38　ロシア語 $\dfrac{16}{37}$ ……43

トルコ語 $\dfrac{71}{73}$ ……97　日 本 語 $\dfrac{23}{56}$ ……41

孤立性 isolative $= \dfrac{\text{O統合型を語順や付属語によってしめす数}}{\text{N統合型の数}} \times 100$

　この指標は、文法的手順を接辞によってしめすか、どうかにかかっている。まったく接辞をもちいない言語があるとすれば、それは孤立性にみちた言語である。古代中国語は、そのような言語であったかもしれない。前掲グリーンバーグのベトナム語分析の結果が1.00（100パーセント孤立性言語）であるというのは、どうであろうか。疑問としておこう。数式のN=Nexus統合型を、どうとらえるかは問題があって主観的になりやすいことを承知のうえで、つぎのようにかんがえた。統合型とは、主述関係、客述（補述）関係、修飾・被修飾関係をしめす文法的手順のこと。各言語の数式の分子にあらわれる数字は、統合

－ 36 －

型数から語形変化数をひいたものである。

$$
英\quad 語\ \frac{28}{38}\ \cdots\cdots74\quad 中\ 国\ 語\ \frac{27}{33}\ \cdots\cdots82\quad ロシア語\ \frac{0}{20}\ \cdots\cdots0
$$

$$
トルコ語\ \frac{20}{36}\ \cdots\cdots56\quad 日\ 本\ 語\ \frac{38}{41}\ \cdots\cdots93
$$

屈折性 inflexional $= \dfrac{\text{I 屈折数}}{\text{M 形態素数}} \times 100$

　この指標は、一語中における文法要素がになっている機能の多少にかかっている。ひとつの文法要素は、ひとつの機能をになうときもあれば、ふたつ以上の機能をになうときもある。たとえば英語のwere, cameは、ともに2形態素からなるが、前者は「過去と複数」、後者は「過去」という機能のにないかたが数的にことなっている。

　分子に屈折というのは、あらゆる語形変化（複合語をのぞく）のことであり、派生、曲用、活用（性、数、格、人称、時、分詞、比較など）をふくむ。その機能によって同一形態素が、なん回もかぞえられる。

$$
英\quad 語\ \frac{42}{146}\ \cdots\cdots29\quad 中\ 国\ 語\ \frac{20}{143}\ \cdots\cdots14\quad ロシア語\ \frac{103}{89}\ \cdots\cdots116
$$

$$
トルコ語\ \frac{72}{153}\ \cdots\cdots47\quad 日\ 本\ 語\ \frac{47}{176}\ \cdots\cdots27
$$

3）まとめ

　以上の四指標による数量化の結果を一覧表にすると、つぎのようになる。なお分析性という指標は、前述のごとく総合性と反対の方向をしめすものであるから、総合性でえられた数字を68↔96のあいだで逆にならべかえてみた。これによって、五言語の**相対的な**性格づけをこころみるならば（80以上30以下

－ 37 －

第1部　ニホン語

をとると）：

	総合性	膠着性	孤立性	屈折性	分析性
英　　　語	68	47	74	29	96
中　国　語	75	38	82	14	89
ロ シ ア 語	85	43	0	116	79
ト ル コ 語	96	97	56	47	68
日　本　語	73	41	93	27	91

　英語は、分析性のたかい言語である。

　中国語は、分析性、孤立性のたかい、屈折性のひくい言語である。

　ロシア語は、屈折性、総合性のたかい、孤立性のきわめてひくい言語である。

　トルコ語は、膠着性、総合性のたかい言語である。

　日本語は、孤立性、分析性のたかい、屈折性のひくい言語である。

　もちろん「たかい」「ひくい」という表現は相対的なものである。とくに総合性にあっては、アメリカ・インディアン諸語にみられる、ずっと「たかい」総合性の言語（これを抱合語 incorporating language, 集合語などとよぶことがある）と比較するならば、ロシア語やトルコ語における「たかい」は、そう「たかい」とはいえなくなる。

　日本語は「膠着語」ではない。

(1977. 9. 7)

4. 日本語はどんな言語か

英語文例

The North Wind and the Sun we|re disput|ing which w|as

the strong|er, when a travell|er ca|me a|long wrapp|ed

in a warm cloak. They agre|ed that the one who first

ma|de the travell|er take off hi|s cloak shoul|d be

consider|ed strong|er than the other. Then the North W|ind

ble|w with all hi|s might, but the mo|re he ble|w, the mo|re

close|ly di|d the travell|er fold hi|s cloak a|round hi|m;

and at last the North W|ind ga|ve up the attempt. Then

the Sun sho|ne out warm|ly, and im|mediate|ly the travell|er

to|ok off hi|s cloak; and so the North w|ind wa|s oblig|ed

to confess that the Sun wa|s the strong|er of the two.

　　単語数　110　｜形態素数　148　　形態素つぎめ　38
　˚膠着　18　ˇ屈折　42　━━━統合型　38　━•━語形変化　10

中国語文例

ju-｜i-｜xui　˘pei｜⁻fəŋ kən　˘t'ai-jaŋ　˘tʂəŋ-｜tai-｜nar
有　一｜回　　北　風　跟　　太　陽　　正　　待　那兒

⁻tʂəŋ⁻lun　˘sei｜-tə　⁻pən-ʂʅ　⁻ta;　⁻ṣuoᵔ-tʂə-｜ṣuo-｜tʂə
爭　論　　誰　的　本　事　大;　　説　着　説　着

－ 39 －

第1部　ニホン語

ˊlai-|lə i-|kə ˉtsou|ˋtaor|-tə, ˉʂən-|ʂaŋ ˉtʂʻuan|-tʂə i-|
來了 一個 走 道兒 的 身 上 穿着 一

tɕien ˋxou ˊpʻao-tsʊ. tʻa-|mən|ˊlia tɕiu ˉʂaŋ-liaŋ
件 厚 袍子。 他們倆 就 商量

ˊxao-|lə ˉʂuo, ˊʂei ˊnəŋ ˉɕien tɕiao tʂə-|kə ˉtsou|
好了 說, 誰 能 先 叫 這個 走

ˋtaor|-tə pa tʻa-|tə ˊpʻao-tsʊ tʻuo-|lə-|ɕia|-lai a,
道兒的 把 他的 袍子 脫了 下 來 啊

tɕiu suan ˊʂei-|tə ˉpən-ʂɨ ˋta. ˊxao, ˊpei|ˉfəŋ tɕiu
就 算 誰的 本事 大。 好, 北風 就

ˊʂɨ-|tɕʻi ˋta ˋtɕin lai ˊtɕin|ˉkua ˊtɕin ˉkua, ˇkʻə-ʂɨ
使 起 大 勁 來 緊 颳 緊 颳, 可是

tʻa ˉkua|-tə ˋjye ˋli-xai, nə|-kə ˊʐən tɕiu pa
他 颳的 越 厲害, 那個 人 就 把

ˊpʻao-tsʊ ˉkuo|-tə ˋjye ˋtɕin; ˋtao ˋmo ˇliaor ˊpei|ˉfəŋ
袍子 裹的 越 緊; 到 末 了兒 北風

ˉmei|-lə ˉfa-tsʊ, tsʊ-xao tɕiu ˊsuan lə. iˇxuər
沒了 法子, 只 好 就 算 了。 一會兒

ˋtʻai-jaŋ tɕiu ˉtʂʻu|-lai ˋʐə|ˇʐər|-tə ˋi-|ʂai, nə ˇtsou|
太陽 就 出 來 熱熱兒的 一 晒, 那 走

ˋtaor|-tə ˊma ˋʂaŋ tɕiu pa ˊpʻao-tsʊ ˊtʻuo|-lə-|ɕia|-lai.
道兒的 馬 上 就 把 袍子 脫了 下 來。

suo-i ˊpei|ˉfəŋ puˊnəŋ|-pu ˊtʂʻəŋˋʐən ˋtao ˇti ˊxai ʂɨ
所以 北風 不能 不 承認 到底 還是

ˋtʻai-jaŋ pi tʻa ˇpən-ʂɨ ˋta.
太陽 比 他 本事 大。

- 40 -

単語数　95　　｜形態素数　143　（〜は分析不可）　　　つぎめ　48

°膠着　18　　ˇ屈折　20　　└───統合型　33　　└─●語形変化　6

ロシア語文例

Rús|skij　jazýk.　Vo　dn|i　somnéni|j,　vo　dn|i
　　　　　　　　　　　　　　　に　日々　　疑ひの　　　　に　日々
　　　　　　　　　　　　　　（前置）（名,男複対）（名,中,複属）

tjágost|nyx　raz|dúmi|j　o　súd'ba|x　moj|éj
痛ましい　　　　沈思の　　　に就ての　運命　　　私の
（形,複属）　　　（名,中,複属）（前置）（名,女複處）（代名,女生）

ródin|y,　─　ty　odin　mn|e　pod|déiž|ka　i　opóra,
　祖国の　　　　汝　一人　私に　　支へ　　　及び　支へ
（名,女単生）　　（代名,単主）（數,男単主）（代名,単与）（名,女単主）（接）（名,女単主）

ó　velik|ij,　mogú|čij,　pravdi|vyj　i　svobód|nyj
おゝ　大きい　　強大な　　　正しい　　そして　自由な
（感動）（形,男単主）（形,男単主）（形,男単主）（接）（形,男単主）

rús|skij　jazyk!　─　Ne bu|d'　teb|já　─　kak　ne
ロシアの　　言語　　　　なく　あれ　　汝　　　どうして　ない
（形,男単主）（形,男単主）（副）（動,命）（代名,単生）（副）

v|pás|t'　v　ot|čájanije,　pri　vid|e　vseg|ó,
°陥る　　に　°絶望　　　　に際し　眺め　総ての
（動,不定法）　（名,中単對）（前置）（名,男単處）（代名,中単生）

čto　so|veršá|jet|sja　dóm|a?　─　No　ne|l'zjá　véri|t',
こと　　なされている　　故国で　　併し　できない　信ずる
（代名,主）（動,単三）（副）（接）（副）（動,不定法）

čtó|by　tak|ój　jazýk　né　by|l　da|n　velik|omu
とは　　かゝる　言語が　なく　あった　興へられ　大なる
（接）（代名,男単主）（動,過男単）（過受分）（形,男単与）

naród|u!　─ I. S. Turgénev.
国民に
（名,男単与）

単語数　52　　｜形態素数　89　　つぎめ　37　　°膠着　16

ˇ屈折　103　　└───統合形　20　　└─●語形変化　20

第1部　ニホン語

トルコ語文例

Boraɪyla　güneş　bir|bir|in|den　daha　kuvvet|li
　北風と　　太陽が　　どちらが　　　　　　　　強いかを

ol|duk|lar|ı|nı　iler|isür|erek　iddia|laş|ıyor|larɪdı.
　　　　　　　　　　　　争って　　　數べたてていた。

Bu　ara|lık　uzak|tan　kalın　bir　palto|ya
この　とき　遠くから　厚い　　　　外套に

sar|ın|mış　bir　yol|cu　gör|ün|dü.　Boraɪyla
くるまった　ひとりの旅人が　　見えた。　　北風と

güneş　bu　yol|cu|ya　palto|su|nu　ilk
太陽は　この　旅人に　　外套を　　初めに

çık|ar|t|an|ın　daha　kuvvet|li　ol|duğ|u|nu　kabul
脱がせるものが　いっそう　強いということを　　　承認

et|mek　lazım　gel|diğ|in|de　mutabık　kal|dı|lar.
　す　　べき　であることについて一致　　　した。

O　zaman　bora,　var　kuvvetɪile　es|meğ|e　baş|la|dı.
その　とき　北風は,　あるかぎりの力をもって　吹き　はじめた。

Lakin,　o　es|tik|çe　yol|cu　palto|su|na　daha
しかし,　彼が　吹くと　旅人は(自分の)外套に　　いっそう

sık|ı　sar|ın|ıyorɪdu.　Nihayet　bora　uğra|ş|mak|tan
しっかりとくるまっていた。とうとう　北風は　努力することを

vaz　geç|ti.　Bu　sefer　güneş　aç|tı;　orta|lık
やめた。　　今　度は　太陽が　現れた;　あたりが

ıs|ın|dı;　yol|cu　hemen　palto|su|nu　çık|ar|dı;
暖かくなった;　旅人は　すぐ　外套を　　脱いだ;

ve　bö|yle|ce　bora,　güneş|in　daha　kuvvet|li
そして　こうして　北風は　太陽が　いっそう　　強いと

ol|duğ|u|nu　itirafɪa　mecbur　ol|du.
　　　　　　白状　　しないわけにはいかなかった。

単語数　80　|形態素数　153　つぎめ　73　膠着　71

屈折　72　統合型　36　語形変化　16

－ 42 －

4. 日本語はどんな言語か

日本語文例

Kita|kaze to taiyô ga, do|cci ga cikara ga cuyo|i ka to it|te arasoi|masi|ta. Mic̦io arui|te i|ru ningen no kimono o nuga|se|ta hô ga kaci da to i|u koto ni kime|masi|ta. Kita|kaze no hô ga saki ni hazime|te, hagesi|ku huki|masi|ta. Suru|to, ningen ga kimono o osae|ta mono desu kara, kita|kaze wa masu|masu huki|cuke|masi|ta. Tokoro|ga ningen wa, masu|masu samu|gat|te, hoka no kimono made ki|komi|masi|tano|de, kita|kaze wa tôtô cukare|kit|te, taiyô ni, kondo wa, kimi no ban da to ii|masi|ta. Taiyô wa, hazime wa ziwa|ziwa to terasi|masi|ta. Suru|to, ningen ga kimono o nui|da no|de, motto, hikari o cuyo|ku si|masi|ta. Ningen wa, simai ni sono acu|sa ni gaman deki|na|ku nari|masi|ta. Soko|de, kimono o nugu to, kawa no nagare ni hait|te mizu o abi|masi|ta.

単語数　120　　| 形態素数　176　　つぎめ　56　　° 膠着　23

˘ 屈折　47　　⊢━ 統合型　41　　⊢━ 語形変化　3

（1978. 1. 31『岡山大学法文学部学術紀要』No.38）

第1部　ニホン語

5. 国語辞典類にみえる「膠着語」の記述

　日本語は「膠着語」であるといわれてきた。それは明治の末期から今日まで、大勢として、一貫して採用されてきた説である。大勢としてというからには、そこに少数ながら異論が存在することを暗示する。これに関しては、さきに小論を発表して、日本語は「膠着語」とは断じがたく、形態類型論的に孤立性・分析性のたかい、屈折性のひくい言語である、という結論をしめした（1978・1、『岡山大学法文学部学術紀要』第38号「日本語はどんな言語か―類型論的考察―」）。

　本稿は、現在われわれが普通に使用している国語辞典類のなかで、「膠着語」がどのように記述・解説されているかをしらべ、それらに批判をくわえたものである。あとでみるように、国語辞典類とここで称するもののなかには、事典・百科事典それに英和辞典の一部もふくめてある。ただし漢和辞典にまでは今回の調査がおよんでいない。

　まず一覧表をつくる。

　一覧表のつくり方について説明をくわえよう。

　辞典類は、その大きさによって解説文の長さが当然ことなっている。記述のしかたもちがう。たとえば8『国語辞典（講談社）』（以下辞典類の名称を表の番号でしめすことにする）をしらべてみる。

　　　語の順序や語形変化よりも、接辞や助詞・助動詞などの付属語によって、文法的な関係を示す諸言語。日本語・朝鮮語・アルタイ諸語など。付着語。㊦屈折語・孤立語。

　この記述をみると、文法的はたらきをしめす部分はなにか、言語例としてはなにがあるか、そこに日本語をふくめるかどうかが問題となっていることがわかる。8には書いてないけれど、もうひとつ、語幹と接辞との結びつき方を問題にしているものが多い。この結びつき方というのは、「屈折」と「膠着」をわける重要な標識だからである。そこで、表の横段を4つに区切って、そこに要点だけを記入するようにした。

－ 44 －

5. 国語辞典類にみえる「膠着語」の記述

辞典類	文法的はたらきを示す部分		結びつき方	言語例	日本語
	語	接辞			
1. 広辞林（三省堂）	○		簡単に見分けられ、その連続・分離は容易	トルコ語・フィンランド語	○
2. 新言海（日本書院）	○		独立の単語の前後に	ウラル・アルタイ語族	○
3. 新世紀大辞典（学研）	○			朝鮮語、ハンガリー語、フィンランド語	○
4. 辞海（三省堂）	○		幾重にも結合する	朝鮮語、蒙古語、フィン語、ハンガリア語	○
5. 新選国語辞典（小学館）	○	○			○
6. 新明解国語辞典（三省堂）	○	○		朝鮮語、ウラルアルタイ語族	○
7. 新綜合国語辞典（旺文社）	○	○		朝鮮語、アルタイ諸語	○
8. 国語辞典（講談社）	○	○		朝鮮語、アルタイ諸語	○
9. 言林（小学館）	○	○		ウラル・アルタイ語族、南方諸族の言語	○
10. 角川国語辞典	○	○			○
11. 新潮国語辞典	○	○		朝鮮語、蒙古語、ハンガリー語、フィンランド語	○
12. 大辞典（平凡社）	○	○		ウラル・アルタイ語族	○
13. 世界原色百科事典（小学館）	○	○		ウラル語族、アルタイ語族	○
14. 日本文法大辞典（明治書院）	○	○	屈折性にくらべて独立性強い、容易に見分けられる	トルコ語、朝鮮語、アルタイ諸語	○
15. 原色現代新百科事典（学研）	○	○		トルコ語、ウラル・アルタイ語族	○
16. ことばの百科事典（三省堂）	○	○	ばらばらに離れることができる	朝鮮語、トルコ語、ツングース語、モウコ語	○
17. 国語学研究事典（明治書院）	○	○	結びつきがゆるく、とりはずしができるように継ぎ目が見える	ウラル語、アルタイ語	○
18. 国語学辞典（東京堂）	○	○	容易に見分けられ連接分離が自由	朝鮮語、アルタイ諸語、フィン―ウゴル語	○
19. 世界大百科事典（平凡社）	○	○	ゆるく接合し切れ目が比較的明白	アルタイ諸語、フィンウゴル諸語	○

- 45 -

第1部　ニホン語

辞典類	文法的はたらきを示す部分		結びつき方	言語例	日本語
	語	接辞			
20. 現代英語学辞典（成美堂）	○	○	切れ目は比較的自由	朝鮮語、トルコ語	○
21. ブリタニカ国際大百科小項目辞典（TBS）		○	規則的に接合、二つ以上連接しうる	ウラル語、アルタイ諸言語	○
22. 岩波国語辞典		○	ゆるく接合し、その切れ目がかなり明確		○
23. 広辞苑（岩波）		○	屈折語の如く密接でなく、語根内変化なし	フィンランド語、トルコ語、ウラルアルタイ語族	○
24. 英語学辞典（研究社）		○	屈折の如く密接でなく、語根内変化なし	トルコ語、フィンランド語	
25. 日本国語大辞典（小学館）	?		比較的自由な連接	フィンランド語、トルコ語、朝鮮語、ウラルアルタイ語族	○
26. 新言語学辞典（研究社）	?		あとからあとから付け加える	チヌーク語	
27. 言語理論小事典（朝日出版）	?			アメリカインディアン諸語	
28. 簡約英和辞典（研究社）	?		語幹は無変化で	朝鮮語、トルコ語	○
29. 新コンサイス英和（三省堂）	?		語形は無変化のまま	トルコ語、ハンガリア語	○
30. ブリタニカ国際大百科（TBS）	?		形態素はおのおのの形を明白に維持するため、その分断は容易	トルコ語	

　つぎに1から30までの順序であるが、これも4つに分類してみた。それは、文法的はたらきをしめす部分が、語（単語）であるのか、接辞（語尾）であるのか、両方であるのかによっている。すなわち、1から4までは語であるといい、5から20までは両方であるといい、21から24までは接辞であるというが、25以下は判定しがたいものである。それぞれの中での順序には特別の意味はなく順不同である。

　さて、横段の上の2つについて検討していこう。1、2、3は記述がよくにていて、いずれも語・単語がつくという。

　1. 独立の単語に……独立しない形式の語が付いて……

－ 46 －

5. 国語辞典類にみえる「膠着語」の記述

2. 独立の単語の前後に……独立しない単語が連接……

3. ある単語に……独立して使われない別の単語が付着……

4. 語法上の関係を表わす成分が、まだ語尾となるには至らず、形式上半ば独立の助辞を成す言語。

　4の記述は他に類例がなく、そのいわんとするところがよくわからないが、語尾ではないとすると、単語（助詞）であろうとかんがえ、ここに入れておく。1～4の記述から判断するならば、日本語の「岡山の」の「の」とか、英語のof, フランス語のdeなどが名詞と連接するたぐいを「膠着」としているのであろうか。もし、そうだとしたら「膠着」ではなくて「孤立」といわねばならない。

　5から20までの16種の辞典類は、文法的はたらきをなす部分が語でもよし、接辞でもよしとしている。もっとも、そこに出てくる助詞、助動詞、補助動詞（14）、接辞、接頭辞、助辞（10、11）、助語（13）、単語、語、付属語、接頭語、接尾語、挿入語（16）、語尾などの文法用語が、具体的にどんな言語形式をさしているのかは、かならずしも明白ではない。日本語での実例をしめしているもの（14、18、19、20）は、判定しやすいが、そうでないものは、おおむね橋本文法での用法によっているものとかんがえられる。みなれない用語、助辞と助語は助詞とみてさしつかえあるまい。接頭語、接尾語、挿入語などは、もちろん語ではなく接辞であろう。14の補助動詞は、タベサセハジメ マシ タという例があがっているので、ハジメという語幹をさしていることがわかる。複合語の構成は、形態的類型論上の「膠着」とは無関係だから、いま問題にすることはない。

　そうしてみると、前記の助詞以下語尾にいたる文法用語は、つぎの2つのレベルに大別することができよう。

　一、単語、語、付属語、助詞（の大部分）
　二、助動詞（の大部分）、接辞、語尾

　問題は助動詞のあつかいである。1～4についてのべたように、付属語としての助詞が、名詞につづくような場合を「膠着」とするわけにはいかない。もし助動詞を名詞、形容詞、動詞などとおなじレベルの詞すなわち語であるとす

－ 47 －

第1部　ニホン語

ると、日本語の「膠着」性などは、最初から問題にならなかったにちがいない。助動詞の大部分は、動詞に接尾する接辞（語尾をふくむ）であるからこそ、日本語は「膠着語」だといわれてきたのではないか。類型論の歴史にてらしてみるならば、接辞をもちいないタイプの言語なのか、もちいるタイプの言語なのか、もちいるとすれば、もちい方はどうか、という基準で孤立的言語、膠着的言語、屈折的言語という分類がなされてきたのである。

　助動詞を品詞のひとつとして、語として立てるならば、14にとりあげられている例は、つぎのように、まさしく孤立語的になってしまう。

　ワタシ　ガ　コドモ　ニ　ゴハン　オ
　タベ　サセ　ハジメ　マシ　タ　トキ
　ゲンカン　デ　ヒト　ノ　コエ　ガ
　シ　マシタ

　したがって1から20までは、すべて助詞をとりいれている点で、「膠着語」の解説としては不適当といわざるをえない。

　周知のように、山田文法では助動詞という品詞をみとめず、動詞に接尾する複語尾であるという。これに対する橋本文法の反論がある。いま著作集第8冊『助詞・助動詞の研究』（234ページ）から、その一部を引用してみよう（傍点筆者）。

　　かやうに助動詞（動詞にのみつくもの）は、助詞にくらべても概して独立性が弱く、接尾辞に近いのであるが、それでは、之を単語とせずして複語尾（接尾辞と同等のもの）とし、助動詞の加はったものを一語とすべきであるかといふに、さうするには理由があるけれども、しかし、必さうしなければならないのでもない。（中略）しかるに助詞のついたもの（行けど、行けば）は一つの品詞と同等ではないから、之を一語とみる事が出来ないといふかもしれない。なるほど、こんな品詞はないが、しかし用言は活用するものであるから、その活用した一つの形として、これ等をみとめてみとめられないではない。さうして実際、かやうに取扱ふのは、決して無理ではない。却って、我々の言語意識に適切な点もある。

－ 48 －

5. 国語辞典類にみえる「膠着語」の記述

　もうひとつ歯切れがわるい。それはともかくとして、たとえば「行かない」を2単語にわけるとすると、「行か」という単語が存在することになる。「行か」や「行こ」が単語（自立語）ならば、単独で文節をつくれるはずであるのに、それはできない。助動詞の導入によって学校文法を混乱させ、こどもたちを文法ぎらいにし、母国語の文法を暗記させるという愚をくりかえしている教育現場に、おもいをいたさざるをえない。

　さて、結びつき方をのべている部分では、「両者は簡単に見分けられ、その連続・分離は容易に行なわれ」(1)、「屈折性にくらべて、二つの部分の独立性が強い点が異なる。両者は容易に見分けることができ」(14)、「不必要なときは、ばらばらに離れることができ」(16)、「結びつきがゆるく、とりはずしができるように継ぎ目が見え」(17)、「容易に見分けられ、その連接・分離が自由」(18)、「ゆるく接合し、その切れ目が比較的明確で」(19)、「屈折語のような融合でなく、その切れ目は比較的明白である」(20)のように書かれている。表現のちがいはあっても、そのいわんとするところは、ほぼ一致している。ところが、これらの解説は、自立語と付属語（助詞の大部分）との結びつき方をのべているものと理解することもできるし、また自立語と接辞（助動詞の大部分、語尾）との結びつき方をのべているものとも理解できる。前者だとしたら、結びつきがゆるく切れ目が明確で分離が容易なのは、当然すぎるほど当然であるから、問題にならない。後者だとしたら、具体的にどんな場合を想定しているのであろうか。

　14には、タベサセハジメ マシ タ……シマシ タという例が出ている。マシとタの「二つの部分の独立性が強」く、「容易に見分けることができ」るということになりそうだが、はたしてそうだろうか。マシという独立性の強い語があるのだろうか。マシタをマシとタに見分けることが、ほんとうに容易なのだろうか。18には、ucu, utta（cf. kaku : kaita, miru : mita）という例があり「-taはその前に休止を置くことが困難であること、特定の語の後では-da（yomu : yonda）が現われること、連接する動詞も特定の活用形であること、などから、連接の度合は、より密接である。」としている。気になるのは「連接・分離が自由」という表現との関係である。「自由」という語は25にもみえる。それは、橋本文法で「助動詞」を一品詞とする根拠のひとつになっている。前記の『助詞・助動詞の研究』には（傍点筆者）、

第1部　ニホン語

接尾辞は、それのつく語がかぎられてゐる。どんな語にも自由につくといふ事は出来ない。之に反して助動詞は、概して、自由につく。（231ページ）つまり接尾辞は、その接する語に於ても非常にかぎられ、そのつく形も語によって一定しないが、助動詞は、或種類の語には自由につき、その一定の活用形につく。即ち、助動詞の方が、規則的である。どれにでも自由につくものは、その間の結合が十分緊密ではない。或語にかぎってつくものはその間の結合が緊密で、とりはなしにくい。（232ページ）助動詞は、他の付属辞にくらべて、そのつく語の範囲がよほどかぎられて独立性は乏しいにしても、接尾辞にくらべては、規則的であって自由が多い故、その点から付属辞のうちに入れても差支ないと考へられる。さすれば、今までのやうに付属辞の一として一の品詞に立てるのも、あながち非難すべきではない。（235 ～ 6ページ）

と書かれている。しかし「規則的で自由」な結びつきをもって、単語認定の基準とするのは、説得力がよわい。どんな動詞にも規則的に自由につく、英語の-ingやフランス語の-antは、けっして単語ではない。

　話をもとへもどそう。19には＜飲みませんでした＞という例が出ている。そして「＜飲み―ませ―ん―でし―た＞に分けることができるような特徴から日本語は膠着語であるといわれている。ただし＜飲む＞＜飲み―＞や＜飲まない＞の＜飲ま＞などの間に交替のあることに注意しなければならない。」といっている。ここでも語と接辞が入りみだれていて、結びつき方の解説と矛盾がある。「膠着語」の例としては不適切である。20では自立語と接辞との結びつきをしめす日本語の例はないが（「わたしは―彼を―愛する」という例はある）、英語のun-just-ly, high-nessを「膠着」の例としている。これは24の例un-just-ly, care-less-ness, great*ness,* untime*ly* にならったものであろうが、まさに「膠着」の例としては適切である。

　さて20までとはことなり、21から24までは文法的はたらきをする部分を接辞と限定している。結びつき方では「規則的に接合させる」（21）、「ゆるく接合し、その切れ目がかなり明確」（22）、「屈折語の如く密接でなく、語根内の変化を伴わない」（23）、「語尾屈折の如く密接でもなければ、又語根内部の変化を伴うこともない」（24）となっている。23は出版年からみて24からの

－ 50 －

借用であろう。いずれも日本語の用例がないのが残念であるが、これらは簡潔な解説で「膠着」の要点をついている。ただ21に出しているトルコ語の例が「日本語kak-ase-rare-nai kotoによく似ている」と記述されているのは気になる。21は「膠着語」の代表のなかに日本語をかぞえているが、もし、その例としてkak-ase-をあげているのなら問題がのこる。

　25から30までは、文法的はたらきをする部分が、なんであるのか判定がむずかしい。それは「非独立性の言語要素」(25)、「明確な意味をもっている要素」(26)、「文法標識」(27)、「変化する部分」(28)、「別の要素」(29)、「種々の形態素」(30)であって、語か接辞かが不明である。ただし28が「語幹は無変化で」といい、29が「語形は無変化のまま」といっているところから判断して、前者は接辞をさし、後者は語をさしているのかもしれない。

　以上、文法的はたらきをする部分と、その結びつき方について「膠着」の定義をみてきたが、結論的にいうならば、21、22、23、24の4つの辞典類の記述が適当ということになる。日本語の例をひとつでも入れておいてほしかった。

　つぎに言語例の項をみていこう。2、6、9、12、15、23、25が、ウラル・アルタイ語族あるいはウラルアルタイ語族をあげている。このような語族は、学問の世界で確立してはいない。むかし、そのような想定をした人々はいるが、その仮説はいまだ証明されていない。9は南方諸族の言語というけれど、きわめてあいまいである。うけとりようによって、どうにでも誤解されやすい、このような表現はさけなければならない。13はアルタイ語族という。これも説がわかれていて、そのような語族の存在は未確認というべきであろう。17、21にみえるウラル語は、どの言語のことなのだろうか。おそらくウラル語族のあやまりであろう。さらに17のアルタイ語は、アルタイ語族のつもりなのか。アルタイ語とよばれる一言語は、ソ連のゴルノ・アルタイ地方（正確にはロシア・ソビエト連邦社会主義共和国ゴルノ・アルタイ自治州）を中心に現存する、トルコ諸語のひとつである。それをさしているのではなかろう。18のフィン・ウゴル語はフィン・ウゴル諸語であろう。16のツングース語についても同様。

　これら辞典類の多くは、どこの家庭にもあるような、多数の人々の利用しているものである。誤解をまねかないように工夫されることを期待する。

　かわった例は26と27である。26はチヌーク語（Chinook）の例としてa-č-i-m-l-úd-a ʻHeʼll give it to you.ʼをあげ、「あとからあとから付け加えてゆくこ

第1部　ニホン語

とによって派生語や複合語を作る」と説明している。–ud'give' が語根だとする
と、a–č–i–m–l– は接頭辞か接中辞のようにみえる。そうすると「あとからあと
から」は接尾のことではないのだろう。理解にくるしむ。27はアメリカインディ
アン諸語をあげているが、南北アメリカ大陸原住民の数百の言語が、すべて「膠
着語」であるとはおもえない。

　さて、日本語を「膠着語」としていないのは、わずかに 15、24、26、27、
30の5つだけである。本稿のはじめに記した小論において、現代日本語は「膠
着語」とはいいがたいむねをのべ、5つの現代語について、つぎのような膠着
性のパーセントをしめしておいた。トルコ語97、英語47、ロシア語43、日
本語41、中国語38。これは数量化のひとつのこころみであるから、数字を額
面どおりにうけとられてはこまるけれど、これらのうちでは「膠着語」すなわ
ち膠着性のたかい言語は、トルコ語だけである。小論を発表したあと、13世
紀のモンゴル語文献（元朝秘史）について、同様な方法を適用してみた。えら
れた数字は80であった。

　国語辞典類にみえる「膠着語」の記述は、かくして多くの欠陥をしめすこと
がわかった。無傷でのこったのは、ただひとつ24「英語学辞典」（研究社、昭
和15年初版）のみであった。

（1980.12.27『岡山大学文学部紀要』No.1）

6. ことばの近代化

①近代化とは

　　　　泰平の眠りをさます上喜撰（蒸気船）
　　　　　　たった四はいで夜もねむれず

　ペリーなどの黒船は、19世紀なかばの日本をゆさぶり、開国によって日本は資本主義世界のなかまいりをし、苦難にみちた近代史をあゆみはじめました。

　ことばの近代化というとき、地球上の諸言語を当然問題にしなければなりませんが、ここでは日本語についてかんがえることにいたします。そのまえに、近代化modernizationとは、どういうことをさすのでしょうか。三省堂『大辞林』では、近代化がつぎのように説明されています。

　　　社会的諸関係や人間の価値観・行動が、封建的な因習・様式などを脱して、合理的・科学的・民主的になること。

　このなかみに、いちいちたちいる余裕はありませんが、日本人の言語観や言語行動が、合理的・科学的・民主的になることだとかんがえることができそうです。

　もっとも、近代化とか合理化とかいわれる政策のなかみが、うえの説明とはあいいれない、かっこつきのものもあります。たとえば農業の「近代化」が中小農民のきりすてであったり、「合理化」の名のもとに、ひとべらしと長時間労働がしいられる、といったぐあいです。こうしたときには、国民のがわからの真に合理的な科学的な民主的な批判精神がもとめられます。

　明治このかた、日本の近代化は、ヨーロッパをモデルにしながら「おいつけ、おいこせ」をあいことばに、急速におしすすめられてきました。それは「富国強兵」の近代国家、「単一民族」の大日本帝国、教育勅語体制下の臣民づくりをめざした、いわば上からの近代化でもありました。そのなかで、日本語にかかわる大事件として、言文一致の運動と敗戦後の民主的改革をあげることができます。

－ 53 －

第1部　ニホン語

②日本語の近代化

　以下のかんがえを理解していただくために必要なので、ここで言語というものを、どうとらえるか、立場をあきらかにしておきます。

　人間の言語は、なによりも人と人とが、たがいに理解しあい協同するための道具です。ただし普通にいう道具とはちがって、特定の社会集団に属し、音と意味をもつ言語記号からなりたっていて、マルチネのいう二重分節を特性のひとつとしています。言語は、つねに人とともにあり、したがって変化するのが本質です。言語をあやつる装置は、脳と音声・聴覚器官であって、二次的な記号として文字をつかうときは手や視覚を利用します。ここで記号とは、もともと関係のないものを指示するもののことです。たとえば、赤信号を「トマレ」の記号とするようなものです。

　さて、「国語」というよびかたは、世界のなかのひとつの言語としては、日本語にあらためたほうがよいでしょう。「国語」とは国家の言語、すなわち明治政府の中央集権的近代国家にあわせて、いわれてきたものです。「国語」は、ふるい中国で、いまは大韓民国でつかわれています。ニホンゴかニッポンゴかは、国民がきめていくことがらです。銀行券や切手にはNIPPONと印刷されていますが、どうかとおもいます。ちなみに、三省堂『新明解国語辞典』（1976）では、（にっぽん）の項が7行、（にほん）の項が25行です。

　近代社会をどうとらえるか、さまざまな意見がありますが、日本の近代化にとっては、もちろんのこと統一言語をもち、よみかき能力を普及させることが必要でした。それは、大日本帝国軍隊の質の向上、臣民の精神動員のためという側面をもちながら、国民の教育レベルの向上にもつながる、という両面をもっていました。方言つぶし、標準語のおしつけが、各地で矛盾をあらわにしつつおこなわれました。一例を沖縄にとってみると、十五年戦争のさなかにだされた「標準語励行県民運動要項」は、つぎのようにのべています（叢書『わが沖縄』第2巻）。

　　　時局重大ノ際ニ挙県一致標準語励行ノ大運動ヲ振起スルコトハ国民精神総
　　　動員ノ一運動トシテ意義深キモノアリ。

　いま、ようやく方言のみなおしや、方言文法の研究がさかんになってきたの

は、かきことばとしての標準語を身につけながら、日本語の日常生活に目をむけるという、科学的民主的なながれとして、とらえることができるとおもいます。きたない方言、おとった方言などというものは、もともとないのですから、「国語」教育や方言ドラマなどをとおして、方言認識があらたまっていくことが期待されます。日本人の母語認識については、この雑誌の1988年1月号にかきましたので、ここでくりかえしません。

　さて、19世紀のすえにいたって、言文一致の運動がおこり、平安朝の文体からの近代化が、文学作品などのなかではじめられました。それは「言語的にいえば、この年代、つまり明治もすえごろになって、やっと日本語はヨーロッパ語においついてきたということができる」のです（宮島達夫「近代日本語における漢語の位置」『国語国字問題の理論』142ページ、麦書房　1977）。この言文一致運動は、日本語の近代化のためにおおきな力をつくし、その成果をさらにのばすことが必要だったのですが、大正デモクラシーがつぶされ、伝統主義的価値が復活するなかで、詔書、内閣告諭、政府声明、宣言、法律などの公文書はもとより、商業上の候文にいたるまで、文語体がもちいられ、旧かなづかいが70年も強制されてきました。その改革は、日本の敗戦をまたなければなりませんでした。

　以下、将来の日本語をめざして、文法と語彙と文字にかかわって現状批判をしてみたいとおもいます。

③文法の近代化

　こどもたちは中学にはいって英語をならいはじめます。Once upon a time……のように、あいだをあけてかかれることばを、ひとつひとつ単語としておぼえます。どんな言語も、こうした単語で文ができあがっています。日本語の単語は、どうなっているのでしょう。ことし2月にやった、わたしの言語学概論のテスト問題を材料にして、日本の大学生の単語認識をさぐってみることにします。

　夏目漱石『坊っちゃん』の、はじめの段落「親譲りの無鉄砲で……飛んで見せますと答えた。」を、わかちがきローマ字に書きかえさせ、すべての単語の数（のべ語数）をきく問題。正解数113はひとりもいませんでした。±5の範囲にいるもの、39人中9人でした。つぎのようにばらついています。

第1部　ニホン語

138	131（2人）	127	122（2人）	114	105	62
134	130	126	119	110（2人）	103	49
133（4人）	129	124	117（2人）	109	75	46
132（2人）	128（2人）	123	116（3人）	106	69	13

　100未満の6人は、ことなり語数と勘ちがいしたのかもしれません。あるいは文節をかぞえたのかもしれません。これらを問題外とすると、学生たちは単語というものを、もっとちいさい単位とかんがえているようです。その証拠にkaet te, it te, ton deのような表記がみられます。また、せっかくdekimai. misemasuのように表記しながら、「国文法」の知識によって、こまぎれにしているようです。いったい日本語には「帰っ」「言っ」「飛ん」などという単語があるのでしょうか。

　たいがいの辞書の付録に動詞活用表がついています。『大辞林』では2ページにわたり五段で10語、上・下一段で15語ずつ、カ変1語、サ変3語の用例がのっています。そして「か、き、く、く、け、け」と活用するようです。これをこどもたちに暗記させて「国文法」ぎらいを生産しています。日本語の動詞の活用は、実に規則的にできていて、語幹末母音が5種類に交代するものと、語幹（語根）が変化しないものの2種類がもとになっているのです。不規則動詞には、カ変とサ変のほか、「行く」「いらっしゃる」「なさる」などがあります。わるいことに、「書かなかった」というひとつの単語を「助動詞」と称するものに分解して別にあつかいますから、肯定と否定、未完了と完了といった論理的な関係がたちきられてしまいます。

　奇妙なことに、「国文法」では「見る、寝る、来る、する」などには語幹がないとされ、「書く、貸す、買う、勝つ、咬む、刈る」などの語幹は、どれも「か！」だというのです。科学的というのは、なにもヨーロッパ式になることを意味しません。あたりまえのことです。日本語の文法規則は、日本人の脳にきちんとはいっているはずです。会話ができるのは、そのためです。「国文法」をおしえるのに、暗記はいりません。もっているものを、ひきだして整理してやれば、よいのです。「書いた」と「読んだ」の「た」と「だ」のちがいは、どんな法則によっているのだろうかと、学生に1年間といつづけましたが、まあまあの答をだしてくれたのは、たったのひとりでした。

6. ことばの近代化

以上、単語と動詞を例にして文法論と文法教育の一部に批判をくわえてきましたが、科学的な文法もうまれつつあります。それは、また外国人の日本語教育にも役だつものとなるはずです。

④語彙の近代化

日本語の語彙は、もっと整理すべきだとおもいます。ちいさな辞書でも「カンショオ」にあたる漢語が20ちかくのっていますが、実際につかわれるのは半分以下ではないでしょうか。近代化とは民主化をふくむものととらえれば、理解されないことばが、すたれていくのは当然のこと。ことばの歴史は変化の歴史です。ただ、どのようにかえたほうがよいのか、ほっておいたほうがよいのか、言文一致の運動をのばすのかどうか、などが問題になります。

お経や勅語のような、わからないものをありがたがる人もいるにはいますが、国民のふだんの生活をもとにして議論をかさねていくことが必要です。いくつか、こころがけるべきことを、ならべてみましょう。

○音をだいじにすること。岡山駅のちかくに小川にそった公園があります。はじめて、その名を「リョクドオ」ときいたとき、きたない名をつけるものだと感心しました。

○耳できいて意味がわかることばを。ラジオをきいていたら、イチゴづくりの農家で新種の「イクビョオ」がはじまった、と放送していました。どんな病気かなとおもいました。

○同音語をさけること。どんな言語にも同音語がありますが、文のなかでわかるのが普通です。言語生活では一番ちいさい単位が文ですから、不便はありません。しかし私立と市立、私案と試案、科学と化学、史学と詩学と歯学などは、こまります。高度、硬度、光度などは高さ、硬さ、あかるさといいかえましょう。バスはひとつにしたいものです。

○意味がちかければ漢語のほうをやめる。樹木、波浪、河川、山岳、刀剣などは木と波と川と山と刀でよろしい。ただし単語のいいかえは、文のなかでかんがえることが大切。

○名詞をへらし動詞を。「浅尾さんを拉致」→「つれさる」。「ウマからおちて落馬」、「日本には○○日に来日」のたぐいはやめましょう。

- 57 -

第1部　ニホン語

○やたらにカタカナ語をつかわない。カタカナ語は、とくに老人なかせ、外国人なかせです。カタカナ語が国民にどのくらい理解されているか、しらべる必要があります。

⑤文字の近代化

「我住いん新よおく」これは、なに語で、どうよむのでしょうか。アイリヴインニュウヨオクとよみます。けっしてむちゃではありません。英語では「新」の意味とむすびつく音形はニュウ（ヌウ）ですから、「我」をアイ、「住」をリヴとよむことができます。

ことばの近代化に文字のことをふくめて論じるのは、いささか見当ちがいの感があります。しかし、日本の現実は、「国語」といえば漢字の勉強のことかと、おもいちがいするほどに、日本語とその表記法とが、いりみだれています。丸谷才一氏は『朝日』の論壇（2・29）で、天皇大喪のときつかわれた「櫬殿、殯宮、轜車、斂葬、幔門」などの漢語や「一縷の望み、愁眉を開く」などの成句をとりあげて、これらは「優雅だし、品がある。……伝統的な日本語の富」だとして、漢字制限をゆるめるよう主張しています。伝統が民主をおしつぶすのか、合理的科学的民主的な国民の力が「伝統」をおしかえし、のりこえるのか、そのわかれみちにきています。

1948年おおがかりな日本人の読み書き能力調査がおこなわれ、社会生活に必要とされる満点のパーセントは、わずかに6.2とでています。あれから40年、教育レベルがあがったとはいえ、そうあまくはないとおもいます。再調査が必要ではないでしょうか。

近代化された言語には正書法がつきものです。「タバコ」もよし「たばこ」でもよい、ときには「煙草」もゆるされる。「私」はワタシなのかワタクシなのか、あるいはアタシなのか、わからない。まことにふしぎな文字づかいがされています。文字は、よめるもの、ちゃんとよんでもらえるもの、かけるものでなければなりません。かつて中国の魯迅は「漢字が滅びなければ中国は必ず滅びる」といったそうです（倉石武四郎『漢字の運命』123ページ、岩波新書　1952）。日本の漢字は2190年ごろに滅びる、と予言したかたもおります（安本美典「漢字の将来—漢字の余命はあと230年か—」『言語生活』137号、1963）。

日本語をかきあらわす近代化された文字、それは世界のすぐれた文字、ロー

－ 58 －

6. ことばの近代化

マ字です。ことばの本質にねざし、わかちがき正書法をもつことができ、まな
びやすく、日本文法もよくわかる、日本語そのものへのあたらしい愛情がわい
てくる、いいことずくめではありませんか。ローマ字化は、もちろん外国人の
ためにするものではありません。したたらずでしたが、最後に、『坊っちゃん』
の「無鉄砲」を学生たちがどんなローマ字にかきなおしたかを紹介して、おわ
りといたします。

mteppo	muteppo（5人）	muteepoō	muteepou	mutettupō
muttepo	muteppô（3人）	muttepou	muteppoo（8人）	mutetsupo
muttepō（3人）	muteppō（6人）	mute?poo	muteppou（4人）	

（1989. 7. 1『国文学解釈と鑑賞』至文堂）

第1部　ニホン語

7. 日本語の要点

①はじめに

　ニホン語はやさしい言語である。発音が簡単で、単語の変りかたも大へん規則的である。語順はSOVすなわちSubject（主語あるいは主題）にObject（目的語や補語）がつづきVerb（動詞あるいは述語）でおわる。PO（後置詞＝助詞）を名詞のあとに置く。SOV, POの言語は世界の半数にのぼるから、ニホン語はありふれた言語である。またGNすなわちGenitive（〜の）は、いつもNoun（名詞）のまえにくる。AN, AdVすなわちAdjective（形容詞）はいつも名詞のまえに、Adverb（副詞）はいつもVerb（動詞）のまえにくる。つまり修飾する単語はいつも修飾される単語のまえにくるのである。ヨーロッパ諸語などにある冠詞はない。文法性（gender）の区別もない。数や人称による文法変化もない。

②音

　音声は無限にことなるが、たがいに区別すべき音素は限られている。

1）母音音素

　母音音素は5つ/a, i, u, e, o/である。世界の言語のうち5母音のものが一番多い。/o, u/は発音の際、口の丸めが弱い。母音のみの単語の例:/ie/（家）、/aoi/（青い）、/ue/（上）。

2）子音音素

　子音音素は、つぎの18をかぞえる。

	口びる	歯	口蓋	声門
破裂音	p　b	t　d	k　g	ʔ
摩擦音	(f)　w		s　z　y	h
破擦音		c		
鼻　音	m	n	ñ	
はじき音			r	

　/ʔ/は表記するとき、つぎの子音字を重ねて書く：/saʔka/=sakka（作家）、語

－ 60 －

末にあっては ' を使う：/aʔ/=a'（あっ）。/f/は両口びるの［ɸ］で外来語にあらわ
れる：/faʔsyoñ/=fassyoñ（ファッション）、/ferii/（フェリー）。/c/は［ʧ］,［ts］で
/cici/（父）、/cume/（爪）、/cya/（茶）のように；これと対立する有声音素は/z/
である：/zidoosya/（自動車）。語末の/ñ/は［ɴ］。

3）拍

　時間のひとしい長さの単位を拍という。母音音素のそれぞれと/ʔ, ñ/は単独
で一拍となる。pañ（パン）は2拍、sakka（作家）は3拍である。拍数はつぎの
表のように約120あるが、個人差がある。（　）は外来語用である。

	a	i	u	e	o	ya	yu	yo	(ye)	ñ	ʔ	11
p	pa	pi	pu	pe	po	pya	pyu	pyo				8
b	ba	bi	bu	be	bo	bya	byu	byo				8
f	(fa)	(fi)		(fe)	(fo)							4
w	wa	(wi)		(we)	(wo)							4
m	ma	mi	mu	me	mo	mya	myu	myo				8
t	ta	(ti)	(tu)	te	to							5
d	da	(di)	(du)	de	do		(dyu)					6
c	(ca)	ci	cu	(ce)	(co)	cya	cyu	cyo	cye			9
n	na	ni	nu	ne	no	nya	nyu	nyo				8
k	ka	ki	ku	ke	ko	kya	kyu	kyo				8
g	ga	gi	gu	ge	go	gya	gyu	gyo				8
s	sa	si	su	se	so	sya	syu	syo	(sye)			9
z	za	zi	zu	ze	zo	zya	zyu	zyo	(zye)			9
r	ra	ri	ru	re	ro	rya	ryu	ryo				8
h	ha	hi	hu	he	ho	hya	hyu	hyo				8

121

語例：byooiñ（病院4拍）、paatii（パーティー4拍）、Syeekusupia（シェークス
　　　ピア6拍）、Zyeeaaru（JR5拍）。

第1部　ニホン語

4）アクセント

　高さアクセントで、高から低へさがるところを滝といい、ここに意味がある。以下アクセントを ` で示す。**Hasi** o arùku.（端を歩く）、**Hàsi** de tabèru.（箸で食べる）、**Hasì** o wataru.（橋を渡る）のように拍数プラス1の型が名詞にはある。ただし /ʔ, ñ/ にアクセントが来ることはない。地方差、年齢差が大きい。

③文

　長い文の構造は、Kinoo gakkoo de Tàroo ga Hànako ni nòoto o kasita.（きのう学校で太郎が花子にノートを貸した）のように、（いつ、どこで、だれが、だれに、なにを、どうした）の語順になることが多いが、句の入れかえが可能。

文の種類

　文の種類はつぎの3つ：

動詞文	Tàroo wa kooeñ ni **itta**.（ka?）
形容詞文	Kono inù wa **kasikòi**.（ka?）
名詞文	Hànako wa **gakusei**.（da, desu.）

④単語の分類

自立語 ｛ 活用する………形容詞、動詞
　　　　変化しない……名詞、副詞、感動詞、接続詞

付属語 ｛ 活用する………判定詞
　　　　変化しない……助詞

　待遇、アスペクト、接続のしかた、ムードなどによる語形変化を活用という。形容詞のうち活用しないものがある：（この、その、どの、大きな、小さな、こんな…）のような、もっぱら名詞の修飾語になるものである。

1）自立語と付属語

　単独で一語文として使えるもの（③—1では Tàroo, kooeñ, itta, kono, kasikòi, inù, Hànako, gakusei）を自立語という。自立語とともに使う独立性の弱いもの（wa, ni, ka, da, desu）を付属語という。

2) 助詞

よく使われる助詞の文法的な役割を簡単に示すと、no（所属、名詞化）、ga（主語）、o（対象）、ni（存在、変化）、to（共同、結果）、e（方向）、yori（比較）、kara（起点）、made（着点）、de（手段、動作の場所）、wa（主題）、mo（同類）、ka（不確実）。くわしくは辞書をしらべる。これらの助詞は重ねて使うことができる。つぎの表は上段の語から左側の語へと共存できること（x）を、こころみに示したものである。

	no	ka	made	kara	to	e	de	ni	yori	mo	o	ga	wa
mo	x	x	x	x	x	x	x	x	x				
wa	x	x	x	x	x	x	x	x	x				
no		x	x	x	x	x	x		x	x			
ga	x	x	x	x	x					x			
o	x	x	x		x								
ka	x		x	x	x			x					
de	x	x	x		x								
to	x	x	x	x		x							
ni	x	x	x										
made	x					x		x					
kara	x	x											
e	x	x											
yori	x												

例文：Sàñzi **made ni** oide kudasài.

　　　Tookyoo **e mo** ikimàsita.

3) 判定詞

判定詞は名詞や動詞・形容詞の終止形とともに説明句を作る付属語である。待遇（話し手との心理的な遠さ近さ）、アスペクト（動作・存在を完了と見るかいなか）、接続のしかた、ムード（話し手の気持）によって語形変化する。

第1部　ニホン語

| 待遇 | アスペクト | 終止形 | 接続形 | | | ムード形 |
			連体	中止	条件	推量
近い	不完了	da	na	de	nara（ba）	daroo
	完了	datta	datta	de	dattara（ba）	dattaroo
遠い	不完了	desu	na	desite	nada（ba）	desyoo
	完了	desita	desita	desite	desitara（ba）	datta desyoo

例文：Soko wa sìzuka **na** tokorò **da**.（desita.）

Asita ozisañ ga kùru **daroo**.（desyoo.）

⑤形容詞

　形容詞の語数は約550、そのほとんどが語幹に語尾 -i がついている（takà-i
高い）。

| アスペクト | 終止形 | 接続形 | | | ムード形 |
		連体	中止	条件	推量
不完了	takài	takài	takàku	tàkakereba	takài daroo
			tàkakute		
完了	tàkakatta	tàkakatta	takàku	tàkakattara	tàkakattaroo
			tàkakute		

例文：**Yasùi** no ga **nàkereba** yameyòo.（← yasù-i, nà-i）

　　　Yòkattara yasùku simasyòo.（← yò-i）

⑥動詞

　動詞の語数は約4,000、うち5段動詞が2,500をしめる。

規則動詞 { 5段動詞 kàku, yòmu…

　　　　 { 1段動詞 mì-ru, tabè-ru…

不規則動詞 { 4段動詞 su-ru だけ

　　　　　 { 3段動詞 kù-ru だけ

　5、1、4、3という数字は、語幹が変化する数である。kàku は kakà-nai,
kàki, kàke-ba, kakò-o のように5種類の語幹をもつ。5段と1段の区別がまぎ

－ 64 －

7. 日本語の要点

らわしいもの（切る：着る、帰る：変える）については、kìru : ki-ru, kàeru : kae-ruのように‐を入れた方が1段である。

1）命令形

待遇	5 kàku	1 mìru	4 suru	3 kùru
近い	kàke（否定 kàkuna） kaki nasài	mìro, mìyo（否略） mi nasài	sirò, sèyo（否略） si nasài	kòi（否略） ki nasài
遠い	kàite kudasài okaki 〃	mìte kudasài gorañ 〃	site kudasài	kìte kudasài irassyài

例文：Hàyaku koko e **kìte kudasài.**

Soñna ni zìroziro **mìruna.**

2）勧誘意志形

待遇	5	1	4	3
近い	kakòo（否定 kakumài）	miyòo（否略）	siyòo（否略）	koyòo（否略）
遠い	kakimasyòo	mimasyòo	simasyòo	kimasyòo

例文：Issyo ni è o **mimasyòo.**

Asita mata **koyòo** ka?

3）終止連体形

待遇	アスペクト	肯・否	5	1	4	3
近い	不完了	肯定	kàku	mìru	suru	kùru
		否定	kakànai （kakànu）	mìnai	sinai	kònai
	完了	肯定	kàita	mìta	sita	kìta
		否定	kakànakatta	mìnakatta	sinàkatta	kònakatta
遠い	不完了	肯定	kakimàsu	mimàsu	simàsu	kimàsu
		否定	kakimasèñ	mimasèñ	simasèñ	kimasèñ
	完了	肯定	kakimàsita	mimàsita	simàsita	kimàsita
		否定	kakimasèñ desita	mimasèñ desita	simasèñ desita	kimasèñ desita

第1部　ニホン語

例文：Kinoo tegami o **kàita.**（**kakimàsita.**）

Dàre ga màda **kimàseñ** ka?

Kinoo **kìta** no wa dàre?

Deñwa o hacumei **sita** gakusya o sitte **imàsu** ka?

4）連用形

		5	1	4	3
中止	(a)	kàki,（否定 kakàzu）	mi,（否定 mìzu）	si,（否定 sèzu）	ki,（否定 kòzu）
	(b)	kàite	mìte	site	kìte
並列		kàitari	mìtari	sitàri	kìtari
同時		kakicùcu	micùcu	sicùcu	kicùcu
		kakinàgara	minàgara	sinagara	kinàgara

例文：Tegami o **kàite** pòsuto ni ireta.

Nikki o **kàitari** tèrebi o **mìtari** sita.

5）語幹の入れかわり

　⑥—3と⑥—4において、5段動詞は語幹が入れかわったり、語尾が-t ～ -d と交代したりする。この法則を下にまとめる：

例	連用形（a）	→	連用形（b）	完了終止形	並列形
iu（言う）	ii		itte	itta	ittàri
ùcu（打つ）	ùci	- ʔ -	ùtte	ùtta	ùttari
àru（ある）	àri		àtte	àtta	àttari
kàku（書く）	kàki	- i -	kàite	kàita	kàitari
tasu（足す）	tasi	……	tasite	tasita	tasitàri

oyògu（泳ぐ）	oyògi	- i -	oyòide	oyòida	oyòidari
tobu（飛ぶ）	tobi		toñde	toñda	toñdàri
yòmu（読む）	yòmi	- ñ -	yòñde	yòñda	yòñdari
sinu（死ぬ）	sini		siñde	siñda	sindàri

- 66 -

7. 日本語の要点

　例のように動詞辞書形の最終拍は9種であるが、その音素によって規則的に語幹が入れかわり、また語尾が -ta, -te と -da, -de のどちらかになる。例外がひとつある：yuku, iku（行く）は -ʔ- をへて itte, itta となり、（言って、言った）と同音異義語になる。

6）仮定条件形

アスペクト	5	1	4	3
不完了	kàkeba	mìreba	surèba	kùreba
完了	kàitara	mìtara	sitàra	kitàra

例文：Hòñ o **kàkeba** yòmu hitò ga iru daroo.

　　　Inù wa kimi o **mìtara** sùgu nìgeta.

⑦派生

　派生とは新しい語をつくり出すことである。takà-i（高い）から tàka-sa（高さ）をつくるように品詞を変えることもある。kàku（書く）を kaka-sèru（書かせる）のように1段動詞に変えることもある。動詞の派生にはつぎの2つがある。

　（a）形容詞を派生させる：

	5	1	4	3
否定	kakànai	mìnai	sinai	kònai
希望	kakitài	mitài	sitài	kitài

　ただし àru の否定は単に nài となる。活用のしかたは⑤形容詞のそれにしたがう。

例文：**Kakànakereba** yòkatta.

　　　Mòsi kàre ga **kònakattara** dòo siyòo?

－ 67 －

第1部　ニホン語

（b）1段動詞を派生させる：

	5	1	4	3
受けみ	kakarèru	mirarèru	sareru	korarèru
使役	kakasèru	misèru	saseru	kosasèru
可能	kakèru	mirarèru 新 mirèru	(dekìru)	korarèru 新 korèru

活用のしかたは⑥―1から⑥―6までの1段動詞のそれぞれにしたがう。

例文：Señsèi ga sèito ni sakubuñ o **kakàseta**.

　　　 Asita uci e **koremàsu** ka?

　語幹はつぎつぎと派生しうるが、その順序は、語幹―使役―受けみ、語幹―可能―否定、語幹―使役―否定、語幹―受けみ―希望などのようになる。

例　kaka-se-ràre-ta, siñzi-rare-tài

⑧連語

　連用形（b）の形につぎのような動詞（下位区分として「助動詞」と呼んでもよい）がつづくと、連語として別の意味を生じる。くわしくは辞書を参照。

iru	例	toñde ～ , siñde ～	（動作が継続して結果が残る）
àru	例	simatte ～	（完了した動作が続いている）
mìru	例	tàbete ～	（実際に行う）
simau	例	yòñde ～	（確実に、または予期しない結果になる）
oku	例	kàite ～	（とりあえず用意する）
yaru	例	tòtte ～	（目下のものにする）
morau	例	kiite ～	（利益をうける）

（2000．5．10『日本語トルコ語辞典』大学書林）

－ 68 －

8. 東京下町はなしことば亀戸方言

　わたしは1927年（昭和2年）東京府下南葛飾郡亀戸町（カメ̄エド、カメ̄エド̄マチ）5丁目にうまれた。亀戸は江戸市街地の東のはずれにあたるから、場末の江戸っ子ということになる。亀戸ダイコン、亀戸事件、亀戸天神などで知られ、またゼロメートル地帯で水害によくみまわれたものである。

　総武線亀戸駅も東武線亀戸駅も「かめいど」と書かれているが、いずれも発音はカメ̄エドである。わたしが卒業した水神（スイジン）小学校の校歌では

　　　　〽　カメドの里の村人が
　　　　　　心の柱うちたてて……

　1932年（昭和7年）東京市は15区から35区へと広がったので、亀戸町は東京市城東区に属することになる。旧市内の下町とよばれていた地域からは、ほんのちょっと東にはずれている。戦後1947年（昭和22年）23区制によって、城東区は旧市内の深川区と合併して江東区となり現在にいたっている。

　小学校2年生のとき、5丁目から8丁目へ引越した。1945年（昭和20年）3月10日アメリカ軍による東京大空襲で焼けだされるまで、ここに住み、その後48歳まで東京都民であった。はえぬきの亀戸方言の話し手といっていいだろう。11人きょうだい（男5、女6）の3番目である。1926年（大正15年）うまれのものと小・中学校は同級生である。以下わたし自身をインフォーマントとして、亀戸方言の分析をこころみることにしよう。

①音声、その特徴

　わたしの音声がひそかに録音されたテープがある。1992年1月30日木曜日、岡山大学教授としての最終講義で、言語と文化をめぐって学生と対話をしているものである。よく接している学生たちが相手なので、公開講演などとはちがった話しぶりがうかがわれる。そのごく一部をIPA簡略表記で示してみる。スペースは、ごく短いポーズを、カンマは、それより長めのポーズを、ピリオドは、さらに長めのポーズを示す。

　　　[satsɯmajmo morattɛ　tabɛtɛ·,　dzɯːtto　soːjattɛ,
　　　k̊itanda kɛdo·, ʔaꜜrɯ toki·, ʔaꜜrɯ saꜜrɯŋa·, soreo

－ 69 －

第1部　ニホン語

kawaˈittɛ, anoˑ kawaˈːdɛ, ʔarattɛnɛː ↗, dorono tsɯˈita
satsɯmajmoˑ, imamaˈdɛ taˈbɛtɛtandət. ʔarattɛˈ, taˈbɛ-
taranɛː, ʔarattahoˈŋa mmaˈittɛ kotoˈna, wakaˈttaːkɛ-
dana ↗. soːsɯˈtto, minnaˈŋa manɛo ʃiˈtɛ, soreˌo, jarɯ‿
joˈˑn naˈttɛˈ, minna imoaˈrajno saˈɯ. soreˈŋanɛː,
kodomoni tsɯtawattɛ, maˈŋoni tsɯtaːttɛˈttɛ, dandaŋkoˑ
tsɯtaːttɛˈttʃattɛˈ, ʔano ʔasokonoː, ʔɛˈ ʔiˈtʃiŋunno saˈ-
rɯwaˑ, ʔimoˈː ʔarauˈ̥tojɯː bɯˈ̥ŋkao, kḁkɯtokɯ ʃitaˈ-
ttsɯ̥ndɛsnɛ ↗.]

　音素、モーラ、アクセントなどの全体像はあとでまとめるとして、上の音声
資料（以下資料という）をもとに特徴的なことをぬきだしてみよう。

(1) 狭母音 /i, u/ は無声子音のあいだで規則的に無声化する、[ki̥tanda]、
　 [ʃi̥tɛ]、[tsɯtawattɛ]、[kḁkɯtokɯ]。デス、アリマスも、たいてい [dɛˈsɯ,
　 arimaˈsɯ] になる。[kḁkɯtokɯ ʃitaˈttsɯ̥ndɛsnɛ] における 1、5 番目の無声化
　 は、この資料での個人的あらわれである。

(2) 母音音素がつづくとき、さまざまな程度で音声変化がおこる。
　　　(a) /ei/ は、魚の [ʔɛˈi] をのぞいて、つねに [ɛː] と発音されるから、も
　 はや /ee/ と考える、命令 /meeree/、警察 /keesacu/、青年 /seeneñ/、映画
　 /eega/。資料の [kawaˈittɛ] は /kawa e itte/ の変化で、方向格の付属語 /e/ は、
　 しばしば同化して [i] となる、「町へ行く」[matʃiˈikɯ]、「こちらへ来い」
　 [kottʃiˈː koˈi]。
　　　(b) /ai/ は、ひとりごとや気のおけない相手によって、しばしば [ɛː] と
　 なるが、語によってゆれがある、「うまい」[mmaˈi ~ mmɛ̈ː]、「ない」[naˈi
　 ~ nɛ̈ː]。「会社」は [kaiʃa]、「灰」は [hai]、ただし「蠅」も [hai] で区別が
　 ない。
　　　(c) /oi/ は、「よい」[ʔiˈː] のほかは、変化がすくない。ぞんざいな発音で「す
　 ごい」[sɯŋɛ̈ː]、「強い」[tsɯˈɛ̈ː] などがある。
　　　(d) /ui/ は、「悪い」[wariˈː]、「痒い」[kaiˈː]、「暑い」[ʔatʃiˈː] などとはい

- 70 -

うが、「薄い、古い、杭、水瓜」などでは [–iː] にならない。

　(e) その他、資料の [soreo] では単独の [ε] より狭い変種があらわれているが、[sorjoˑ] までには至らない。/uo/では「水を」[mizoː]、などがぞんざいな発音であらわれる。/ae/では「手前」[temεː] となるとけんか腰。「帰る」を [kaⁱruɯ] ということがある。/ie/では「見える」[mεːruɯ]、「煮える」[nεːruɯ]、「消える」[kεːruɯ] が普通、ただし「冷える」が [hεːruɯ 〜 çεːruɯ] とならないのは語頭子音の特質による。

(3) モーラ/wa/は、しばしば直前の母音とまざりあって [–aː] または [–jaː] になる。資料の [wakaˑtta:kε]（分ったわけ）、[tsɯɯtaːttεˑttε]（伝わって行って）のように /a, o, u/ のあとでは [–aː] があらわれる、「まわる」[maːruɯ]、「ぼくは」[boˑkaː]、「水は」[mizaː]。そして前舌母音/i, e/のあとでは「来はしない」[kjaˑʃĩεː]、「それは」[sorjaː]、「行っては」[ʔittʃa (ː)]、「…では」[dʒa (ː)]、「それには」[sorεnjaˑ] などが普通である。主格の付属語/ga/も弱まることがある、「腹がへる」[hara: hεruɯ]。

(4) モーラ/no, ni/の母音がおちる。「来たのだ」[kitanda]、「食べてたのだって」[tabetεtandət]、「やるようになって」[jaruɯjoːn naˑttε]（以上資料）、「そのとき」[sontoˑki]、「…ものだ」[moˑnda] など歯裏音のまえで普通のことである。また「あしたの朝」[ʔaʃitanaˑsa]

(5) [mmaⁱ]（うまい）、[mmɯ]（生む）、[mma]（馬）、[mmε]（梅）などでは、/u/が [m–] であらわれることがある。ちなみに、わたしの語彙には「おいしい」がない。

(6) 自立語の語中の/g/は、いつも [ŋ] である、[saˑruɯŋa]、[maŋoˑni]。「小学校」は [ʃoːŋakkoː] だが、「高等学校」は [koːtoː gakkoː] という2語である。「十五夜」は1語だが、「十五」は2語である。資料の [ʔitʃiguɯnno]（一群の）は [–ŋ–] であることが普通。

(7) 下町方言ではヒをシと発音するといわれてきた。わたしは、よく区別がで

－ 71 －

第1部　ニホン語

きている。むしろ、深川や下谷出身の友人のヒが気になってしかたがなかった。もっともシオヒガリやオヒタシのヒは、むずかしい。ところが逆に、7の漢字音を50年ちかく［çiʧi］と発音してうたがわなかった。はっと気がついたのは、岡山大学で言語学概論をはじめたころ、イチニサンシ……という日本語は漢語の借用であることを説明していたときだった。現代北京音と隋唐音それと奈良朝の発音をくらべていって、7にいたったところ *tsiet と *ɸiti>hici の説明ができなくなってしまったのである。

(8) はじき音 /r/（ふるえる音はない）は、同化したり脱落したりするが、ゆれがある。資料には「そうすると」［so:sui̥tto］がある。テープの対話では「それから？」と答えをうながすときに［sojkara↗］が［sorɛkara↗］とならんであらわれる。［ki̥tanda kɛdoˑ］の［kɛdoˑ］は「けれど」のちぢまった姿である。また「あるでしょうけれど」［ʔàndɛʃo:kɛdo］、「ならない」［nànnɛ:］などではンに発音される。

②音素、モーラ、アクセント
　母音音素 /a, i , u, e, o/
　半母音音素 /y/
　モーラ音素 /ʔ, ñ/（/ʔ/はつづく子音をダブらせて書く方が実用的である）
　子音音素 /m, p, b, f, w；n, t, d；s, z, c, r；k, g；h/（ただし f＝［ɸ]）
　上の合計は23、これらは単独または組みあわさって /v, ʔ, ñ, C (y) V/ というモーラを構成する。その構造はつぎのとおり、きわめて単純である。

	a	i	u	e	o	ya	yu	yo	(ye)	ʔ	ñ	計 11
m	x	x	x	x	x	x	x	x				8
p	x	x	x	x	x	x	x	x				8
b	x	x	x	x	x	x	x	x				8
f	(x)	(x)		(x)	(x)							4
w	x			(x)	(x)							3
ñ	x	x	x	x	x	x	x	x				8

											計
t	x	(x)		x	x							4
d	x	(x)		x	x							4
s	x	x	x	x	x	x	x	x	x			9
z	x	x	x	x	x	x	x	x	x			9
c	x	x	x	x	x	x	x	x	x			9
r	x	x	x	x	x	x	x	x				8
k	x	x	x	x	x	x	x	x				8
g	x	x	x	x	x	x	x	x				8
h	x	x	x	x	x	x	x	x				8
計	16	15	12	16	16	12	12	12	4	1	1	117

　これらは固定的ではない。とくに（）にいれた外来音の影響によるモーラには、ゆれがある。例をあげる。/yeroo/（黄）、/yeemeñ/、/fa?syoñ/、/faasuto/（1塁、むかしはホアスト、ハールといった）、/figyaa/（ただし英語filmは、いまだにフイルムという4モーラ）、/ferii/、/fooku/、/weeruzu/、/wo?ka/、/tii/、ti?syu、piitiiee、/diizeru, komedii/。なお/syeekusupia/、/zyesucyaa/、/cyeko/、/ce?periñ/などは、むかしからあった。

　アクセントにうつる。アクセント単位は、ほぼ「文節」に相当する。文節の第1モーラか第2モーラが高い。高から低へおちるところにアクセントの滝がある。これを/saru ga/、/yamaga/のようにあらわす。実用的には/saru, yama/のようにあらわすといい。アクセントは、この滝があるかないか、あればどこにあるかが問題になる。

　名詞には、モーラ数プラス1の型がある。例/hi ga deta/（日が出た）、/higa deta/（火が出た）。/mizu ga, saru ga, yamaga/。最後の尾高型は「の」がつくと平板型にかわる/yama no/、/kagamiga → kagami no/。NHK『日本語発音アクセント辞典』（昭60）の記述と亀戸方言とがちがうものを、いくつかあげると、[saka]（坂）、[kiʃa]（汽車、記者）、[çiʃo]（秘書、避暑）、[tsuːju]（梅雨）、[ʃiki]（四季）、[?atama]（頭）、[kuʃami]（くしゃみ）、[ʃikiɴ]（資金）、[ɸɯkiɴ]（付近、布巾）、[katana]（刀）、[doɴɴuri]（どんぐり）、[çisokani]（秘かに）など。

　活用する形容詞の2モーラ語には、頭高語の/nai 〜 nee/、/ii/、/koi/があり、

第1部　ニホン語

3モーラ以上の語には2つの型がある、/akai/、/siròi/、ただし/òoi/が例外である。

　動詞の終止連体形には、モーラの数だけ型がある /kàku, mìru/、/iku, neru/、/kàeru ～ kàiru/（帰る）、/oyògu, okìru/、/warau, kaeru（変える）/。名詞とおなじく無声母音のところにも滝がある [tsɯ̀ku̥]（付く、着く、突く）、[ɸɯ̀kɯ̥]（吹く）。連用形や完了形でも終止形のアクセントを保っている [kì̥tɛ, kì̥ta]、[ɸɯ̀ttɛ, ɸɯ̀tta]。

③自立語、付属語、文節

　単語を自立語と付属語にわける。自立語は名詞、動詞、形容詞、副詞、接続詞、感動詞からなる。名詞は曲用しない。形容詞には述語になる（活用する）ものと、ならないものとがある。「国文法」のいわゆる「形容動詞」、「連体詞」、「助動詞」は、みとめられない。付属語は相対的に形がちいさく、自立語とともに発音され、アクセントがないか弱い。そして使用頻度が高い。

　さきに、アクセント単位はほぼ「文節」に相当する、と書いたのは、橋本文法の「文節」とすこしちがうところがあるからである。資料の音声連続のうち [so:jattɛ]、[kawàittɛ]、[ʔarattahòŋa]、[wakàtta:kɛdana↗]、[so:sɯ̀tto]、[dandaŋko·]、[ʔarauˋtojɯ:] は音声的に形態論的に、それぞれ2文節からなるとみとめられる。しかし [mmàittɛ]、[tsɯ̀ta:ttɛ̀ttɛ]、[tsɯ̀ta:ttɛ̀tʃattɛ]、[ʃìtàttsundɛsnɛ↗] については、どうも1文節とした方がいいようである。ゆっくりした発音では「うまいと、いう」、「伝わって、行って」、「伝わって、行って、しまって」、「したと、いうのですね」のように、2・3文節に分けられよう。現に資料のおわりごろには、「洗うと、いう」書きことばの影響とみられる発音があるが、これなども [ʔarauˋttsɯ:] といいたいところ、また「なんということだ」[nàntʃu: kotta] ともいう。

　このように「ておく、ている、ていく、てしまう」は動詞のアスペクト派生形として /-toku ～ -doku-、-teru ～ -deru、-teku ～ -deku、-cyau ～ -zyau、-cimau ～ -zimau/ という接尾辞をみとめたい。「ておる」はない。しかし「という」については接尾辞 /-ʔtee, -ʔc (y) uu/ をみとめるべきかどうか、きめかねている。なぜなら、先立つ形に機能のことなる語が立ちうるからである。たとえば [mmai hanaʃìttɛ:noa]（話）、[kàittattsɯ: hanaʃìda]（帰った）、[ʔìˑ hòndattɛ uwasa]（だ）など。なお /-ʔtee/ と /-ʔc (y) uu/ は、この場合どちらも使えるが、その区別は

- 74 -

よくわからない。

　にた形に「といっても」があるが、こちらは/-ʔtaʔte/がひとつ。たとえば [doːʃijoːttattɛ]、[kɯrɯʃːttattɛ]、[ʔikɯittattɛ]。なお「落としちゃった」[ʔotoʃʃatta]のような、さらに短縮した形もある。

　動詞は基本活用と複合活用によって語形変化する。複合活用とは派生（使役、受身、丁寧、可能、アスペクトなど）した形の活用をいう。また派生のうち否定や希望/-tai ～ -tee/の形は、形容詞的に複合活用する。動詞の基本活用のしかたには3種すなわち4段と1段と不規則がある。下の表（単純化）で書きことばとちがうのは、条件の形と「来る」の志向の形である。

命　令　形		終止連体形		連　用　形		
命　令	志　向	不完了	完　了	中　止	接　続	条　件
kake	kakoo	kaku	kaita	kaki	kaite	kakyaa
miro	miyoo	miru	mita	mi	mite	miryaa
ie	ioo	iu	itta	ii	itte	iyaa
koi	kiyoo	kuru	kita	ki	kite	kuryaa

　なお「来る」の否定派生形は/kinai ～ kinee ～ konai ～ konee/のどれも使う。1段動詞の可能派生形は/mirareru/であって、若い人のように/mireru/は使わない。

　ひとの動作や状態をにくらしげに表現する派生接尾辞に「やがる」があるが、女性は使わないようである。例「あいつは手ぶらで来やがった」[ʔajtsaː tɛburadɛ kjaːŋatta]、「なんということをしやがった」[nantɛ koto ʃaːŋatta]、「こうなっていやがって」[koː nattɛjaːŋattɛ]。荒っぽくなると「なにをいっていやがるのだ！」[nanjoˑ ittɛjandɛ!]となる。

　アスペクト派生のうち「てしまう」の複合活用を一例だけ表にそってあげておこう。

　　yonzyae　yonzyaoo　yonzyau　yonzyatta　φ　yonzyatte
　　yonzyaeba ～ yonzyayaa

　4段活用にあっては完了形などをつくるときに語幹末モーラに規則的な変化がおこる。そしてアスペクト派生のときと同様な異形態を接尾させる。すなわち、

第1部　ニホン語

				-ta					-da
-ku	→	-i		-te	-gu	→	i		-de
				-tari					-dari
-su	→	-si		……	-nu	→			……
				-toku					-doku
-u	→			-teru					-deru
		}	-?	-teku	-mu	→	} ñ		-deku
-cu	→			-cyau					-zyau
-ru	→				-bu	→			

活用（複合活用）する形容詞の語形変化は動詞とちがい、接続と条件でふた
つの形が共存する。命令形は当然ない。たとえば/ii, yókatta, yóku, yóku(t)te,
yók(er)yaa/のように。

　やや複雑な「こいつを読んでしまわなければ」[koitso: yóndʒima:nak(ɛr)ja
(:)]などの複合活用形は/koicu o yóñ-zimawa-na-k(er)yaa/と分析し、（読んじ）
以下、1文節で1語、4形態素からなり、「書いておかなくては」[káitokanakɯ
(t)ʧa(:)]などは/kái-toka-na-kute wa/と分析し、全体が1文節で2語、5形態
素からなる。いずれも/yómi-, káki-/の異形態を第一次語幹として、アスペク
ト派生によって第二次語幹をつくり、否定派生によって第三次語幹をつくって
いる。音便形といわれる「あこう、うれしゅう、つめとう」などは使わない。

　付属語には動詞的なもの（だ、です）、格を示すもの（が、の、を、に、へ、
で、と、から、より）、取りたてるもの（は、も、か）、モーダルなもの（ね、な、
よ、け、さ、ぜ、ぞ）などがある。「だ、です」の推量の形は、しばしば短かく
[daro, dɛʃo]と発音される。「の、に」の母音がよく落ちる。「を」は先行の母音
と融合したり、はぶかれたりする、「手を出す」[tɛ: dasɯ]。「へ」も融合しや
すい。「で」と「は」で[dʒa(:)]になる。「と」は[-ttɛ]となることがおおい。「に」
は非常によく音声変化をおこす。モーダルなものでは「ね」をよく使う。「け」
は[-takkɛ～-dakkɛ↗]の形で相手にたしかめるのに使う。テープには、答え
たかどうかを学生にたしかめている[sɯ́ndakkɛ↗]や、不確実なことを相手と
ともに考えている[kjɯ́:ʃɯːno dókodakkɛ]などがある。

　数量をあらわす名詞に「ずつ」がつく。このくだけた、あるいは古い形に[-(t)
tsɯ]があり、付属語というより接尾辞的である。例[ç̥itotsɯ̥́ttsɯ]、[çjakɯ-
ɛ́ntsɯ]。

- 76 -

④語彙

　おそらく亀戸方言に特有のものはないだろう。下町あるいは関東方言と共通のものがおおいと思われるが、すこしばかり書きことばとくらべてみる。参考に『新明解国語辞典』第2版と『大辞林』の注記をくわえておく。空白はみだしにないことを示す。

名詞では		『新明解』	『大辞林』
bakkari	（ばかり）	俗・強調	強め、くだけた言
bero	（舌）	俗語的	注なし
daiko	（大根）	方	転
docci	（どちら）	ぞんざい	転
hai	（蠅）	俗	転
hazikko	（端）	俗・はしっこ	はしっこ
hoppeta	（頬）	俗	転
hurusiki	（風呂敷）		
kacubusi	（鰹節）	口語	転
kibi	（気味）	俗	転か
kocci	（こちら）	ぞんざい	転
koke	（鱗）	雅・方	こけら
konaida	（この間）	口語	転
koreppakari	（この程度）		転
moosen	（以前）		注なし
oasi	（お金）	俗語的	女房詞
onnazi	（同じ）	口語	おんなし
sizicu	（手術）		
toko ～ toko	（所）	口語	略、俗
tongarasi	（唐辛子）		
toyo	（樋）	方	転
ziku	（塾）		

　わたしの両親に対する呼びかたは、こどものころは/toocyan, kaacyan/が長

－ 77 －

第1部　ニホン語

くつづいた。おおきくなってからは/oyazi, ohukuro(sañ)/。妻(ニョオボ)やきょ
うだいにむかって母親のことをいうとき、母の名のケイをとって/okéesañ/を
よく使う。チチ、ハハはめったに使わない。

　自分をいうことばには5種類がある。/ore/は家族、親友に対し、ひとりごと
のときに使う。/bóku/は学生、同僚など形式ばらないときに使う。/atasi/は、
ひとりごとによく出てくる［ʔataʃaː］。/watasi/は書きことばの形であるが、学
生や同僚などに広く使われる。/watakusi/は講演のような不特定多数を相手に
するときに/watasi/よりあらたまった場面で使う。

　動詞では、

　ヒッパル、ツッコム、スッパダカのたぐいは書きことばにも多数みられるか
ら、ここでは取りあげない。

attamáru	（暖まる）		あたたまる
hottarakásu	（放っておく）	俗	注なし
huñdakúru	（奪う）	俗	注なし
kakunásu	（隠す）		
katásu	（片づける）	方	かたづける
kutaburéru	（疲れる）		転
nokkaru	（乗る）	俗	くだけた言
okkocíru	（落ちる）	俗語的	注なし
(hige o) súru	（剃る）	方	転
syaccyokobáru	（鯱ばる）		転
toñgarakásu	（尖らす）	口語的	転
toñgáru	（尖る）	俗	転
uccyaru	（捨てる）	口語的	転
yabúku	（破る）	俗	注なし

なお/tabéru/と/kúu/では後者の使用頻度がずっと高い。

　形容詞では、キタネエ、ウメエなど音声変化によって書きことばとことなる
部分がたくさんあるが、ここでは取りあげない。

－ 78 －

8.東京下町はなしことば亀戸方言

acukkòi	（厚い）		
ciccyaì	（小さい）	俗語的	転
dadappiròi	（広い）	俗	注なし
dekkaì	（大きい）	強調	転
hirabettaì	（平たい）	俗・強調	注なし
kaìi	（痒い）		転
keñkappayaì	（喧嘩早い）		
mañmarucciì	（真ん丸い）		
okkanaì	（恐ろしい）	俗語的	注なし
syokkaraì	（塩辛い）		
syooganaì	（仕方がない）		

副詞では、

cyokkùra	（ちょっと）	俗語的	俗
marukkiri	（全く）	強調	注なし
syòccyuu	（いつも、初中終？）	俗	転か
tokkuni	（ずっと前に）	強調	注なし

　言語はうつりゆく連続体である。書きことばの影響をうけ、共通語化がすすむなかで方言は生きつづけ変りつづけている。亀戸方言もそのひとつである。もちろん年代差や性差など社会言語学的視点も必要であるが、一個人の共時的な分析を、あらましこころみた。

〔参考文献〕
＊田中章夫『東京語―その成立と展開―』明治書院1983
＊東京都教育委員会『東京都のことば』1983
＊東京都教育委員会『東京都言語地図』1986
＊NHK『日本語発音アクセント辞典』1985

（1994.1.1『国文学解釈と鑑賞』至文堂）

第1部　ニホン語

9.「現代かなづかい」のゆれ
—中学・高校・大学生460人について調べる—

①はじめに

　本稿は中学・高校・大学生のアンケート調査をとおして、「現代かなづかい」のどこに**ゆれ**があり、なにが問題なのか、を考えるための資料を提供しようとするものである。

　「現代かなづかい」は、敗戦後の1946年11月に国語審議会の答申にしたがって内閣訓令として公布されたものである。それ以後、今日まで40年ちかい年月のあいだに、この「現代かなづかい」は、官公庁の文書はもとより、新聞・雑誌・教科書その他の出版物の全般にわたって、国民生活と深くかかわる部分で定着しているといっていいであろう。

　「旧かなづかい」で教育を受けた人たちも大部分は「現代かなづかい」を受け入れ、少なくとも読む生活においては、なんらの抵抗を感じないようになっていると思われる（注1）。わたしの母親など、手紙では（言**ふ**と思**ひ**ます）などと書いていても、それは「旧かなづかい」を支持しているからではなく、むかし習いおぼえた文字使いにそのまま従っているにすぎないのである。

　日本人の生活のなかで、かなづかいが意識されるのは、どんな時だろうか。まず、こうして原稿を書くときである。漢字をたしかめるために国語（漢和）辞典は手ばなせないが、（基**づ**く）と書くべきか、（基**ず**く）と書くべきか迷うことがある。新聞や雑誌の記事を書く人も、ずいぶん気をつかっているはずである。国立国語研究所が調査した市町村の広報紙171紙、総ページ数2,028のなかで、「現代かなづかい」の規則にはずれていたのは、わずかに109例にすぎなかった（注2）。

　学校では、かなづかいが大問題になる。おとなは漢字を書いてごまかしてしまうけれど漢字をよく知らない小学生は、そうはいかない。（おと**お**さん）と書くと×がつくからである。小学校だけではない。たとえば1983年2月24日に行なわれた東京都の高校入試問題の1番目には、（著しい）に読みがなをつける問題が出ている。（いち**じ**るしい）が正解である。この種のテスト問題は、いくらでも見つけることができる。

　クイズで得点をかせぐにも、「現代かなづかい」の知識がいることがある。

－ 80 －

NHKの「クイズ面白ゼミナール」というテレビ番組が日曜日の午後7時20分から行われている。鈴木健二アナウンサーが司会で、解答者は芸能人ら12人からなっている。1983年1月16日の「教科書クイズ（小学3年）」は、（**十**になった**王**様が**大**きな**氷**をもって……**通る**）のかなづかいを問う問題であった。正解はオ・ウ・オ・オ……オの順で、正解者は1人だけだった。小学生の方がもっと出来そうである。また1983年9月11日の「国語かなづかい」のクイズでは、（世界**中**、稲**妻**、片**付**ける、**縮**む）に読みがなをつけさせ、（**じゅう**、**ずま**、**づける**、**ちぢむ**）を答えさせようというものであったが、正解者は3人だった。以上の2回とも鈴木アナのもっともらしい解説があったが、すべて納得のいく説明になっていたとはいえない。

　こう見てくると「現代かなづかい」は、やっかいなしろもののようであるが、いうまでもなく、「旧かなづかい」のやっかいさにくらべれば、ずうっと国民生活に合ったものになっている。それどころか、なぜ、もっと早くに口語を表記するための「かなづかい」が現れなかったのか、ふしぎなくらいである。この道の専門家は、「本来なら、明治政府がすぐにでも取り組んで、なんらかの方策を講じておかなければならなかったことを、70年も放置しておいて、そのあげく、占領軍の強制によって、一夜にして実現したというのは、なんとも情ないことであった」という意見を述べている（注3）。しかし、以下の調査に見られるように、「現代かなづかい」には、かなりの**ゆれ**があり問題があるのも事実である。

②**調査の時と対象**
　以下のアンケートによって調査した年月と対象となった学生は、つぎのようである。

1983年2月 東京都墨田区立錦糸中学校
　　1年7組（男25、女21）
　　　　8組（男25、女17）　　計88人（ほとんどが13歳）
　　3年5組（男22、女18）
　　　　6組（男23、女19）
　　　　7組（男22、女18）

第1部　ニホン語

　　　　8組（男23、女18）　　　計163人（ほとんどが15歳）

1983年3月　岡山県立高梁高等学校普通科

　2年3組（男3、女5）

　　　　4組（男17、女34）

　　　　5組（男24、女32）

　　　　6組（男54、女6）　　　計175人（17歳）

1983年4月　岡山大学文学部

　18歳　男0、女5

　19歳　男3、女11

　20歳　男6、女2

　21歳　男3、女1

　23歳　男1、女0

　24歳　男2、女0　　　計34人

　調査の対象者に中・高・大の学生を選んだ理由を記しておこう。この年代の青年は文字を書き、文をつづるという行為を、他の年代の人たちに比して、多く行っている。もちろん個人差があり、職業によっては、それ以後の一生を文筆にたずさわるものもいるが、日本人の多くは、かなづかいを意識して書きものをするということは少ないであろう。書く場合にも、たとえば日記や商品名で（きゅうり）にするか（きうり）にするか、自分で勝手にきめているのであって、いわばどちらでもいいことなのである。

　ところが学校という場では、いちいちチェックされたり、テストに出題されたりするから、かなづかいの規則をおぼえておく必要があるのである。こうした訓練をへてきた青年たちが、どのくらい「正しい」判断をするだろうか、どこに**つまずき**があるのだろうか、その原因はなにか、こうしたことを調べてみるのが、この調査の目的であった。

　調査の対象を、こうした訓練から遠ざかった世代あるいは「旧かなづかい」で育った世代などに広げるとすれば、調査項目そのもの、すなわち選ばせる語形を学生用のものとは多少ちがった形で用意しなければならないであろう。ま

9.「現代かなづかい」のゆれ

た、小学生を対象としなかったのは、アンケートに使われている漢字に、こどもたちがひっかかる心配があったからである。

③調査の方法と内容

　調査の方法は、すべてそれぞれの学校の授業時間の一部をさいて、以下のアンケートに答えてもらい、解答用紙のみを回収し、それを集計するという方法をとった。解答に要した時間は、中学生で25分ぐらい、大学生では10分ぐらいであった。中学と高校においては、「国語」の先生がたの協力をえて、「国語」の時間をさいてもらった（注4）。大学では、わたしの「言語学概論」の年度はじめの時間を利用して解答してもらった。すべて文学部の学生であるが、専攻は言語学、国語・国文学、英語・英文学、フランス語・フランス文学などに属していた。国語・国文学専攻の学生だからといって、成績がよかったわけではない。

　つぎに調査アンケート用紙をかかげる。

第1部　ニホン語

国語科アンケート

つぎの（　）の中から正しいと思うものを選び、解答用紙にその番号（1か2）を記入して下さい。

1　ひとつ（1.ずつ　2.づつ）丁寧に番号を言くのですよ。

2　ななつ やっつ ここのつ（1.とお 2.とう）と教える そう。

3　花子は「うん」と言って（1.うなずいた 2.うなづいた）。

4　秋の虫（1.コオロギ 2.コウロギ）の声が聞こえる。

5　（1.こんにちは 2.こんにちわ）と頭を下げた

6　（1.とおい 2.とうい）親戚からお杷が

7　ちょっと千円ばかり（1.ゆうずう 2.ゆうづう）してくれませんか。

8　風が（1.ようやく 2.よおやく）おさまった

9　むかし はだかの（1.おうさま 2.おおさま）がいたそうだ。

10　親と子の（1.きずな 2.きづな）は固く結ばれている。

11　選手は（1.はなじ 2.はなぢ）を出して倒れた

12　泥棒が（1.けえさつ 2.けいさつ）に連れて行かれた。

13　早く 部屋を（1.かたずけ 2.かたづけ）なさい。

14　月に 一度は（1.ええが 2.えいが）を見に行く。

15　夜空に（1.みかずき 2.みかづき）が浮ぶ

16　信州の（1.みそずけ 2.みそづけ）は天下一だ

17　世の不正に強い（1.いきどうり 2.いきどおり）を覚える。

18　大阪城を（1.きづいた 2.きずいた）のはだれか。

19　このところ Aさんの家賃が（1.とどこうって 2.とどこおって）いる。

20　その本を 私に（1.ゆって 2.ゆずって）くれませんか。

21　大雨で よく（1.みず 2.みづ）が出た。

22　もう仕事は（1.おおむね 2.おうむね）終ったようだ

23　湯のみ（1.ぢゃわん 2.じゃわん）に 酒をたっぷりついだ。

24　母親に向って 口ぎたなく（1.どくづいた 2.どくずいた）。

25　Aさん（1.ちかぢか 2.ちかじか）結婚するそうだ。

26　大好きな料理は マーボー（1.どうふ 2.どおふ）だ

27　注意しないと 石に（1.つまずく 2.つまづく）ぞ。

28　白い雪が 山を（1.おおって 2.おうって）とても美しい。

29　自分の したことを（1.はじ 2.はぢ）だと思わないのか。

30　（1.ふじ 2.ふぢ）の花が きれいにさが...

31　アメリカ産の（1.だいづ 2.だいず）が 大量に輸入されている。

32　来ないところを見ると（1.さてわ 2.さては）だまされたのか。

33　どうぞ 一ぱい、さあ（1.さかづき 2.さかずき）を持って……

34　この事件が（1.おうやけ 2.おおやけ）になると 大変だ。

35　御前に（1.ぬかづいて 2.ぬかずいて）両手をあわせた

36　となりの生徒を ひじで（1.こづいた 2.こずいた）。

37　（1.オウカミ 2.オオカミ）が 来たと言って 人々をだました。

38　あきすに入られて（1.うちぢゅう 2.うちじゅう）大さわぎ。

39　Aさんは（1.あるいわ 2.あるいは）来ないかもしれない。

40　（1.どおろ 2.どうろ）が 悪くて自転車では 走りにくい。

41　その単語の（1.つづり 2.つずり）を教えてくれ。

42　水は 零度で（1.こおる 2.こうる）ことになっている。

43　このごろは 年中（1.きゅうり 2.きうり）が店に出ている。

9.「現代かなづかい」のゆれ

44 かれらは いつも（1. ふたりづれ 2. ふたりずれ）で 歩く。

45 日本の（1. せいじ 2. せいぢ）は おかしく なって来た。

46 つめたい（1. こおり 2. こうり）は お腹に よくないよ。

47 にわかの夕立で 激しい（1. いなずま 2. いなづま）が 光った。

48 君の名前は なんと（1. いう 2. ゆう）のかね。

49 モモから生れたので 桃太郎と（1. なづけました 2. なずけました）。

50 この道は とても 車がよく（1. とおる 2. とうる）。

51 馬の（1. ひずめ 2. ひづめ）の音が 遠くから 聞こえる。

52 こう雨が（1. つづく 2. つずく）とや りきれないね。

53 まっすぐ行くと 広い（1. とうり 2. とおり）に出ます。

54 この辺は 近ごろ（1. ぢしん 2. じしん）が 多い。

55 隣から（1. かなずち 2. かなづち）を かりて来い

56 文の 誤りに（1. きずいた 2. きづいた）人は 知らせて下さい。

57 子供が（1. おうい 2. おおい）と教育費が 大変です。

58 Aさんの（1. づが 2. ずが）が一等に 入賞した。

59 今月の（1. こずかい 2. こづかい）は これで なくなった。

60 隣の町より この町の方が（1. おうきい 2. おおきい）。

61 この服は いい（1. きじ 2. きぢ）を 使っている。

62 計算は（1. まず 2. まづ）ここから 始めよう。

63 君の（1. ねえさん 2. ねいさん）は どこに 住んでいるの。

64 父の前に（1. ひざまずいて 2. ひざまづいて）あやまった。

65 冬が（1. ちかづく 2. ちかずく）と暖房器具が売れる。

66 今夜 おもしろい（1. もよおしもの 2. もようしもの）がある。

67 私が（1. つねづね 2. つねずね）考えていることを言おう。

68 浅草の（1. ほおずき 2. ほうずき）市は有名ですね。

69 リンゴのような（1. ほお 2. ほほ）をした 女の子だった。

70 毎朝（1. ぞうきん 2. ぞおきん）をかけるのは 大変です。

_____年__月__日____科___年___組　氏名 _____

男・女（どちらかを○でかこむ）　　年齢（　　　才）

1	8	15	22	29	36	43	50	57	64
2	9	16	23	30	37	44	51	58	65
3	10	17	24	31	38	45	52	59	66
4	11	18	25	32	39	46	53	60	67
5	12	19	26	33	40	47	54	61	68
6	13	20	27	34	41	48	55	62	69
7	14	21	28	35	42	49	56	63	70

　ご覧のように、かな文字1字ちがいの語形（厳密な意味での語に相当しないものもあるが、便宜的に用いる。以下おなじ）のどちらかを選ぶようになっている。問題の語形は、すべて完結した文のなかに位置づけてある。これは大事

第1部　ニホン語

なことであろう。

　問7の（1. ゆうずう　2. ゆうづう）については、中学1年生のなかに、意味が
よくわからないものがいた、と報告されている。また問38の（1. うちぢゅう
2. うちじゅう）については、わたしのミスで、中1・3年生の調査の際に、お
なじ語形（1. うちぢゅう　2. うちぢゅう）のアンケート用紙を使ってしまった。
いわゆる「二語の連合」、「連濁」にかかわる**じ**と**ぢ**の問題が、アンケート作成
者自身のミスをひき起してしまったのである。したがって以下の集計では、中
学生の問38に対する数字は空白であり、中学生は70問ではなく69問をやっ
たものとして計算してある。なお（1と2）のいずれが「現代かなづかい」の規
則にてらして正解であるかは、各種国語辞典でたしかめてある（注5）。

④学年とクラス別に正解率％を調べてみる

　もっぱら集計の便利のために、正答が10問ごとに（1）と（2）を交互にくり
かえすように作られている。すなわち（1）を正答とするものは、問1〜10、
21〜30、41〜50、61〜70であり、（2）を正答とするものは、問11〜
20、31〜40、51〜60である。このような機械的な答えの出しかたでは、
正しい結果がえられないかもしれない、との心配があったが、集計してみると、
この**からくり**を見破って全問正解となったのは、つぎの5人だけであった。

　　　中3　男1　女0
　　　高2　男2　女1
　　　大学　男0　女1

　この5人をのぞくと、実際に調査できた人員は455人となるわけだが、以下
の％の数字にはほとんど影響しない。高2男子の回答例をひとつだけかかげる。

9.「現代かなづかい」のゆれ

つぎの一覧表は、問1 〜 70にわたる名学年とクラスの正解率％である。小数は切り捨ててある、以下おなじ。計算はすべて手仕事で小型電卓を使ってやったので、相当な時間をついやし、しかも細かい部分でミスがあるかもしれないが、大勢に影響はないと思われる。なお、すでに述べたように問38の中学生の得点は不明である。

問／人	1	2	3	4	5	6	7	8	9	10
中1	78 47	60 61	67 52	95 95	91 80	97 85	60 57	86 76	45 57	50 40
3	80 69 85 63	62 33 30 46	52 61 82 68	87 95 100 92	85 80 77 73	97 92 92 90	32 50 42 43	80 80 85 80	30 47 45 53	72 35 47 56
高2	87 78 80 68	62 62 55 60	50 37 53 50	87 92 100 96	87 90 89 85	87 98 98 96	75 47 73 51	75 94 96 96	37 60 51 46	87 60 76 53
大	76	58	61	100	94	97	44	97	76	76

問／人	11	12	13	14	15	16	17	18	19	20
中1	95 97	95 100	93 78	97 97	93 97	93 97	50 71	41 57	60 47	84 88
3	92 95 100 97	100 97 100 100	90 83 95 87	100 97 97 100	100 95 97 95	100 92 100 97	75 64 52 43	32 59 55 39	80 76 87 75	77 83 90 87
高2	87 100 100 98	100 100 100 100	87 96 94 85	100 100 100 100	87 100 98 95	100 100 100 96	75 82 82 66	75 52 57 45	87 88 92 93	100 98 94 95
大	100	100	94	100	100	97	97	76	94	97

問／人	21	22	23	24	25	26	27	28	29	30
中1	89 92	84 69	78 71	63 57	63 50	97 85	45 38	96 80	93 92	95 92
3	97 92 97 97	85 85 82 82	87 83 100 78	82 73 82 63	62 50 77 63	92 97 97 95	60 80 60 56	87 90 95 95	92 92 95 85	100 97 100 95
高2	100 100 100 98	75 88 94 86	87 94 83 91	75 94 85 86	75 74 62 83	87 100 100 91	50 49 66 65	100 100 98 96	100 62 71 63	87 96 94 93
大	100	97	97	91	97	91	73	97	94	91

問／人	31	32	33	34	35	36	37	38	39	40
中1	93 97	86 88	39 47	91 83	30 21	56 64	100 95	＊ ＊	84 85	89 76
3	95 95 97 92	90 83 87 90	32 38 40 46	87 80 75 75	17 23 42 39	72 64 62 63	100 97 97 97	＊ ＊ ＊ ＊	90 85 92 90	85 97 85 87
高2	87 100 98 98	100 98 100 91	50 50 58 51	87 86 85 86	12 9 16 11	87 80 78 78	87 100 98 100	87 86 94 76	87 98 100 91	100 98 94 95
大	100	100	76	97	17	91	100	82	100	100

問／人	41	42	43	44	45	46	47	48	49	50
中1	95 85	97 92	89 92	90 92	97 95	95 97	41 40	100 90	76 69	80 78
3	97 90 97 95	95 90 97 95	92 97 87 90	92 88 92 80	97 92 100 95	97 92 90 87	30 45 47 39	92 92 95 85	72 73 65 73	85 76 87 75
高2	87 100 100 98	87 100 100 98	100 94 98 90	87 94 98 98	100 96 100 93	87 96 98 98	37 31 42 33	75 96 100 96	87 78 75 83	87 92 89 78
大	100	97	97	100	88	100	20	100	91	79

問／人	51	52	53	54	55	56	57	58	59	60
中1	91 90	91 100	69 73	76 83	91 88	56 47	95 92	84 90	97 80	93 90
3	82 73 87 87	97 100 100 92	85 59 82 65	82 83 67 78	95 97 92 90	75 71 62 65	97 92 92 90	92 88 87 82	92 80 82 90	92 92 92 90
高2	87 100 98 95	100 100 100 98	75 88 85 73	75 78 82 61	75 100 100 98	75 84 91 78	100 98 96 95	100 90 94 86	87 96 94 86	87 96 98 93
大	94	100	85	76	100	76	100	100	91	100

問／人	61	62	63	64	65	66	67	68	69	70
中1	91 80	84 92	91 88	21 38	84 76	43 42	67 64	41 40	36 33	97 90
3	72 76 75 65	92 83 90 85	92 80 85 87	15 40 35 29	95 88 85 90	62 54 62 73	87 61 85 87	70 61 60 51	37 73 52 43	95 95 100 95
高2	62 66 55 56	87 78 62 65	75 96 94 95	25 29 32 13	100 90 96 85	75 74 82 66	75 84 89 81	50 72 69 58	25 49 58 65	87 100 100 98
大	64	91	91	29	94	91	91	91	50	97

第1部　ニホン語

⑤総平均点別に問題を分けてみる

　今度は学年クラスを分けずに、問題ごとに460人が得た平均点（百分率の数字をさす、以下おなじ）を見てみよう。これにより平均点の高い語群と低い語群とが明らかになる。大学生では、のちに見るように、100％正解の問題がかなりあったが、460人の得点では99点を最高とし、21点を最低とする以下のような順位で語形がならぶことになった。

　左はしの数字は460人の平均点、右へ問題番号とその語形を示してある。ゴシックは調査の焦点となった正解の文字である。ただし、**からくり**を見破った5人も、それぞれ100点として計算されているが、整数位にくるいを生じさせることはない。

平均点　問

99	12.け**い**さつ
98	14.え**い**が
97	11.はな**ぢ**、16.みそ**づ**け、37.オ**オ**カミ、52.つ**づ**く
96	15.みか**づ**き、21.み**ず**、31.だい**ず**
95	4.コ**オ**ロギ、26.と**う**ふ、41.つ**づ**り、42.こ**お**る、46.こ**お**り、57.お**お**い、70.ぞ**う**きん
94	45.せい**じ**、48.**い**う
93	6.と**お**い、28.お**お**って、30.ふ**じ**、43.きゅ**う**り、44.ふたり**づ**れ、55.かな**づ**ち、60.お**お**きい
92	32.さて**は**
91	39.あるい**は**、40.どう**ろ**、58.**ず**が
90	20.ゆ**ず**って、51.ひ**づ**め　　（以上31問）

···

89	13.かた**づ**け、63.ね**え**さん
88	29.は**じ**、59.こ**づ**かい、65.ちか**づ**く
87	34.お**お**やけ
86	23.**ぢゃ**わん
85	22.お**お**むね
84	5.こんにち**は**、8.よう**や**く、62.ま**ず**

－ 88 －

83 38.うち**じゅ**う

81 50.と**お**る 　（以上13問）

　　　　　……………………………………………

79 19.とどこ**お**って、49.な**づ**けました、67.つね**づ**ね

77 24.どく**づ**いた、53.と**お**り

76 54.**じ**しん

74 36.こ**づ**いた

73 56.き**づ**いた

72 1.**ず**つ、17.いきど**お**り、25.ちか**ぢ**か

70 61.き**じ** 　（以上12問）

　　　　　……………………………………………

67 66.もよ**お**しもの

63 68.ほ**お**ずき

61 3.うな**ず**いた

60 10.き**ず**な 　（以上4問）

　　　　　……………………………………………

58 27.つま**ず**く

57 18.き**ず**いた

54 2.と**お**、9.お**う**さま

52 33.さか**ず**き

51 7.ゆう**ず**う 　（以上6問）

　　　　　……………………………………………

46 69.ほ**お**

33 47.いな**ず**ま

27 64.ひざま**ず**く

21 35.ぬか**ず**いて 　（以上4問）

⑥どの学年の平均点が高いか

　はじめの一覧表で明らかなように、中学と高校におけるクラス差は問題にならない。若干の出はいりはあるが、有意の差とはみとめられない。そこで今度は、中1・中3・高2・大学といった学年のあいだに平均点のうえで差があるか、

第1部　ニホン語

どうかを調べてみよう。

　各学年が得た平均点ごとの問題数をくらべてみると、つぎのようである。

	中1	中3	高2	大学
100点の数	0	0	2	21
90点以上の数	25	25	34	30
80　〃	16	17	13	3
70　〃	6	9	7	8
60　〃	6	7	4	2
50　〃	6	3	5	2
40　〃	7	5	2	1
30　〃	1	2	1	0
20　〃	2	1	1	2
10　〃	0	0	1	1

　中1と中3の差は小さい、中と高の差は大きい、高と大の差も大きい。60点未満の数は中1が16、中3が11、高が10、大が6と次第に少なくなっている。この差はどこからくるのだろうか。かなづかいに注意しながら文章を書いてきた、経験の長さがものをいうのだろう。それだけではない、中学校は義務教育であり、この年代のすべてのこどもが、そこにはふくまれている。高梁高校は岡山市の西北、一部過疎地域にあり、高梁市学区の中学校10校ぐらいから、その7割ほどの生徒が進学してきている。大学生は共通一次試験をとおり、小論文が課せられる二次試験もとおってきている。それでも70問中の21しか満点をとることができないのである。

⑦どんな語に誤りが多いか

　つぎに、かなづかいの誤りが、どんな語に集まっているかを検討する。3群に分けることができよう。

9.「現代かなづかい」のゆれ

A群　ウとオのちがい

問No.		中	高	大
9.	お**う**さま	47	48	76
68.	ほ**お**ずき	50	62	91
2.	と**お**	51	59	58
66.	もよ**お**しもの	52	74	91
17.	いきど**お**り	59	76	97
19.	とどこ**お**って	66	90	94
53.	と**お**り	71	82	85
22.	お**お**むね	79	85	97
50.	と**お**る	79	86	79
8.	よ**う**やく	81	80	97
34.	お**お**やけ	83	86	97

B群　ジとヂのちがい

問No.		中	高	大
25.	ちか**ぢ**か	59	73	97
61.	き**じ**	78	59	64
54.	**じ**しん	78	74	76
38.	うち**じ**ゅう		85	82
23.	**ぢ**ゃわん	80	88	97
29.	は**じ**	92	74	94
45.	せい**じ**	96	97	88

C群　ズとヅのちがい

問No.		中	高	大
35.	ぬか**ず**いて	27	12	17
64.	ひざま**ず**く	29	24	29
47.	いな**ず**ま	40	35	20
33.	さか**ず**き	41	52	76
18.	き**ず**いた	47	57	76
10.	き**ず**な	48	69	76
7.	ゆう**ず**う	49	61	44

第1部　ニホン語

27.	つま**ず**く	52	57	73
3.	うな**ず**いた	59	65	61
56.	き**づ**いた	59	82	94
36.	こ**づ**いた	62	80	91
24.	どく**づ**いた	67	85	91
1.	**ず**つ	68	78	76
67.	つね**づ**ね	72	82	91
49.	な**づ**けました	73	80	91
62.	ま**ず**	87	73	91

　以上のほかに（69. ほ**お**）があり（ほ**ほ**）との選択において低い得点（中1　34、中3　51、高　49、大　50）を示しているが、これは「かなづかい」の誤りというよりも、この語自体の発音にゆれがあって、/hoho/ と /hoo/ が並び行われていることを示すものである。前掲4種の辞典でも両者が見出し語として取上げられているが、『新明解』は（ほほ）を（ほお）の新しい言い方、と説明している。一方（ほ**ほ**えましい）は見出し語になっているが、（ほ**お**えましい）という見出しは4種ともにない。

　さてA群について見てみよう。ここに並んでいる語の数は11であるが、ウとオのちがいを問う残りの11語は総平均90以上であった。それら得点の高いものとくらべて、A群にはどんな特徴があるだろうか。⑤で明らかなように（ど**う**ふ、ぞ**う**きん、ど**う**ろ）といった字音かなづかいでは、ウがよく選ばれているのに、（お**う**さま）では半数ちかくがオを選んでいる。いわゆるオ列長者は「オ列のかなに**う**をつけて書くことを本則とする」（注6）のだが、王様は言うことをきかないようである。一方「旧かな」の**を**と**ほ**を**お**に書くことになった語が多くA群に見える。なかでも（と**お**）の成績はかんばしくない。塔・唐・党・糖・刀・等（と**う**）と発音がおなじためだろうか。最近任務を終了した第15期国語審議会の委員の方々は、「現代かなづかい」を当分そっとしておこうという意見のようであるし、（お**う**さま）も（と**お**）も現行どおりとする意見が多くを占めていた（注7）。もっともA群に並んでいない**お**を書くことになっている語に（オ**オ**カミ、お**お**い）などの8つがあり、成績がよい。かれらが受けてきたテスト教育のたまものであろうか。

－ 92 －

B群にうつろう。9問中平均90以上だったのは（ふじ、せいじ、はなぢ）であったが、大学生が（せいぢ）と誤っている。これは治水や治安をもとに考えすぎたためである。おなじことが、（きじ、じしん、うちじゅう）にも言える。地理は（ち）で、地震は（ぢ）ではないのだから迷うのも無理はない。いわゆる二語の連合も、茶碗（ち→ぢ）などでは、はっきりしているが、家中（ちゅう→じゅう）では考えすぎて誤りやすい。

C群にかかわる設問は全部で30ある。うち総平均で90点以上のものは11だからB群とほぼおなじ比率で誤りがあったことになる。

いわゆる二語の連合と同音の連呼が問題になるものの多くが、ここに集まっている。またB群もそうだが、語源意識が問われる語群でもある。ところでズとヅにかかわる30問は、いずれも「旧かなづかい」ではヅであったものばかりである。すでに⑤で明らかにしておいたが、「現代かな」でズとなったものと「現代かな」でもヅのままであるものとを対比させて、総点を整理してみると：

90点以上のもの				90点未満のもの			
90	ゆ**ず**って	90	ひ**づ**め	21	ぬか**ず**いて	73	き**づ**いた
91	**ず**が	93	ふたり**づ**れ	27	ひざま**ず**く	74	こ**づ**いた
96	だい**ず**	93	かな**づ**ち	33	いな**ず**ま	77	どく**づ**いた
96	み**ず**	95	つ**づ**り	51	ゆう**ず**う	79	つね**づ**ね
		96	みか**づ**き	52	さか**ず**き	79	な**づ**けました
		97	つ**づ**く	57	き**ず**いた	88	ちか**づ**く
		97	みそ**づ**け	58	つま**ず**く	88	こ**づ**かい
				60	き**ず**な	89	かた**づ**け
				61	うな**ず**いた		
				72	**ず**つ		
				84	ま**ず**		

「旧かな」をひきついだものの方が誤りが少ないようであるが、得点の高い方には（つめ、つれ、つち、つき）のような独立した名詞との関係が明らかなものがあり、低い方では（付く、突く）といった動詞との連合が問題になる。（つづり、つづく）のような、いわゆる同音の連呼による字づらが（**づ**つ）の得点

第1部　ニホン語

を下げる原因になっているのであろう。それにしても（ぬか**ずく**額突）、（いな**ずま**稲夫）、（さか**ずき**酒坏）、（**きずな**綱）、（うな**ずく**項突）（注8）などは語源意識がわざわいして誤ったものなのか、判断のむずかしいところである。たしかに学歴が高くなるほど漢字や語源意識が影響をあたえる傾向が見られるが、正書法としてどちらを採用すべきか問題は残されたままである。

（1984.9.6）

（注1）抵抗した人たちもいるが、その声は次第に小さくなってきた。反対論はさまざまな形で出されたが、たとえば福田恒存『私の国語教室』（新潮文庫）、丸谷才一『日本語のために』（新潮文庫）などがある。

（注2）国立国語研究所『現代表記のゆれ』秀英出版1983、64ページ以下。

（注3）小松英雄『いろはうた　日本語史へのいざない』中公新書1979、241ページ。

（注4）この調査にあたり、高梁高等学校の笠原亘子教諭、錦糸中学校の竹内治子教諭ならびに生徒のみなさんにご協力をいただいた。あつく感謝いたします。

（注5）つぎの辞典にあたる：

『三省堂小学国語辞典』第6版 1984

『国語辞典』講談社学術文庫 1979

『岩波国語辞典』第2版 1976

『新明解国語辞典』第2版、三省堂 1974

　　　見出し（子見出し）になかった語形は、つぎのとおり。動詞は終止形にもどした形である。

No.	小学国語	講談社	岩波	新明解
4	こおろぎ			
5				こんにちは
7			ゆうずう	
9		おうさま	おうさま	
16	みそづけ		みそづけ	
17		いきどうり	いきどおり	いきどおり
23	湯のみぢゃわん	湯のみぢゃわん	湯のみぢゃわん	湯のみぢゃわん
24	どくづく			

9.「現代かなづかい」のゆれ

30	ふじ			
31	だいず			
35	ぬかずく			
37	おおかみ			
38		うちじゅう	うちじゅう	うちじゅう
43	きゅうり			
44	づれ			づれ
68	ほおずき			

『岩波』が、**ゆうずう**→ゆうづうとし、**ゆうづう**を本見出しにしているのは、なぜか。**ぐづう**（弘通）も同様。もちろん**せいじ**（政治）、**じしん**（地震）などを採用している。おもしろいことに『小学』のみが見出しにしている語がある（**いきどおり、うちじゅう**）。

（注6）文部省編「現代かなづかいの要領」（『広辞苑』第2版2438ページ）

（注7）今坂晃「国語審議会と現代かなづかい」（『日本語学』1984、5月号79ページ）

（注8）語源を示す漢字は、いずれも『岩波古語辞典』1974による。ただし「きづな（絆）馬・牛・犬・鷹などをつなぎとめる綱」とある。なお「きづく（城築）」も。

（1984.12『岡山大学文学部紀要第5号』）

第1部　ニホン語

10. 母語からみた他言語と他言語からみた母語

　あたえられたテーマが大きすぎて、どうまとめればよいのか、まよっています。母国語ないしは国語ではなくて母語とし、外国語ではなしに他言語とするあたりに、編集部の心にくい気くばりが感じられます。たしかに、国の数はいま160ばかり、言語の数は3,000とも5,000ともいわれていますから、国をもとにした言語の呼びかたは偏見をうみやすいと思います。ただ、ここでは問題提起という軽い気分で、筆をすすめさせていただきます。

①かたよった「国際」化のなかで
　さきごろ7月17日の『朝日新聞』に、フランス人と結婚された若い日本人女性の投書がのっていました。

　　「『外人』と呼ばれる彼の傍らにいて不快な思いをすることがしばしばです。先日も夫の友人であるフランス人と電車内で日本語で話をしていると、近くにいた中年の男性が英語で「日本語がとても上手ですね。あなたはどこから来ましたか」と質問してきました。夫、義母とともに奈良へ行った時には修学旅行の中学生7、8人が、学校でもらった"旅行のしおり"に「外国人観光客に会ったら英語で話してみよう」とあるから話をさせてほしい、と私たちをぐるりと取り囲むのです。……日本人にとって『外人』のひと言で片付けられてしまう彼らも、英語が外国語である場合が多いのです。……日本語で話をしている彼らに、なぜわざわざ英語でプライベートな質問をしてくるのでしょう。」

考えさせられる、また別のお話しを引用させていただきます。

　　「外国語アカデミー日本語科の教授であり、親日家の先生は、在留日本人の子どもへのインドネシア語の授業担当者でもある。……はからずもそのジャワの地で、先生から日本の子どもの一端を教えてもらう破目になってしまった。
　　　「日本の子どもは、どうもインドネシア語を勉強しようとしません。

私はおこりました。『なぜ君たちはインドネシア語の勉強をしないのですか』と。ある子どもが答えました。『日本へ帰っても大学の（入学）試験にインドネシア語はありません』。また他の子は言いました。『だって、インドネシア語は変なことばですから』。そこで私は言ってやりました。『私たちからみると日本語だって変なことばですよ』って」

「日本の子どもがおぼえるインドネシア語は、たいてい、人に命令したり、人を使うときに言うことばかりです」（在留日本人の生活は経済水準が高く、どの家庭でもインドネシア人のメイドや運転手を雇っているのである）

別れに握ったラジャハバ先生の手のあたたかみがひとしお心に残った。アメリカやフランスに在留の日本人の子どもたちも、やはり英語やフランス語は勉強しないのだろうか。」

（岡本夏木『子どもとことば』岩波新書 P.191-192）

これら他言語に対する接しかたの見本から、わたしたちは、なにを学べばよいのでしょうか。怒りににた恥かしさで心がいたむことはないでしょうか。

かつて日本軍が占領していた太平洋諸島で、いまも残る日本語、それは「バカヤロ、ナマイキ」（『国語学』No.87）、「ロームシャ、ケンペイタイ、キミガヨ、ビンタ」（『朝日新聞』1977.6.2）

韓国や台湾に旅した人びとの口から「日本語がよく通じた」と、なかば得意げなことばが発せられることがあります。今世紀はじめ朝鮮半島に侵略をはじめた日本語は、母なる大地の母語をおさえつけ、小学校では朝鮮語を口にしたものの胸に罰の看板をさげさせることまでしました。

もっとも、19世紀のフランスでも、おなじようなことがありました。

「学童が生家で使っていた——オクシタン語であれ、ブレトン語であれ、コルシカ語であれ、ドイツ語であれ——母語をしゃべるところを見つかると、罰としてマークを付けさせられる。このマークはその子自身が自分と同じ罪を犯している別の子を密告して来なければ、はずしてもらえなかった。」

（クルマス、山下訳『言語と国家』岩波書店 P.31）

第1部　ニホン語

　「国際国家日本」、このことばは1984年2月6日、中曽根首相が施政方針演説でのべたものですが、そのなかみが問われなければなりません。

　太平洋戦争中は「鬼畜米英」であり、敵性語としての英語は白い目で見られがちでした。東京外事専門学校（いまの外大）英米科の学生は、胸につけた10cm×5cmほどの白い布の「英米」という文字に、人の視線があつまるのを気にしていました。わたしたち蒙古科のつわものは、それにひきかえ胸をはっていたものでした。

　敗戦後の変りようは、目をみはるばかりです。辞書はイギリス発音からアメリカ発音にうつり、国公私立をとわず英文科のない大学はめずらしく、フランス語やドイツ語の人気は地におちています。ましてロシア語を講座としてもつ大学は、いわずと知れた数。

　ニュースや情報の多くは、ニューヨークからやってくるし、テレビ映画の7割はアメリカ製といった政治、文化状況のなかでは、ネコも杓子も英語、英語となるのは当然のことかもしれません。ハワイは、まるで日本のとなりの島、その先のサンフランシスコは手のとどくところという気分・錯覚におちいっているのではないでしょうか。地球の距離ではかれば、モスクワはハワイの先、サンフランシスコの手まえに位置するというのに。

　ヨーロッパを旅して気になることがあります。日本人観光客のかたこと英語です。英語で世界がわたれるとでも思っているのか、どうか知りませんが、ドイツでもフランスでもチェコでもトルコでも、「ワン、ツー、スリー、サンキュー、プリーズ」でとおします。こんな簡単なことばなら、そこの言語で言ってほしいものです。日本にくる「外人」が日本語をおぼえようと努力する、まさに、そのお返しができ、日本人も「国際」的になれるというものです。英語が通じないといって怒る方が、よっぽどおかしいのです。買いものツアーでの世界共通語は手まねと数字ですけど。

　ちかごろは世界のあちこちで営業用の日本語が聞かれます。7つの海を支配した大英帝国の植民地英語にとってかわることはないでしょうけれど、商売の道具としての日本語が車と電気製品をともなって海外にのりだしています。おやっと思うところで日本語を耳にすると、なにかうれしい気になるものですが、よろこんでばかりはいられません。

　母語に愛着をもち誇りに思う気持、普通はそれを意識することはありません。

- 98 -

それほど身についてしまっている、血となり肉となっている、かけがえのないものですから。このことは方言についても、あてはまります。自分の母語を、くだらない言語だなどと思う人は、世界のどこにもいないでしょう。けなされれば怒ります。サピア *Language* のつぎの警告を、よく味わってみる必要があります。

　　「問題が言語形態となれば、プラトーンもマケドニアの豚飼いと同列であり、孔子はアサムの首狩蛮人と同列である」　　　　　（泉井訳1982、P.221）

②日本人の母語認識

　わたしは毎とし4月に「言語学概論」の講義をはじめるに先だって、ことばの常識アンケートを取ることにしています。設問は20ありますが、そのうち日本語にかかわる、つぎの10の文に、学生たちがどのような判定をくだしたかを見てみましょう。

　　1. 英語と日本語とでは、どちらがすぐれた言語であるか、きめがたい。（○）
　　2. 日本は単一民族・単一言語の国家ではない。（○）
　　3. 日本語と同じような語順で文を構成する言語はかなりある。（○）
　　4. 英語は日本語より論理的にできている。（×）
　　5. 使用人口数からいうと、日本語は大言語に属する。（○）
　　6. 日本語は系統の上で孤立した言語である。（○）
　　7. 日本語は世界中のむづかしい言語のひとつである。（×）
　　8. 日本語を書きあらわすには、漢字と「かな」がもっとも適している。（×）
　　9. 日本語は敬語がまれに発達した言語である。（×）
　　10. 日本語の音声や文法は外国人にとって学びやすい。（○）

　文のおわりの（○）と（×）は、それらの文の内容が言語学的に正しい・正しくないことを示します。このわたしの判定については異論があるかもしれませんが。この5年間にわたり、その正解パーセントを出し、平均を示してみました。つぎの表をじっくりご覧ください。

　調査した数が30人ぐらいとはいえ、毎とし同じような結果を示しています。

第1部　ニホン語

調査年	1983	1984	1985	1986	1987	平均
人数	33	47	23	25	30	31.6
1	100.0	93.6	100.0	96.0	96.6	97.2
2	45.4	42.5	47.8	48.0	86.6	54.0
3	36.3	40.4	60.8	36.0	33.3	41.3
4	45.4	34.0	34.7	44.0	40.0	39.6
5	42.4	44.6	47.8	20.0	33.3	37.6
6	33.3	29.7	13.0	48.0	36.6	32.1
7	21.2	19.1	26.0	28.0	30.0	24.8
8	12.1	6.3	13.0	4.0	13.3	9.7
9	9.0	10.6	4.3	4.0	20.0	9.5
10	0	8.5	17.3	8.0	10.0	8.7

　おそらく、これは大学生の意識であるばかりか、日本人の多くがもっている、みずからの母語に対する態度ではないでしょうか。

　まず1の正解の高さは、当然といえば当然ですが、もし言語名をいろいろと変えてみたら（たとえばスワヒリ語と、失礼！）、ちがった結果が出るかもしれません。心配です。

　2について、ことしの急上昇には、わけがあります。1986年10月マスコミをさわがせた、ひとつの事件を思いおこしてください。中曽根首相の「知識水準（民族差別）発言」が衆議院でも取りあげられ、日本国家単一民族論に対しアイヌ関係の団体などから抗議の声があがりました。去年までは40％台の成績でしかなかったことを思うと、マスコミのおそろしさを感じないわけにはいきません。アイヌについては、いまだに明治の「旧土人保護法」が生きています。アイヌ新法の制定をもとめる声が、ようやくあがりはじめました。新法は「アイヌのこどもにアイヌ語を。大学にアイヌ語の講義を。アイヌに関する国立研究所を」と訴えています。さる5月の北海道ウタリ協会総会は「アイヌ語教室」の開設をきめました。ついでながら日本共産党北海道委員会は、すでに11年まえに7ページにわたる政策「アイヌ系住民の権利と生活を守るために」を発表しています。（『議会と自治体』1976.12）

　3にうつります。設問は「かなりある」となっていますが、むしろ「たくさんある」といいなおした方がよいでしょう。事実、動詞おわりで、修飾語を被修

10. 母語からみた他言語と他言語からみた母語

飾語のまえにおく、後置詞（相当）言語は、地球上で漢文や現代英語式の語順より優勢なのです。もっとも、現代中国語（普通話）は、英語とはかなりちがった語順をもっていて、「きのう買った本」を日本語式に「昨天買的書」と表わします。

Edison	on	bir	yaşında	trende	yolculara	şeker	ve	gazete
エジソンは	十	一	歳のとき	汽車で	旅客たちに	あめ	と	新聞を

satardı.
売っていた。

　これはトルコ語の例です。アイヌ語、朝鮮語、モンゴル諸語、チベット語、ビルマ語、1,600ともいわれるインドの言語、オーストラリア原住民の諸言語、そして古典ギリシャやラテン語まで動詞おわりの言語です。日本語はけっして特殊な言語ではありません。それなのに、漢文とヨーロッパ諸語の知識のみをもとにして、その色めがねで日本語を見てきたのです。

　4は、どうしたことなのでしょうか。1で英語と肩をならべたはずの日本語が、論理的ではない言語と受けとられています。いうまでもなく、AはBなり、Aは非Aにあらず、といった論理は人類がひとしく持ちあわせているものですが、それぞれの言語の論理は、その言語の文法によってことなる現れかたをします。もし、たとえば主語がない文は論理的ではないというのであれば、「大そう涼しくなりました」など、どこにでもころがっている日本語の文は、いったいどうなるのでしょうか。「陽気が」とか「気候が」とかが省略されているのではなく、日本語ではいらないのです。これが日本語のりっぱな論理。

　5の成績もなさけない思いがします。世界数千の言語のうち、1億人もの話し手がいるのは、そうやたらにありません。日本語は大言語です。ただし「大きいことはいいこと」という意味ではありません。大国主義につなげてはなりません。ここには取りあげませんでしたが、設問のひとつ「世界で一番使用人口の多い言語は英語である」に対して、ほぼ半数の学生が○をつけました。とんでもありません。10億という中国語のことなんか頭からすっぽり抜けおちてしまっているのです。

　6は系統という用語にひっかかって、答えがゆれています。明治以来の「ウ

－ 101 －

第1部　ニホン語

ラル・アルタイ語族」説が、まだ生きているのかもしれません。系統のわからない言語は、いくらでもありますから、孤立は「孤独」でも「弧絶」でもなく「孤高」でもないのです。

7の迷信に日本人は取りつかれています。この裏がえしが9と10です。「よそものには学べない、むづかしい日本語」だとしたら、思いあがりもはなはだしい。どんな言語のもちぬしでも、よその母語の話し手と同等になることはできません。生活経験がちがうのですから。もちろん相手の言語との音声や文法のうえでのへだたりが大きいか小さいかによって、むづかしさの程度はちがってきますけれど、言語学者でフィンランド駐日代理公使だったラムステッドが言ったように「日本語は世界の言語のなかで、もっともやさしい言語のひとつ」です。証拠をいくつかあげましょう。

音素の数は20ばかりにすぎず、「ん」（音素/ñ/としておきます）をのぞいて、どれもこれも発音しやすく、子音と母音の結びつきかたは、きわめて単純で百いくつしかありません。だいたい「50音図」なるものがあるということ自体、その単純さを物語っています。文法の変化形も大へん規則的で、不規則動詞はごく少ない。外国人に対する日本語教育では「ん」の発音に気をつける必要があるでしょう。「本を」が「ホノ」に、「原因」が「ゲニン」にならないように。

また、どの言語も上下関係、親しさの度あいなどによって、さまざまな敬意表現をそなえています。警官の尋問じゃあるまいし、What's your name ? とは失敬な。「まれに発達した」などと言えるものではありません。

最後に8番。漢字のおかげで日本語が不当にむづかしく思われているにすぎません。日本列島におしよせた漢字文化の流れのなかに、いまも日本語の表記法がひきつがれているという歴史的事情をかえりみず、「もっとも適している」などと言えるものではありません。文字と言語のレベルのちがいを、はっきりさせることが必要です。むしろローマ字表記の方が、単語意識をそだて、日本語のきまりをおのずと自覚することになり、漢字教育にとってかわる、ほんとうの「国語」教育ができるのではありませんか。それは安っぽい「国際」化のためではなく、日本人の母語認識を一歩前へすすめることになるでしょう。

③外国語教育は、これでよいのか

母語は文字どおり母のことばです。胎児は外界の音に反応しているようですが、生まれてからは母親と、かの女をとりまく人びとの声を脳のなかにぎっしりたくわえつつ成長していきます。母語をことにする乳母などに育てられる例外はありますが、2歳前後からこどもは爆発的に母語の音声を発するようになり、小学校入学までには、おとな顔まけの語彙を使いこなし、それをはるかにこえる理解語彙をもつようになります。

中等教育においては母語とことなる言語の教育がおこなわれます。母語の体系と構造にしっかり組みこまれた脳は、他言語に接するとき、それがどんな言語であるにせよ、新しい感動をもって心の窓をひとつひとつ開くにちがいありません。

国・社・数・理・音・美・体・技（家）という教科は必修です。選択科目として外国語がくわわります。選択ですから外国語をやらなくてもよい理屈ですが、日本の現実は必修教科にひとしい。しかも、英語必修という、かたよりを見せています。二重のペテンというべきです。「国際」化イコール英語化の傾向は、とても危険です。国際関係学科があちこちの大学に新設され、国際国家日本の先兵になろうとしているようです。しかし、この場合の多くは英語圏中心のにせの「国際」化と見られます。

> 「1985年11月、フランスの文部省は新しい学習指導要領大綱を発表した。この国の中学校（日本の小6から中3までの4年間）の生徒は、いかなる外国語を選択することができるのであろうか。従来は5か国語（英語、ドイツ語、イタリア語、スペイン語、ポルトガル語）から選択しえたが、今回の改訂によって、さらに7か国語（アラビア語、中国語、近代ヘブライ語、日本語、オランダ語、ポーランド語、ロシア語）ふえ12か国語の中から選択可能となった。」
> （古沢常雄「臨教審の「教育の国際化」の問題性」『新英語教育』1986. 8、P.24）

鈴木孝夫氏の見解にも耳をかたむけるべきでしょう。国際化には3つの型があるとし、

第1部　ニホン語

「まず、自分の国の言語、価値観、風俗、習慣を中心に考えて、ほかの国、
願わくば世界全部を自分の国のようにする、これが第一の国際化です。
……2番目は、ある強い国、いい国を決めまして、その国のように自国が
なっていく、自己改造です。自国をある特定の国に合わせて、そちらの国
の人から好かれるようにする、これが2番目の国際化です。……3番目の
国際化は、自分は変えない、しかし他国も無理に変えない。違うもの、別
なものがそれぞれ仲よくやりましょうという国際化です。世界はいま、こ
れがいいというふうに向いているはずです。……そうなってくると、国民
全部が義務教育で英語をやるということが、いかに2番目の型の、自己否
定型の、アメリカ、ヨーロッパ追従型であることが分かると思います。」

（「座談会、国際化時代の日本語」『月刊言語』1986.3、P.53-55）

　外国語選択の幅をひろげるには、お金がかかります。たとえば、ドイツ語を
やりたい、朝鮮語や中国語も学びたいという生徒がいれば、そのための教室と
教師を用意しなければなりません。経済大国といわれながら、なんとおそまつ
な文教政策しかもちあわせていないのでしょうか。かくて日本のこどもたちは
「インドネシア語は変なことば」と信じこむ、その責任はおとなのがわにあり
ます。

（1988.1.1『国文学解釈と鑑賞』第53巻1号、至文堂）

第2部　トルコ語

第2部

トルコ語

1. トルコの詩人　ナーズム・ヒクメット　Nâzım Hikmet

　トルコの詩人ナーズム（ナジムではない）ヒクメットは、原子爆弾を歌った「雲が人間を殺さないように」、ビキニ水爆を歌った「日本の漁夫」などの作品で日本に知られている。ここに紹介する「ヒロシマで死んだ女の子」の詩は、曲をつけて歌われたりしているが、トルコ語の原文から直接に訳されるのは初めてだろう。世界現代詩集Ⅳとして中本信幸・服部伸六訳『ヒクメット詩集』（1963飯塚書店）がある。

　ヒクメットは1963年6月3日、61歳でこの世を去った。死をいたんで大島博光氏が「ヒクメットよ、さようなら」という記事を書き（『アカハタ』6月8日付）、中本信幸氏が「ヒクメットと日本」という記事を書いておられる（『アカハタ』6月23日付）。

　トルコの詩は韻をふむ。原文を見ていただきたい。各節とも2行目と4行目が脚韻、そして、すべての行が8音節でできている。声に出して味わうべきものである。題名から読んでみよう。iの点のないıは、東京方言のウに近く、kız（女）はクズ。çはチャの子音に、cはジャの子音に近いからçocuğu（こども）はチョジュウとなる。ğは発音しなくてよい。母音öとüはドイツ語のように。şはシャ行の子音に近いからyaşı（歳）はヤシュと読む。

KIZ ÇOCUĞU

Kapıları çalan benim
kapıları birer birer.
Gözünüze görünemem
göze görünmez ölüler.

Hiroşima'da öleli
oluyor bir on yıl kadar.
Yedi yaşında bir kızım,
büyümez ölü çocuklar.

Saçlarım tutuştu önce,
gözlerim yandı kavruldu.
Bir avuç kül oluverdim,
külüm havaya savruldu.

Benim sizden kendim için
hiçbir şey istediğim yok.
Şeker bile yiyemez ki
kâat gibi yanan çocuk.

Çalıyorum kapınızı,
teyze, amca, bir imza ver.
Çocuklar öldürülmesin
şeker de yiyebilsinler.

1. トルコの詩人　ナーズム・ヒクメット　Nâzım Hikmet

kâはキャに近く。あとはローマ字どおり拾い読みで、アクセントも気にしないで完全に発音できる。

　さて単語ごとに訳をあててみよう。こんな芸当ができるのも、トルコ語の語順が日本語と大変よく似ているからである。たとえば、

Edison　　　　　on　　beş　　yaşında　　　trende　　gazete　　ve
エジソンは　　　十　　五　　歳のとき　　　汽車で　　新聞　　　と
şeker　　satırdı.
あめ　　売っていた。

のようである。世界の言語の半数はこの順序。

------------------------------------○------------------------------------

女の子（u限定語尾）
戸（複数lar）を　たたく（人en）　私（私だim）
戸（複数lar）を　ひとつ（ずつer）　ひとつ（ずつer）。
目（あなたのünüz）に　見え（えないeme, m私）
目（にe）　見え（ないmez）　死んだ人（たちler）。

ヒロシマ（でda）　死んで（からeli）
なって（いるuyor）　もう　10　年　ほどに。
7歳（の時のda）　1人の　少女（私ım）、
大きくなら（ないmez）　死んだ　こども（たちlar）。

髪（複数lar, ım私の）　火がつい（たtu）　まず、
目（複数ler, im私の）　もえ（たdı）　焼け（たdu）。
ひと　にぎりの　灰　になって（しまっver, たdi, 私m）、
灰（üm私の）　空（へya）　舞っ（たdu）。

私が　あなた（からden）　自分（m私）　のために
どんな　ものも　ほしい（ものdiğ, 私im）　ない。

- 107 -

第2部　トルコ語

あめ　さえ　食べ（られないemez）　のは
紙　のように　もえ（たan）　こども。

たたい（ているuyor, 私um）　戸（あなたのnız）を、
おばさん、おじさん、ひとつ　署名　ください。
こども（たちlar）　殺（されül, ないme）ように
あめ　も　食べ（られるebil, ようにsin, 複数ler）。

どんな日本語の詩にするか、自由にお考えください。

（1999. 10. 1『詩人会議第37巻10号』）

2. トルコの国語国字改革

　過去においてそして現在も、自分たちの国字国語について、色々な国が色々な経験をもっている。トルコ共和国もその1つである。わたしたちがこの国のへてきた経験をよきにつけ、あしきにつけ、かえりみることは、決してむだではないとおもう。

1

　13世紀のおわり、セルジュク・トルコにかわったオスマン（Osman）帝国はそれから600年のあいだ、イスラム教の親玉としてのくらいをたもちつつ、帝王スルタン（Sultan）の政府は封建的な専制政治をつづけてきた。1914年1月11日オスマン帝国はドイツのしり馬にのって、連合国にたたかいをいどみ第1次世界大戦にくわわった。この大戦の結果、スルタン政府は古い帝国主義のゆめをくじかれ、1920年8月10日にはセーヴル（Sèvres）条約に調印することになった。この条約はひとくちにいって、トルコを植民地にして、ふたたび戦争にまきこもうとするひどいものであった。イギリス・フランス・イタリアなどのトルコ分割のはなしあいはすすめられていた。くされきったトルコ政府は国民にむかって、この条約をうけいれるように、とよびかけた。トルコ・イタリア戦争（1911-1912）、ふたつのバルカン戦争（1912-1913）、第1次世界大戦（1914-1918）と、つぎつぎにおこる戦争によって、ひどいめにあい、連合国の占領によって生活をだいなしにされていたトルコ国民は、1日もはやく戦争状態からまぬかれ、1日もはやく占領がおわることをのぞんでいた。そしてこの条約によって「平和」と「独立」をうることができるとかんがえたものもあった。しかし、トルコ国民の祖国をまもろうとするうごきはすでにはじまっていた。条約案に民族の危機をよみとることのできたインテリは、首府イスタンブルをはなれて、地方の町や農村にむかった。トルコをトルコ人のものにする本当の独立をかちとるたたかいを、下からもりあげようとしたのである。しかし、国民のおおくは文字をしらなかった。象牙の塔からとびだしたインテリは、武器をペンから口へうつさねばならなかった。国民に条約のなかみをあばいて、国民を条約反対のためにふるいたたせるには、国民の生活とむすびついた、具体的な、わかりやすい、やさしい、はっきりした説明が必要であった。

第2部　トルコ語

実際このたたかいでインテリと大衆とが力をあわせたことは、トルコの国語改革におおきな意義をもっている。

　セーヴル条約に調印するまえの年、1919年5月15日イギリス、フランス、アメリカの連合艦隊にまもられたギリシャ軍がうつくしいトルコの海岸町イズミルに上陸した。たたかいにまけたスルタン政府は、連合国軍としてのギリシャ軍をこころよくむかえるように命じた。この命令にしたがったトルコ軍はだんだんしりぞいていった。村をやかれ、妻や子をうばわれた農民は山や森や野原にかくれた。このとき、ギリシャ軍にたいする最初の組織的な抵抗があらわれた。5月のおわり、イズミルの北120キロのみなと町アイヴァルクにいた第172連隊は、上陸したギリシャ軍に抵抗したのである。このようなたたかいをバックにして、のりだしたムスタファ・ケマル（Mustafa Kemal, 1881～1938）はスルタン政府のくされきった政治とよわごしにみきりをつけて、国を外国にうりわたそうとする政治家たちとのあたらしいたたかいにはいっていった。1920年4月にはアンカラに革命政府がうまれた。スルタンはにげだした。そして1922年11月にひらかれたローザンヌ（Lausanne）講和会議では、あのセーヴル条約をすてることに成功した。ここでトルコ人は、はじめて自分の家のあるじになることができた。しかし敵はまだ天国にあった。その名はアラーであった。そして敵はトルコ帽子であり、女のヴェールであり、百姓のおろかさであり、羊かいの無教育であり、そしてアラビア字であった。外敵とたたかって、トルコ人は祖国をまもりぬいた。国内の敵とのあたらしいたたかいのひとつは、文字をしらない人をなくすことであった。

2

　1923年10月29日トルコ共和国がうまれた。憲法をつくり、オスマン帝国のハレムとハマムから婦人を解放し、あたらしい学校をたて、イスタンブル大学はナチス・ドイツがやめさせた40人もの教授をむかえいれた。またあたらしい首府アンカラにも大学がうまれた。そのおもて玄関にたかく、ケマルのことば「人生においていちばんたしかなみちしるべは学問である」がうきぼりにされている。1928年夏、言語委員会（Dil Encümeni）の手によってローマ字29（母音字8、子音字21）がきめられた。いたるところに黒板がかかげられ、ケマルはチョークをとってローマ字をおしえた。こどもたちはあたらしい学校

－ 110 －

2. トルコの国語国字改革

で、兵隊たちは兵営で、おとなたちは「国民の家」や成人夜学校で文字をならった。「ローマ字はかならず学ばねばならない。さもないと諸君はここをさらねばならない。」と政府は役人にいった。「ローマ字はかならず学ばねばならない。さもないと諸君はここをさることができない。」と政府は囚人にいった、という話しである。このような徹底した文字あらためは宗教とふかくつながっているので、1924年3月3日にはイスラム教の親玉であるカリフをおいはらって、イスラム教とアラビア字とのくされえんをたったのである。

アラビア字は、子音字だけしかもっていないし、わかち書きもしない。母音字がないから、ひとつのつづりがいろいろに読まれる。それはちょうどわたしたちが漢字をいろいろに読みかえるように。しかも、はっきりしたつづりかたがなく、長いあいだひとつのつづりをもたなかった。日本のかなづかいや、おくりがなのように。このような不便なアラビア字はイスラム教というつよい宗教的力とその文化とにささえられて、千年ものあいだ、もちつづけられてきた。それはわたしたちのかんがえおよばないほどの力をもっていたにちがいない。しかしトルコのナショナリズムは古い長い伝統をうちやぶって、アラビア字をすてた。トルコの民族革命がブルジョア革命におわったとはいえ、ローマ字化における成功はトルコ民族とその文化にプラスするところがおおきい。

ケマルは1881年いまの北ギリシャのサロニカにうまれ、かれの父は熱心な自由主義者だった。1905年コンスタンチノープルの陸軍大学をでた。ちいさいときからヨーロッパ式の教育をうけ、とくにフランス革命からの伝統がかれの心にめばえていた。トルコの革命はトルコ人のトルコをかちとる国まもり運動（National defence movement）と、歴史家がいうものであり、国家主義的精神のひとつのあらわれである一方、ヨーロッパ文明へのめざめでもあった。ヨーロッパ式教育のもとで革命的かんがえをいだいていたケマルは、オスマン帝国のおちぶれをふみだいにして祖国をよみがえらせようとした。

1949年12月19日から23日までひらかれた第6回トルコ語総よりあいで、文部大臣はつぎのようにいう。

「青年トルコ党は話しことばと書きことばをちかづけようとしたのですが、かれらはアラビア語は学校で古典語としておしえるべきで、フランス人にとってラテン語が古典語であるならば、われわれにとってもアラビア語は

第2部　トルコ語

そのようなものでありうる、としました。しかしケマルは国民のことばは
書きことばにまでたかめられなければならないし、学問の術語もトルコ語
のなかからつくることができる、とかんがえたのであります。」

　一方ソヴィエトにいたトルコ系の民族は1922年このかた、アラビア字をす
ててローマ字をとりいれていた。おそらくケマルはこのことからおおきな影響
をうけていたであろう。ソヴィエトは革命このかた、いろいろな面でトルコを
たすけてきたし、ボルシェヴィストのことばを、はじめてアジアのことばにな
おしたのはトルコだったという。また一部のトルコ語学者のかんがえもローマ
字化に力があった。トルコ語学会のエムレ（A.C. Emre）は『チュルク諸方言比
較文法』イスタンブル・1949年のなかでつぎのように書いている。

　　「共和制によってはじまるいろいろな改革のなかには、アルファベットの
　　それがある。わたしは『大切なことばの改革』となづけて18回にわたり
　　Vakit新聞にかんがえをのべたが、それがケマルの注意をうながした。」

　トルコがローマ字をとりいれてから、しばらくはアラビア字とローマ字で
新聞がだされていたが、それもすぐ1929年6月1日からあとはアラビア字を
つかってはいけないということが国会できまった。そのとき、ある学者はト
ルコ文化が20年あともどりした、といってなげいたという。しかし、いまま
でアラビア字をならうのに2年もかかっていたのが、たったふた月でおぼえ
られるようになり、読み書きは一部の手から国民の手へうつっていった。（漢
字は2年どころのさわぎではない。）いまトルコの30才よりわかい人たちはも
うアラビア字とのつながりをまったくもっていない。松岡洋子さんの報告（昭
28・5・11・朝日夕刊）によると、トルコの文字をしらない人のかずは人口の
70%をしめているという。しかし、『日本人の読み書き能力調査』の結果から
いうと、まともに読み書きすることのできない日本人が90%以上いる、とい
うことにならないであろうか。教育がいきわたっていることをほこりとする日
本も、それぞれのたちばのちがいをのりこえて、もっとかんがえなおさなけれ
ばいけないのではないか。

　いまのトルコは人口の65%が農民であり、（明治20年代の日本の状態）わ

－ 112 －

2. トルコの国語国字改革

るいことに 1952 年度の予算をみても、その 3 分の 1、1 億 7 千万ドルが軍事費にあてられている。教育予算は 7 千万ドル。第 2 次大戦中、国防費はとくにおおく、戦争をさけるため、トルコは予算の 4・5 割をこれにあててきた。このため、経済のたてなおしに頭をなやまし、「自由主義諸国」のメンバーとして 1947 年にあきらかにされたトルーマン主義によって、アジアにおけるよりむしろヨーロッパにおける防衛線のやくめをおわされている。

3

文字をあらためることによって、つぎにみちびかれるものは、ことばそのものの改革である。トルコはローマ字をとりいれてから「トルコ語をゆたかにし、まじりけのないものにしよう」というスローガンのもとに、国語改革へとすすんでいった。1928 年にもうけられた言語委員会はひとまず文字あらためのしごとをおわって、1931 年 7 月から、予算の関係で活動をやめていた。そこでケマルは 1932 年 7 月 11 日夜、すでにあるトルコ史調査会（Türk Tarih Tetkik Cemiyeti）にならってトルコ語調査会（Türk Dili Tetkik Cemiyeti）をつくろうといいだし、そのしごととして、つぎの図をしめした。（R.E. Ünaydın: *Türk Dili Tetkik Cemiyeti'nin Kuruluşundan ilk Kurultaya kadar Hatıralar*, Ankara, 1943, P.10）

$$
\text{トルコ語調査会} \left\{ \begin{array}{l} \text{トルコ語} \left\{ \begin{array}{l} \text{語源学} \\ \text{文法とシンタクス} \\ \text{辞書と学術用語} \end{array} \right. \\ \text{文献学と言語学一般} \end{array} \right.
$$

この調査会はいまのトルコ語学会（Türk Dil Kurumu）であるが、これはケマルのポケット・マネーでつくられたもので、たとえそれがケマルの国家主義政策のあらわれであったとしても、自分の民族の文化や言語にたいし、このようなおもいやりをしめした革命家はすくないであろう（小林高四郎・トルコの国字改革『世界』36・昭 23・12）。国民的英雄となっていたケマルは、その政治力を利用して、その年の 9 月に第 1 回のトルコ語総よりあいをひらくことを国民によびかけた。このよりあいでとりあげられた問題のなかから政府として、し

－ 113 －

第2部　トルコ語

たがって調査会として、ぜひやらねばならないとかんがえたのは、つぎの3つのことだった。

1. 国民のことばや古い本にあることばをあつめて、あかるみにだすこと。
2. ことばつくりのおこなわれかたをはっきりさせ、それをいかして、あたらしい単語をひきだすこと。
3. 外来語にとってかわりうるようなことばをおおやけにすること。

　これらの線にそって古代、中世のトルコ語研究、新しい辞書、方言辞典などがつぎつぎとあらわれた。

　おおくの国でそうであるように、トルコの国語改革は書きことばを国民の話しことばにちかづけようとするところからはじまった。しかしそれは人民の話しことばであって、イスタンブル方言、イスタンブル・トルコ語、イスタンブル・インテリの話しことばではない。いままでオスマン語の単語のなかには60%のアラビア語と30%のペルシャ語があったといわれ、その文法書には、かならずアラビア語文法やペルシャ語文法の一部がつけくわえられねばならなかった。たとえば、トルコ語なら babanın evi（おとうさんのうち、baba ＝おとうさん、ev ＝うち）というところを、ペルシャ語文法にしたがって hanei peder（hane ＝うち、peder ＝おとうさん）とか、アラビア語文法にしたがって beytül'eb（beyt ＝うち、eb ＝おとうさん）とか書かれてきた。もちろんこれらは一部のインテリや役人や、きどった学者、詩人のことばであって、国民とは縁もゆかりもないものであった。単語についても、トルコ語のなかに、それにあたるものがあれば、そっちをつかおうとしているのはあたりまえである。たとえば、tecrübe et-（試験する）は dene-（ためす）を、terabüz et-（出現する）は belir-（あらわれる）を、temin et-（確保する）は sağla-（かためる、たしかめる）をつかおうという。学術用語もたとえば kebet（肝臓）のかわりに karaciğer（きも）を、milh（食塩）のかわりに tuz（しお）をもってきている。

　もうひとつ文章の例をあげよう。第6回トルコ語総よりあいでイスタンブル大学の解剖学の教授 Dr.Zeki Zeren は、

　　「わたしたちの書きことばは、ながいことアラビア語やフランス語におさ

れてきました。これをすくおう、そしてまじりのないものにしようという
方向をとってきました。……50年まえの書きことばと15年まえのとでは
大変なちがいがあります。」

とのべ、1916年、1920年、1927年に書かれた本のある部分をしめし、いま
の本にあるあたらしいものとくらべている。

1916年の例をみると、ほとんどトルコ語文法にしたがっていないといって
もいいほどで、25のアラビア語・ペルシャ語からの単語と、ふたつのトルコ
語からなっている。

いまの本では、わずかにペルシャ語からのもの1、アラビア語からのもの1、
ギリシャ語からのもの1、あとの20はトルコ語になっている。

古い方の文を日本語にしてみると、

「顳顬域は頭蓋兩側後頭部乃至額部下方耳下域上部眼孔耳殻間で上方並に
後方は上顳顬筋下方は顴骨上突起に隣接す」

となる。(懸壅垂を口蓋垂に、環状軟骨を輪状軟骨になおすくらいにとどまっ
ている日本の学界は、かんがえなければいけない。)ここにあげた例は、「こめ
かみ」を「顳顬」、「ひたい」を「額部」、「めのあな」を「眼孔」、「みみ」を「耳殻」、
「すじ」を「筋」などというあたり、いまのトルコ語から見ると、だいぶ時代ば
なれしている。一部の人たちだけにわかればいい、という学問はないはずであ
る。だからそのことばも大衆とのつながりをもつことがのぞましい。

4

ある民族が自分をみいだして、ほんとうの平和と独立をもとめるとき、自分
たちはひとつになろう、ならなければいけない、という方向にうごいていく。
そのようなとき、ことばは民族をむすぶものとしてはたらく。だから近代国家
のなりたちとその民族の共通語のできあがりとは、ふかいつながりをもって
いる。封建的な中世をのりこえて、啓蒙主義やヒューマニズムをへて、もりあ
がってきたヨーロッパの国々の民族統一は、歴史的比較言語学をうみ、民族共
通語へのうごきをうながした。日本でも明治21年に帝国議会がひらかれ、ま

第2部　トルコ語

がりなりにも、国民が政治にくわわることができるようになった。それは、明治維新をへて、とりいれられたヨーロッパ的近代市民精神がもたらした民権運動のひとつのあらわれであり、また文学において二葉亭四迷や山田美妙斎などによってとなえられた「言文一致」運動としてあらわれた。しかし明治維新が中央集権的日本帝国をつくりあげた、その性格から、国粋主義思想があたまをあげ、あやしげな「ことだま」思想をうみ、軍国主義のながれとともに、ふたたび民族の危機をまねくことになってしまった。漢語でごまかすことによって国民を文字をしらない人にし、わたしたちの下からのまとまりはいつもさまたげられてきた。そして戦争にまけてふたたび、わたしたちは国民のことばをかえりみなければならなくなっている。

　トルコの民族革命は、ある点で日本の明治維新をおもわせる。外からの侵略にたちあがったトルコはオスマン帝国をたおし、ヨーロッパ的自由主義にむかってすすんだのに、土地制度に手をつけず海峡問題をとりのこしたまま、国粋思想にはしっていった。そして、いま資本主義諸国の半植民地的ありさまにあまんじていなければならなくなった。しかし国語改革、とくに文字あらためについては、トルコは成功したし、また民族共通語をめざして国民のことばをとりあげてきたことは注目すべきであろう。

　トルコが近代ヨーロッパ諸国のなりたちとその共通語の問題とに、ふかい関心をよせているということは、つぎのことからもしられる。第6回トルコ語総よりあいでトルコ語学会の書記長はいう。

　　「ことばつくりのやりかたについて、わたしたちは、よその国におしえられることがあります。たとえばルッテル（M. Luther）が16世紀のドイツ語で、オーセン（I. Aasen）が19世紀のノルウェイ語でやったようなもの。ルッテルは『わたしにとっては、わたしだけのドイツ語というものはない。上にも下にもドイツ国民がわかるような一般ドイツ語をつかうのだ』といったそうです。」

　そして哲学語としてのドイツ語は、たくさんの人々のながいながい苦心によってできあがったものである、とのべている。

　つぎに国語改革にあらわれたトルコのナショナリズムは、ことばつくりに

2. トルコの国語国字改革

よってしめされている。それはいきすぎだ、といわれるほどのものである。

Turkish–English Dictionary, Oxford, 1947の書き手H.C. Honyは、この本の
まえがきでつぎのように書いている。

> 「その結果は、むかしの書きことばがそうであったとおなじように、トル
> コのはなしことばとは、だいぶはなれたあたらしい書きことばをつくるこ
> とになった。イギリス語のschoolとおなじように大切なトルコ語mektep
> をおいだして、かわりに、あたらしくつくったokul（フランス語のécole
> ににせて）をもってくることは、ことばをよくするやりかたとはおもえな
> い。」

しかしHonyのいう「はなしことばspoken Turkish」がなにをさしているのか
は問題だし、アラビア語からはいったmektepという単語が、どれほど国民に
しみこんでしまったかもはっきりしない。これからのトルコ語という点をかん
がえにいれれば、むしろもっとふかく国民のなかにいきているoku-（読む、な
らう、まなぶ）という語幹とのつながりをもっている点で、okulもみのがすこ
とができないのではないか。そしてトルコのことばつくりで大切なやくめをし
ているのは、トルコ共和国の方言であり、ほかのチュルク諸方言ではない。こ
れはとくに注意すべきである。トルコ語学会のBesim Atalayは『ことばつくり
の方法』イスタンブル・1946年でつぎのように書いている。

> 「われわれのみじかにないチュルク方言をもとにして、あたらしいことば
> をつくりだそうとすることは、ただしいやりかたではない。このようなこ
> とばでは、おいだそうとする外来語にとってかわることは、けっしてでき
> ない。それは、われわれとかけはなれたチュルク方言からとられたもので
> あるから、古くからあるある種のアラビア語やペルシャ語とくらべると、
> さらにしたしみがないのである。」

おわりに、トルコの国字国語改革をふりかえって、いままでのながれと、い
まの状態にふれてみよう。トルコはわかい国である。ケマルをはじめとする指
導者たちは、国字国語改革にあたっても、わかいものたち、つぎのトルコをに

- 117 -

第2部　トルコ語

なうものたちのためをかんがえることをわすれなかった。漢学者のあたまや
漢文でいじめられたあたまで、こどもたちをかんがえるのとはわけがちがう。
トルコの国語改革はケマルの政治力によって成功したといっていいであろう。
1928年8月9日、政府の役人にむかって、かれがいったことばをひいてみる。

　「おおくのことがなされた。しかし、いま、あとではなしに、やらねばな
　らない、しかもとても大切なしごとがもうひとつある。あたらしいトルコ
　字をはやくおしえねばならない。すべての同胞に、女にも、男にも、かつ
　ぎやにも、船頭にもおしえなさい。諸君は、これが国を愛し民族を愛する
　もののつとめだとおもいなさい。このつとめをはたすときに、つぎのこと
　をかんがえてほしい。ある民族ある社会のなかで、読み書きができるのが
　10%か20%で、できないのが80%か90%だということは、はじである。
　こんなとき人間たるものは、はずかしいとおもわねばならない。」
　「トルコ民族は、はずかしいおもいをしに、うまれてきたのではない。ほ
　こりをもって生き、われわれの歴史をかがやかしいものにするために、う
　まれてきたのである。しかし、国民の80%もが読み書きできないでいる
　とすれば、そのつみはわれわれにあるのではなく、トルコという国がわか
　らないで、頭をがんじがらめにくさりでしばっているものたちにある。い
　まこそ過去のあやまりをねこそぎにあらためるであろう。私は国民ひとり
　のこらずがすすんで事にあたるようにのぞむ。そうすれば、1年か2年の
　うちにはすべてのトルコ社会はあたらしい文字をしることになる。そして
　トルコ民族は文字においても頭においても文明世界のなかまいりをするこ
　とができるであろう。」

　国語改革は文字改革のようなわけにはいかない。トルコ語をきれいにしたい
というかんがえが、50年まえにはじめて世にでたとき、かんがえがつぎの3
つのグループにわかれた。

　1. トルコ語から外国語的ないいまわしと外来語をすべてとりのぞく。
　2. まったく国語に手をつけずに、外国語的なきまりもそのままにしておく。
　3. 外国語的なきまりはとりのぞくが、外来語には手をつけない。

－ 118 －

のちに、第3のグループは、

　外国語的なきまりだけでなく外来語であることがはっきりしていて、国民
　のなかにあまり根をおろしていないことばもとりのぞく、

というかんがえにうつっていった。これら3つのグループはいまもある。しか
しトルコの国語改革をおしすすめている指導者たちのおおくは、第3のグルー
プにはいるとおもわれる。

　「問題はすすみつつある。わかものたちは今日のことばをまなびつつある。
　そしてこのことばで話している。まなばない、つかわない、といいはるもの
　のは、いつもわかいものたちからはなれて、おくれている自分をしること
　になるであろう。」
　　　（いまのトルコ語学会書記長A.S. Levendの『のび行くトルコ語、きれいになる
　　　トルコ語』アンカラ、1949年、412ページより）
　　　　　　（1954.2.20 武藤辰男編『美しい国語・正しい国字』河出新書）

第2部　トルコ語

3. 黒子は私よ

　32年まえの1948年（昭和23年）3月トルコ共和国は首都アンカラから1通の航空便がまいこんだ。あけてびっくり、下に掲げた（読んでみてください）ような「日本語」の手紙と、陸上競技の記録をのせたパンフレットが出てきた。「黒子」なんて美女？にはあったこともないし、一体なにが「追ひ附いた」のだろうか。

　日本の敗戦後まもなく、ぼくは独学のたどたどしい多分まちがいだらけのトルコ語をつづって文通をはじめた。まったく知人はいなかったから、しかたなく「この手紙を受けとった人」という乱暴な宛先で出してみた。ところがイスタンブルとアンカラから10人ちかいトルコ人が返事をくれて感激そして大あわて。そのうちの一人とは、いまも親類同様のおつきあいがつづいている。

　さて、問題の「黒子」さん？は、きっとその人たちから話をきいて、ぼくに手紙をくれたのだろう。1937年（昭和12年）にどうも日本に来たことがあるらしい。アマチュア・スポーツ協会の会長でナイリ・モランNaili Moranという人であった。苦労して書いたらしい漢字とひらがな、これをどう解読すべきだろうか。

　なぞをとく鍵は、すぐ発見された。犯人は日土協会編『日土土日大辞典』1936、昭11であった。これは一万語ぐらいの小辞典であるが、日本における唯一のトルコ語辞典で、ぼくは昭和22年1月6日に神田の古本屋で買った。想像するにモラン氏は出版直後に日本へやって来て、この辞典を寄贈されたか買ったかして持ちかえったものであろう。

　「黒子」は残念ながら美女ではなかった。芝居のクロゴでもなく、それはホクロである。なんとなればトルコ語のワタクシとホクロは同音のbenベンであるから。「知るれざる」は、もちろん「知られざる」の写しちがい。「日本の」は辞典の見出しjaponジャポンに付された訳語「日本の」と「日本人」のうち初出のものをモラン氏が採用したためのまちがい。「来る」と訳されているトルコ

- 120 -

語gelmekには「相手のところへ行く」意味があるから、これでよし。「追ひ附いた」の解読には、ちょっと手間どったが、なんと名前のNailの翻訳であった。

　かくて復元されたトルコ語の単語列は、名詞や動詞の変化など文法を無視したものではあるけれど、なんとか立派に意志が伝達されるではないか。さいわいなことにトルコ語と日本語とは語順がおなじだから、こんな芸当ができるのであろう。

　ただ、いまだに疑問がのこるのは、この手紙を検閲したGHQのOPENED BY CCD. J-8542氏が、どう解読したかということである。

〔復元文〕

　Sevgili kardeş;

Mektuplaşmak güzel. Ben Japonca bilmedik, Japon bilmek. Ben 1937 size gelmek. Japon güzel. Spor reis. Rekor liste bağlı. 　　　　　　　　Selâm. Nail

〔意　味〕

　敬愛する兄弟へ

　文通することはすばらしい。私は日本語は知りませんが、日本人は知っています。私は1937年にあなたの国に行きました。日本人はすばらしい。私はスポーツ協会の会長をしております。記録のパンフレットを同封しました。

　　　　　　　　　　　　　　　　　　　　　　　　　　敬具　ナイリ

（1980. 9. 1『翻訳の世界』9月号、日本翻訳家養成センター）

第2部　トルコ語

4. 国際トルコ語学会報告 1988、1992

①国際トルコ語学会報告1988

　1988年9月26日から10月3日まで、トルコ共和国の首都アンカラで、国際トルコ語学会 (Uluslararası Türk Dili Kongresi) がひらかれた。この学会の組織・運営は言語協会Türk Dil Kurumuによってなされたが、1981年以来アタチュルク文化センターと言語協会と歴史協会が上部組織であるアタチュルク文化・言語・歴史高等機関に統合されている。それぞれ別の建物をもっている。学会の第1次サーキュラーは1月に、第2次は8月に送られてきた。学会はよく準備されていて大統領後援、参加者の一切の費用はトルコ政府がもち、ちょっとした国賓待遇であった。著名なトルコ語学者たちと知りあうことができたのは、なによりの収穫であった。

　第1日は午前中アタチュルク廟に献花ののち、ハジェッテペ大学の講堂で開会式がおこなわれた。ここでは、言語協会会長のハサン・エレン、国外参加者を代表して西ドイツのドェルフェアとハンガリーのハザイがあいさつし、ついで高等機関長とエヴレン大統領の祝辞がのべられ、新聞テレビが、これを報道した。午後は言語協会地下の会議室で、アタチュルクと言語に関して3人の女性（トルコ、ユーゴ、ポーランド）の報告がおこなわれた。夜はウルスの迎賓館で歓迎パーティーがもよおされた。

　第2日からの4日間は、10時から6時まで合計60のレポートが読まれ討論がおこなわれた。立派な皮かばんと新版トルコ語辞典2巻（1988）をいただいたが、近くのホテルから同じ皮かばんを手に歩く学者たちにまじって報告会場にかよった。夜はオペラ歌手の独唱や民族音楽の夕べなどで、国外参加者の目と耳を楽しませてくれた。10月1日と2日には、市内観光とコンヤ旅行がくまれていたが、私事で参加しなかった。

　さて、レポート提出者63人、15か国のうちわけは、トルコ国内（27）がもっとも多いのは当然として順に、西ドイツ（6）、ハンガリー（5）、ソ連（4）、ポーランド（4）、アメリカ（4）、ノルウェー（3）、ユーゴ（3）、東ドイツ（2）、ルーマニア（1）、オランダ（1）、イタリア（1）、イラン（1）、日本（1）であった。女性が11人。発表の用語はトルコ語と定められていたが、英語（4）、ドイツ語（3）、フランス語（2）による報告もあった。

4. 国際トルコ語学会報告 1988、1992

　レポートの内容を、つぎの４種にわけ、その数を示すと、トルコ諸語の史的研究に関するもの（24）、その共時的な研究（18）、言語生活と教育に関するもの（5）、文学的文献学的なものとフォルクロア（11）となるだろうか。史的研究では、オスマン語史にかかわる報告が目立っていたが、ソ連のワシリエフの報告は、アルタイ地方で新たに発見された突厥碑文に関するもので、スライドを使いながらのレポートは注目をあつめた。堂々としたドェルフェアのトルコ・モンゴル対照、楽しそうに語りかけるソ連のシチェルバック、日本にも来たことのある東ドイツの好青年ツィーメ、ポーランドのティリヤルスキーなどの報告がつづいた。わたしの関心としては、ハサン・エレン会長のLambdacism, Rhotacism論争、テキンのZetacism追加例などを興味深くきくことができた。

　会場は一般に公開されていて、大学生などの参加もみえ常に50人ほどが会場をうめていた。わたしは「トルコ諸語の第３人称カテゴリー」についてレポートを読んだが、質問はなかった。トルコ人の報告には、なん人も意見や質問がつづき時間をこえることがしばしばであったが、外国人のレポートには激しい質問がひかえられているようであった。食事どきなどに諸外国の人たちから「日本にはTürkoloji学科がありますか」とたびたび聞かれ、いつも「残念ながら」と答えざるをえなかったのは、いささかさびしかった。

　トルコ諸語を対象とする学会だから、当然のことであるが、ソ連のカザック人、ウズベック人、中国のウイグル人の顔もみえ、この人たちとはまた別の親近感をおぼえた。トルコ諸語か諸方言かという呼称の問題は、ここではあっさり方言あつかいになっていて、わたしのTürk dillerinde……というレポート題は、プログラムではTürk lehçe ve şivelerinde……と変わって印刷されていた。７年ぶり５回目のアンカラは、物がゆたかになり、きれいになったようだ。世界最大のイスラム寺院が建ち、観光客をまねいている。

（1989. 1. 1『月刊言語』No.18-1）

②国際トルコ語学会報告 1992

　オリンピックの年にひらかれてきた国際トルコ語学会Uluslararası Türk Dili Kongresiが、９月26日から10月１日にかけて、イスタンブルとアンカラでもよおされた。

　プログラムによると、レポート提出者は90人、その国・地域別はつぎのよ

第2部　トルコ語

うである。トルコ（23）、アゼルバイジャン（11）、ロシア（8）、ハンガリー（5）、アメリカ、ドイツ、北キプロス、ウズベック（以上3）、イラン、タタール、ポーランド、トルクメン、カザック、チュワシ、中国、内モンゴル（以上2）、オランダ、イスラエル、イタリア、マケドニア、ブルガリア、エジプト、モンゴル、ノルウェー、チェコ、キルギス、トゥワ、ダゲスタン、ルーマニア、日本（以上1）。

　まさに国際学会であった。しかし前回とさまがわりして、ソ連の崩壊によるトルコ語系諸民族の意気たかく、一方ロシアのアカデミーからはワシリエフただひとりというきびしさであった。ワシリエフ氏によると「お金がないので」とのこと。プログラムでは考古学のクリャシトルニー、比較研究のシチェルバック、テーニシェフなど著名な学者も予定されていたが欠席となった。それにひきかえ、今回はハカス、トゥワ、キルギス（クルグズであるが）、タタールといった人びとと交流することができた。

　レポートの内容は、通時的なもの（19）、共時的なもの（26）、社会言語学的なもの（13）、文献学的なもの（22）、地・人名学的なもの（5）、文学的なもの（5）に分類できるだろうか。共時的な分野では、トルコ共和国外の諸言語（方言）をあつかったものがおおく、前回のようなオスマン語史に関するものはすくなかった。共和国内の方言研究は2点にとどまったが、わかいカラハン女史が分類基準を提出した。社会言語学のうち特徴的だったのは、トルコ諸語の共通文語へのこころみである。これにはたくさんの質問や議論があつまり、どんどん予定がのびていった。欠席者の分をとばし、しばしばプログラムをかえて、あとへずらしていく運営には、組織委員や議長団の苦労がしのばれた。おかげで最終日の10月1日のレポートは、いっさい質問なしですすめられ、わたしのRhotasizm Lambdasizmについての発表は20分で通過した。

　アゼルバイジャンでは、1年まえにロシア字をやめローマ字正書法を採用したという。1971年以来バクーで年6回発行されてきた言語学誌*Советская Тюркология*も、題名を*Turkologica*にかえたいというアゼルバイジャンがわの提案にたいし、この学会が支持をあたえることとなった。ロシア語以外で書かれた論文ものることになろう。

　のんびりしていたトルコがかわりつつある。あわただしく走りまわるトルコ人たち、ふえる一方の車、4年まえの1ドル1,700リラから7,300リラという

4. 国際トルコ語学会報告 1988、1992

インフレ、10月はじめには25万リラの新紙幣が発行された。

（1992. 12. 1『月刊言語』No.21-13）

第2部　トルコ語

5. トルコ語の言文一致・不一致

①言と文について

　どんな文字にしても、文字をもっている言語集団では、「話しことば」と「書きことば」が一致するということはありません。現実の「話しことば」が、1回かぎりの物理的な音声からなっているかぎり、言と文は永遠に一致することはありません。ごくあたりまえの話です。

　明治なかごろの言文一致という文学運動は、おおいに評価できる面をもっていました。しかし、1945年の敗戦にいたるまでの、旧かなづかいの押しつけや、候文の手紙など、言文一致とはとてもいえない状況をのこしたままでした。

　新かなづかいになっても、言文がまったく一致したわけではありません。「私は山へ」という文は、「ワタシ（ワタクシ？）ワヤマエ」という言と一致しないのですから。わたしが所属している文学部は、どうやら文の学部らしいのですが、文とはいったいなんなのでしょうか。

　言語と文字をひとしいと見る誤りは、いやというほど見せつけられてきました。自分がすでに手にしている文字の視覚をとおして、それがその言語そのものであるかのような思いちがいが、いたるところにあります。ローマ字で書いてあれば「英語」、ロシア文字で書いてあれば「ロシア語」、ではないのです。まして、日本語は漢字と「かな」でできているなどと、へいきで思っている人がおおぜいいるのですから、こまったものです。

②小学生が新聞を読めるか

　以上のことを頭におきながら、トルコ語の言文一致をかんがえてみます。結論をさきにいいますと、トルコでは言文一致が問題となることは、まずない、不一致の程度は、どこにでもある、あたりまえの現象にすぎない、ということができるでしょう。それは、どういうことか、具体的に見ていくことにします。

　数年まえ、トルコの友人宅で経験したことですが、小学生であったフラット君は、学校の宿題「消化器」（「消火器」ではありません！）をやるのに、おとなの百科事典をしらべているのでした。日本では考えられないことではありませんか。たとえば『平凡社小百科事典』（1982）で「消化」の項目をひくと、「動物が摂取した食物を吸収可能な低分子化合物に分解すること。」にはじまる生

5. トルコ語の言文一致・不一致

物学的な解説がつづきます。10歳ぐらいのこどもは、どこの国でも、おとなの語彙のかなりの部分を、すでに手にしていますから、トルコのこどもたちが、おとなの百科事典の解説をほとんど理解できても、いっこうにふしぎではないのです。

　トルコ共和国では1928年から、音素をかなりよく反映したローマ字正書法が使われています。29個の文字を知っていさえすれば、もう小学校2年生で新聞が読めるわけです。たとえ、それが拾い読みであっても、字が読めないということはありません。その子がもちあわせていない語彙にぶつかったときは、親にきくなり、辞書を見ればすぐにわかることです。「イチョー」という言を知っていても「胃腸」という文がわからないのとは、ちょっとわけがちがうのです。

③正書法と話しことば

　音素文字を取りいれた正書法が、話しことばに近いことは当然です。しかし一致はしません。例をあげましょう。

（c＝[dʒ], ş＝[ʃ], ı＝[ɨ]）

— Babamla　　　　sokaa　　　gidicam.
　おとおちゃんと　まちい　　いくんだ。

— Naapacan?
　なにしに。

— Şey,　　　yiyicek　　alıcaz　　kendimize.　　　　　　Sen
　うん、　　たべもん　かいに　（われら自身のために）。　おまえ

　de　　gelmican　　mı?
　も　　きない　　　か。

　これは、こどもが友だちに話しかけている様子を、音声に近いかたちで文字化したものです。日本語訳は、わたしの東京下町方言ににせてあります。正書法では、こう書きます。

—Babamla sokağa gideceğim.
—Ne yapacaksın?

— 127 —

第2部　トルコ語

―Şey, yiyecek alacağız kendimize. Sen de gelmeyecek misin?

こうした例は、漫画などの、くだけた会話文のなかに、いくらも見つけることができます。たとえば、

bir dakika	→	bi dakka	（1分、ちょっと）
bir şey	→	bişiy	（なにか）
ağabey	→	abi	（あにき）
değil mi	→	di mi	（じゃないか、でしょ？）
bakayım	→	bakiim	（さて、まてよ）
ne olacak	→	noolcak	（どうなる）

このほか正書法では、付属語を前の語とつづけて書く、口語に近い表記も許されています。たとえば var idi = vardı（あった、いた）、babam ile = babamla（父と）など。

④憲法のトルコ語
　もっとも「かたい」と思われている法律の文章、たとえば日本の民法は第一条に「私権ノ享有ハ出生ニ始マル」（どういうわけか、いまだにカタカナ）とあります。トルコの憲法（1961改正）は、

第1条　トルコは共和国である。

第2条　トルコ共和国は、人権および前文で明らかにした基本原理にのっとった、民族的、民主的、政教分離の、社会的法治国家である。

第3条　トルコの国土と国民は、分けることのできない一体のものである。公用語はトルコ語、首都はアンカラである。

となっています。原文をはぶきますが、これらの文章は、聞いてわかる普通の文体で書かれています。しかも、ここに出てくる31個のトルコ語は、どれもみな TDK『小学校辞典』（見出し7,072語、544ページ、1981）にのっているのです。日本の『小学国語辞典』の見出しは2万以上もありながら、「私権」や「享

有」をさがすことができないのではないでしょうか。

　トルコは1923年に共和制を宣し、1928年には「国教をイスラム教とする」
という憲法条項をとりはらい、アラビア文字をすてて、ローマ字による正書法
をとりいれました。そして、アラビア語を主とする外来語のおいだし、言語
改革（純化）に力をいれてきました。トルコ語固有の語彙は、憲法の文中で、
1924年の25%から1945年と1961年の70%へと大きく増加しているといい
ます。

⑤話しことばの特徴から

　どの言語でもそうでしょうが、話しことばは書きことばにくらべて、文の長
さが短い、感動詞がよく使われる、語順がかわることがある、などの特徴をもっ
ています。もちろん演説と日常会話とでは、様子がまるでちがうでしょう。

　ここにトルコの中学校社会科の教科書があります。日本について学ぶ単元が
4ページにわたってのっています。その1節を訳してみます。

　　　日本には、ほとんど毎日地震があります。たいてい軽いものです。しかし、
　　歴史に残るようなはげしい地震は、大きな災害や死亡をもたらしました。
　　たとえば、1923年の地震で、東京や横浜そのほかの多くの町がくずれさり、
　　漏電とガス管の破壊によって火事がおこり、この火事で10万人以上の人
　　が焼け死にました。

　4つの文からなっていて、はじめの3つは短い文で、あとに長い文がつづい
ています。留学生アイシェシン・エムレAyşesin Emreさんに、「中学の先生になっ
たつもりで、教科書がないと仮定して、これを説明するのに、どういう話しか
たをしますか」と聞いてみました。

　かの女の答えは、「はじめの3つの文は、このまま文字どおりに話します。
日本語のように（ね）とか、（よ）とかをつけません。ただ最後の文は長いから、
（くずれさり yerle bir olmuş,）のところと、（火事がおこり yangınlar çıkmış,）
のところを（くずれさりました。yerle bir olmuştur.）、（火事がおこりました。
yangınlar çıkmıştır.）のように切って短く話すと思います。そのあとで（わかり
ましたか、質問がありますか）などということはあるでしょう」と。

－ 129 －

第2部　トルコ語

　ついでながら、このJAPONYAという単元の最後に、つぎのような質問が出されていることを紹介しておきます。

　　最初の原子爆弾は、どの町に落とされましたか。その結果どうなりましたか。あなたは、それをどう思いますか。

⑥敬意表現とかかわって
　ここに1通の結婚式招待状があります。

（ç＝[ʧ], ü＝[y], ö＝[œ]）

Kızımız	Emine	Kudeki	ile,	Oğlumuz	Dr. Haluk	C.
娘	エミネ	クデキ	と	息子	ハルック	ジェー

Or'un	21 Nisan 1948	Çarşamba	günü	saat 14de	Beyoğlu
オルの	4月	水曜	日	14時に	ベヨール

Evlenme	Dairesinde	icra	edilecek	Nikâh	törenine
結婚	式場で	挙行	される	披露	宴への

huzurunuzla	şeref	vermenizi	üstün	saygılarımızla
御臨席により	名誉を	下さることを	最上の	敬意をもって

diliyoruz.
お願いします。

　敬語（敬意表現）は、日本語の特異性をしめすものではありません。年齢のちがい、社会的上下のちがい、親しさの程度などによって、どんな社会も、相手を考えた言語行動をとります。あいさつ状や案内状、公文書などの書きことばが、話しことばとさまざまにちがうのは、そのためです。
　40年ちかくまえの、この結婚式招待状もそのひとつですが、いまでも格式ばった人たちのあいだでは使われています。冠婚葬祭にかかわる社会習慣などは、その表現様式とともに長くつたえられていくものです。話しことばでは耳にすることのない、きまり文句や敬語は、トルコにもありますが、日本の「時下益々御清栄の御事」のようなものとくらべれば、ずっとすくない。
　敬意をしめすには、複数を使う、動詞を受けみにするなど、ぼかしの手法が、

－ 130 －

5. トルコ語の言文一致・不一致

おおくの言語で知られています。トルコ語の書きことばから例をあげますと、

Bilgilerinize sunarım. 御通知申上げます。（bilgi 知識・情報、-ler 複数語尾、-iniz 複数第 2 人称語尾、-e 方向格語尾、sun- さしあげる、-ar 未完了活用語尾、-ım 単数第 1 人称）

Teşrifleriniz rica olunur. 御来訪賜りたく。（teşrif 御来訪、rica 願望、ol- なる、-un 受けみの接尾辞、-ur 未完了活用語尾）

「おねがいします」にあたる rica ederim（ed- する）は、話しことばでも、よく使われますが、rica olunur（…が望まれる）となると、敬意の書きことばになってしまいます。

⑦さよなら

かしこ、敬具、草々、不一、頓首など、しめくくりの文句のトルコ語を考えながら、わたしの文章をしめくくることにします。

Sevgilerimle　　わたしの愛をもって。
Selamlarımla　　わたしのあいさつをもって。
Saygılarımla　　わたしの尊敬をもって。

これらは複数語尾をもつ書きことばです。

Hoşça kal（kalın）楽しげに、さよなら。これはアナウンサーなどもよく使う話しことばでもあります。

（1987. 7. 1 『国文学解釈と鑑賞』至文堂）

第2部　トルコ語

6. 2か国語辞典の理想と現実

①いくらあっても、たりない辞書

　ほぼ10年のカード書きによって『トルコ語辞典』をつくりました（1987　大学書林刊）。おまけに新村出賞までいただきました。これまで日本には語彙集のたぐいは、いくつかありましたが、本格的な辞書といえるものは、これがはじめてです。基本語辞典といった方がよいかもしれません。辞書のあるべきすがたについては、あとまわしにして、トルコ語と日本語という2か国語辞典をつくった経験から、いくつか感じたことをしるすことにしましょう。

　参考にした辞書類は30です。出版の国別では、トルコ21、ソ連3、ドイツ3、イギリス2、オランダ1でした。2か国語辞典は普通、自分の母語と他の言語との対訳からできています。母語を第1言語、他の言語を第2言語としますと、こうした辞書をつくるには、ふたつの方法があるでしょう。ひとつは、第2言語をよく知っていて、それを母語に訳す。もうひとつは、第3言語、第4言語などをとおして、第2言語を訳す。あとの方法だけにたよると危険です。その具体例は②でのべますが、第2言語をよほどよく身につけている場合をのぞいては、ふたつの方法が同時にもちいられるのが現実です。トルコになん年もくらしたわけではない、わたしの場合も、第1の方法を主とし、第2の方法を従としたのは当然です。

　トルコ系のことばを勉強しはじめてから40年になりますが、トルコ語を母語とする話し手には、とうてい及びもつきません。ですからトルコ人にとっては、なんでもないことが、実はわからないのです。やっかいなもののひとつにオノマトペがあります。擬声語、擬音語、擬態語、擬情語、写音語、象徴語などと、いろいろ言われますが、もっといい名前がないものでしょうか。トルコ語オノマトペのひとつにガジュル・グジュルというのがあります。トルコの国語辞典Türkçe Sözlük 1988には「不規則な耳ざわりな音」とあり、用例として「野菜畑の水あげ装置がガジュル・グジュルまわっていた」が出ています。さてガジュル・グジュルgacır gucurとは、どんな音なのでしょうか。

　Oxford Turkish-English 1984にはcreakingと出ています。*Турецко-Русский* 1977にはподражание скрипу, лязгу; чавканбюと出ています。*Langenscheidts Taschenwörterbuch* 1978 に は quietschend, knarrend と 出 て い ま す。*Grand*

- 132 -

Dictionnaire Turc-Français 1974 には Partic, imite le grincement と出ています。これらの日本語訳は「きしる音、きしむ音、キーキー、ガタビシ、ザラザラ、金属が物に当って発する音、歯の打合う音、むしゃむしゃ、キー、キュー、チュー、キャッキャッ、ギシギシ、パチパチ」のように多種多彩。これではお手あげです。ある年、トルコの友人宅にお世話になっていたとき、「ガジュル・グジュルというのは、どんな音ですか」とたずねてみました。かれはナイフを取りだし、窓の方へ行って、ナイフの刃でガラスをこすりはじめました。「これがガジュル・グジュルだ」と、台所から奥さんが「いやな音させないで！」。これで一件落着。

　これは、ほんの1例です。こまりものは動物、植物の名です。トルコの絵入り辞典や小学生辞典は、とても役にたちましたが、ほしい絵がなくて残念だとおもうことが、たびたびでした。魚と植物の絵は、あっても役にたたないものです。どれもこれも似ています。世界中に住んでいる動物などは、かまいませんが、魚などは住むところが狭いのでしょうか、辞書によって説明がことなったりしています。ラテン語の学名をたよりに、「魚類図鑑」ととっくんでみても、らちがあかず、○○の類、○○○の1種などと、ごまかすより手がありません。

②第3言語のこわさ・ありがたさ

　日本で「トルコ語辞典」と名のつくものの最初は、1936年の『日土土日大辞典』ですが、これは1万3千語ほどの語彙集です。さきにのべた第3言語をたよりにする危険性について、いくつか具体例をみていくことにします。トルコ語 fişek にたいして、「保護者、弾薬筒」の訳がついていますが、Patrone と Patron を混同させたもので、fişek には「保護者」の意味はありません。sayfa にたいして、「夏の家、別荘」が、sayfiye にたいして、「側面、方向、部分」があてられています。この2語の訳はいれちがっていますが、それに目をつぶるとしても、sayfa は「ページ」のことです。たぶんドイツ語の Seite をあやまって訳してしまったものでしょう。erkek にたいして、「人間、男」をあてていますが、Mann をとおした誤解で「人間」失格です。

　わたしの辞書の数か月まえに『トルコ語小辞典』という9千語の語彙集が出版されました(1987　泰流社刊)。こんどの第3言語は英語です。この『小辞典』には、もとの英語ものせてありますから、誤訳のもとがわかります。めだったもの、いくつかを紹介しましょう。→で正解をしめしておきます。

第2部　トルコ語

baston：突き「stick」　→　ステッキ

çağ：年齢「age」　→　時代

çınlamak：鐘が鳴り止む「give out a ringing」　→　ちりんと鳴る

diye：言うこと「saying」　→　〜と言って

dokunaklı：接触「touching」、動揺「moving」　→　気にさわるような

erkek：人「man」　→　（人の意味なし）男

ingiliz：英語「English」　→　イギリスの

iskambil：トランプ遊び「playing card」　→　トランプ

kadeh：ガラス「glass」　→　グラス

köstebek：ほくろ、痣「mole」　→　モグラ

nargile：水道管「water-pipe」　→　水ぎせる

şube：枝「branch」　→　支店

　まだまだありますが、このくらいにしておきます。

　辞書ではありませんが、とんでもない誤訳を、ちょっと紹介します。『パントラベルガイド 18 トルコ』という観光案内に、代表的なトルコ料理として、カドゥン・ブドゥ Kadın Budu がのっています。「貴婦人の溜息」という意味、と注釈づきですが、実は「女の太もも」という意味なのです。英語の thigh を sigh と勘ちがいしたものにちがいありません。コメとひき肉と卵をまぜた太（？）長い肉だんごですが、「女の太もも」とは、かわった名前をつけたものです。

　ことのついでに、誤訳の見本のような『ウイグル語入門』（1986　泰流社刊）についてふれておきます。ここでの第3言語は中国語ですが、ウイグル語の「口」を「くちばし」、「読む」を「思う」、「まだら」を「花」などと訳しています。漢字の嘴、念、花を日本流に解釈してしまったものです。だいじな文法の表でも「让我念」を訳して「私を思うな」とは！ウイグル語の「読もう、読みたい」にあたるところなのですが、この調子です。

　さて、人さまのあらさがしばかりしていないで、わたしの失敗も書いておきます。こんどは第3言語のありがたさについてです。トルコ語には熟語がたくさんあり、その意味をきちんとつかむのは、むずかしい。まして格言、ことわざのたぐいは、もっとやっかいです。

－ 134 －

6.2か国語辞典の理想と現実

Bir	dirhem		et	bin	ayıp	örter.
1	ディルヘム（約３グラム）		肉	1,000	恥	かくす

という１文は「３グラムほどの肉が千の恥をかくす」と読めます。どういうことなのか、トルコの辞書に説明をもとめると、「すこし目方を取れば、かわいくなる」とあります。ははあ日本にも「色の白いは七難隠す」というのがある、このたぐいと早がてん、「すこしやせれば……」と訳しておきました。校正のおり気がとがめて、Steuerwald（1972）のドイツ語訳、*Oxford*（1984）の英語訳を見ました。すると、Ein wenig Rundlichkeit ist nur von Vorteil. A little plumpness hides all the defects. と出ています。わたしの勘ちがいのもとは、トルコ語の「取る」al– という動詞にあります。「ぜい肉を取る」ダイエットとかスリムとかに引かれてしまったのでしょう。たしかにトルコでは、ぽちゃっとした女の方に人気があるようです。若い人は「ちがう」といいますが？

　トルコの熟語辞典、ことわざ辞典など、なん種類もあって、とても役にたちました。それにもまして便利なのは *Sammlung Türkischer Redensarten*（1974）です。この成句集は、成句のドイツ語訳に直訳（トルコ語のもじどおりの訳）がついていて、さらに用例とその訳といった親切さです。その用例が、またいい。日常会話のなかに出てくる用例になっているのです。トルコ人とドイツ人の共著ですからこういうことができるのです。

③初版辞書のかなしさ

　本や論文の校正は、書いた本人がするのがよいのか、他人にやってもらうのがよいのか、どちらも必要のようです。辞書となると、こまかい１字１字は、みのがされがちです。英語の辞書のように、ながい歴史とたくさんの人たちの手をへてつくられてきたものは、実によくできています。日本の英語辞典は、世界中でいちばん行きとどいているのではないでしょうか。初級から中級、高級へ、ちいさいものから重たいものまで、そして目的別にいたれりつくせりの各種辞典が、つぎつぎと出版されています。これは、かたよった「国際」化のあらわれと考えることができますが、英語という言語が、いろいろな方面で研究されているという、そのこと自体は、それはそれで結構なことだと思います。

　英語以外の言語の辞書は、どうでしょう。種類はすくないし、高いし、それ

－ 135 －

第2部　トルコ語

にミスがつきものときています。わたしの『トルコ語辞典』は、いまのところ
50か所以上のミスがあります。必要な方には正誤表をおおくりしております
ので、お知らせください。なぜミスがあるのか。ひと口にいって、それは人間
がたりないためです。どんな機械が発明されても完璧な2か国語辞典をつくる
ことはできません。人の手によって、頭によって、ながい時をかけて、すこし
ずつよくしていくよりほかに方法がないのです。初版の辞書にミスはつきもの、
明治以来の辞書の歴史といってよいかもしれません。

　校正もロシア字やギリシャ字になると、なかなか正しい形になおるまで、時
間がかかります。アラビア字の印刷屋さんが廃業した、という最近のニュース
を耳にして、ますます「国際」化のあやしさを感じました。

　さて、わたしの辞書のミスのなかで、いちばんショックだったのは誤訳です。
勝田茂さんが、わたしの辞書の紹介と批評を書いてくれました（『岡大国文論稿』
No.16）。そのなかで、トルコのことわざ「この程度の欠点は法官の娘にもある」
として許されるものもあるが、許されない誤りは正しておかなければならない、
として指摘されたものです。

　　　hız（175頁）の用例 kırmızı yanınca……
　　　赤く燃え上がると→信号が赤になったとき

と指摘されて、「しまった」と思っても、もう手おくれです。

　動詞はおそろしい。yan- という動詞は、「燃える、焼ける、火（灯）がつく」
など、たくさんの意味でつかわれます。第3言語、第4言語の大辞典も、いい
用例をあまりのせていませんので、なにか用例はないものかと、さがしあてた
文が、これでした。Elektrik yandı.「電灯がついた」という用例を、別のページ
に出しておきながら、このミスです。穴があったら入りたい、とはこういう気
持なのでしょう。よい辞書をつくるには、実際につかった人がおおぜいして注
文をつけ、著者も出版社も、それにこたえる余裕がある、人間がそこにいると
いうことが必要です。

④辞書の理想

　1さつの2か国語辞典が、どこまで内容をゆたかにすることができるか、よ

くをいえばきりがありません。だいたい辞書というものは、ごく小さな百科事典でもありますから、固有名詞から隠語まで、たいへん便利なものです。英語と日本語の2か国語辞典を例にとっていいますと、「英和」のほかに「和英」、「活用辞典」、「文法辞典」、「熟語辞典」、「引用句辞典」、「オノマトペ辞典」「俗語辞典」などなど、いたれりつくせりの盛況です。そのほかに学問別の用語辞典もたくさんあります。

　しかし英語以外の辞典の場合は、こんなぜいたくはいっていられません。わたしの辞書でかんがえた「最低これだけは」という基準を5つ、つぎにかかげます。

　　1. 十分な語数と、たくさんの語義と用例を
　　2. 成句、ことわざ格言のたぐいを
　　3. 品詞、外来語の別、古形俗語などの別を
　　4. 語の用法や変化の規則を
　　5. たくさんの絵を

　第1の十分な語数とは、いくらか、こたえはないでしょう。わたしの辞書の出発点は、ある日の新聞のすべての単語、くわしくいえば、ことなる語幹の数、約3千にありました。あとはトルコ語を勉強してきた経験からの勘にたよりました。たくさんの語義という点では、がんばったつもりですが、それらのすべてについて用例をしめすことはできませんでした。

　第2の成句も重要です。日本語でも、そうですが、人体語彙をつかった成句、熟語がたくさんあり、「手」がいちばんでしょう。トルコの辞書のel「手」の項目は、5ページ強もありますが、わたしの辞書は2ページすこしです。ドイツの大辞典は3ページ強、イギリスのは2ページ、ソ連の大型辞書は2ページ以上にわたっています。ただ、その用例となると、どれもこれも十分ではありません。

　第3の条件は、かなり高度の要求をふくんでいます。品詞をどう位置づけるかは、文法上のおおきな問題ですから、一定の見解をもってのぞまなければなりません。トルコ語のように日本語の系統をさぐるのに、つかわれることがある言語では、トルコ語本来の語なのか、外来語なのかを、はっきりさせておく

第2部　トルコ語

ことが必要です。

　第4は、文法にかかわる基準です。どんな言語でも、単語だけでは文章は読めません。その単語のつかいかたが、わかるような工夫をしたいものです。わたしの辞書の巻末には語尾、接尾辞一覧の解説をつけ、トルコ語文法の要点が、わかるように工夫しました。さいわいトルコ語の文法は、日本語とたいへんよく似ていますから、用例を読みながら独習できるのではないかと期待しています。

　第5は、すこしぜいたくかもしれませんが、日本語に訳しても理解しにくいもの、家具とか道具とか建物とかは、絵でしめす方が親切です。たとえばトルコの「おろし金」は、水平にではなく垂直に手をうごかす式になっていますが、絵をみるとすぐわかります（rende）。

　このほか固有名詞をどこまでいれるかも、ひとつの大問題です。国名、都市名、人名などは新聞にも、よく出てくるのですが、辞書の範囲をこえてしまう心配があります。

（1989. 1. 1『国文学解釈と鑑賞』至文堂）

7. 動詞の機能的カテゴリー —日本語とトルコ語—

①位置づけ

現代日本語とトルコ語をみわたして、全体的にどんなカテゴリーがたてられるか、つぎのような図にまとめてみました。

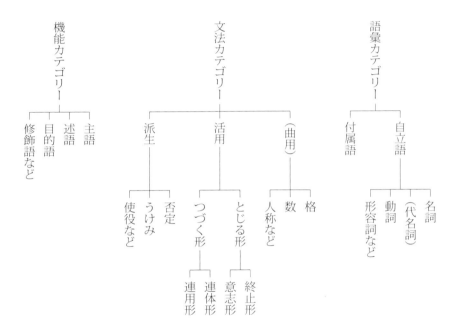

上位のカテゴリーから下位のカテゴリーへと分類してありますが、2段目以下が、それぞれレベルのおなじものか、どうか検討の余地があります。（代名詞）と（曲用）は、トルコ語にみとめられるカテゴリーです。

日本語とトルコ語は、文法構造がきわめてよくにています。本題にはいるまえに、そのおもな共通点をおさえておく必要があります。文例をみてください。ほぼローマ字どおりによみます。ただし、ö [φ]、ü [y]、ı [ɨ]、ş [ʃ]、c [dʒ]、ç [tʃ]、ğ [ほとんど無音] に注意。

(1) Edison　　　　on　　bir　　yaşında　　trende　　yolculara
　　エジソン（は）　十　　一　　歳で　　　　汽車で　　旅客たちに

第2部　トルコ語

şeker　　　ve　　　gazete　　　satar　　　idi.
あめ　　　と　　　新聞（を）　　　うって　　　いた。

（2）Bu　　　aralık　　　uzaktan　　　kalın　　　bir paltoya　　　sarınmış
　　　この　　　とき　　　とおくから　　　あつい　　　オーバーに　　　くるまった

bir　　　yolcu　　　göründü.
ひとりの　　　たびびと（が）　　　みえた。

（3）Bora　　　estikçe　　　yolcu　　　paltosuna
　　　北風（が）　　　ふくたびに　　　たびびと（は）　　　オーバー（その）に

daha　　　sıkı　　　sarınıyordu.
いっそう　　　しっかり　　　くるまるのだった。

　統語論にかかわる語順からみてみます。（1）では「だれが、いつ、どこで、だれに、なにを、どうする」といった標準的語順が共通です。（2）の「あついオーバーにくるまった」や（3）の「しっかりくるまる」といった修飾語（形容詞、連体形、副詞）が被修飾語のまえにくる点でも共通します。「ビタミンC」とか「ホテル○○」のように修飾要素をあとにおくのは外国語からの借用で、トルコ語ではC（ジェー）vitaminです。（3）の「ふくたびに」のように、複文の動詞連用形がよく発達していることも共通です。日本語の助詞はトルコ語では格語尾に相当し、ともに後置詞言語に属します。すなわちSOV（主語―目的語―動詞）、AN（形容詞―名詞）、GN（所属格―名詞）、PO（後置詞）のタイプに属する言語という共通性をもっています。

　動詞の形態変化では両者とも、（2）の「みえた」のように、語幹に自発の接尾辞と完了の語尾がついてできあがっています。接尾辞内部の順序まで、よくにています。日本語「見る」の単語としての変化は、つぎのようです。

第1次語幹（語根）	接　尾　辞		語　　　　尾					
	第2次語幹	第3次語幹	終止・連体		意　志		連　用	
	使役	うけみ自発	未完了	完了	肯	否	中止	仮定
み	させ	られ	る	た	ろ	るな	て	れば
	せ				よ	まい	つつ	たら
					よう		たり	たって

－ 140 －

7. 動詞の機能的カテゴリー

　ここでは省略しますが「ない、たい、ます」などは、レベルのちがう派生接尾辞とかんがえられますから、別の表を必要とします。トルコ語「知る」の変化は、つぎのようです（一部省略）。

第1次語幹(語根)	接　尾　辞				語　　　　　　　尾								
	第2次語幹	第3次〜	第4次〜	終　　止		連　体		意　　　志				連　用	
	使役	うけみ自発	否定不可能	未完了	完了	未完了	完了	命	願	意	必	中止	仮定
bil-	-dir	-il	-me	-ir	-di	-en	-miş	φ	-sin	-e	-meli	-ip	-se
		-in	-eme	-iyor	-miş	-ir						-erek	
				-ecek									

　したがって、つぎのような平行的な語形変化が可能です。

$$\begin{pmatrix} \text{mi-ta} \\ \text{bil-di} \end{pmatrix} \quad \begin{pmatrix} \text{mi-rare-te} \\ \text{bil-in-ip} \end{pmatrix} \quad \begin{pmatrix} \text{mi-se-tara} \\ \text{bil-dir-se} \end{pmatrix}$$

$$\begin{pmatrix} \text{mi-se-rare-ru} \\ \text{bil-dir-il-ir} \end{pmatrix} \quad \begin{pmatrix} \text{mi-rare-nake-reba} \\ \text{bil-in-me-se} \end{pmatrix} \quad \begin{pmatrix} \text{mi-nagara} \\ \text{bil-erek} \end{pmatrix}$$

　以下に相違点のいくつかをとりあげます。まず目につくのは、文例（1）（2）（3）の日本語にある「は、を、が」に相当する部分が、トルコ語では絶対格（格語尾なし）であらわされていることです。もっとも、とりたての付属語をもちいて「は」に相当する内容を表現することはできます。また所属格「の」をもちいて動名詞の主体をしめすことが、よくあり、これが日本語の「が」に相当します。たとえば、

（4）Doktor<u>un</u>　　hemen　　gelmesi<u>ni</u>　　istedi.
　　医者<u>の</u>　　　すぐ　　　くること<u>を</u>　　のぞんだ。
　　（医者がすぐきてほしいとおもった）

「を」については、文例（1）では絶対格、（4）では対象（目的）格であらわさ

－ 141 －

第2部　トルコ語

れています。これは、トルコ語の限定カテゴリーとふかくかかわってくること
で、あとで問題にします。

　トルコ語では名詞も動詞も、人称と数のカテゴリーによって語尾変化します。この点が日本語ときわだった相違といえるかもしれません。人称は第1人称（単・複）と第2人称（単・複）を区別します。たとえば、

（5）ev　　　ev-im　　　　ev-in　　　　ev-imiz
　　　家　　　わたしの家　　きみの家　　わたしたちの家
　　　ev-iniz　　　　　　　　　　　　　　ev-ler
　　　きみたちの（あるいは単数あなたの）家　　家々

（6）bil-di　　　bil-di-m　　　　bil-di-n　　　　bil-di-k
　　　知った　　わたしが知った　きみが知った　わたしたちが知った
　　　bil-di-niz　　　　　　　bil-di-ler
　　　きみたち（あなた）が知った　みんなが知った

　数のカテゴリーは、ヨーロッパ諸語のそれとは、かなりちがっていて、いわゆる単数形は数に関して中立です。数詞がついても複数形にしませんし、主題の数と動詞の数も一致しません。たとえば（*は非文のしるし）、

（7）Üç　　　　　ev（*evler）　　var.
　　　三げん　　　家　　　　　　　がある。
（8）Eşek-ler　　　anırıyor.
　　　ロバども　　　ないている。
（9）Odada　　　çocuk　　　　　uyuyor.
　　　部屋で　　　こども（たち）　ねむっている。

②修飾関係
　さて動詞の機能カテゴリーのひとつに、連体形による名詞の修飾、すなわち修飾・被修飾にかかわる統語関係があります。文例（2）の

－ 142 －

7. 動詞の機能的カテゴリー

（10）paltoya　　　　sarınmış　　　bir　　　　yolcu
　　　オーバーに　　くるまった　　ひとりの　　たびびと

が、そのひとつです。日本語のいわゆる連体形「する、しない、した、しなかった」
は、どんな名詞をも修飾することができます。たとえば「ナイフできったリン
ゴ」のように、「切る」がその対象物である「リンゴ」を修飾することができま
す。しかしトルコ語では（11）のようにいうことができず、「切る」をうけみ（12）
にする必要があります。

（11）*bıçakla　　kesmiş　　elma
　　　ナイフで　　きった　　リンゴ
（12）bıçakla· kesilmiş elma

　文例（10）が可能なのは、修飾されている「たびびと」が「くるまる」関係に
あるからです。（12）も「リンゴ」が「ナイフできられる」関係にあります。しかし、
このような主述関係の主にあたる部分は、かならずしも連体形の動作主である
とはかぎりません。つぎの例をみてください。

（13）Kocası　　　　　　Merkez　　Bankasında　çalışan
　　　そのおっと（が）　中央　　　銀行で　　　　はたらいている
　　　hanım
　　　婦人
（14）Güneş　　　girmeyen　　eve　　doktor　　girer.
　　　日（が）　　はいらない　家に　医者（が）　はいる。（ことわざ）

　これらにみられる共通点は、修飾される名詞が連体形動作の直接目的語では
ないということです。では、直接目的語に相当する名詞を修飾する方法がない
かといえば、あります。それには限定主体つきの動名詞（–dığ–など）をもちい
るのです。たとえば、

－ 143 －

第2部　トルコ語

（15）Ali'nin　　　　　istediği　　　　　　　　　kitap
　　　アリの（が）　　ほしがっている（た）　　本

（16）Açtığım　　　　　pencereden　　　soğuk　　　hava
　　　わたしがあけた　まどから　　　つめたい　　空気（が）
　　　giriyor.（aç-あける）
　　　はいってくる。

　以上、日本語とトルコ語の連体修飾構造のおもなちがいについて、のべました
た。

③主述関係

　さきに日本語とトルコ語が、ともにSOV語順の言語に属することをのべま
した。例文（1）では、たしかに「エジソン」が主語の位置にあります。しかし、
つぎの文では両者とも主語といえるものがありませんし、述語は形容詞です。

（17）Bugün　　　　　çok　　　　sıcak.
　　　きょう（は）　　とても　　あつい。

　日本語には主語のない文がいくらでもあり、それがあたりまえのようです。
トルコ語では動詞に人称と数のカテゴリーがありますから、主語をとりたてて
いう場合のほかは、第1人称および第2人称の代名詞は普通明示されません。
第3人称というカテゴリーはないとかんがえます。
　第1人称と第2人称をマークするものは、人称語尾と人称の付属語です。つ
ぎのふたつの文は、ほとんど同義です。

（18）Ben　　çarşıya　　gidiyor-um,　　gittim.
　　　わたし　市場へ　　いきます、　　いきました。

（19）Çarşıya　gidiyor-um,　gittim.

　動詞活用形のうしろにおかれるアクセントのない付属語um, あるいは人称語
尾-mが第1人称単数をしめします。付属語umは、

7.動詞の機能的カテゴリー

（20）Japon-um.　　　　Çok　　　　memnun-um.
　　　日本人　です。　　とても　　うれしい　です。

のように名詞・形容詞文にもあらわれます。ですから（18）の文は意味的に余
分な（redundant）性格をもっています。しかし、これは語用論的な問題で、か
ならずしも余分ではありません。たとえば、相手が自分の行動について、まっ
たく情報をもっていないような状況と、相手がどこかへでかける（た）ことに
気づいている状況とをくらべてみれば、そのちがいが納得できるでしょう。
　　さて、別の観点から主述関係をみると、主語のない文がトルコ語にもたくさ
んあることに気づきます。さきにしめした動詞変化表のうけみ・自発の形がよ
くもちいられます。

（21）Gündüzün　　içilir　　　　mi?（iç-のむ）
　　　ひるまから　（酒）のめる　　か。
（22）Bu　　havada　　evden　　çıkılmaz.（çık-でる）
　　　この　天気で　　家から　　でられない。
（23）Çok　　kar　　　yağdığı　　için　　dağ　　yolundan
　　　大変　ゆき（が）　ふった　　ので　やま　みちから（を）
　　　geçilemez.（geç-とおる）
　　　とおれない。
（24）İki　　saatte　　gidilebilir　　mi?（git-いく）
　　　2　　時間で　　いける　　　か。
（25）Bu　　merdivenden　　üst　　　kata　　çıkılır.（çık-あがる）
　　　この　階段から　　　うえの　階へ　　あがれる。
（26）Yağmur　　altında　　şemsiyesiz　　gezilmez.（gez-あるきまわる）
　　　あめ　　のしたで　　かさなしで　　あるけない。

　　これらの例文の主語は、もちろんありませんし、だれというきまった人物に
ついてのべたものでもありません。日本語とおなじく自動詞もうけみにするこ
とができ、自発や可能ときに敬意をあらわします。こうした機能は、ひとつづ
きのもので「すりかえ、敬遠、つきはなし」のような文法的意義を共有してい

－ 145 －

第2部　トルコ語

るのではないでしょうか。（21）～（26）の活用語尾が、いずれも -ir, -mez で、これはアオリストと称される未完了の超時制的語尾である点も注目されます。

④客述関係

　つぎに日本語と対照させて、とりあげる問題は、動詞と目的語との関係です。まず文例（1）では、şeker ve gazete sat-「あめと新聞をうる」で、目的語の「あめ」も「新聞」も絶対格であらわされているのに対し、（4）では gelmesini iste-「来ることをのぞむ」で、目的語の「来ること」に対象（目的）格語尾 -i（-n- は母音間のつなぎ子音）があらわれています。

　トルコ語には冠詞がありません。ですから日本語とおなじく、名詞それ自身の定・不定をしることはできません。しかしトルコ語では形態的統語的手段によって、部分的にそれを区別することが可能です。（1）では「あめ」と「新聞」が絶対格で動詞直前におかれることによって、これらが不特定のものであることがわかります。（4）の gelmesini の構造は、語幹 gel- に名詞化接尾辞 -me がつき、さらに限定語尾 -si が接尾しています。限定語尾は統語的に、それ以前にある名詞（直前とはかぎらない。（4）の場合は「医者」）とむすびつくとき、かならず必要となる性質をもっています。こうして限定された名詞には、対象（目的）格の語尾があらわれることになります。

　定名詞の条件は、以上のほかに固有名詞、代名詞、人称語尾や複数語尾つきの名詞、代名詞によって修飾された名詞、強調された名詞などです。したがって、つぎの文は非文となります。

（27）*Bugün　Ali　　　gördüm.（←Ali'yi）
　　　きょう　アリ　　みた<u>わたしが</u>（アリにあった）。

（28）*Bu　arıyor　　　　　musun?（←Bunu）
　　　これ　さがしている　　のか<u>君</u>。

（29）*Şu　çocuk　　　seviyorum.（←çocuğu）
　　　あの　こども　　すきです<u>わたし</u>。

　つぎに使役動詞と目的語についてかんがえます。使役形は語幹に -dir, -tir, -t, -r などを接尾させてつくります。

7. 動詞の機能的カテゴリー

（30）Ali　　　kutu　　yaptı.（yap-つくる）
　　　アリ（が）　はこ　　つくった。
（30'）Ayşe　　　　　　Ali'ye　　kutu　　yaptırdı.
　　　アイシェ（が）　　アリに　　はこ　　つくらせた。

　ここでは日本語とおなじく、動詞語幹「つくる」の動作主「アリ」が使役文で間接目的語（トルコ語では方向格-yeの形）であらわされています。

（31）Çocuk　　　　oturdu.（otur-すわる）
　　　こども（が）　すわった。
（31'）Ben　　　　çocuğu　　　　oturttum.
　　　わたし（は）　こどもに　　　すわらせた。
（32）Çocuk　　　derse　　başladı.（-e başla-はじめる）
　　　こども（が）　勉強　　はじめた。
（32'）Ben　　　　çocuğu　　　　derse　　başlattım.
　　　わたし（は）　こどもに　　　勉強　　はじめさせた。

　ところが、これらの例では、動詞語幹の動作主「こども」が使役文で、日本語では間接目的語（に格）であらわれています。ただし（31'）では（を格）も可能でしょう。トルコ語では直接目的語（-uの形）であらわされます。このちがいは、前者が他動詞、後者が自動詞であるためとかんがえられます。

⑤所有表現
　日本語には「会をもつ」のような翻訳調を別として、所有のhaveにあたる動詞が元来ないといわれます。「わたしには姉がいる」、「かの女はきれいな目をしている」のように表現し、「姉をもっている」や「目をもっている」はだめでしょう。トルコ語では、つぎのように表現します。

（33）Ali'nin　　ablası　　var.（ablaあね）
　　　アリの　　あね　　がいる。

－ 147 －

第2部　トルコ語

（34）Ali'nin　　oğlu　　　　yok,　　　kızı　　　　var.（oğulむすこ、kızむすめ）
　　　アリの　　むすこ　　いない　　むすめ　　がいる。
（35）Ayşe'nin　　iri　　　　mavi　　　gözleri　　var.（göz目）
　　　アイシェの　おおきな　あおい　　目　　　　がある。

　（33）（34）のablaなどの人数は不明です。ひとりならbir ablasıふたりなら
iki ablasıのように数詞をおけばはっきりします。日本語の「ある、いる」は動詞、
「ない」は形容詞で、「ある」と「いる」は共起するものが静的か動的かで区別さ
れているようです。トルコ語のvar, yokはともに形容詞で活用しません。その
かわり、永続的所有と臨時的所有とでもいうべき区別があります。つぎのよう
に位置格をもちいた所有表現は、臨時的所有をしめします。

（36）Bende　　　　　bozuk　　　para　　　var（yok）.
　　　わたしには　　こまかい　　おかね　　がある（がない）。

したがって（35）を、つぎのように表現することはできません。

（35）*Ayşe'de　iri　mavi　gözler　var.

また、つぎのような表現は、アリをばかにした内容になってしまいます。
（37）Ali'de　　akıl　　　　var　　　mı　　ki　　！
　　　アリに　脳みそ　　ある　　か　　よ　　！

　ただし、つぎの例（38）は存在文ですが、（39）が所有文か存在文かはコン
テクストにかかっています。

（38）Kapıda　　Ali'nin　　arabası　　var.（arabaくるま）
　　　門に　　　アリの　　くるま　　がある。
（39）Ali'nin　arabası　var.

－ 148 －

7. 動詞の機能的カテゴリー

〔参考文献〕

Erguvanlı, Eser Emine: *The Function of Word Order in Turkish Grammar.* University of
California Press 1984

Özkaragöz, İnci Zühra: *The Relational Structure of Turkish Syntax.* Dissertation,
University of California 1986

Slobin, Dan Issac & Zimmer, Karl（eds.）: *Studies in Turkish Linguistics.* John Benjamin
Publishing Company 1986

（1990. 1. 1『国文学解釈と鑑賞』至文堂）

第2部　トルコ語

8. トルコにおける外来語と外来語論

①手紙のなかの外来語

わたしには40年近くつきあっているトルコの友人がいる。もう60をとっくに過ぎた、つるっぱげの熱心なイスラム教徒である。このあいだ来た手紙は、固有名詞をのぞいて延べ368語、異なり語数198からなっていた。その外来語を調べてみよう（表1）。外来語は30%ぐらい、この年齢のトルコ人にしては、予想外の低い数字だった。21回も出て来たアラビア語は、接続詞のve（そして、と）であった。フランス語からはdoktor（医者）、kontrol（制御）、lise（高校）、paket（小包）、tansiyon（血圧）の5語が入っていた。

表1

	延べ%	異なり%
アラビア語	19.55	18.68
ペルシャ語	2.98	4.54
フランス語	2.44	3.02
ギリシャ語	1.08	2.02
イタリア語	0.81	1.01
そ　の　他	1.08	1.50
計	27.94	30.77

（注）アラビア語根とトルコ接辞などからなる派生語が少しあるが、アラビア語のなかにふくめる。以下同じ。

トルコは1923年に共和制を宣し、1928年には「国教をイスラム教とする」という憲法条項を取りはらい、アラビア文字をすててローマ字による正書法を取り入れた。そしてアラビア語を主とする外来語の追い出し、言語改革（純化）に力を入れて来た。どう変ったか、オスマン・トルコ時代の作品と最近のものとをくらべてみよう。

②『アンナ・カレーニナ』と『星の王子さま』

1910年に翻訳された『アンナ・カレーニナ』第4編のはじめの2ページ（もちろんアラビア文字）には、固有名詞をのぞき延べ231語がある。うち外来語の%は（表2）のようであった。つぎに1965年翻訳の『星の王子さま』（トルコでは原名のLe Petit Princeそのままに『小さな王子』として数種の訳本がある）では、どうだろうか（表3）。文学作品の性格のちがいがあるけれども、その間にいちじるしい差を見い出すことができよう。極端な場合を紹介しよう。ソシュールの『一

表2

	延べ%	異なり%
アラビア語	41.54	49.66
ペルシャ語	5.62	6.45
フランス語	2.59	1.29
イタリア語	0.43	0.64
計	50.18	58.04

般言語学講義』がトルコ語訳された（1976・1978）が、序説第1章の最初のページで外来語は、ペルシャ語がひとつ her（あらゆる）、アラビア語が7つだけである。それは tarih（歴史）、mantık（論理）、derece（程度）、ama（しかし）、şey（もの）、hazır（用意）、nokta（点）。

トルコ語固有の語彙がどれくらい増えたかは、統計資料によると、辞書では1901年の34％から1974年の52.66％へ、憲法では1924年の25％から1945年と1961年の70％へ、新聞では1924年の41％から1973年の88％へという変化を見せているという。

表3

	延べ％	異なり％
アラビア語	10.60	11.50
ペルシャ語	1.94	3.00
フランス語	2.51	2.50
イタリア語	0.55	1.00
英　　　語	0.55	1.00
ロ シ ア 語	0.28	0.50
ギリシャ語	0.28	0.50
ラ テ ン 語	0.28	0.50
計	16.99	20.50

③小学生用の辞書を調べる

では現在、外来語の語種にどんな変化がおきているだろうか。Türk Dil Kurumu（トルコ言語協会、以下 TDK とする）の『トルコ語辞典』第7版（1983）は、第6版の1倍半（1,354ページ、初版1945年668ページ）となり、かなりの改訂がほどこされている。これを全面的に分析するには多くの日数が必要である。そこで今回は TDK の『絵入り小学校辞典』（1981、544ページ）を調べることにした。7,072語を見出しとする、この辞書の語種はつぎのとおりであった（表4）。

この数字は、最初にかかげた友人の手紙のそれに近づいていないだろうか。外来語の1位は依然アラ

表4

	％
トルコ語	60.49
アラビア語	19.16
フランス語	7.23
ペルシャ語	6.24
イタリア語	2.35
ギリシャ語	1.95
英　　　語	0.95
ラ テ ン 語	0.45
ス ラ ブ 語	0.18
ド イ ツ 語	0.08
スペイン語	0.07
そ　の　他	0.85
計	100.00

ビア語だが、フランス語がペルシャ語を追いこしているところに注目しなければならない。外来語の圧倒的多数が名詞であることは、いうまでもない。

この分析をとおして明かになったことは、外来語とそれがもっていた文化との関係である。アラビア語は宗教用語をはじめとして全般的な影響力をもっているが、ペルシャ語は植物、民族衣装、楽器、曜日、家財道具において、フラ

第2部　トルコ語

ンス語は近代科学、メートル法、モードにおいて、イタリア語は船、商業、家具、音楽において、ギリシャ語は鉱物、家畜でない動物、病名、海産物・魚において、英語はスポーツと娯楽において、それぞれ特徴的な領域をもっている。日本語からはjudoとkimonoが採用されている。

④純化運動と反対論

　『トルコ語大辞典』(1981)の著者ドアン氏は、その序文で純化運動を評して、こう書いている「伝達の手段たるべき言語は、次第に一部インテリの隠語argoと化し、民衆と語りあう道をとざしてしまった……新造語は深みがなく、象徴的sembolik表現の可能性をせばめ、情緒をあらわしがたく、思想的に問題の状況をつくり出してしまった」と。そして見出し語の解説に、しばしば「でっちあげ」uydurmaとか「法則に反して作りあげられた語」などの評価をあたえている。実はこの「辞典」sözlükという単語も「作りことば」なのだが、ドアン氏は文句をつけていない。語根はsöz「ことば」。

　トルコの言語改革は政治と深くかかわっている。民族主義と近代化・ヨーロッパ指向、脱イスラムと宗教者たちのまきかえし、保守と急進、汎トルキズム……などが乱れとぶなかで、トルコは政変をくりかえして来た。純化運動も、その波にゆさぶられながら進まざるをえなかった。1932年ケマルの意志によって設立されたTDKは、1950年ごろまでは政府の支援を受けながら活動することができた。しかし1952年の政府は憲法用語を古いものにもどしたり、方言語彙集めの事業を妨害するなど、改革派にとって冬の時代もあった。それでもTDKの方針は教育と学問の分野に着々としみこんでおり、各種用語辞典、古語・方言辞典の出版など多くの学問的研究もさかんに行っている。

　もちろん言語改革に対する反対論もあとをたたない。主なものを書きしるしてみよう。

　○言語は干渉されるべきものではない。TDKは研究機関でもなく、言語の
　　専門家集団でもない。そのやっている改革は、どこの国もやらなかった国
　　家の強制である。
　○新造語は外来語に代れるものではなく、意味のニュアンスをうばい、トルコ語の貧困化をまねくものである。

- 152 -

8. トルコにおける外来語と外来語論

○ことばつくりには法則がある。死んだような接辞で語を派生させてはいけない。

○よその言語にも外来語がたくさんあるではないか。トルコ語は数万の外来語を我がものとしてきたのに、TDKは純潔主義だ。

○言語の破壊者だ、共産主義者のやることだ。新語は他のトルコ族とのきずなを断ち、また親子断絶をまねいている……

〔参考文献〕

柴田　武「トルコ人の言語生活」、「トルコの文字改革」(『社会言語学の課題』1978・三省堂)

TDK : *Türk Dil Kurumunun 40 Yılı*, Ankara 1972

Ö.A. Aksoy : *Gelişen ve Özleşen Dilimiz*, Ankara 1975

(1984. 7. 1『言語生活』No.391筑摩書房)

- 153 -

第2部　トルコ語

9. トルコ語のなかの外来語

①文字改革と外来語おいだし

　トルコは1923年に共和制を宣し、1928年には「国教をイスラム教とする」という憲法条項をとりはらい、アラビア・ペルシャ文字をすてて、ローマ字（ラテン文字）による正書法をとりいれた。この文字改革によって、トルコ語の音素を1対1で文字にうつすことができるようになった。アラビア・ペルシャ文字では不完全にしか母音を表記できなかったが、ローマ字はトルコ語の8母音をあますところなく書きわけることができるようになった。

　読み書きの力は、かぎられた政界・宗教界、学界、文学者などの手から、民衆の手へとひろがりはじめた。小学校1年生は、29字からなる新しいアルファベットを、たちまちのうちに手にいれる。おとな顔まけの話す聞く能力をもちあわせている子どもたちは、あらゆる刊行物を読みとることができる。

　トルコの友人宅にいたとき、小学校4年の息子が夏休みの宿題をもってかえってきた。それは、「消化器についてしらべる」という課題であったが、息子は百科事典の10数巻目の項をみつけて読んだ。わたしは考えた。日本の子どもにはできないなあと。日本の百科事典には「消化器：食物を摂取して、これを分解・吸収し、血液中に送る働きをする器官で、内臓の主体を占める。……」などとくわしい説明があるけれど、おそらく読めまい。

　文字改革は、言文一致の運動とともにすすんだ。オスマン・トルコ語にはいっていたおおくのアラビア・ペルシャ語は、それにかわるトルコ語があれば、外来語をつかわない方向をとった。文字と言語の改革の80年あまりのあいだに、外来語にどんな変化がおこっているか、以下いくつかの作品から外来語をぬきだして、その割合などをしらべることとしよう。トルコ語の発音で注意するもの、母音ıは [ɯ]、子音cは [dʒ]、çは [ʧ]、şは [ʃ] である。

②手紙のなかの外来語

　トルコの友人 Daniş Günçan（1920-1987）は、南西部の地中海に面した都市アンタリア Antalya の岡にねむっている。死ぬ2年まえにもらった手紙には、固有名詞をのぞいて延べ368語、異なり語数でいうと198語がふくまれていた。ダーニシの生きた時代は、オスマン帝国の末期からはじまり、読み書きは

－ 154 －

9. トルコ語のなかの外来語

アラビア・ペルシャ文字からローマ字へと
うつっていった時にぶつかっていた。

手紙のなかの外来語は、つぎのようで
あった。

アラビア語根とトルコ接辞からなる派
生語は、アラビア語にかぞえる。以下おな
じ。たとえばkitaplarは、アラビア語kitap
（本）にトルコの複数語尾-larがついたも

表1

	延べ%	異なり%
アラビア語	19.55	18.68
ペルシャ語	2.98	4.54
フランス語	2.44	3.02
ギリシャ語	1.08	2.02
イタリア語	0.81	1.01
そのほか	1.08	1.50
計	27.94	30.77

のでありkitapçı（本屋）は、人をあらわす接尾辞がついたものである。

手紙の外来語は30%ぐらいで、この年齢のトルコ人にしては、予想外のひ
くい数字だった。21回も出てきたアラビア語は、接続詞のve（そして、と）で
あった。フランス語からはdoktor（医者）、kontrol（管理）、lise（高校）、paket（小
包）、tansiyon（血圧）の5語がはいっていた。

③『アンナ・カレーニナ』では？

アラビア・ペルシャ文字で書かれた作品をふたつ調査した。ひとつは、トル
ストイの長編小説（1875-78）のトルコ語訳（1910）である。その第4編（岩
波文庫『アンナ・カレーニナ（四）』中村融訳）は、つぎのようにはじまる。

　「カレーニン夫妻はその後もずっとひとつ家に暮しつづけて、毎日顔を合
　わせてはいたが、互いにはもうまったくの他人だった。カレーニンは召使
　たちに勝手な臆測をさせないために毎日、妻と顔を合わせるのを規則のよ
　うにしていたが、」（以下略）

この2ページ分には、固有名詞をのぞい
て延べ231語があった。うち外来語の%
は表2のようである。

アラビア語のしめる割合がおおきい。文
頭の訳文「夫と妻は同じ屋根のしたでくら
し、いえで毎にち互いに会っていて、たが
いに全く無関心、且無関係のままを続けて

表2

	延べ%	異なり%
アラビア語	41.54	49.66
ペルシャ語	5.62	6.45
フランス語	2.59	1.29
イタリア語	0.43	0.64
計	50.18	58.04

第2部　トルコ語

いた。」は、いま漢字で書いた部分がアラビア語9つとペルシャ語3つになっていて、現代トルコ語とはだいぶちがう。

この2ページ分のトルコ訳文を、ローマ字化して、わたしの言語学講座に留学していた女性に読んでもらったところ、sakıf（屋根）、hidmetçi（召使）、şedid（激烈な）、mutmain（確信的）、evasıt（中旬）、ezvak（快楽）、hazıra（現在）、sühulet（便宜）、muaşaka（相愛）、tarab（歓喜）といったアラビア語は意味がわからない、という返事がかえってきた。

また、この文献にはトルコ語的でない修飾・被修飾の表現法が、しばしば見られる。外来語法である。たとえばgayri kabili tahammül（不・可能・忍耐→耐えがたい）とかvesaiti nakliye（手段・運輸→交通）など。

④『アヂィアデ』では？

アラビア・ペルシャ文字文献の第2は、フランスのピエール・ロチの処女作 *Aziyadé*（1878）のトルコ語訳である。トルコの少女Âzāde（ペルシャ語で「自由な」を意味する）との恋をえがいた作品で、1923年に訳されたものである。佐藤輝夫訳の岩波文庫『アヂィアデ』のサロニカ、ロチの日記1、2、3に該当するトルコ訳文は、固有名詞をのぞいて延べ161語、異なり語数では133語からなっている。

「五月のうららかな一日、美しい太陽、晴れた空。……外国の小艇が到着すると、岸壁にいる死刑執行人たちは、最後の作業にとりかかった。」ではじまる小説は、mayıs（5月）がラテン語、saf（純な、晴れた）、sema（空）、ecnebi（外国の）、sandal（小艇）、zaman（時）、cellat（死刑執行人）がアラビア語である。外来語の％は、つぎのようであった。

アラビア語のしめる割合は、『アンナ・カレーニナ』のそれとくらべると、かなり小さくなっていることがわかる。また『アンナ』にあったような外来語法は見られなかった。アラビア語の異なり語数は38であったが、その半数ちかくが、⑥で紹介する『小学校辞典』（1981）の見出し7千あまりのなかには、もはや見い出すことがで

表3

	延べ%	異なり%
アラビア語	28.57	28.57
ペルシャ語	4.34	5.26
フランス語	1.24	1.50
ラ テ ン 語	1.24	1.50
イタリア語	0.62	0.75
ギリシャ語	0.62	0.75
計	36.63	38.33

9. トルコ語のなかの外来語

きない。

⑤『星の王子さま』では？

トルコでは原題のフランス語 *Le Petit Prince* そのままに *Küçük Prens*（小さな王子）として数種の訳本がある。1965年翻訳（第1版）のものを使って、はじめから異なり語で200までの訳文をしらべた。

ヨーロッパ諸語からの外来語は、フランス語から pilot→pilotluk（飛行機の操縦）、kıravat 〜 kravat（ネクタイ）、motor（モーター）、makinist（機関士）、イタリア語から No. = numara（第〜号）、politika（政治）、英語から briç（ブリッジ遊び）、golf（ゴルフ）、ロシア語から şapka（帽子）、ギリシャ語から aritmetik（算数）、ラテン語から boa（ウワバミ）がはいっていた。なお pilotluk の -luk はトルコの接尾辞で抽象名詞をつくる。外来語の％はつぎのようであった。

おなじ文学作品であっても、こちらは前二者とことなり、こどもむけに語られている高度の童話である。外来語をずっとへらし、アラビア語の割合もちいさくなった。文字改革から37年たち、このあいだに外来語のおいだしと新しいことばづくりがすすんだのである。

neologism とよばれる新造語は、トルコ語でゆたかに生きている接尾辞によって

表4

	延べ%	異なり%
アラビア語	10.60	11.50
ペルシャ語	1.94	3.00
フランス語	2.51	2.50
イタリア語	0.55	1.00
英　　　語	0.55	1.00
ロ シ ア 語	0.28	0.50
ギリシャ語	0.28	0.50
ラ テ ン 語	0.28	0.50
計	16.99	20.50

派生させたものがおおい。たとえば動詞語幹から、その動作の結果・量・程度などを示す名詞をつくる接尾辞に -m があるが、onar-（なおす）→onarım（修理）、sindir-（こなす、しみこませる）→sindirim（消化）などは、アラビア語の tamir, hazim にとってかわる可能性をつくりだした。uç-（飛ぶ）→uçuş（飛行）、uçak（飛行機）、uçucu（飛べる、揮発性の）、uçurtma（凧）のように派生する。

⑥小学校辞典と外来語のなわばり

共和国第1代の大統領ムスタファ・ケマル（1881-1938）は Atatürk（父のようなトルコ人）とよばれ、トルコ語の近代化に力をいれ、1932年にトルコ言語協会（Türk Dil Kurumu = TDK）をつくった。協会は言語改革とともに古

— 157 —

第2部　トルコ語

語・方言の研究、各種用語辞典の出版などを手がけ、学校教育にもおおきな影響力をもっている。『絵入り小学校辞典』TDK: *Resimli İlkokul Sözlüğü*（1981、544ページ）は、7,072語を見出しとする。その語種別の%は、つぎのようである。

外来語の1位は、あいかわらずアラビア語だが、フランス語がペルシャ語をおいこしているところに注目したい。

この辞典は、見出し語のあとに品詞と用例文と意味をのせており、わかりやすい用例文は学習者にとってありがたい存在である。ところが1例をあげるとtayyare a.bkz.uçak.（アラビア語タイヤーレ飛行機。名詞。見よ。ウチャック。）のように、見出し語のいいかえ、のぞましい形を示している個所が265あり、そのうちアラビア語からトルコ語へ引きなおすようになっている個所が190ある。表5でアラビア語19.16%としたのは、見出しの1,355語の

表5

	％
ト ル コ 語	60.49
アラビア語	19.16
フランス語	7.23
ペルシャ語	6.24
イタリア語	2.35
ギリシャ語	1.95
英　　　語	0.95
ラ テ ン 語	0.45
ス ラ ブ 語	0.18
ド イ ツ 語	0.08
スペイン語	0.07
そ の 他	0.85
計	100.00

%であって、ここの190語をさしひくと、16.49%となる。それにともなってトルコ語の%が若干あがることになる。

＊

外来語は文化の輸入とかかわりがふかい。この辞典の調査から、外来文化がトルコ語のなかに特徴的な領域をもつ、いわば「なわばり」をもっていることがあきらかになった。アラビア語は宗教用語をはじめとして全般的な影響力をもっている。フランス語は近代科学、メートル法、モードの分野で見られる。fizik（物理学）、metre（メートル）、pantolon（ズボン）など。ペルシャ語は植物、民族衣装、楽器、曜日の分野で見られる。armut（ナシ）、şalvar（もんぺ）、keman（バイオリン）、pazar（日曜日）など。イタリア語は船、商業、家具、音楽の分野で見られる。güverte（甲板）、piyasa（市場）、mobilya（家具）、koro（コーラス）など。ギリシャ語は家畜でない動物、海産物で見られる。goril（ゴリラ）、ahtapot（タコ）など。英語はスポーツ、娯楽で見られる。futbol（サッカー）、film（映画）など。日本語からはjudoとkimonoがはいっている。

judoとkimonoの例文と解釈は、つぎのようになっている。

- 158 -

9. トルコ語のなかの外来語

| kardeşime | judoda | gösterdiği | başarı | için | sarı |
| 兄さんには | 柔道で | 見せた | 出来ばえ | に対し | 黄 |

| kuşak | verildi. |
| 帯が | 与えられた。 |

▶特に守りの目的で行われる1種のレスリング。

| Amcam | Tokyo'dan | ipek bir | kimono | getirdi. |
| おじさんが | 東京から | 絹の | 着物を | もって来た。 |

▶日本人が前で斜めにあわせて着る、長くて広い袖の衣服。

⑦学会案内状では？

2004年1月、トルコ語協会TDKから国際学会の案内状がとどいた。この学会はオリンピックの年の秋にひらかれてきて、ことしで第5回になる。過去2回わたしも参加してペーパーを読んだことがある。

案内状は「第5回国際トルコ語学会が2004年9月20日から26日までアンカラでひらかれる。学会参加の要件は下のとおり。」として、7項目の要件がしるされている。案内状は、延べ159語、異なり129語からなっている。その外来語をしらべてみよう。

新造語の先頭をゆくTDKの文章は、外来語がきわめてすくない。フランス語はprogramとmilyon、ペルシャ語からはkâğıt（紙）、英語からはdisket（フロッピー）だけ。アラビア語からの異なり語数は13にとどまる。

案内状のなかのkatılım（参加）、duyurum（案内、通知）、katılımcı（参加者）などの単語は、『小学校辞典』の見出しにないけれども、容易に理解される。それは、kat-（加える）→katıl-（加わる）→katılım（加わること）→katılımcı（加わる人）のような一連の派生構造のなかに位置づけられるからである。

表6

	延べ%	異なり%
アラビア語	13.21	10.08
フランス語	1.26	1.55
ペルシャ語	1.23	0.78
英　　語	1.23	0.78
計	16.93	13.19

ついでながら、トルコ共和国でTürk dili（トルコ語）という場合、共和国内だけでなく旧ソ連、イラン、中国などのトルコ系の言語（方言）もふくまれて

－ 159 －

第2部　トルコ語

いる。国際学会は、これらの国ぐにの研究者たちの交流の場でもある。1988
年に参加して研究発表をしたとき、あらかじめ出しておいた論文の題名 Türk
dillerinde……（トルコ諸語の……）が Türk lehçe ve şivelerinde……（トルコ諸
方言の……）と変えられて、当日のプログラムにのってしまっていた。

*

　以上、表1から6まで1世紀ちかい、ことなる作品の外来語をしらべてみた。
異なり語数でみるトルコ語の比率は次第におおきくなってきたことがわかる。

　小学校辞典（1981）でのトルコ語％がひくいのは、
辞書であるがために使用頻度のひくい外来語もとり
いれてあるためと考えられる。

　ちなみに、ヒロシマで死んだ「女の子」をうたっ
たナーズム・ヒクメット（1902-1963）の詩20行
（1956）のなかには、ペルシャ語が4つ（なにも、
砂糖菓子、だって、紙）とアラビア語が4つ（ぐらい、

表7

	トルコ語％
1910年	42
1923年	62
1965年	80
1981年	63
1985年	70
2004年	86

空、物、署名）はいっている。したがって、この詩の外来語は15.38％、トル
コ語は84.62％という計算になる。

⑧外来語の受入れかた

　どんな言語も、新しいものごとに接し、ことなる文化にふれるとき、たがい
に単語をやりとりして、おぎないあう。しかし単語がそのままの形で、別の言
語に受入れられることは、まれであろう。そこには母語の言語構造による反発
とともに、音韻・文法構造へのとりこみがおこなわれる。

　トルコ語の音節はCV（1子音と1母音）かCVCを基本とする。頭に二重子
音をゆるさない。だからフランス語から tren（列車）を受入れたとき、トルコ
式の発音では tiren と母音 i をはさむことになる。traktör では母音 ı をはさむ。
tren の前舌母音 e にあわせて前舌の i が、一方 traktör では後舌母音 a にあわせて
ı があらわれる母音調和の法則がはたらく。prens, program, klakson, spor などで
もおなじく。

　日本語の「病院」と「美容院」を発音しわけることが、トルコ人にとってむず
かしいこと、また、かれらが英語の make［meik］をメイキにちかく発音するこ
となどは、音韻体系のしばりがきいていることを証する。前者は、トルコ語に

－ 160 －

はbyoという音節がないこと、すなわち、そのような発音習慣がないことによっておこる。後者は、トルコ語の子音音素/k/は前舌母音ととなりあうとき口蓋化するという発音習慣によっておこる。たとえばekmek（パン）はエキメッキと発音される。

　ペルシャ語ateş（火）やアラビア語hava（空気）は外来語であるが、おいだすことはできないし、またその必要もない。これらはトルコ語の基本語彙のなかに位置をしめていて、曲用や活用、派生といった文法的な、そして語彙的な語形変化において、元々のトルコ語名詞となんらかわらないあつかいをうける。トルコの古語od（火）は、od yok ocak yok（火なし、かまどなし＝ひどくまずしい）という句にのこってはいるが、「火」のような基礎語が、なぜ外来のateşにとってかわったのか、興味ある歴史的課題ではある。

　外来語のおおくは名詞であるが、これを必要に応じて動詞化する方法をトルコ語はもっている。たとえばトルコ語diş（歯）→dişle-（かじる）、bulut（雲）→bulutlan-（くもる）などとおなじくateş→ateşlen-（火をつける）、hava→havalan-（空気がいれかわる、羽ばたく）のように、品詞をかえて新しい動詞をつくることができる。こうしてできた動詞は種々の活用形をつくってはたらく。

　一方、et-（する）という動詞とむすびつけて、外来の名詞を動詞的につかう方法は、katıl-（加わる）に対するアラビア語iştirak et-（参加する）やonar-（なおす）に対するアラビア語tamir et-（修理する）のように、品詞そのものをかえない、いわばトルコ化してとりこむまでにいたっていない方法と見ることができよう。

　以上は、『言語生活』（筑摩書房1984・7）の小論「トルコにおける外来語と外来語論」に大巾に手をいれて書きなおしたものである。

（2005. 1. 1『国文学解釈と鑑賞』至文堂）

第2部　トルコ語

10. 基本語彙に関する一考察 —トルコの教科書から—

①はじめに

　1971年のなつ、ユネスコひがしアジア文化研究センター（東洋文庫）で、大学生ら20数名に、トルコ語をおしえた。講習会をおわっての感想のなかに、つぎのような発言があり、いあわせた学生たちも同感の意をあらわした。「ぼくの英語力は、まあかなりの程度だとおもっていたのに、このなつ、英和辞典を随分ひくはめになって、がっかりしています」と。どういうことかというと、トルコ語の単語を、トルコ英語辞典でさがすと、そこにでてくる英語がわからない。そこで英和辞典のたすけをかりて、日本語から英語をとおしてトルコ語の意味をつかむと、こういうわけである。

　いままた、10名ほどの大学生をあいてに、おなじ経験をしつつある。教材は、まえとおなじトルコの小学校1年生のうすい教科書をつかっているのだが、この大学生たちをなやませている単語に関して、日本の大学生の英語の語彙力の問題だけなのか、トルコ英語辞典の著者の訳語の偏向なのか、トルコの小学生にとってはどうなのか等々、解明してみようというわけである。日本の大学入試にいたる中学高校の英語教育では、文部省の学習指導要領や全国英語教育研究団体連合会、教育委員会などによって基本語彙がしめされており、また「これだけしっていれば大学入試97%大丈夫」というものも市販されている。はたして、いま問題の英単語は、これらの資料にふくまれているだろうか、ソーンダイクらの基本語彙と比較して、どうだろうか。以上が本稿の出発点である。

②基本語彙とその性格

　一言語あるいは方言、個人にあらわれる単語の全体を語彙という。日本語の語彙、英語の語彙、仙台方言の語彙、A氏の語彙など。しかし現実的には個人が理解し、使用する単語の全体が基礎となっている。個人によって語彙の大小があるから、たとえば仙台方言の語彙といっても、仙台市にすむ日本人ひとりひとりの語彙を計算して、その異語数をだすという作業がなければ、仙台方言の正確な語彙数をつかむことができない。それは不可能であろう。まして日本語の語彙を数量的につかむことは不可能である。では日本語の語彙というのは、フィクションかといえば、そうではない。個人の言語行動は現に存在している

- 162 -

のだから、その総和としての方言の、あるいは日本語の語彙を仮定することなしには、まえへすすむことができない。

このような空間的なひろがりとともに、時間的なひろがりも問題となる。日本語の語彙のなかには、うつりかわり、理解されなくなったもの、なりつつあるもの、使用されなくなったものなどが、たくさんある。それらをふくめて日本語の語彙とすることができるだろうが、その数をつかむことはできない。同様にフィクションではない。個人に歴史があるように、言語はつねに歴史的である。このような言語の本質を前提として、特定の文献なり作品にあらわれる語彙を計算するこころみが、かずおおくなされている。シェイクスピアの全作品での使用語彙の総数は2万1千である[1]とか、源氏物語の語彙は14,688語である[2]とか。これらの数字は、もちろんシェイクスピアや紫式部の語彙総数の一部であるにちがいない。普通個人はどのくらいの語彙をもっているかについて、古来論議がなされ、想像以上におおい数万の語彙を理解するという結論に達しているようである。

イェスペルセンは、マックス・ミュラーが「農民は、わずか300語を使用するにすぎない」といい、ウッドが「普通のひとは約500語を使用する」といったのに対して、要約つぎのような反論をこころみている[3]。

　　　ある2歳の少女は489語を有し、もうひとりは1,121語を有していた。6歳のある男子は2,688語を使用している。ホールデンという教授はウェブスター辞典中のすべての語にあたって、自分の語彙をしらべたところ33,456語であった。

またバビットというひとの実験結果を紹介して、

　　　イギリスの大学生は約6万語を理解するとし、小学校教育をうけ本をよくよむひとでは5万語を理解するが、普通は2万5千から3万5千語である[4]と。

19世紀から20世紀へ、語彙量に関する空想から科学への前進が、うえの引用のなかからも、みとめることができ、それはまた、「未開」と「文明」におけ

－ 163 －

第2部　トルコ語

る言語認識の前進を象徴する。そのご内外の児童心理学者によって、学齢前の
こどもの語彙調査がおこなわれてきた。そのいくつかを日本人についてみると、
イェスペルセンがひいている6歳の男子の2,688語使用というあたりが妥当な
ようであり、理解語彙は使用語彙の約2倍であることがわかる[5]。もちろん、
したの表の数字は調査の方法、被調査者の質、単語の認定のしかたなどで容易
にかわりうるものだから、厳密にうけとることはできないが、およその見当を
つけるために参考に供したものである[6]。

調　査　者　（　年　）	調査人数	6歳の語彙量	
沢　柳　政　太　郎　(1919)	25	平均　4,089	理解
久　保　良　英　(1926)	1	2,289	使用
岡山師範付属小学校 (1935)	28	最高　6,906 最低　3,338 平均　5,230	理解
	1	3,132	使用
阪　本　一　郎　(1955)	見本法 39,366	5,661	理解
大　久　保　愛　(1967)	1	3,182	使用

　広辞苑が20万語、OEDが50万語といっても、そのなかには死語にちかい
ものや、きわめて特殊な語もふくまれている。いろいろなデータからみて、日
本人の成人の理解語彙は、およそ4万であり[7]、使用語彙はずっとすくなく、
日常会話にいたっては数千語で用がたりるであろう。基本語彙とよばれるもの
は、こうした日常生活に必要な基本的な語彙をさしていて、どこまでがという
範囲をきめることが困難なものである[8]。しかし、さきにあげた児童の語彙は、
ごく一部の幼児語をのぞいて、基本語彙のなかに位置するはずである。たとえ
ば岡山師範の調査では（注（5）の11-120ページ）、理解語彙、使用語彙のす
べてが収録されているから、これをみると、28人中25人以上（90%）が理解
している名詞1,451語には

　　朝、朝晩、アス、アシタ、アサッテ、アト、間、雨、雨降、雨ダレ、雨水、雨風、
　　朝日、アラレ、泡、穴……
などがあり、動詞334語中には

10. 基本語彙に関する一考察

　上ル、アル、遊ブ、余ル、洗フ、預ケル、当ル、現レル、会フ、暴レル……
などがある。いま、これらの名詞と動詞を大久保氏の使用語一覧（注（5）の
354-399ページ）にあたってみると

　朝、あす、あした、あさって、あと、あいだ、あめ、あられ、泡だらけ、穴
　……上る、ある、遊ぶ、余る、洗う、預かる、当る、あらわれる、会う、あ
　ばれる……

となる。理解語彙と使用語彙のちがい、30年もの年代のちがいにもかかわらず、
これらは日本語の基本語彙であるにちがいない。
　国立国語研究所の林氏は前掲論文2ページで、基本語彙を細分して、つぎの
5つの概念をたてて、定義をあたえておられる。

（1）基礎語彙　意味の論理的分析によって求められた半人工的な語彙
（2）基本語彙　特定目的のための「○○基本語彙」
（3）基準語彙　標準的な社会人としての生活に必要な語彙
（4）基調語彙　特定作品の基調を作るのに働く語彙
（5）基幹語彙　ある語集団の基幹部として存在する語彙

　本稿では（1）と（2）は（3）にふくまれるものとして、これら3者を常
識的に基本語彙とよぶことにする。英語では basic, commonnest, essential,
fundamental などと表現されている。さらに基本語彙は文字とのかかわりがあ
り、とくに日本語では漢字がよめるか、かけるかという基準をもうけるか、ど
うかが問題になる。そのような段階で分類すると

A　きいてわかる語彙
B　はなすことができる語彙
C　かかれた場合に、よんで理解できる語彙、文字の種類によってわかれる
D　一定の正書法をもちいて、それをかくことのできる語彙

のようになる。たとえば /atama/ という語は、日本語なら［átama］、［atáma］、
［atamá］、アタマ、あたま、頭などのいずれかの段階を要求し、英語なら［hed］、
head、トルコ語なら［baʃ］、baş のように音声の段階と文字の段階が区別されう

－ 165 －

第2部　トルコ語

るし、AからDへいくにつれて語彙量がへるであろう。ここではAの段階をもっ
て基本語彙をかんがえる。

③教科書の語彙

　さきにのべたように学齢前後までに習得した理解語彙は、その言語集団におけ
る基本語彙の重要部分をなすであろう。その量は個人差があるが、およそ5
千である。その後の教育と社会的経験によって、成人の理解語彙は4、5万に、
使用語彙は1万程度に達するとかんがえられる。さきの国立国語研究所による
雑誌調査の結果からは、1万語で90%をこえ、阪本氏の調査では[9]、つぎの
ように語彙の増加率が最高に達する年齢は10歳、その語彙数1万3千となっ
ている。

年齢	語彙量	増加率
6	5,661	18.4
7	6,700	19.0
8	7,971	28.9
9	10,276	35.1
10	13,878	39.3
11	19,326	32.8
12	25,668	21.7
13	31,240	16.0
14	36,229	11.7
15	40,462	8.5
16	43,919	5.7
17	46,440	3.0
18	47,829	0.9
19	48,267	0.1
20	48,336	

　ここで教科書と児童の語彙とをくらべた資
料をみると、小学校入学時の学童は、文字の障
害を別として、すでに教科書にのっている語彙
の大部分をみにつけていることがわかる。すな
わち、ふるく岡山師範によって12名の新入学
童に対しておこなわれた調査によると[10]、新
国語読本巻1、2にあらわれる語彙755語につ
いて、その87%以上を10名以上の学童が理解
しているという。このような調査結果は、すで
に保有している学童の語彙量からすれば、当然
といえるであろう。小学校低学年では、文字指
導がおおきな部分をしめるところから、教科書
の語彙量は一定の制限をうける。ともあれ一国
の初級教科書にあらわれる語彙は、その言語における基本語彙を反映している
と推測することができる。

　以下、本稿の出発点においてのべたごとく、トルコの小学校1年生の教科書
を調査した結果を報告してみたい。しらべた教科書は、つぎの4種である。

Ⅰ　*Okuma Kitabı* 1, İstanbul [11]

Ⅱ　*Hayat Bilgisi Türkçe*: 1 İlk Okuma, İstanbul 1968

- 166 -

Ⅲ　*İlkokuma*, İstanbul 1973

Ⅳ　*Atatürk Alfabesi*, İstanbul 1976

うえのⅢとⅣは、9月に入学してアルファベットをおぼえながら、1年生の前半期につかうものであり、ⅠとⅡは後半期につかうものである。それぞれのページ数と異語数は、つぎのようで4冊合計の総異語数は990であった。

Ⅰ　32ページ　613語

Ⅱ　32ページ　702語

Ⅲ　64ページ　162語

Ⅳ　48ページ　438語

なにを1語とかぞえたか[12]。

・固有名詞も1語とした。

・語尾をとりさった部分を、おなじ1語とした。例okul（学校）とokula（学校へ）、gel（こい）とgeldi（きた）……

・不規則な代名詞の変化形も前項に準じて、おなじ1語とした。例ben（わたくし）とbana（わたくしに）……

・動詞接尾辞のうち否定の–me, 名詞形成の–me, –mekをとりさった部分を、おなじ1語とした。例gel（こい）、gelme（くるな）、gelme, gelmek（くること）……

・名詞につく副詞形成の母音と、+kiをのぞいた部分を、おなじ1語とした。例bu günü（きょうは）、bahçedeki（にわにある…）……

・付属語、助動詞をそれぞれ別の1語とした。例gelirsin（きみがくる）、gelirse（くるなら）、açıversin（あけさせてください）……

・母音調和およびd〜tの交替形は、おなじ1語とした。例miとmu, dirとtur……

・感嘆詞、擬声語で母音字が連続することがあるが、おなじ1語とした。例eとee, vuとvuu……

さて、これら4種の教科書にあらわれる990語の大部分は、トルコ語にとっ

－ 167 －

第2部　トルコ語

て、もっとも基本的な語彙であろうとかんがえられる。その1例をç [ʧ] ではじまる単語29についてみると、つぎのようである。＜　＞の日本語はコンテクストに即してつけたものである。

çabuk（はやく）、çağ（とき）、çağır-（さけぶ）、çağrıl-（＜お客に＞よばれる）、çal-（＜ドアを＞たたく）、çalış-（はたらく）、çalışkan（はたらきもの）、çamurlan-（どろだらけになる）、çan（＜電車の＞かね）、çanta（カバン）、çardak（あずまや）、çarşaf（シーツ）、çay（お茶）、çayır（牧場）、çek-（＜電報を＞うつ）、çekil-（ひきさがる）、çevikleş-（活発になる）、çık-（でてくる、あらわれる）、çıkar-（だす）、çıkış-（せめたてる）、çiçek（はな）、çiçeksiz（はながさかない）、çift sür-（たがやす）、çocuk（こども）、çoğal-（ます）、çok（とても）、çöp（木片、こえだ）、çuh（シュッ）、çünkü（だって、なぜなら）

こころみに、これらの単語をトルコ英語辞典[13]でみつけ、その初出の英訳語をかかげてみよう。

quick, time, call out, be called out, give a blow to, work, industrious, cover with mud, bell, bag, hut, sheet, tea, meadow, pull（send）, be pulled（withdraw）, quick（＝çevik）, come or go out, take out, enter into competition or rivalry with another（scold）, flower, ——, plough, infant, increase, much, a fragment of vegetable matter, ——, because

うえのうち（send, withdraw, scold）は初出でない英訳語をしめし、——線の2語は *The Concise Oxford Turkish Dictionary* にないものであるが、前者はflowerlessにあたり、後者は汽車の蒸気のおとである。これらの英単語もまた英語の基本語彙であろう。こころみにソーンダイクにしたがい[14]、重要度を（　）の数字であらわす。数字は、いずれも千語以内をしめす。すなわち（1）は1千語以内の重要度をもち、（5）は5千語以内の重要度をしめしている。

quick（1）, time（1）, call（1）, out（1）, be（1）, give（1）, a（1）, blow（1）, to（1）, work（1）, industrious（4）, cover（1）, with（1）, mud（2）, bell（1）, bag（1）, hut

− 168 −

(3), sheet（2）, tea（2）, meadow（2）, pull（1）, send（1）, withdraw（3）, come（1）, or（1）, go（1）, take（1）, enter（1）, into（1）, competition（6）, rivalry（9）, another（1）, scold（3）, flower（1）, plough（4）, infant（3）, increase（1）, much（1）, fragment（5）, of（1）, vegetable（2）, matter（1）, because（2）

　基本語彙を「標準的社会人としての生活に必要な語彙」と定義するならば、千語や２千語を理解するだけでは役にたたない。英語の統計では、千語で85％をカバーするといい[15]、日本の大学入試の英語の統計では、２千語で89％をカバーするというが[16]、さきにみた英単語43においては、千語で67％弱、２千語では79％弱にしかあたらない。日本語では４万語の雑誌語彙のうち、千語でカバーできるのは60％強である[17]。もちろん英語と日本語のちがいを無視し、わずか43の単語での結果だけをとりあげて論じるならば、それは乱暴であるにちがいない。しかし、たとえば文化庁の初級基本語４千[18]や、コンサイス英和の中学高校程度８千語[19]などをみると、基本語彙というものは、予想よりおおくて１万語程度の量をもつものとかんがえられる。ちなみに外国語の辞典で、１万語以上をおさめていないものは、たいして役にたたないといっていい。

④大学生をなやませた語彙
　トルコの小学校１年の教科書４種にあらわれる990語にうつろう。さきにしるしたçではじまる単語29でやったようなことを、990語すべてについてやるわけにはいかない。そこで、大学生たちをなやませたトルコ語―英語の単語をいくつかひろってみることにした。

教科書Ⅰから
kümes（とりごや）、gaga（くちばし）、yorgan（ふとん）、güneşlen-（ひにほす）、köpük（＜石鹸の＞あわ）、kopar-（むしる）、yer-（きらう）、dut（くわ）、kemir-（かじる）、gürbüz（たくましい）、tombul（まるまるした）、tırtıl（いもむし）、koza（まゆ）、cıvılda-（さえずる）、okşa-（なでる）、incir（いちじく）

－ 169 －

第2部　トルコ語

教科書Ⅱから

okunaklı（よみやすい）、topla-（かたづける）、koltuk（わきのした）、reçete
（処方箋）、bulaşıcı（伝染＜病＞）、gülünç（おかしい）、ağustosböceği（せみ）、
iğnele-（＜はりを＞さす）、sel（おおみず）、harıl harıl（せっせと）

　教科書Ⅲはページ数が1番おおいけれど、異語数はすくなく、問題となる語
がみあたらなかった。

教科書Ⅳから

yastık（まくら）、topaç（こま）、anır-（ろばがなく）、kişne-（いななく）、
gökyüzü（おおぞら）、eşsiz（くらべもののない）、şehit（戦死者）

　以上33のトルコ語を*The Concise Oxford Turkish Dictionary*にあたって[20]、
その初出の英訳語をかきだしてみる。ただし初出に適訳がないときは、他の適
訳語をみつけて（　）にいれてしめす。

poultry-house, beak, quilt, bask, froth, pluck, loathe, mulberry, gnaw, sturdy,
plump, caterpillar, cocoon, twitter, caress, fig, legible,（tidy up）, armpit,
prescription, contagious, ridiculous, cicada,（prick）, torrent, assiduously, bolster,
top, bray, neigh, firmament, matchless, martyr

　ここに33の英単語がある。トルコ語の意味をしるために、さがした英語が
わからず、英和辞典のたすけをかりるという、その英語の1例である。このう
ち大学生は、どのくらいの語を理解しているのであろうか。74名についてテス
トをした結果は、つぎのとおりである。［　］は正解者数である。

beak［3］, loathe［1］, sturdy［6］, caterpillar［15］, caress［2］, tidy up［2］,
prescription［1］, ridiculous［14］, cicada［1］, torrent［3］, neigh［2］

　33問で、ひとり平均0.68弱すなわち0点がたくさんいたという結果である。
テストでは意味をとりちがえないように、動詞にはtoをつけ、topはplaything

－ 170 －

であることを注意してあった。うえの結果は岡山の大学生だけにあてはまるものではないだろうと想像する。では、トルコの小学校教科書の語彙と、それに対する英訳語とのあいだに、どんな問題があるのか、いくつかの資料をもとに検討してみよう。

第1に、ソーンダイクらの基本1万語のなかにあるか、あれば、どんな位置をしめるだろうか。まえと同様（　）は千語以内をしめす。

poultry（4）, beak（5）, quilt（5）, bask（10）, froth（なし）, pluck（2）, loathe（6）, mulberry（7）, gnaw（5）, sturdy（5）, plump（5）, caterpillar（6）, cocoon（10）, twitter（6）, caress（6）, fig（4）, legible（なし）, tidy（10）, armpit（なし）, prescription（9）, contagious（8）, ridiculous（6）, cicada（なし）, prick（3）, torrent（5）, assiduous（10）, bolster（なし）, top（1）, bray（9）, neigh（5）, firmament（5）, matchless（7）, martyr（5）

1万語以上に属するものは6語で、他は5、6千語以内にはいるものがおおい。とするとソーンダイクらの選定語彙からみるかぎり、これらの英単語は基本的なものがおおく、とくに難解なものではないことになる。

第2に、ソーンダイクらの8千語以内に、うえの33語のうち22語がはいっている。そこで前述の新コンサイス英和の中学高校程度8千語のなかに、どれだけはいっているかをしらべると（いずれも高校程度となっているが）

poultry, beak, pluck, mulberry, gnaw, sturdy, plump, caterpillar, caress, fig, tidy, prescription, contagious, ridiculous, prick, torrent, top, neigh, martyr

19語がみつかった。ソーンダイクらの6千語以内に属するものが大部分だが、7千から1万語内に属するものも若干ある。もしコンサイス英和の指示にしたがって、高校程度の単語が、みにつくようになっていたならば、大学生の平均0.68という成績は、でなかったのではないだろうか。なおコンサイスには、ソーンダイクらの5千から7千語内の5語が＊じるしになっていなかった。それは、quilt, loathe, twitter, firmament, matchless.

第3に、「普通の英文の中に見出される単語総数の99%強を占める」といわ

第2部　トルコ語

れる『英語常用単語6000[21]』についてみる。

poultry（4），quilt（5），bask（6），pluck（3），gnaw（5），sturdy（6），plump（5），twitter（3），caress（6），fig（4），tidy（6），prescription（6），ridiculous（4），prick（4），torrent（5），martyr（5）

　16語がみつかった。ソーンダイクの6千語とくらべるとbeak（5），loathe（6），caterpillar（6），neigh（5），firmament（5）の5語がへっているが、コンサイス8千語とくらべて、ふえているのがquilt, bask, twitterである。ついでに旺文社の『豆単』（注16）約5千語をみると（数字は『豆単』の千語順位）、なんとsturdy（6），ridiculous（3），top（1?）の3語しかのっていない。ソーンダイクでは、5千語内にはいるものが14語もあり、『常用単語』でも5千語内に11語あるというのに、このちがいはなんであろうか。さらに、全英連および都教委選定の中学高校基本語[22]約5千語についてみるならば、全英連はridiculous 1語のみ、都教委はtwitterとcaterpillarの2語をおさめるにすぎない。さきにかかげた大学生の得点がsturdy（正解者6）とcaterpillar（正解者15）とridiculous（正解者14）に集中しているのは、この辺に責任があるといえる。文部省の学習指導要領では、中学で約1,300、高校で約3,600、計約5,000語を学習することになっているが、具体的な語形については中学の必修610語だけが明示されているだけである。いきおい、教科書出版社においては、全英連などの選定語彙を参考にして教科書をつくることになるのであろう。
　第4に、英訳語に問題があるのではないか。日本の高校修了程度の学生の英語の理解語彙は5千から8千ぐらいだとしよう。それでもトルコの1年生の語彙にあたえられた英訳語が理解しえないのは、英訳語にかたよりがあるためではないか。すなわち *The Concise Oxford Turkish Dictionary* の著者たちが、きどってか、わざわざ難解な訳語をつけているのではないか。注（20）にしるしたようにHonyの辞書は訳語がおなじだから問題外として、つぎの3種の系統のことなるトルコ英語辞典にあたってみる[23]。まず新 *Redhouse* では *Concise Oxford* と英訳語のだしかたが前後しているものがある。

10. 基本語彙に関する一考察

Concise Oxford	*New Redhouse*
twitter（6）, chirp（5）	chirp（5）, chirrup, twitter（6）
matchless（7）, peerless（9）…	unmatched, unequalled,
	unique（9）, peerless（9）…
bask（10）in the sun,	sunbathe（3?）…
sunbathe…	
assiduously（10?）	continuously（4?）, with great
	effort, incessantly（7）
plump（5）	なし
loathe（6）, blame（2）,	blame（2）, criticize（8）,
criticize（8）	loathe（6）
bolster, pillow（3）; …	pillow（3）, bolster; …

　（　）はソーンダイクの順位数であるが、sunbathe の bathe が（3）であり、assiduous が（10）で continuous が（4）であるので？をつけた。これらをくらべるかぎりでは、ほかの訳語はおなじだから、どちらが難解と断定しにくい。しいていえば bask と sunbathe, bolster と pillow では後者の方がわかりやすいだろう。assiduous と continuous, loathe と blame では意味がちがうから、比較できない。「せっせと」にあたるトルコの擬態語ハルル・ハルルは、トルコの国立国語研究所 TDK の辞典によれば [24]（間断なく全力で）という意味であるから、*Redhouse* の continuously と with のあいだのカンマをとった方がよい。
　つぎの小辞典2）にあたってみよう。

Concise Oxford	*Okçugil*
bray（9）…	cry（1）as an ass
cicada	grasshopper
contagious	なし
twitter（6）, chirp（5）	chirp（5）, warble（5）
matchless	なし

－ 173 －

第2部　トルコ語

sturdy（5）, robust（11）	robust（11）
firmament（5）, heavens（1）	sky（1）, heaven（1）
assiduously	なし
poultry（4）-house, coop…	hen-coop…
froth（11）, foam（3）…	foam（3）, froth（11）
legible	なし
plump（5）	なし
…tidy（10）up…	…fold（2）…
loathe（6）, blame（2）…	blame（2）
bolster, pillow（3）…	pillow（3）…

　収録されていないものが5語あった。ソーンダイク順位だけでみると bray と cry, froth と foam, bolster と pillow は後者の方が基本的だが、逆に sturdy と robust, poultry と coop では前者の方が順位がうえである。しかし cicada を grasshopper, firmament を sky, tidy up を fold のように、後者は適訳をあたえていない。この辞典ではトルコ語の gök（そら）も gökyüzü（おおぞら）も、ともに sky としているが、つぎの小辞典やフランス語、ロシア語訳の小辞典でも[25]、この両者を区別している。以上の点で *Concise Oxford* の英訳語が特にかたよっていると断じるわけにはいかない。

　つぎの小辞典3）ではどうか。

Concise Oxford	*Langenscheidt*
bray, cicada, contagious	なし、なし、なし
sturdy, assiduously	なし、なし
cocoon, plump, loathe	なし、なし、なし
bask（6）in the sun, sunbathe…	bathe（3）in the sun
…prick（3）…	fasten *sth* with a pin to
…tidy（10）up…	…clear（1）away
bolster, pillow（3）	pillow（3）, cushion（3）,bolster

- 174 -

収録されていないものが8語あった。この8語はフランス語訳*Langenscheidt*でも同様に収録されていない。ソーンダイク順位だけでみると、baskとbathe, tidyとclear, bolsterとpillowのように後者の方が基本的な語であるが、他は*Concise Oxford*とおなじ訳語になっており、*Concise Oxford*が特にかたよっているわけではない。

第5に、本稿では基本語彙を「標準的社会人としての生活に必要な語彙」と定義して論をすすめており、その量は1万語程度であろうということ前述のとおりである。いま問題にしているトルコ語33は、こうした基本語彙であるのだろうか。うえにみた小辞典では収録されていない単語があったが、このような辞典の収録語彙数との関係はどうであろうか。1万語前後をおさめる6種の小辞典についてみると[26]、

	収録語彙概数	収録されていない語数	33語につき収録率
1. *Карманный Тур. Рус.*	6,000	17	48%
2. *Dictionnaire Turc. Ott.*	8,000	12	64%
3. *Langenscheidt Turc.*	10,000	8	76%
4. 日土土日大辞典	13,000	5	85%
5. *Okçugil Concise Turk.*	16,000	5	85%
6. *Concise Oxford Turk.*	19,000	0	100%

収録語彙数がふえるにしたがって、みごとに未収録数がすくなくなっていく。当然のことであるが、もっと基本的な語だったら、こうはいかないであろう。共通しておちているものがあるか。5番目までの、すべての辞書がのせていないものはharıl harıl（せっせと）、2をのぞく4者にないものはbulaşıcı（伝染＜病＞）、tombul（まるまるした）、3番目まで共通してないものはanır-（ろばがなく）、ağustosböceği（せみ）であった。

なにが基本語かをかんがえるとき、ふたつの側面が重要である。ひとつは頻度数、すなわち、その言語でくりかえし、くりかえしあらわれる語、たとえば数詞や人体語や「テニオハ」のような付属語など、つかわれる回数の大小である。もうひとつは、分布範囲すなわち、ある特定の職業や地域などに限定されている語、たとえば農業用語とか洋裁用語とか、つかわれる範囲の大小が問題であ

第2部　トルコ語

る。ソーンダイクらは、非常におおくの文献から頻度数のたかいものをえらび
だすと同時に、いくつもの文献において、たかい頻度数をしめす語、いいかえ
ると分布のひろい語をも考慮している。このような点で、33のトルコ語をみ
ると、anır-（ろばがなく）、kişne-（いななく）、koza（まゆ）、dut（くわ）など
は農牧業、養蚕業にとっては大切な語であっても、基本語彙とはいえないかも
しれない。また bulaşıcı（伝染＜病＞）、reçete（処方箋）などは医療用語であり、
cıvılda-（さえずる）、harıl harıl（せっせと）などは擬声語[27]、擬態語であり、
ağustosböceği（せみ）は季節的昆虫であり、şehit（戦死者）は宗教的語感をもっ
た語である。いま、これら分布の点で疑問となるものを基本語彙からはずすと、
さきの小辞典における未収録語数は、ずっとすくなくなり、収録率もたかくな
る。

1. *Карманный*	9	73%
2. *Dictionnaire*	4	88%
3. *Langenscheidt*	3	91%
4. 日土土日	3	91%
5. *Okçugil*	0	100%

　1万語以上をおさめる辞典では、基本語彙がよく収録されているといえよう。
　第6に、問題のトルコ語33は、トルコのこどもたちにとって、どう理解さ
れているだろうか。友人のこどもムラット君（Murat Günçan　回答時年齢6年
5か月）とフラット君（Fırat Günçan　同3年11か月）のふたりに、これらの単
語の意味をきいてもらった。それぞれの単語は、文または句のなかに位置する
ようにし、その文または句をよんで、この文のこの単語の意味は、という形式
でたずねた。下記の（　）内は、問題のトルコ語の日本語訳、Mはムラット君
のこたえ、Fはフラット君のこたえ、——は不明である。

（とりごや）　M　Tavukların evi　にわとりのうち
　　　　　　　F　Tavukların yeri　にわとりのところ
（くちばし）　M　Ağız　くち
　　　　　　　F　Ağız　くち

- 176 -

（ふとん）　　M　Üşümemek için üstümüze örttüğümüz şey
　　　　　　　　　かぜをひかないように、うえにかけるもの
　　　　　　F　Örtü　うわがけ
（＜石鹸の＞あわ）　M　Kir çıkaran madde　よごれをおとす物質
　　　　　　　　F　Balon　しゃぼんだま
（むしる）　　M　Bir şeyi yerinden almak　あるものをその場所からとること
　　　　　　F　Eliyle çekmek　てでひっぱること
（きらう）　　M　──
　　　　　　F　Başını yere koymak　あたまを地面につけること
（くわ）　　　M　Meyva　このみ、果実
　　　　　　F　Meyva　このみ
（かじる）　　M　Dişle koparmak　はでもぎとること
　　　　　　F　Köpek kemirir　いぬはかじる
（たくましい）　M　Olgun　よく成長した
　　　　　　　F　Şişik　高慢な[28]（şişkin のつもりか）
（まるまるした）　M　Şişman　ふとった
　　　　　　　F　Şişik　高慢な[28]
（いもむし）　M　Yaprak yiyen hayvan──böcek
　　　　　　　　はっぱをたべる動物──むし
　　　　　　F　Yerde yürüyen hayvan　地面をすすむ動物
（さえずる）　M　Çok çok ötmek kuşlara göre konuşmak
　　　　　　　　よくなくとりについていうこと
　　　　　　F　Ağızlarında cık cık yapmak
　　　　　　　　くちぐちにチューチューやること
（なでる）　　M　Sevmek　かわいがること
　　　　　　F　──
（いちじく）　M　Meyve　くだもの
　　　　　　F　Meyve　くだもの
（よみやすい）　M　Düzgün　きちんとした
　　　　　　　F　──
（かたづける）　M　Bir yer dağıldığı zaman onları esas yerine koymak　あると

－ 177 －

第2部　トルコ語

　　　　　　　　　　ころがちらかったとき、ものをもとの場所におくこと

　　　　　　　　F　Alıp dolaba koymak　てにとって、とだなにいれること

（わきのした）　M　Oturulan yer　こしかけられるところ

　　　　　　　　F　Oturulan yer　こしかけられるところ

（処方箋）　　M　Bir ilâcı kâğıda yazmak, doktor yapar

　　　　　　　　くすりをかみにかくこと、医者がやる

　　　　　　　　F　Reçete getirdi　処方箋もってきた

（伝染）　　　M　Geçici　うつる

　　　　　　　　F　──

（おかしい）　M　Komik　滑稽な

　　　　　　　　F　Gülen insan　わらっているひと

（せみ）　　　M　Böcek　むし

　　　　　　　　F　──

（＜はりを＞さす）　M　İğneyi batırmak　はりをしずめること

　　　　　　　　　　F　İğne ile delik delmek　はりであなをあけること

（おおみず）　M　İyi yağmur her yeri kapar　いいあめが一面をおおう

　　　　　　　　F　──

（せっせと）　M　Durmadan çalışmak　つづけてがんばること

　　　　　　　　F　──

（まくら）　　M　Başa konur　あたまにあてる

　　　　　　　　F　Pamuktan yapılır　わたでできている

（こま）　　　M　Oyuncak　おもちゃ

　　　　　　　　F　Dönüyor　まわっている

（ろばがなく）　M　Bağırmak　おおごえをだす

　　　　　　　　　F　Kızınca anırır　おこるとなく

（いななく）　M　Bağırmak　おおごえをだす

　　　　　　　　F　──

（おおぞら）　M　Hava　そら

　　　　　　　　F　Bizim yukarda　ぼくらのうえに

（くらべもののない）　M　Eşi olmayan　あいてがいない

　　　　　　　　　F　Eşi olmayan　あいてがいない

（戦死者）　M　Savaşırken ölen asker　戦争のとき死んだ兵隊

　　　　　　F　──

　以上のこたえからみて、いくつか不明のものや誤解しているものもあるけれ
ど、6歳半のムラット君は、かなりよくわかっている。なかなかおもしろい説
明がされている。ふたりとも誤答したのはyer-（きらう）とkoltuk（わきのし
た）で、これには理由があるが、いまはふれない。sel（おおみず）を（いいあめ）
とうけとるのは、水害を連想する日本とちがったアンカラの気候との関連でお
もしろい。

⑤まとめ

　基本語彙という測定困難な、実証的研究のしにくい問題にとりくんでみた結
果、本稿であつかった範囲において、いくつかの論点を整理してみよう。

　基本語彙とは、標準的社会人としての生活に必要な語彙であり、その量はか
なりのものである。「未開」社会と原始社会を混同して、「未開」に貧弱な語彙
を空想した過去は、まだ決して過去ではなく、つい先日よんだ雑誌のなかにも、
200語ぐらいで用をたせるという「未開」社会のことを信じているらしい一文
があった。ある目的のために数百の語彙を選定するのは、それなりの意味をもっ
ているけれど、どの言語にも1万程度の基本語彙が存在するとみるのが妥当で
ある。その根拠のひとつに児童の語彙理解のたかさがある。岡山師範や児童心
理学者たちの苦労おおい調査結果にてらしても、またトルコのこどもたちの理
解力をみても、こどもたちが数千の語彙を学齢前に保有していることに、まち
がいはない。

　英語の選定語彙に関しては、中学高校で約5千語をおさめることになってい
るが、その具体的な語形については内容を検討する必要がある。本稿でとりあ
げた英単語の重要度にしても、資料によってかなりのくいちがいをみせている。
独自の見解ももとより大切であるが、5千語のなかにすら、14、11、3、2、1
のごとく、きわだった収録数のちがいが存在する。なおAA研の言語調査票上
（千語）のなかにはbeakとfoamがはいっていた。以上のことと関連して、大学
入試を主たる目的とした語彙集のいくつかを批判的に比較する結果となった。
そして『英語常用単語6000』、『新コンサイス』における語彙選定がよく、ご

第2部　トルコ語

く小型のわりに*Langenscheidt*はよくできている、との感想をのべて本稿のむすびとする。

（1）O. Jespersen—*Growth and Structure of the English Language* 1905, 1952 ninth edition, p. 199

（2）大野晋『日本語の起源』昭32、岩波新書208ページ

（3）O. Jespersen—ibid, p. 200f

（4）岩波『広辞苑』第2版には約20万の項目がおさめられているが、偶然にひらいた1ページで、みだしの語が説明なしでは理解できなかったもの39であった。2,387ページに39をかけると、9万3千語は理解できないという計算（？）になる。

（5）昇地三郎、篠原しのぶ『児童心理学』昭50、峯書房64ページ、133ページ
岡山県師範学校付属小学校『児童の語彙と教育』昭10、藤井書店2ページ、138ページ
大久保愛『幼児言語の発達』昭42、東京堂64ページ

（6）ただこの種の調査には多大の忍耐と根気を要するものであることをかんがえ、敬意を表したい。岡山師範訓導が調査方法をのべている一節を引用させていただく（前掲書128ページ）。「且調査は単調で長時間に渡り、其の上児童が職員を知らざりしため、疲労すること甚だしく、時恰も暑熱の候児童の難儀もさること乍ら、その調査の苦しさは唯かうした経験者のみ知る体験である。しかし頑是ない児童は、時折与えられる一つのキャラメル、ドロップスに大変元気を出し……」。

（7）林四郎「語彙調査と基本語彙」（『電子計算機による国語研究Ⅲ』国立国語研究所報告39、昭46、8・9ページ）

（8）B. Malmberg—*Structural Linguistics and Human Communication: An introduction into the mechanism of language and the methodology of linguistics*, 2nd edition 1967, p. 143では、英語のどんなテキストでも、千語で85%をカバーし、4千語あれ

100語で	32.9%
1,000　〃	60.5
3,000　〃	75.3
5,000　〃	81.7
10,000　〃	91.7
40,000　〃	100

ば97.5%をカバーするという統計がしめされている。林氏の前掲論文には、国立国語研究所が雑誌90種（4万語）について調査した結果がしめされている。

その%はまえのようである。

（9）前掲『児童心理学』133ページ

（10）前掲『児童の語彙と教育』178ページ

（11）この教科書には出版年をしめす数字がないが、トルコ人Hüseyin Tüysüz氏（38歳）とÖzcan Arslan氏（27歳）がともに使用した教科書であるというから、1940年代の出版であろう。

（12）語尾、接尾辞、付属語、助動詞などの区分については、竹内和夫『トルコ語文法入門』昭51、大学書林3版を参照。なお1、2版の誤植を訂正したが、まだ若干ある。

（13）A.D. Alderson & Fahir İz—*The Concise Oxford Turkish Dictionary* 1959

（14）E.L. Thorndike & I. Lorge—*The Teacher's Word Book of 30,000 Words*, New York 1944

（15）注（8）

（16）赤尾好夫『英語基本単語熟語集』昭50、旺文社

（17）注（8）

（18）文化庁『外国人のための基本語用例辞典』（第2版）昭50、大蔵省印刷局 には「日本語学習の初級の段階において出あうことが多く、かつ必要度が高いと考えられるもの約4,000語を編集委員会で選定した」とのべられている（傍点筆者）。

（19）佐々木達『新コンサイス英和辞典』昭50、三省堂には、みだし語に中学校程度の約2千語（**）と、高校程度の約6千語（*）のしるしがついている。

（20）オックスフォードには別におおきな辞書H.C. Hony—*A Turkish-English Dictionary* 1947があるが、訳語はまったくといっていいくらい*Concise*とおなじである。33語のうちtopla-（かたづける）にあたる適訳はtidy up, clear upなどであるが、Honyの辞書にはcollect togetherなど*Concise*とおなじ訳語はあっても*Concise*にあるtidy upなどはない。

（21）伊藤恭二郎『英語常用単語6000』昭29、昭51（28版）大学書林　この単語集では、しるしのないものが、もっとも基本となる約3千語、（'）はつぎに重要な約1,200語、（"）はつぎの約900語、（*）はつぎの約900語をしめしていて、この4段階を中学、高1、高2、高3にあてているが、本稿では他との比較から（3）（4）（5）（6）の数字をつかうことにする。

（22）全国英語教育研究団体連合会『中学英単語活用集』昭38、同『高校英語の

第2部　トルコ語

Minimum Vocabulary 試案』昭39、東京都教育委員会『高等学校英語における語彙の学年別精選』昭36

（23）1）*Redhouse Yeni Türkçe-İngilizce Sözlük*, *New Redhouse Turkish-English Dictionary*, Istanbul 1968 この辞書は有名な Sir James W. Redhouse—*A Turkish and English Lexicon, Constantinople* 1890 を今日的に改訂編集したもので訳語に若干異同がある。

　　　2）V. Okçugil—*Türkçeden İngilizceye Yeni Küçük Lûgat, A Concise Dictionary Turkish-English* 1946

　　　3）*Langenscheidt Üniversel Sözlük Türkçe＝İngilizce İngilizce＝Türkçe*, Berlin 1960

（24）Türk Dil Kurumu—*Türkçe Sözlük*, Ankara 1974 p. 361 Aralıksız olarak, durmaksızın, bütün gücüyle

（25）*Langenscheidt Dictionnaire Universel Turc＝Français Français＝Turc*, Berlin 1966 *gök* ciel, *gökyüzü* firmament

Карманный Турецко-Русский Словарь, Москва 1968 *gök* небо, *gökyüzü* небосвод

（26）*Карманный Тур. Рус* をのぞいて、収録語の概数がかかれていない。ごく便宜的につぎの方法によって算出した。辞書のページ数を10等分し、そのページの語数をかぞえ、平均語数をだし、それにページ数をかける。この方法を概数6千と明示してある *Карманный* に適用してみたところ6,035とでた。なお *Langenscheidt, Oxford* の辞書は紙数節約のため、みだし語の説明のなかに派生語などをふくめているから、前述の単語のかぞえかたにしたがって語数を計算するのが妥当とかんがえ、そのようにした。小辞典6種は

　　　1. *Карманный Турецко-Русский Словарь*, Москва 1968

　　　2. *Dictionnaire Turc-Ottoman-Français*, Istanbul 1935

　　　3. *Langenscheidt Dictionnaire Universel Turc-Français Français-Turc*, Berlin 1966

　　　4. 日土土日大辞典、日土協会、昭11

　　　5. V. Okçugil—*A Concise Dictionary Turkish-English* 1946

　　　6. *The Concise Oxford Turkish Dictionary* 1959

　　　日土土日は訳語に不適当なものがめだち、大辞典とはいえない。

（27）前掲（24）TDK-*Türkçe Sözlük* p. 158 *cıvıl cıvıl* kuşların bir ağızdan cıvıltı ile

－ 182 －

ötüşmelerini anlatır. とりが一斉にピーピーなくことをしめす。+da は擬声語を動詞化する接尾辞で用例はおおい。

(28) şişik という語は、いままであげた11種類のトルコ語辞典のうちでは *Dictionnaire Turc-Ottoman-Français* p. 202 Şişik（mağur）: orgueilleux, fier. にあるだけである。あと7種の比較的おおきな辞典にあたったが、ない。現代トルコ語の対訳辞典としては最新最大の約6万語をおさめる K. Steuerwald—*Türkisch-Deutsches Wörterbuch*, Wiesbaden 1972にもみあたらない。また正書法のてびき TDK-*Yeni Yazım Kılavuzu*, Ankara 1975にもない。ただ方言辞典である TDK—*Türkiyede Halk Ağzından Söz Derleme Dergisi*, İstanbul 1939, 1941, 1942　3巻にはあった。p. 1,293 Şişik［S］, 1. Gururlu（Gemlik《Bursa》）—2. Koca karınlı（Gâvurdağ《Cebelibereket-Seyhan》）ブルサの方言で「高慢な」、セイハンの方言で「おなかのおおきな」意である。なお「ふくらんだ」意の şişkin という語が全辞典にみえる。

（1977. 3. 1『一橋論叢』No.77-3 日本評論社）

第2部　トルコ語

11. トルコ語とウイグル語の文末ムード

① 文の構造

　トルコ共和国のトルコ語は、トルコ語族のうちでは一番西に位置する言語である。東に位置する新疆ウイグル自治区のウイグル語にも注目しながら文の構造をみていく。まず例をみていただきたい。トルコ語は音素を反映したアルファベットで表記されているから、文字どおり発音すればよい。ただし c ＝［ʤ］、ç ＝［ʧ］、ş ＝［ʃ］、ı ＝［i ～ ɯ］、ğ（ほとんど無音または長音）などに注意する。

― Babamnan　　　sokaa　　gidicam.
　 とうちゃんと　　町い　　　行くんだ。
― Naapacan?
　 なんしに？
― Şiy,　　　　yiyicek　　alıcaz　　kendimize.　　Sen　　de
　 そうさ、　　たべもん　買うんだ　おれらの。　　君　　も
　 gelmican　　mı?
　 こねえ　　　か？

　これは、教育のないこどもの話しことばに近づけた表記であって、正書法では下のようにかかれる。ただしハイフンは説明のための形態素の区切りである。訳はわたしの東京下町方言ににせてある。

― Baba　　-m-　　　la　　sokağ-a　　gid　　-eceğ-　　im.
　 父　　　（わたしの）と　　町　　へ　　行く　　つもり　　（わたし）。
― Ne　　yap　　-acak-　　sın?
　 なに　する　　つもり　　（君）？
― Şey,　　　　yiyecek　　al　　-acağ-　　ız
　 そうさ、　　たべもの　　買う　つもり　　（わたしたち）
　 kendi-　miz　　　-e.　　Sen　　de　　gel　　-me-　　yecek
　 自身（わたしたち）　へ。　　君　　も　　来　　ない　　つもり

― 184 ―

11. トルコ語とウイグル語の文末ムード

mi　　　-sin?
か　　（君）？

　名詞baba, kendiのあとに人称語尾がつく。動詞語幹gid-, yap-, al-, gel-のあとに活用語尾がつくが、さらに人称を示す付属語がつづく。これら日本語とことなる点があるにせよ、文は世界に類型のおおい動詞おわりで（kendimize yiyecek alacağızが普通の語順）、付属語la, de, miや格語尾-a, -eは自立語のあとにしたがうといった統語（統辞）構造は、日本語とそっくりである。
　つぎにウイグル語の例をお目にかけよう。アラビア・ペルシャ文字正書法を転写transliterationしたもので発音に近い。ハイフンはまえにのべたとおり（以下おなじく）。

Tünügün　　'öy　-gä　　käl　-gän　　'adäm　-ni　tonu
きのう　　　家　に　　来　た　　　人　　を　　知ら
-ma-　　y-　män.
な　　い　（わたし）。
Män　　　'öy-din　čiq-ip　　kino-ya　　bar　　-di-m.
わたしは　家から　出て　　映画に　　行っ　た（わたし）。
'U　　yär　　-gä　　här　　küni　　bar -a- m- sän?
その　ところ　へ　　毎　　日　　　行く　か（君）？

　もはや説明するまでもなく、トルコ系の諸言語（方言）は日本語とおなじく、文末部に話し手の気持ちがあらわれる。その文末ムードのあらましを、用例をたくさんあげながら紹介することにしよう。

②活用形のムード
　あとでふれるように、トルコ語やウイグル語にも文末詞のたぐいがある。しかし、それほどたくさん出てこない。というのは、活用語尾そのものにムードをあらわすはたらきがあるからである。活用語尾には完了か未完了かといったアスペクトによる区別と、確認か未確認かというムードによる区別とがある。いま、母音調和などによる異形態を代表させて、つぎの図式をたててみる。

- 185 -

第2部　トルコ語

アスペクト＼ムード	完　了	未　完　了
確　認	（ト）－di,（ウ）－di	（ト）－yor,（ウ）－i
未確認	（ト）－miş,（ウ）－ptu	（ト）－r,（ウ）－r

トルコ語の例：

（1）Ayşe　　　　　ne　　　zaman　　　　　Japonya-ya　gel-**di**?（↗）
　　　アイシェは　　なに　　とき（＝いつ）　日本　　に　　来　た？

（2）Ben-i　　　　unut-**muş**　　　mu-sunuz?（↗）
　　　わたしを　　忘れ　た　　　　か（あなた）？

　（1）と（2）のちがいを訳文であらわすのはむずかしいが、（1）はアイシェが来ていることを話し手が知っていてきいているのに対して、（2）は忘れたかもしれない、忘れたらしいな、という気持ちできいているのである。-mişは自分のうっかりした行動などにもつかうことができる。

ウイグル語の例：

（3）Tünügün　　'ikki　　　kitab　　'al-**di**-　　m.
　　　きのう　　　2さつ　　本　　　買った　　（わたし）。

（4）Hazir　kel-**ip**-　　siz-　　　ä?（↗）
　　　いま　来　た　　（あなた）　ね？

　（3）は、たしかに買ったことをのべているのに対し、（4）には「来たばかりかな」というムードがこめられている。（2）を「わたしをお忘れのようですが？」、（4）を「いまいらっしゃったところでしょうか？」などと訳すことができるかもしれない。それで-mişや-ptuはむかし話の語りなどによくあらわれる。すなわち「あったとさ」のように。

トルコ語の例：

（5）Yol-u　　bil-**iyor**　　mu-sun?（↗）
　　　道　を　　知っている　　か　（君）？

－ 186 －

11. トルコ語とウイグル語の文末ムード

（6）Bura-da　　　kış-ın　　　kar　　　yağ-**ar**.
　　　ここ では　　　冬 に　　　雪が　　　ふ る。

　（5）は現におこなわれている動作を、（6）はそうではない多分、当然、可能性の動作をしめしている。

ウイグル語の例：
　（7）Ätä　　　　kitab-xani-din　　　kitab　　al‐**i**‐män.
　　　　あした　　　本 屋 から　　　本　　　買 う（わたし）。
　（8）Beyjiŋ-ɣa　　bar-ɣan-da　　　yeŋi　　kitab　　al‐**ar**‐män.
　　　　北京 へ　　行った ときに　　新しい　　本　　買 う（わたし）。

　（7）は買うことにきめている気持ちを、（8）は買わないかもしれないことを暗示している。
　つぎに、仮定や条件・譲歩をあらわす連用形の活用語尾にうつろう。トルコ語もウイグル語も–seである。これが文末につかわれると、表現を中断する形で、ときには相手にゲタをあずけ、願望や依頼のムードをになうことになる。まず連用形の例をあげる。

トルコ語：
　（9）Ahmet　　　　söz　　　　dinle‐**se**　　　azarla‐n‐maz.
　　　　アフメットが　　言うこと　　きい たら　　　しから れ ないのに。

ウイグル語：
　（10）ʼÖy-gä qayt-ip　　käl‐**sä**‐m,　　　　　ʼu　　　　yoq.
　　　　　家 に 帰って　　来 ても（わたし）、　かれは　　　いない。

文末に–seがくる例、トルコ語：
　（11）Ahmet　　　　söz　　　　dinle‐**se** !
　　　　　アフメットが　　言うこと　　きい たらなあ！

－ 187 －

第2部　トルコ語

ウイグル語：

（12）'Ätä　　sa'ät bäš－tä　　　　tur－mi－**sa**　－　m！
　　　あす　　時計 5（＝5時）に　　起き なけ れば （わたし）！

相手にしてほしいという願い、たのみをしめすために–seのあとに第2人称の語尾と感動詞eをくわえた形がよくつかわれる。

トルコ語：

（13）Ahmet,　　　　　bura-ya　　gel－**se**－n　e！
　　　アフメット、　　ここ へ　　来 たら（君）！

（14）Sus － **sa** － nız　a！
　　　だま ったら（君たち）！

③命令、願望、意志の形

　聞き手にうったえて、その反応を期待する文には疑問文、命令文、願望文などがある。疑問文の形はあとまわしにして、命令文から見ていこう。トルコ語でもウイグル語でも、命令は語幹そのものをつかう。たとえば「来る」の語幹（ト）gel–、（ウ）käl–をつかえば、「来い、来なさい、来てください、いらっしゃい」など、相手との関係や表情、声の調子などによって、ぞんざいにも丁寧にもなる。サン・テグジュペリの『星の王子さま』に、花が王子さまに語りかける場面がある。

　フランス語の原文は：

　Je te demande pardon. Tâche d'être heureux.

トルコ語訳は：

（15）**Bağışla** ben － i.　　Mut-lu　　ol － ma － ya　　**çalış**.
　　　ゆるせ わたし を。　幸福 に　　なる こと に　　がんばれ。

日本語訳では：

　ごめんなさい。おしあわせでね……

のようになっている。bağışla、çalışは語幹であるが、第2人称**複数**の人称語尾をつけると丁寧な形bağışlay**ın**, bağışlay**ınız**, çalış**ın**, çalış**ınız**ができる。ウイグ

－ 188 －

ル語では、語幹そのままの形:

（16）Biraz **küt**.
　　　すこし　まて。

　このほかに、第2人称語尾単数-ŋと複数-ŋlar、さらに老人に対し、あるいはより丁寧な表現として-silaを接尾させることができる:

（17）Bu　　　kitab-ni　　　'oqu-**ŋ**.
　　　この　　本　を　　読みなさい。

（18）'Äpändi‐m,　　　bu　　gezit-ni　　'oqu-**sila**.
　　　先生（わたしの）、　この　　新聞 を　　お読みください。

ウイグル語には命令をつよめる活用語尾-ginがある:

（19）Šu　　köwrük‐tin　　　meŋ‐ip　　'öt-**kin**.
　　　その　橋　　から（を）　　歩いて　　渡りなさい。

　また、ぜひしてほしいという意欲をあらわす活用語尾-gäyもある。酒飲みでこまった夫にむかって:

（20）Haraq　　ič‐ip　　öl-**gäy**!
　　　酒　　　飲んで　　死んだらいいさ！

　トルコ語にもウイグル語にも、第3者（人でも物でも）に対する願望をあらわす活用語尾（ト）-sin,（ウ）-sunがある。トルコ語:

（21）Geç-miş　　ol‐**sun**.
　　　過ぎ て　　　ある ように。

　これは事故や病気の人、あるいは看病している人に対し「おだいじに」という表現である。『星の王子さま』からフランス語、トルコ語訳、日本語訳をあげる。ここでは第3者風にして、さらに丁寧に複数語尾-lerをつけてある。

　Si votre Majesté désirait être obéie ponctuellement, elle pourait me donner, par exemple, de partir avant une minute.

－ 189 －

第2部　トルコ語

(22) Majeste‐ler　　‐i　　　　buyruk‐lar‐ı‐na　　　elif‐i elif‐i‐ne
　　　陛下が　（複）（限定）　　命令　（複）（限）に　　まさしく

　　　uy‐ul‐ma‐sı‐nı　　isti‐yor‐lar‐sa　　akl‐a　　yakın
　　　合わ れる こと（限）を　望　む（複）なら　理 に　　かなった

　　　bir buyruk　　ver‐**sin**‐ler.
　　　　命令を　　くれる ように（複）。

　　　もし、陛下がどんなときにも、陛下らしくなさるおつもりでしたら、
　　　ぼくに、むりのない命令を、おくだしになるはずなんだがなあ。

ウイグル語：

(23) Yeŋi yil‐iŋiz　　　　mubaräk　　bol‐　　**sun**.
　　　新　年（あなたの）　めでたく　　ある　　ように。

　第1人称の意志をしめす形があり、トルコ語では単数‐eyim, 複数‐elim, ウ
イグル語では単数‐ey、複数‐eyliを接尾させる。

(24) Siz‐e　　bin　　lira　　ver‐**eyim**.
　　　あなた に　　千　　リラ　　あげ よう。

(25) Hava　　pek　　güzel,　　gez‐me‐ye　　gid‐**elim**　　mi?
　　　天気が　　とても　　よい、　　散歩　に　　行こう　　か？

(26) ʼÄtä　　yiɣin‐da　　män　　sözlä‐**y**.
　　　あした　　会議 で　　わたしが　　話そ う。

(27) Čay　　ič‐**äyli**‐mu?
　　　お茶　　飲もう　　か？

④人称語尾と人称付属語のムード

　すでに用例のなかにたくさん出てきたように、トルコ語もウイグル語も文末
に人称語尾や人称をあらわす付属語がよくあらわれる。ともに第3人称という
文法カテゴリーは存在しないが、第1・2人称の語尾は8世紀の突厥碑文にす
でに存在していたから、かなり古いものであろう。しかし、その形からみて、
これらは独立した人称代名詞が後置されて短くなり、アクセントを失い語尾化
あるいは付属語化したものと考えることができる。両言語の人称代名詞は、

－ 190 －

11. トルコ語とウイグル語の文末ムード

単　数	複　数
1. ben（ウ män）	biz（ウ biz）
2. sen（ウ sän, 敬語 siz）	siz（ウ silär、敬語 sizlär）

であり、語尾は、

単　数	複　数
1. –m（ウ –m）	–k（ウ –q）
2. –n（ウ –ŋ, 敬語 –ŋiz, 敬老 –lä, 〜 –silä）	–niz（ウ –ŋlar）

付属語は、

単　数	複　数
1. im（ウ män）	iz（ウ miz）
2. sin（ウ sän, 敬語 siz, 敬老 dila）	siniz（ウ silär）

　ただし、ウイグル語では、活用形によって付属語が語尾として機能することがある。ともかく第1人称複数の語尾をのぞいて、人称代名詞と人称語尾（付属語）とのつながりはあきらかである。

　ここで、文末に人称をしめすもの、すなわち動詞に後置された語尾（付属語）あるいは名詞（形容詞）文に後置されたものの、意味するところを考えてみたい。例をあげる。

（28）Ver – di – **m**　　　kız – ım – ı.
　　　与え　た（わたし）　娘（わたしの）を。

　これは、トルコ民話のなかでキツネにだまされた王様がその娘をやろうと約束した場面で、王が言ったセリフである。Kızımı verdim.が普通の語順であるが、日本語でも「来た来たバスやっと！」など日常会話にいくらでもみつかる例の転倒である。活用語尾 –di は完了であって過去ではない。「いま娘をやることにした」のである。つづく人称語尾 –m は動詞語幹 ver–の動作主をしめすには

- 191 -

第2部　トルコ語

ちがいないけれど、とりたてて「わたし」を前面におし出しているわけではない。主語はいらない、しかし自分の行為であるというムードがただよっている。トルコ諸語のような形態的膠着性の高い言語では、ラテン語などとはちがって、人称語尾がゆるやかに後置されることによって、ある種の感情の表現となっている。第2人称語尾の例を、これもトルコ民話のなかから取ってみよう。

（29）Ban - a　　　bu　　　tüy-ün　　　kuş - u - nu　　　　bul　-　du - **n**,
　　　わしに　　　この　　　羽の　　　鳥（限定）を　　　　見つけ　た（お前）、
　　　bul　-　du - **n**.
　　　見つけ　た（お前）。

　これは、1枚の光り輝く羽をみつけた若者が、それを王に献じたところ、その羽の鳥をさがしてこいと難題をもちかけられるところである。もう説明の必要はなかろう。
　ここで柳田国男の名著『毎日の言葉』の1節が思いおこされる。それは「知ラナイワ」という10ページばかりの文章である。

　関東　シラネオラ
　大阪　シランヤレ
　熊野　シタルカレ
　岩手　ソウダベドラ
　滋賀　ソウヤナレ

などをとりあげて、文末に第1人称の代名詞がついたものと論じられた。いわく、

　「つまり日本人は、何か思ったこと見たことを人に告げる場合に、この種の一語を下に添へまして、「それを言ふ者は自分である」ことを明かにする習はしがあったので、文章語では全く跡を潜めて居りますが、和歌のみにはまだ少しばかり保存せられて居る「我は」と同じく、人称代名詞の一つの置き所だったのかと、私は考へて居ります。（中略）私を文の始めに

- 192 -

置かねばならぬ様にしたのは、漢語か英語かは知らず、とにかく外国語かぶれのやうであります。(中略)口語では文句の終りに「我は」を附けるのが、寧ろ全国を通じた法則だったかと思はれます。」

さすが柳田さんのすばらしい発想と感心したものである。

トルコ語の文末人称辞に日本語の文末詞「ぞ、な、ね、わ、……」などを当てることができよう。

(30) Kımıldan–ayım　　de－me　　kurşun–u　　ye–r–**sin**.
　　　身動きし よう　　と思うな　　弾丸　を　　食う(お前)。
　　　「動こうとでも言おうものなら一発くらうぞ」

(31) Dikkat　　et,　　　düş－ecek－**sin**.
　　　注意　　　しろ、　　落ちる　はず(お前)。
　　　「気をつけろ落ちるぞ」

(32) Aferin,　　　ödev－in－i　　iyi　　　yap－mış－**sın**.
　　　よろしい、　宿題(君の)を　よく　　やった　(君)。
　　　「よし、宿題をよくやったようだな」

(33) Büyük　　bir　kaza　geçir－miş－**siniz**.
　　　大きな　　一　事故　やりすごし た(あなた)。
　　　「たいへんな事故を免れたそうですね」

(34) Anne－ciğ－im,　　şu　　üzer－in－de　kırmızı
　　　お母 さん(わたしの)、　あの　上(限定)に　　赤い
　　　puan–lar–ı　　　　ol－an　　giysi–yi　isti–yor–**um**.
　　　水玉(複)(限)　がある(連体)　服　を　望　む(わたし)。
　　　「お母さん、ほらあの赤い水玉の服がほしいわ」

(35) Şu　　aşağı–daki　mahalle–de　bazı　　　gurup－lar
　　　この　下　の　　町　　　で　いくつかの　グループが(複)
　　　siz－in　　aleyh－iniz－de　konuş－uyor－lar.
　　　あなたの　対抗(あなたの)に　話し　ている(複)。
　　　Bil－dir－eyim　　de－di－**m**.
　　　知ら せ よう　　と思った(わたし)。

－ 193 －

第2部　トルコ語

　　「ついこの下の町でいくつかのグループが、あなたの悪口を言っており
　　　ます。お知らせしようと思いましてね。」（首相に御注進の漫画のひと
　　　こま）

⑤疑問文の形

　世界共通の疑問の形は、肯定（否定）文を尻あがりにすることでつくられる。
このイントネーションを利用する方法のほか、文頭で疑問の形をみせる言語（英
語Do, エスペラントĈuなど）と文末で疑問の形をみせる言語とがある。それ
にともなって疑問詞（なに、だれ…）の位置は前者では文頭、後者では自由で
ある。トルコ諸語は日本語とおなじく後者に属する。日本語の「か？」に相当
するトルコ語はmi, ウイグル語ではmuである。たとえばトルコ語、

（36）Bu　　　　kedi　　**mi**?（↗）
　　　これ　　　ネコ　　か？
（37）Ali　　okul‐a　　　gel‐di　　　**mi**?（↗）
　　　アリ　学校 に　　来 た　　　　か？

ただし疑問詞があればmiをもちいない。

（38）Ad ‐ ınız　　　**ne** ‐ dir?（↘）
　　　名前（あなたの）　なん　です？
（39）Kırmızı　elbise　giy‐ miş　kız　**kim**?（↘）
　　　赤い　　　服　　着 た　　娘　だれ？

ウイグル語でも、

（40）Siz　　　Šinjaŋ ‐liq　　**mu**?（↗）
　　　あなた　新疆　の人　　か？
（41）Bu　　'adäm　　**kim**　du?（↗）
　　　この　　人　　　だれ　かな？

－ 194 －

11. トルコ語とウイグル語の文末ムード

（42）Bu　　　'adäm　　kim?（↘）
　　　　この　　　人　　　だれ？

疑問文はその表現内容から、いくつかのタイプにわけられる。

　　①　相手に答えをもとめる質問のタイプ
　　②　命令をやわらげる依頼のタイプ
　　③　同意をもとめる念おしのタイプ
　　④　強い肯定（否定）をしめす反語文のタイプ
　　⑤　答えをもとめない自問のタイプ

　①は質問のタイプとしてありふれているが、トルコ語ではmiの位置が文節ごとに移動して質問の焦点をしめすことができる。

（43）Sen　o　　　　resm-i　　Ahmet　Bey－den　　al－dı－n　mı?（↗）
　　　　君　その　　　絵　を　　アフメット さん から　　買った（君）か？

　この文では文節aldınのあとにmıがあるから「買ったのか？」を問題にしていて、アクセントも-dıにある。つぎの２つの文では、miの直前の文節にアクセントがあり、質問の焦点はその文節にうつる。

（44）Sen o resmi Ahmét Beyden **mi** aldın?
　　　　「アフメットさんからなのか？」
（45）Sen o resmí **mi** Ahmet Beyden aldın?
　　　　「その絵なのか？」

　②は疑問文ではあるが丁寧な命令を内容とする依頼表現「してくれませんか」である。

（46）Biraz　　　su　　ver－ir　　**mi**－siniz,　　anne－ciğ－im?（↗）
　　　　すこし　水　　くれる　　か（あなた）、　お母 さん（わたしの）？

－ 195 －

第2部　トルコ語

(47) İsm – iniz – i　　　　lütfen　　yeni-den　　yaz-ar　　**mı**-sınız?（↗）
　　　名前(あなたの)を　　どうか　　新し く　　書 く　　か(あなた)？

(48) Biz　–　　　　　　e　　buyur　–　　　　maz　　**mı**-sınız?（↗）
　　　わたしどものところ　へ　　おいでください　　ません　　か(あなた)？

ウイグル語でも、

(49) Čiray-liq　　　däptär-ni　　el – ip　　ber – ä – **m** – siz?（↗）
　　　きれい な　　ノートを　　買って　　くれ る か(あなた)？

③は付加疑問文とよばれるもので、トルコ語ではdeğil mi?（ではないか、口語ではdi mi?）が付加される。①との区別はイントネーションによる。

(50) Şu　　　　　geç – en　　　　　　bayan　　filan – ın　　kız-ı
　　　ほらあの　　歩いて行く(連体)　　女　　　だれそれ の　　娘(限)
　　　değil　　**mi**?（↗）
　　　ではない　　か？

に対して、「ですよね」と念をおす、

(51) Bu　　akşam　　sinema-ya　　gid – iyor – uz,　　**değil mi**?（↘）
　　　こん　晩　　　映画　　に　　行 く(わたしたち)、　ね？

(52) Bugün　　hava　　çok　　güzel　　**değil mi**?（↘）
　　　きょうは　天気　　とても　　いい　　ですね？

ウイグル語でもämäs mu?（ではないか）を文末において、相手が忘れているか、とぼけていることを思い出させ念をおす形をとる。

(53) Sän　　mu　　kör-dü-ŋ,　　**ämäs mu**?（↘）
　　　君　　も　　見 た(君)、　　だろ、でしょ？

－ 196 －

11. トルコ語とウイグル語の文末ムード

(54) Män　　mu　　billä　　　　bar‐di‐m,　　**ämäs mu**?（↘）
　　わたし　　も　　いっしょに　　行った（わたし）、　　だろ、でしょ？

④は肯定文をもちいて否定の意味を、逆に否定文をもちいて肯定の意味をつよめる。

(55) O　　kadar　　uzak　　yer‐e　　kim　　gid-er?
　　それ　　ほど　　遠い　　ところへ　　だれが　　行く？

(56) O　　kadar　　güzel　　yer‐e　　kim　　git-mez?
　　それ　　ほど　　美しい　　ところへ　　だれが　　行かない？

⑤はウイグル語の例（41）などおおいが、説明の必要はなかろう。トルコ民話から1例：

(57) Şu　　yeşil　　elbise-yi　　giy-eyim,　　ban‐a　　yakış-acak
　　この　　緑の　　服を　　着よう、　　わたしに　　にあうだろう
mı?（↘）
か？

⑥文末詞類の役わり

以上のほか、トルコ語の文の末尾にあらわれるものには感動詞や副詞、接続詞、呼びかけの名詞などがある。日本語で言えば「一体……かしら」ácaba,「せめて」bāri,「まったく、ほんとに」doğrusu, yāni,「おそらく」gāliba,「実は、実に」zāten, zātiのような語であるが、doğrusuをのぞいてアラビア語とペルシャ語起源のものである。これらは文頭、文中にもあらわれうる点で、これからあつかう文末詞のたぐいとはことなっている。もっとも会話でよくみられる文節順位の入れかえによって、文末にはさまざまな語が可能となる。たとえば、

(58) Bura‐ya　　araba-yı　　getir‐di‐m.
　　こっちへ　　車を　　もってきた（わたし）。

を逆にして、話しことばではつぎのように言うことができる。

－ 197 －

第2部　トルコ語

（58'）Getirdim arbii burya.

さて、すでにのべたように話し手の気持ちをあらわすには、活用形や人称語尾、疑問強調の付属語などをもちいるが、さらにくわえて文末に位置する小さい語が存在する。これらと感動詞をどのように区別すべきか、文末詞と呼ぶべきかなど問題がのこるが、そのいくつかについて考えてみよう。

（59）Çocuk　　　her　　　　düsün‐düğ‐ü‐nü　　söyle‐r mi?
　　　こどもは　　なんでも　　考え たこと（限）を　　言え る か？
　　　Söyle-r **a**!　Çocuk　　da　　insan.
　　　言えるさ！　こども　　も　　人間。
（60）Siz　　　de　　öğrenci　ol-acak-sınız　　　**a**!
　　　あなた　も　　学生　　でしょ（あなた）　ね！

用例（13、14）も参照。まえの語が母音おわりのときはyaがつかわれる。

（61）Her　　akşam　sinema-ya　　gid‐il‐ir　　mi **ya**?
　　　毎　　晩　　映画　に　　行か れ る　　かよ？

これらは、さまざまなイントネーションをともなって感情をつよめる。つぎは意外性をあらわすha。

（62）Sen　　gel‐di‐n　　　**ha**?
　　　君　　来 た（君）　のか？
（63）Sen-de　　de　　çene　　var　　　**ha**!
　　　君 に　　　も　　あご　　がある　　な（＝君もおしゃべりだな！）
（64）Biz‐i　　　gör-meden　　git‐ti　　**ha**?
　　　われわれ を　　見 ずに　　行った　　って？

つぎはペルシャ語起源の接続詞であるが、文を中断させて余韻をのこす。

－ 198 －

11. トルコ語とウイグル語の文末ムード

(65) O　　　　ben － i　　sev － mez　**ki!**
　　　かれは　わたし を　好か ない　　から！

(66) Acaba　　gel － mez　mi　　**ki?**
　　　一体　　来 ない　　のか　しら？

(67) Dün　　　öyle　　　eğlen － di － k　　　　　**ki!**
　　　きのう　あんなに　遊ん だ（われわれ）　ので！

つぎは相手の記憶をたしかめるため hani, işte「ほら」などとともに出てくるもの。

(68) Hani　　İstanbul － da　　tanı － ş － mış － tı － nız　　**ya,**
　　　ほら　　イスタンブル で　知り あっ ていた（あなた）　だろ、
　　　işte　　o　　　hanım.
　　　ほら　　あの　婦人。

(69) Köşe－de　　küçük　　bir　　dükkân　var　　**ya,**　　işte
　　　角　に　　小さい　一　　店　　がある　よね、　ほら
　　　ora － da　　al － dı － m.
　　　そこ で　　買っ た（わたし）。

ウイグル語での用例にうつろう。

(70) Mawu　　　ʼÄrkin-**ɣu**?!（↗）
　　　あっこれ　エルキン（人名）じゃないかな？（だよ！）

100％自信があるわけではないが、どうもそうらしいという疑いをもったときは、尻あがりで発音され、相手とちがった話し手の気持ちを押しだすときは、強い尻さがりの調子で発音される。同様に、

(71) Bu　　it － **qu**?!（↗）
　　　これ　犬 だろ？（だよ！）

－ 199 －

第2部　トルコ語

(72) 'Öz-äŋ　　　bar - ma - y - män　　　de - di - ŋ - **ɣu**?!
　　　自身（君）　行か ない（わたし）　と言った（君）じゃないか？（だろ！）

つぎは、軽い疑問をもって気にしながらの発言で、いずれも尻あがりにはならない。

(73) Män　　　　bir　　pay　　'et - ip　　baq-sa - m - **ču**?
　　　わたしが　　一　　発　　打って　　見 ても（わたし）いいかな？

(74) Män　　　　'oqu - du - m,　　　sän - **ču**?
　　　わたしは　　読ん だ（わたし）、　君は どう？

(75) Yalan　　　'eyt - mi - sa - ŋ - **ču**?
　　　うそ　　　言って なけ れば（君）いいが？

つぎは、名詞文のあとに来て確信的でない気持ちをあらわす。

(76) 'U　　saŋ-a　　birär　　söz　　　'eyt - qan - **du**.
　　　かれ　君 に　　なにか　　ことば　　言った（連体）でしょ。

(77) Bašqa　　pikir - iŋ　　yoq - **tu**.
　　　ほかに　　意見（君の）　ない でしょうね。

この文をyoq-mu?とすれば意見をもとめる質問になる。つぎは感心や驚きをあらわす。

(78) Mawu　　　räsim　　rast　　　'oxša - ptu - **dä**!
　　　あっこの　　絵　　　実に　　　似て いる ね！

(79) Bu　　yaxši　　'at-**tä**.
　　　これ　　いい　　馬 だよ。

つぎは、用例（4）の末尾に見られたaで、命令を強める語尾 -gin（用例19）のあとに来ることもある。

－ 200 －

11. トルコ語とウイグル語の文末ムード

(80) Maŋ   'ittik   mäktäp-kä   bar-ɣin-**a**.
　　 行け　　はやく　　学校　　へ　　行き なさい。

(81) Šu - ni   'öz - iŋiz   ber - ip   kör-gin-**ä**.
　　 それを　自身（あなた）　行って　　見 なさい。

つぎのlaは、いろいろな語のあとについて、その語を取りたてる機能を
もっている付属語で、たとえばbir-la「ひとつだけ」、berip-la「行ってすぐ」、
yaxši-la「実によい」など。つぎの例は強い意欲をあらわす動詞語尾（用例20）
のあとについたものである。

(82) 'Öz - iŋiz - mu   biz - niŋ   'öy-gä   käl - gäy - **la**.
　　 自身（あなた）も　われわれ の　家 に　　来て ほしい のだ。

〔参考文献〕

M.K. Bilgegil: *Türkçe Dilbilgisi* İstanbul 1982[2]

H. Ediskun: *Türk Dilbilgisi* İstanbul 1985

A.C. Emre: *Türk Dilbilgisi* İstanbul 1945

E.E. Erguvanlı: *The Function of Word Order in Turkish Grammar* Univ. of California
　　Press 1984

T.N. Gencan: *Dilbilgisi* İstanbul 1966

勝田　茂、アイシェシン・エムレ『トルコ語を話しましょう』大学書林　1988

A. De Saint- Exupéry: *Le Petit Prince*; 内藤　濯訳『星の王子さま』岩波少年文庫; C.
　　Süreya, R. Tomris 訳 *Küçük Prens* Ankara 1969[2]

竹内・勝田訳注『トルコ民話選』大学書林　1981

竹内和夫『トルコ語辞典』大学書林　1987

竹内和夫『現代ウイグル語四週間』大学書林　1991

Türk Dil Kurumu: *Türkçe Sözlük 1, 2.* Ankara 1988

柳田国男『毎日の言葉』創元社　1946

　　　　　　　　　　　（1993. 9. 20 藤原与一『言語類型論と文末詞』三弥井書店）

第3部　トルコ系諸言語

第3部
トルコ系諸言語

1. トルコ諸語をたずねて

　この夏3度目のトルコ訪問をしました。今回はおなじトルコ諸語の地域であるソ連のトルクメン共和国とアゼルバイジャン共和国にも立寄りました。1974年にはソ連のウズベック共和国に行っていますから、トルコ系の言語を話す国を4つ訪れたことになります。

トルコの友人一家と。右端は著者。

　東京から10時間でモスクワ、そこから東よりに南下してカスピ海を越え、イランとの国境近くに着きました。ここがトルクメン共和国の首都アシハバードです。東京とモスクワの時差は6時間ありますが、ここでは4時間です。一点の雲もなく優に30度をこす炎天下では、肌がやけるようです。しかし一旦木の下や建物に入れば、すーっとしてきわめてさわやかです。ぬいだ上着をまた着こむこともしばしばでした。これは、ウズベックでもトルコでも同様です。サマルカンドとバクーとアンカラと青森が、いずれも北緯40度あたりに位置し、キプロス島と京都が同じ北緯35度あたりですが、向うは長そでシャツが必要で、日かげで風通しがいい海岸やバルコニーでは「寒い寒い」と日本語がとび出します。炎天下でも黒羊の毛のふさふさした大きな帽子をかぶったトルクメン人や、レインコートみたいな服をしっかり着こんでいるトルコの婦人達は、決して珍しくありません。日本に帰って来て「暑かったでしょ」と聞かれると、返事に困ってしまいます。

　イスタンブルで一度雨が降りましたが、晴天つづきでした。雨水は貴重です。日本の空を飛んでみると、一面の緑です。茶色のところは人工的に作ったグランドとか宅地造成とか。ところが地図で緑色になっていても、中央アジアやトルコでは茶色の山々、少々潅木の生えた砂漠が延々とつづいています。雨が降らないので、米や野菜を作ることができず、人も容易に住めません。トルクメ

ンのカラクム砂漠（トルコ語でカラは黒、クムは砂のこと）にはパミール高原に発するアム河から運河を作って、カスピ海にまで達しようとしています。

　ソ連では、どこへ行っても建設途上という印象が強く、とくに私の行った地方では、ホテルもレストランも、まだまだ不充分です。サービス過剰、情報過多の日本の生活になれている目から見ると物たりなさが目立ちます。それでも、みんなよく働き、旅行者を受けいれる準備をしています。ドイツとの戦争で2千万人の犠牲者を出したソ連は人手不足のようです。

　さて私の目的は、トルコ系の言語で書かれた教科書や文法書を手に入れ、録音をとったりすることでした。アシハバードでは、グーリャというタタール娘が案内をしてくれました。コルホーズの本屋へつれていってくれました。ロシア語で書かれたものは、日本に輸入されますが、トルクメン語やアゼルバイジャン語で書かれた本は、ごく一部しか入って来ませんから、貴重な収穫でした。たとえば170ページの小学校の国語（トルクメン語）の教科書が45円、20年まえのものとくらべると色ずりに変っています。運転手のトルクメン人に読んでもらって、録音してきました。トルクメン語を話す人々は230万人、アゼルバイジャン語は、780万人を数え、いずれもトルコ語と近い関係にあります。トルコ系の諸言語は、北極海に面したシベリアからトルコ共和国まで20の言語に分れ、総数約7,500万人が使用しています。それらの全部に直接ふれることは今できませんが、キルギズ語やカザック語の地域には今でも行くことができます。中国の新疆省にも行けるようになるといいと思っています。

　ソ連のトルコ系民族は、老人を除いてロシア語との二重言語生活をしています。諸民族が入りまじっていますから、家庭や友達との会話は民族語で、という風に見事に使いわけることができます。テレビ、新聞も両方で出ています。いま百科事典が出ているのはウズベック語、アゼルバイジャン語、キルギズ語の3種です。

　アゼルバイジャン共和国の首都バクーは、カスピ海の西岸にあり、海底油田で有名です。東芝の技術者が大勢エアコンの仕事で来ていました。一時は200人もいたということです。アゼルバイジャン人のラミズ君に案内してもらい、教科書や文法書などを買いました。ラミズ君には、アゼルバイジャンの詩人ニザミ（1141-1209）の物語を読んでもらい、録音しました。一日、世界最大の塩湖カスピ海で泳ぎましたが、塩からさは少ないように思います。野生のオッ

第3部　トルコ系諸言語

トセイが人にかみつくとか、おどかされましたが無事でした。

　イスタンブルへは、オデッサから船で10時間、黒海を渡って来ましたが、朝起きて船から岸壁を見下ろすと、アンカラの友人が2人下で手をふっているではありませんか。これにはびっくりでした。夜通し車をとばしてきたそうです。

　トルコ人はイスラム教徒ですから、ブタをたべません。また海産物もほとんど利用しません。ですからウマやヒツジやウシなどには、いくつも区別のある単語があるのに、イカだとかクラゲだとか、ウニだとかには関心がなく、イカはトルコ語で何というのかと聞くと「タコの友達だ」とか、「タコのおじさんの息子だ」とか冗談をいって、名前を知らないのです。辞書には「墨魚」と出ていますが。クラゲは「海母」、ウニは「海栗」、ヒトデは「海星」といった調子です。これらに反して、たとえばウシには8つの名前があって「一般称」、「種牛」、「去勢牛」、「子を生んだメス牛」、「子を生まないメス牛」、「乳を離れていない小牛」、「2才までの子牛」、「去勢した小牛」のように区別されています。食用にするのは、2才までの小牛でダーナと呼ばれています。トルコ諸語とモンゴル諸語との間には、類似した単語が少ないのですが、家畜の名称に関するかぎりは実によく区別のしかたも、語形も一致しています。これは共同の遊牧生活をつづけてきた歴史を想像させます。

　トルクメンとアゼルバイジャンで録音したテレビ放送などを、トルコ人たちに聞かせてみました。うなづきながら「わかる、わかる」と言うのです。どのくらい理解することができるのか、もっと調査しなければなりません。北京放送のウイグル語やカザック語（ともに新疆省の言語）の録音も、そのうちトルコ人に聞かせてみようと考えています。トルコ語族の人々は自分の言語だけを使って、イスタンブルから敦煌まで、いわゆるシルクロード

「レーニン主義はアジア民族解放の道である」（ラテン化トルクメン語）
（10.「旧ソ連文字事情」参照）

の長い長い旅をすることができる、といっても過言ではありません。

　トルクメン語、アゼルバイジャン語、トルコ語は、トルコ語族のうちで、いずれも南方語派に属していますが、語彙の上でトルクメン語はトルコ語よりもペルシャ語からの借用語が多くみられます。もちろん数詞など基本的な語彙は、トルコ諸語に共通しています。たとえば「百」と「道」を意味する単語は、どのようになっているかを示してみましょう。

		「百」	「道」
北方語派	ヤ　ク　ー　ト　語	süüs	suol
	ハ　カ　ス　語	čüs	čol
	ト　ゥ　ワ　語	čüs	čol
	ア　ル　タ　イ　語	jüs	jol
中央語派	キ　ル　ギ　ズ　語	jüz	jol
	カ　ザ　ッ　ク　語	jüz	jol
	カラカルパック語	jüz	jol
	ノ　ガ　イ　語	yüz	yol
東方語派	ウ　ズ　ベ　ッ　ク　語	yüz	yol
	ウ　イ　グ　ル　語	yüz	yol
南方語派	アゼルバイジャン語	yüz	yol
	ト　ル　コ　語	yüz	yol
	ガ　ガ　ウ　ズ　語	yüz	yol
	ト　ル　ク　メ　ン　語	yüð	yool
西方語派	カラチャイ・バルカル語	jüz	jol
	ク　ム　ッ　ク　語	yüz	yol
	タ　タ　ー　ル　語	yöz	yul
	バ　シ　キ　ル　語	yöð	yul
チュワシ語派	チ　ュ　ワ　シ　語	śör	śul

　このように見事な音韻対応がみられますが、○○方言と呼ばずに○○語と呼ぶのは、それぞれの正書法がちがうからです。たとえば南方語派だけを取りあげても、

第3部　トルコ系諸言語

	トルコ	アゼルバイジャン	ガガウズ	トルクメン
百	yüz	jyз	ÿз	йүз
道	yol	jол	йол	ёл

のようにちがっています。

　トルコ共和国の正書法は、制定されてから丁度50年になります。つい昨年も小さい手なおしが行われました。ソ連内のトルコ諸語の正書法は、トルコよりも早くローマ字化されていました。写真のレーニン像の台座にはローマ字のトルクメン語が残っていました。しかし1940年ごろからロシア字化されて現在に至っています。その間アゼルバイジャンでは、ロシア字のя, юをja, juに改める（1959）といった変化も起っています。

　最後に、トルコの南部エーゲ海岸にいたときに目撃した日本のことにふれて、報告をしめたいと思います。友人一家とスーパーへ車で買い物に行きました。ゴムのビーチサンダルを子どもに買ったのですが、ビニールの包装紙の文字が、何とGEISA TOGOとなっていました。「芸者・東郷」です。「美しくて強い」代名詞になっているわけです。トルコ人の親日ぶりは大変なものですが、帝政ロシアを負かした小国日本が、まだ生きていて、地下の東郷平八郎もさぞかしびっくりしていることでしょう。

（1978. 12. 20『岡大広報』No.37）

2. トルコ諸語について

11世紀にカシュガルうまれのマフムードという人が、トルコ系言語とアラビア語の対訳辞書をつくった。その名をKitābu dīwān luɣāt al-turk という。カラハン朝下のトルコ族の一員としてマフムードは、このturk〔tyrk〕の名を、カシュガル方言だけではなく、かれらが言及している他のトルコ諸方言にも適用しているものとみられる。

いま、トルコ系諸言語は、ユーラシア大陸を東西にひろがっていて、いろいろな名称の言語名でよばれ、それぞれのトルコ族は固有の自称をもっている。カザック〔qazaq〕とかクルグズ〔qirɢiz〕とか。それら全体的にトルコ系の諸言語を包括してよぶとき、日本ではチュルクとかテュルクとかの表記をもってトルコ共和国のトルコと区別しようとする。だが、よく考えてみると、どうもチュルクという字づら、その発音とも一般には見なれない耳なれないものである。わたくしは、トルコ共和国のトルコ語をさすときは「トルコ語」とよぶ、トルコ語をふくむ諸言語をまとめていうときには、「トルコ系諸言語」あるいは「トルコ諸語」ということにしたい。

① トルコ諸語の話し手

さて、トルコ系諸言語は、いま、どのように分布し、使用人口はどのくらいか。東から西へ、いくつかあげていくと、東シベリアのヤクート自治ソビエト社会主義共和国を中心にヤクート語、モンゴル人民共和国の北西にトゥワ語、中国新疆のウイグル語、中ソ国境のキルギズ語、カザック語、アフガニスタンの北のウズベック語、モスクワの東600キロばかりのチュワシ語、タタール語、コーカサス地方にはクムック語、カスピ海の東にはトルクメン語、西にはアゼルバイジャン語、そしてトルコ語、さらにモルダビア共和国南部にはガガウズ語。

こうしてあげていくと、トルコ系諸言語の総数いかん、という疑問にぶつかる。ひとつの言語か、それとも方言かという問題である。ここでは一応つぎの基準をたてる。標準となる正書法があり、教育や出版にその文字体系がつかわれている、このような場合を、ひとつの言語とかぞえる。他は方言とする。たとえばトルコ共和国の東部方言中には、アゼルバイジャン語に近いものが話されているが、両国の正書法はことなるから、それぞれ独立の言語であるとす

– 209 –

第3部　トルコ系諸言語

る。かくてトルコ系諸言語の数と、それを母語とする人数（1万以上をとる）は、
およそ次のようである（図1）。

ヤクート語	30万	トゥワ語	14万
ハカス語	5万	アルタイ語	5万
ウイグル語	500万	ウズベック語	910万
キルギズ語	150万	カザック語	570万
カラカルパック語	22万	ノガイ語	5万
チュワシ語	147万	タタール語	530万
バシキル語	82万	トルクメン語	230万
カラチャイ・バルカル語	17万	ガガウズ語	15万
アゼルバイジャン語	780万	トルコ語	3,600万

図1

以上の合計は7,500万人をこえる。

②トルコ諸語の関係

　トルコ諸語は、たがいに親族関係を有する。すなわち系統をひとしくする。
「トルコ語族」を形成するといってよい。将来「アルタイ語族」の存在が証明さ
れたときには、きっと「トルコ語派」とよばれるであろう。トルコ諸語が系統
をひとしくすることは、つぎの音韻対応例をみただけでも明白である。トルコ
語のyol（道）、yok（ない）、yaš（歳）、yüz（百）ここにあらわれる8音素が対
応するありさまを一覧にし、語頭子音による親縁関係を図示してみると（図2）、
語末子音lのあらわれかたは共通している。他は2ないし、5のグループに分
類することができる。

－ 210 －

2. トルコ諸語について

図2

　まったく同様なものが3組ある。キルギズとカラチャイ・バルカル組、カザックとカラカルパック組、そしてトルコ以下の3言語の組である。これら3組の言語群は、きわめて近い関係にあるであろう。数詞を比較してみよう（図3）。

第3部　トルコ系諸言語

		1	2	3	4	5	6	7	8	9	10
キルギズ カラチャイ・バルカル	}	bir	eki	üč	tört	beš	altï	jeti	segiz	toguz	on
カザック カラカルパック	}	bir	eki	üš	tört	bes	altï	jeti	segiz	togïz	on
ガガウズ トルコ	}	bir	iki	üč	dörd	beš	altï	yedi	sekiz	dokuz	on
クムック		bir	eki	üč	dört	beš	altï	yetti	segiz	toguz	on

図3

さて、現代トルコ諸語における音韻対応で特異な存在は、チュワシ語である。さきの語例（歳）と（百）にみられるように、語末（語中）において他のトルコ諸語がšとzをしめすところに、チュワシ語ではlとrがあらわれる。この関係を文献でさかのぼると、11世紀のマフムードの辞書（長母音に注意）も古代ウイグル語も突厥碑文の言語（7・8世紀）も、チュワシ語とはことなり、他のトルコ諸語に一致する。たとえば、図4にあげたようにその例はおおい。

	石	冬	銀	膝	9	牛	30
チュワシ語	čul	xöl	kömöl	čör	toxxor, toxor	vokor	votor
ト ル コ 語	taš	kïš	gümüš	diz	dokuz	öküz	otuz
11世紀の辞書	taaš	kïš	kümüš	tiiz	tokuz	öküz	ottuz
古代ウイグル語	taš	kïš	kümüš	tiz	tokuz	öküz	otuz
突 厥 碑 文	taš	kïš	kümüš	tiz	tokuz	öküz	otuz

図4

しかし少数ながらチュワシ語でlとrが対応しないものもある（図5）。

- 212 -

2. トルコ諸語について

	頭	目	仕事	空（から）	こわす
チュワシ語	puś	kuś	öś	pušo	pos-
ト ル コ 語	baš	gös	iš	boš	boz-
1 1 世 紀	baš	kööz	ïš	boš	boz-

図5

③トルコ諸語の特徴

　母音音素は8個を基本とする。そして前舌母音4つと後舌母音4つが図6のように対立する。言語（方言）によってはiとï、uとüなどの区別を失ったものもある。また広いエと狭いエが区別される場合もあるが、それらはトルコ語などでは自由変種である。

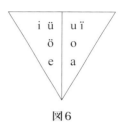

図6

　母音調和は前舌と後舌のあいだで行われる。すなわち同一語幹内で前舌母音と後舌母音とが共存しない（図7）。

	1・番目	目・を	6・番目	馬・から
ト ル コ 語	bir-inji	göz-ü :	altï-njï	at-tan
キルギズ語	bir-inči	köz-ü :	altï-nčï	at-tan

図7

　しかし古くは調和が接辞にまでは及ばなかったとみられる。たとえば突厥碑文では限定語尾の-(s)iや連体形語尾の-mis～-mišなどは後舌母音の語幹にも接尾しうる。oとöは第2音節以下にはあらわれないのが普通であるが、ヤクート語などでは、つよい円唇同化によって第2音節以下にもさかんにあらわれる（図8）。

	矢・へ	語・（複数）	それ・から	凍ら・なか・った
ト ル コ 語	ok-a	söz-ler	šun-dan	don-ma-dï
ヤ ク ー ト 語	ox-xo	ös-tör	son-ton	toŋ-mo-to

図8

第3部　トルコ系諸言語

　トルコ諸語のうち南方グループ（トルクメン、アゼルバイジャン、トルコ、ガガウズ）では他のグループの語頭子音k・tに対してg・dが対応するものがある（図9）。

	入る	笑う	目	来る	歯	落ちる	注ぐ	鉄
アルタイ語	kir-	kül-	kös	kel-	tiš	tüš-	tög-	temir
ウズベック語	kir-	kul-	koz	kel-	tiš	tuš-	tok-	temir
バシキル語	ker-	köl-	küð	kil-	teš	töš-	tüg-	timer
ト ル コ 語	gir-	gül-	göz	gel-	diš	düš-	dök-	demir

図9

　この現象は母音と関係がある。とくにgは前舌母音の語に多く、kは後舌母音とともにあらわれる。トルコ語kïr（郊外）、kïz（娘）、kul（奴隷）、kum（砂）、koš-（走る）、kol（腕）、kal-（残る）、kar（雪）。ただしdört（4）などはトルコ祖語の形を反映していると思われる。母音に関し他と対照的な差をしめすものに、バシキル語、タタール語などがある。

　形態的には、トルコ諸語は典型的な膠着性言語であって、その語幹に接辞のつくさまはチュワシ語を別として一般につぎのとおりである。

名詞語幹・複数語尾・〈 人称語尾 / 限定語尾 〉曲用語尾

動詞語幹・活用語尾・人称語尾・複数語尾

トルコ語の例

手	両手	私の両手	私の両手から	取れ	取った	私が取った	てんでに取った
el	eller	ellerim	ellerimden	al	aldï	aldïm	aldïlar

ウイグル語の例

目	君の目	～の	～を	～へ	～に	;見ろ	見よう	見て	見れば
köz	közüŋ	közüŋniŋ	közüŋni	közüŋgä	közüŋdä	;kör	köräy	körüp	körsä

- 214 -

2. トルコ諸語について

　語順は日本語とおなじく、主語に目的語と述語がつづき、修飾語は被修飾語に先だち、自立語は付属語に先だつ。

トルコ語の例（トルコの正書法による）

6	才の	とき	ある	日	斧が	入っていない	森	について	
Altı	yaşında	iken	bir	gün	balta	girmemiş	ormanlar	üstüne	
書かれた	「ほんとの		話」	という	（一）	本で	おそろしい	（一）	
yazılmış	《Yaşanmış	Öyküler》	adlı	bir	kitapta	müthiş	bir		
絵を	見たことがある。	1匹の	けものを	飲みこもうとして	いる	（一）	大		
resim	görmüştüm.	Bir	hayvanı	yutmakta	olan	bir	boa		
蛇を	画いていた。								
yılanını	gösteriyordu.				（『星の王子さま』の出だし）				

（註）ソ連の人数は *Всесоюзная перепись населения 1970 года*, Москва 1976, p. 196 f. によって1970年時点での民族別調査人口をみる。それに、その民族の言語を母語としているパーセント（バシキルの66.2%をのぞき、ほとんどが90%以上）を掛けて算出した。トルコ共和国は、1975年の国勢調査によると総人口約4,019万人、トルコ語を母語とするもの90%として算出した。

　　中国新疆ウイグル自治区では、中国研究所編『新中国年鑑1977年版』p. 20によると、1972年時点で、ウイグル族390万、カザック族53万、キルギズ族6万、ウズベック族1万となっている。

　　イラン・アフガニスタンなどではM.I. Isayev: *National Languages in the USSR*, Moscow 1977, p. 87, 89によると、アゼルバイジャン族350万、トルクメン族80万人。

　　　　　　　　　（1978. 6. 1.『月刊シルクロード』株式会社シルクロード）

第3部　トルコ系諸言語

3. トルコ諸語の品詞

①カテゴリー

1990年1月号の本誌に「動詞の機能的カテゴリー――日本語とトルコ語――」を書きました。品詞分類にかかわりますから、そこで立てたカテゴリーの図を、ふたたび出しておきます。

（代名詞）と（曲用）はニホン語にはみとめられず、トルコ諸語にみとめられるものです。トルコ諸語の格語尾に相当するのが、ニホン語では、いわゆる助詞ですから、もちろんニホン語に格カテゴリーはあります。

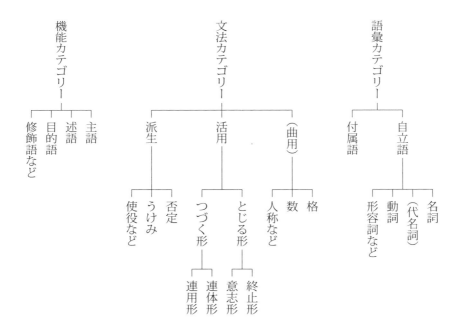

②品詞分類の基準

人間をふくむこの世界をきりとって、わたしたちは数万の単位を語（形態素）として用意しています。なにが語であるか、いいかえると単語のみとめかたには議論があって、ひとすじなわではいかない部分があります。しかし、ここでは論じないことにします。一例だけ示しておきましょう。ニホン語「知らせられなかった」は、トルコ語bildirilmediやウイグル語bildürülmidiとおなじく1

単語です。知ら（第1次語幹）、知らせ（使役派生による第2次語幹）、知らせられ（うけみ派生による第3次語幹）、知らせられなかっ（否定派生による第4次語幹）、知らせられなかった（完了形の活用）とします。トルコ語でも、おなじ順に bil-dir-il-me-di。

　単語を分類するには、その語の語形変化すなわち形態論的観点と、その語の文中での役割すなわち統語論的観点のふたつが重要です。さきの図では文法カテゴリーと機能カテゴリーとしてあげてあります。これらの観点からしても、またほかのたくさんの相違点からも、品詞分類のまえに、自立語と付属語という大分類が可能です。これはトルコ諸語にもニホン語にもあてはまります。この大分類の根拠についても、ここで論じる余裕はありませんし、ごくあたりまえのこととしておきます。

③形態論的に

　第1次語幹の自立語を形態論的観点から分類してみましょう。ウイグル語を例とします。

(1)　格変化　at（馬）→atni（馬を）、män（わたし）→meni（わたしを）、ikki（2）
　　　→ikkidin（2から）……名詞、代名詞、数詞

(2)　数変化　altar（馬ども）、siz（あなた）→sizlär（あなたがた）、ottuz（30）
　　　→ottuzlar（30ぐらい）、kördüŋ（君が見た）→kördüŋlar（君たちが見た）
　　　……名詞、代名詞、数詞、動詞

(3)　人称変化　etim（わたしの馬）、ikkimiz（われら2人）、kördüm（わたしが見た）……名詞、数詞、動詞

(4)　限定変化　eti（その馬）、ikkisi（その2人）……名詞、数詞

(5)　比較変化　köp（多い）→köpräk（より多い）……形容詞

(6)　強調変化　qara（黒い）→qapqara（まっ黒い）……形容詞

(7)　アスペクト変化　kördü（見た）、käl-（来る）→kelär（来るだろう）
　　　　　　　　　　　　　　　　　　　　　　　　　　　　　　……動詞

(8)　ムード変化　keliptu（来たとさ）、käl（来い）、köräy（見よう）　……動詞

(9)　連体（連用）変化　körgän（見た）、körsä（見れば）、körüp（見て）
　　　　　　　　　　　　　　　　　　　　　　　　　　　　　　……動詞

－ 217 －

第3部　トルコ系諸言語

④統語論的に

つぎに統語論的観点から分類してみます。

（10）　主語になる……名詞、数詞、代名詞
（11）　目的語になる……名詞、数詞、代名詞
（12）　述語になる……名詞、数詞、代名詞、形容詞、動詞
（13）　限定修飾語になる……数詞、指示代名詞、形容詞、副詞
（14）　文に相当する……感動詞

以上の出はいりを表にしてみます。

	(1)	(2)	(3)	(4)	(5)	(6)	(7)	(8)	(9)	(10)	(11)	(12)	(13)	(14)
名詞	○	○	○	○						○	○	○		
数詞	○	○	○	○						○	○	○	○	
代名詞	○	○								○	○	○		
形容詞					●	●						○	○	
副詞													○	
動詞		○	○				●	●	●					
感動詞														●

　20ほどの言語（方言）に分類されるトルコ諸語は、この表のカテゴリーのすべてを有していて共通です。ただし中国領内のユグル語とサラール語は、動詞の数・人称変化がありません。

　さて、この表で黒丸●のところは、ほかと共通点がないので、形容詞、動詞、感動詞は独立した品詞としてみとめることにします。名詞と数詞と代名詞は、共通の特性をもっているようですが、これらを独立した別々の品詞とすべきかどうか、検討を要します。代名詞の（3）（4）が空白なのは、代名詞のもつ意味的側面からみちびかれています。しかし、名詞がきわめて規則的な語形変化をするのに対して、代名詞は不規則な変化をします。そして指示代名詞は語幹そのままの形で修飾語になれる（ウイグル語bu「これ」、bu mäktäb「この学校」）、ある種の後置詞へつづく形が名詞とはことなる（mašna bilän「車とともに」、buniŋ bilän「これ（の）とともに」）という点でも名詞とことなります。

－ 218 －

⑤数詞の位置づけ

　問題は名詞と数詞の関係です。すべてといってよい文法書が、数詞を大きな品詞として分類していますが、わたしは批判的です。たとえば、カザック共和国アカデミーの*Современный Казахский Язык. Фонетика и морфология*, Алма-ата 1962では、つぎのように品詞が9種に分類されています（129ページ）。

1、名詞　　имя существительное
2、形容詞　имя прилагательное
3、数詞　　имя числительное
4、代名詞　местоимение
5、動詞　　глагол
6、副詞　　наречие
7、擬声語　подражательные слова
8、機能語　служебные слова
9、感動詞　междометие

　このうち8、の機能語というのは、ほとんどが付属語ですから、ほかと同列にすべきものではありません。7、の擬声語を一品詞とするのにも疑問があります。この本の数詞を論じているところでは、「カザック語の数詞は独立の品詞である。これは意味論的な、またある点で文法的な関係で他の品詞とは区別される。」（213ページ）と説明されています。数をあらわすものを数詞とするといった品詞分類（たとえば『簡明哈薩克語語法』北京1982など）は科学的ではありません。アカデミー文法が「ある点で文法的な」といっているのは、接尾辞の特性（○番目のような）と形容詞的用法をさしているのでしょう。そうかといって、形容詞の下位区分として「数形容詞」をもうけるというのも、形容詞が基本的に（1）（2）（3）（4）（10）（11）のような用法をもたない点で納得できません。

⑥上位と下位の区分

　「数詞」は名詞の下位区分と位置づけるのが適当です。では、なぜ「数詞」は

第3部　トルコ系諸言語

そのままで名詞の修飾語になれるのでしょうか。カザック語の名詞のなかには metr（メートル）、kilogram のような単位をあらわすもの、stakan（コップ）、tabaq（皿）のような数量をはかるのに用いられる品物があります。これらは名詞でありながら「数詞」とともに、じかに名詞のまえにおかれ、それを修飾することができます。たとえば

eki	metr	üš	santi		toryïn
2	メートル	3	センチ	（の）	絹地
bir	kilogram	jaŋɣaq			
1	キロ	（の）	クルミ		
bes	jiŋ	tuz	tört	jiŋ	šeker
5	斤	（の）塩	4	斤	（の）砂糖
bir	stakan	süt			
1	杯	（の）	ミルク		
üš	tabaq	et			
3	皿	（の）	肉		

　数量にかかわるこのような名詞は、まさに「数詞」ととなりあわせです。これらを「数量詞」のような品詞として立てるのも、おかしな話しで、それは名詞の下位区分の問題になります。ちなみにトルコ諸語では原則として名詞と名詞がそのままでならぶことはできません。カザック語の例でいうと、memlekt（国家）mülk（財産）とか Qazaq ädebiyet（カザック文学）のような名詞句をつくることができません。どうするかというと、前項を特定化したければ所属格とし、後項には、いずれにせよ限定語尾を必要とします。すなわち memlekettiŋ mülki, Qazaq ädebiyeti のようにしなければなりません。

⑦副詞のさまざま
　ついで検討を要するのは、形容詞と副詞の関係です。これらは感動詞を別とすれば、語形変化にとぼしいという点で、名詞や動詞とは大きく区別されます。本来のトルコ諸語では第1次語幹で副詞として機能するもの、いいかえると連用修飾語としてのみはたらくものは、その数がかぎられています。そしてニホ

－ 220 －

ン語とちがって、形容詞のほとんどが連体・連用修飾の両方に使うことができます。以下トルコ語の例で、副詞専用のものはen（もっとも）、artık（もう）、daha（まだ、もっと）、gene（やはり）など少数です。また形容詞や名詞は、よくふたつならべて副詞的に用いられます。

İyi	yağmur	yağdı.	Hasta	**iyi**	oldu.
いい	雨（が）	ふった。	病人（が）	よく	なった。
yavaş		bir yürüyüş,	**yavaş**	**yavaş**	yürü-
ゆっくりした		足どり、	ゆっくり	ゆっくり	歩く
Ev	**ev**	dolaştı.	**Kaşık**	**kaşık,**	ölçüyor.
家	家（を）	歩きまわった。	ひとさじ	ひとさじ	はかる。

　文全体にかかるdün（きのう）とかşimdi（いま）、sabah akşam（朝晩）などは、品詞としては名詞ですし、gittikçe（だんだん←行くにつれて）などは動詞の連用形から来ているし、geçenlerde（近ごろ←過ぎたころに）は動詞の連体形複数位置格です。

　ほかの品詞から容易に副詞をつくりだすことができ、ヨーロッパ諸語などとことなり、動詞の連用形がよく発達していますから、接続のことばとともに、副詞専用の単語は少なくてすみます。それをおぎなうかのように外来の副詞があり、アラビア語からmeselâ（例えば）、hâlâ（未だに）、mutlaka（絶対）、evvelâ（先ず）などを取りいれ、ペルシャ語からhemen（直ちに）、hiç（決して…ない）、çünkü（なんとなれば）などを取りいれています。

⑧擬声語と接続語

　Türk Dil Kurumuトルコ言語協会の辞書で、見出し語のpatをひくと、「（名詞）平たいもので打つと出る音」とあり、pat diyeは「パッと、急に」、pat kütは「棒のようなものか手で連続して打つことを示す」、pat patは「手か平たいものでなん度も打つことを示す」とあります。1語では名詞的、2語では副詞的のようです。なお、diyeは「と言い」を意味しますが、擬声語とともによく使われます。

　擬声語は単独では名詞のようですが、形態論的統語論的観点からすると、普

- 221 -

第3部　トルコ系諸言語

通の名詞ではありません。

Horul　　horul　　uyuyordu.
グー　　　グー　　　ねむっていた。

のように2語でもっぱら使われるものもおおく、また動詞を派生させる接尾辞 -la（単音節に）と -da（複音節に）をつけることができます。patla-（パンと鳴る、パンクする）、horla-, horulda-（いびきをかく）など生産的です。この接尾辞 -le 〜 -la は名詞を動詞化するのに、よくはたらきます。ateş（火）→ateşle-（火をつける）、diş（歯）→dişle-（かじる）、iş（仕事）→işle-（はたらく）など。以上のような考察から、擬声語は名詞の下位区分に属する変種とするのがよいでしょう。

つぎに接続のことばについて簡単にふれておきます。アラビア語から来た maalesef（残念ながら）、lâkin, ama, fakat（しかし）やペルシャ語からの çünkü（なんとなれば）、トルコ語起源の eğer（もし）、gerek...gerek...（一方…一方…）、yalnız（でも）などは文全体にかかる副詞と位置づけ、アクセントのない ve（と、そして）、de 〜 da（も、また）、ise（は、なら）などは接続の付属語と位置づけます。

⑨ まとめ

トルコ語 kitap と köpek は「本」と「イヌ」という名詞です。ほかの品詞にかわりようがありません。英語の book が「記入する」、dog が「尾行する」という動詞としてもはたらくのとは大ちがい。中国語の「結婚」は名詞でもあり動詞でもあり、「結了婚了」などと分離できる、こういう言語とくらべると、トルコ諸語の品詞は、わりあいはっきりしているといえます。それは語形変化（もっぱら接尾辞と語尾による）がゆたかであることと関係しています。それでも、言語は連続体ですから、その境いめはファジーな部分が当然でてきます。自立語を大きく4つに分け、6品詞とします。

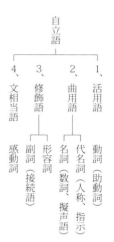

自立語
1、活用語　動詞（助動詞）
2、曲用語　代名詞（人称、指示）　名詞（数詞、擬声語）
3、修飾語　形容詞　副詞（接続語）
4、文相当語　感動詞

（1996.1.1『国文学解釈と鑑賞』61-1 至文堂）

- 222 -

4. トルコ諸語の動詞

① トルコ諸語とは

　トルコ系の諸言語はユーラシア大陸の東西に広く分布し、東シベリアからバルカン半島におよぶ。その話し手は1億人をこえ、たがいに親族関係にある、すなわちトルコ語族を形づくっている。言語の系統を明かにするには、基礎語彙における体系的な音韻対応を見い出すことが必要である。トルコ諸語における音韻対応のさまを、正書法を有する19言語について、動詞語幹「来る」、「行く」、「とどく」を例として、かかげてみよう。

語派	言語名	話し手[1]	「来る」	「行く」	「とどく」
	チュワシ	150万人	kil	pir	śit
北方	ヤクート	32万人	kel	bar	sit
	トゥワ	17万人	kel	bar	čet
	ハカス	6万人	kil	par	čit
	アルタイ	5万人	kel	bar	jet
中央	カザック	730万人	kel	bar	jet
	カラカルパック	29万人	kel	bar	jet
	キルギズ	200万人	kel	bar	jet
	ノガイ	5万人	kel	bar	yet
西方	タタール	540万人	kil	bar	jit
	バシキル	92万人	kil	bar	yet
	クムック	23万人	gel	bar	yet
	カラチャイ・バルカル	19万人	kel	bar	jet
東方	ウズベック	1,350万人	kel	bɔr	yet
	ウイグル	620万人	kel	bar	yet
南方	トルコ	4,500万人	gel	var	yet
	アゼルバイジャン	1,150万人	gel	var	yet
	トルクメン	260万人	gel	bar	yet
	ガガウズ	15万人	gel	var	yet

　正書法ではローマ字、ロシア字、アラビア字などが使われているが、本稿で

第3部　トルコ系諸言語

はとくに記す場合をのぞいて音素記号を用いる。

②文中の位置と動詞語幹

　トルコ諸語の動詞は、日本語とおなじく文の末尾に位置する。連体形は修飾する名詞の前におかれ、連用形は文を中止させ、従属節の述語となる。トルコ語の例をあげよう。太字が動詞語幹である（正書法による）。

（1）Osman　　　öğretmenini　**gör**ünce　　　yerinden　　　**kalk**tı.
　　　オスマンは　　先生を　　　　見ると　　　　その場から　　立ち上った。
（2）Kaza　　　sonucu　　anne　　ve　babasını　**yitir**en　　öksüz
　　　事故の　　結果　　　母　　　と　父を　　　失った　　　みなし
　　　çocuğu　　yakınlar　　　　**bak**ıyor.
　　　子を　　　近所の人たちが　　見ている。

　つぎに動詞語幹を音節構造から見てみる。トルコ共和国の小学校用辞典[2]の見出し語約７千のうちから、動詞語幹だけを取り出してみた。明かに接辞尾によって派生しているものをのぞき、１音節語幹のものと２音節語幹のものが半分ずつあり、子音Cと母音Vの組みあわせ方、その語数はつぎのようであった。

CV	2
VC	32
CVC	148
VCC	4
CVCC	15
V・CV	15
CV・CV	36
VC・CV	14
CVC・CV	23
V・CVC	28
CV・CVC	67
VC・CVC	15
CVC・CVC	17

　CVは de-「言う」と ye-「食べる」のふたつ。(C)VCが優勢で、この傾向はほかのトルコ諸語にも通じる。音節の頭に子音が重なって現れることはない。(C)VCCなど音節末に二重子音があるとき、その第１要素は多くrかlである。たとえばトルコ語 kork-「恐れる」、ölç-「目方・寸法をはかる」。

　トルコ諸語の動詞語幹は、日本語とちがって、すべてそのままで第２人称単数に対する単純な命令形として用いることができる。否定の接尾辞 -me 〜 -ma（このような母音調和による交替形を以下、母音eで代表することにする）を語幹につければ否定語幹となり、否定の命令、禁止に用いることができる。北方語派と中央語派では -me のほかに -be, -pe などの変化形

- 224 -

をもっている。たとえばカザック語kel「来い」→kelme「来るな」、oki「読め」
→okima「読むな」、jaz「書け」→jazba「書くな」。

③動詞の派生接尾辞

　動詞語幹は、そのあとに派生接尾辞をつけて第2次、第3次の動詞語幹をつ
くることができる。そして、これらの語幹も単独で用いることができる。トル
コ諸語に接頭辞はないが、このように語幹に独立性があり、かつ接辞と接辞と
の切れ目がはっきりしている語構成のしかたを膠着という。だからトルコ諸語
は典型的な膠着性言語であるが、日本語の、「わたしは書かなかった」などを
膠着と呼ぶのは正しくない[3]。

(一) 相互・協同の接尾辞-iš（母音調和によって狭母音が交替することが多い
　　　が以下、母音iで代表することにする）。母音おわりの語幹に接尾すると
　　　きは-šだけになる、以下同様。北方・中央語派の多くは-isの形をとる。
　　　たとえばバシキル語köl-「笑う」→kölüš-「一斉に笑う」、ノガイ語söyle「話
　　　す」→söyles-「話しあう」。

(二) 再帰の接尾辞-in, たとえばトルコ語giy-「着る、身につける」→giyin-「身
　　　じたくする」、yɨka-「洗う」→yɨkan-「自分のからだを洗う」。

(三) 使役の接尾辞-dir, -it, -ir, -gizなど。たとえばトルクメン語yað-「書く」
　　　→yaðdir-「書かせる」、ウイグル語bil-「知る」→bildur-「知らせる」、ア
　　　ルタイ語oyno-「遊ぶ」→oynot-「遊ばせる」。

(四) 受身（可能）の接尾辞-il（母音とlでおわる語幹には-in）。たとえばタタール
　　　ル語tot-「つかむ」→totil-「つかまる」、ウイグル語tuɣ-「生む」→tuɣul-「生
　　　まれる」。自動詞にもつき自発・可能の意を示す。たとえばトルコ語git-「行
　　　く」→gidil-「行ける」。
　　　　これらの接尾辞は日本語とおなじく、いくつもつくことが可能である
　　　が、否定は最後に来る。例えばトルコ語

－ 225 －

第3部　トルコ系諸言語

```
bil-     dir-    il-      me-
知ら     せ      られ     ない
```

④活用形

　すでに述べたようにトルコ諸語の動詞語幹は単純な命令形として用いること
ができるが、その他の活用形は語幹に活用語尾を接続させて作られる。活用形
は終止形、連体形、連用形、命令形の4つに分けることができる。たとえばト
ルコ語でyaz-「書く」→yazdi「書いた」、yazan「書く（人）、書いた（人）」、yazip「書
いて」、yazsa「書けば」、yazsin「書いてほしい」のように語形変化する。ちな
みに日本語の「書けば」などを「書」語幹と「け」活用語尾と「ば」助動詞とに分
析する「国文法」のやり方は、まことに奇妙である。

　トルコ諸語の活用語尾は、かなりの数にのぼり、また活用語尾の重なりによっ
て複合時制などを作ることができるが、ここでは通時的にも諸言語にほぼ共通
して見られる基本的なものを取りあげてみよう。

（一）まず終止形の語尾は完了を示すものと、不完了を示すものとからなる。
　　　前者は -ti ～ -di（タタール語とバシキル語では -te ～ -de）の形をとり、
　　　後者は -e, -erの形をとる。テンスでいえば前者は「過去」、後者は「現在・
　　　未来」に当るが、時制の区別とは一致しない。たとえばトルコ語でanla-「理
　　　解する」の否定完了形anlamadiは「わからなかった」という過去の見聞し
　　　た事実を意味するとともに、「わからない、わかっていない」という現時
　　　点での未完了をも意味する。Yaz geldi.「夏が来た」の-diも「過去」では
　　　ないし、日本語の「さあ買った買った」のような完了をうながす用法もあ
　　　る[4]。

```
（3）Bana    bu      tüyün    kušunu    buldun,    buldun,
    私に     この     羽の      鳥を       見つけた     見つけた
    yoksa           bašin     gider.
    さもないと        首が       とぶぞ
```

　　完了語尾-mišは古代・中期トルコ諸語に見られ、現代では南方語派

- 226 -

に受けつがれているが、-ti 〜 -di とのちがいは、-mišが伝聞完了である
点である。ただし-mišの変化形であるヤクート語の-mit 〜 -bit 〜 -pit
は過去を示す連体形である。たとえばアゼルバイジャン語oxu-「読む」
→oxumuš「読んだらしい」、ヤクート語tüs-「落ちる」→tüspüt xaar「降っ
た雪」

(二) 連体形の語尾は-er, -mišのほかに、-ken 〜 -genが広く用いられている。
ただし南方語派では子音が落ちて-enの形を取るが、文例 (2) で示した
ような連体形 (yitiren) の場合、トルコ語では、その動作の対象となる名
詞 (「失った財布」など) を修飾することができない。-kenは南方語派以
外では終止形としても広く用いられる。連体形は、また動名詞形でもあり、
名詞と同じ各種の接尾辞をつけることができる。ウイグル語の例 (アラビ
ア字から転写)。

(4) hänzu   tili   fakulteti   tüzgän   bu   luɣät.
   漢 (族)   語   学科が   編集した   この   辞書
(5) luɣätkä   kirgüzülgän   sözlär. (kir- →kirgüz→kirgüzül-)
   辞書に   収められた   語彙 (はいる→いれる→いれられる)

(三) 連用形語尾も数が多い。ほぼ共通して見られるものに-e, -ip, -se (古く
は-ser) がある。-eは「書き書き」のように、よく同じ形を重ねて用いる。
たとえばチュワシ語

(6) Epö   kunöpe   ulma   śiye   śiye   śüröp.
   私は   一日中   リンゴを   食べ   食べ   歩く

　連用形を使って単文をつないでいくことができるから、トルコ諸語に
おける接続詞の使用は限られている。wa「そして」のようなアラビア語か
らの借用接続詞をのぞけば、接続詞の起源は-e連用形に求められるよう
である。つぎの-ipは中止形、主動詞の修飾語としてよく用いられる。た
とえばトルコ語

第3部　トルコ系諸言語

（7）Kadɨn　　　yat**ɨp**　　　　uyuyor.
　　　女は　　　横になって　　　ねむる

（8）Pazara　　gid**ɨp**　　sebze　　ve　　yemiš　　aldɨ.
　　　市場へ　　行って　　野菜　　と　　果物を　　買った

　　　-eおよび-ipによる連用形は、そのあとに補助動詞をともなって、さまざまなアスペクトを示すことができる。補助動詞となるものにトルコ語ではol-「なる、ある」、dur-「立っている、そのままでいる」、ver-「与える、やる」、kal-「残る」、koy-「置く」、gel-「来る」、bil-「知る」、git-「行く」など多くの基礎動詞がある。たとえばウイグル語のišlewatidu「働いているところだ」という進行形はišle-p（働いて）yat-a（横たわって）dur（いる）という3語が縮まったものである。

　　　つぎの-seは仮定、条件を示す。バシキル語では-he、ヤクート語では-terなどの形を取る。たとえばキルギズ語kör-「見る」→körsö「見れば、見ても」、トゥワ語ber-「与える」→berze「与えれば、与えても」。

（四）命令形は動詞語幹そのものを用いるほかに、願い、望み、意志などを示す語尾によって作られる。それらのうち-sinの接尾した形は、第3者に対し「そうであればよいが、そうさせろ」という話し手の願望をあらわす。バシキル語では-hen, ヤクート語では-tinなどの形をとる。たとえばハカス語xal-「残る」→xalzin「残るように」、ヤクート語kel-「来る」→keldin「来させろ」、ウズベック語sora-「問う」→sorasin「質問させろ」。

⑤動詞の人称

　　トルコ諸語は中国領内のサラール語、ユグル語などをのぞき、活用形（主に終止形）のあとに第1、第2人称を示す語尾または付属語をともなう。第3人称は表示しない。これら人称を示す部分は、古く人称代名詞の後置されたものが弱まって語尾化したものと見られる。トル

	単数	複数
1.	ben	biz
2.	sen	siz

コ語の人称代名詞は右のようであるが、動詞al-「取る」を例として終止形不完了の形を人称ごとに示してみよう[5]（次ページ）。第2人称複数では複数語尾

－ 228 －

4. トルコ諸語の動詞

-lerが接尾しているものもある。複数形は敬語形にもなる。

	第1人称単数	第1人称複数	第2人称単数	第2人称複数
チュワシ	iledöp	iletpör	iledön	iledör
ヤクート	ilabïn	ilabït	ilayïn	ilayït
トゥワ	alïrmen	alïrbïs	alïrsen	alïrsiler
ハカス	alarbïn	alarbïs	alarzïŋ	alarzar
アルタイ	alarïm	alarïbïs	alarïŋ	alarïɣar
カザック	alamïn	alamïz	alasïŋ	alasïz
カラカルパック	alaman	alamïz	alasaŋ	alasïz
キルギズ	alamïn	alabïz	alasïŋ	alasïz
ノガイ	alaman	alamïz	alsaïŋ	alasïz
タタール	alam	alabïz	alasïŋ	alasïz
バシキル	alam	alabïð	alahïŋ	alahïɣïð
クムック	alaman	alabïz	alasan	alasïz
カラチャイ・バルカル	alama	alabïz	alasa	alasïz
ウズベック	ɔlaman	ɔlamïz	ɔlasan	ɔlasïz
ウイグル	alimen	alimiz	alisen	alisilar
トルコ	alïrïm	alïrïz	alïrsïn	alïrsïnïz
アゼルバイジャン	alaram	alarïɣ	alarsan	alarsïnïz
トルクメン	alarïn	alarïθ	alarθïŋ	alarθïŋïð
ガガウズ	alarïm	alarïz	alarsïn	alarsïnïz

〔注〕

(1) *Численность и Состав Населения СССР*, Москва 1984. Barbara F. Grimes（ed.）: *Ethnologue 1978*, California.

「中国の少数民族」(『北京周報』No.22、1983)。トルコ共和国の人口5,150万人 (1985)

(2) Türk Dil Kurumu : *Resimli İlkokul Sözlüğü*, Ankara 1981.

(3) 竹内和夫「国語辞典類に見える膠着語の記述」(『岡山大学文学部紀要』第1号、1980)

(4) 竹内和夫・勝田茂訳注『トルコ民話選』大学書林、1981、160ページ

第3部　トルコ系諸言語

(5) А.М. Щербак : *Очерки по сравнительной морфологий тюркских языков,* Ленинград 1981, с.24-25.

（1986. 1. 1『国文学解釈と鑑賞』至文堂）

5. トルコ諸語の指示語

①トルコ諸語とは

　西アジアから中央シベリアに分布するトルコ系の諸言語（方言）をトルコ諸語と言う。トルコ共和国のトルコ語と区別するために、チュルク語、テュルク語などと呼ばれることがあるが、新井白石『西洋紀聞』（1715）以来、日本になじんでいるトルコの名をいかしていきたい。トルコ諸語の話し手は約1億人である。

　本論でとりあげる23の言語（方言）は、図のように分布している。以下、便宜的に北緯40度線あたりを南と北に分け、それぞれに西から東へ番号をつけて呼ぶことにする。

① トルコ　　　② アゼルバイジャン　③ ハラジ　　　④ トルクメン
⑤ ウズベック　⑥ ウイグル　　　　　⑦ ヨグル　　　⑧ サラル
⑨ カライ　　　⑩ ガガウズ　　　　　⑪ カラチャイ　⑫ ノガイ
⑬ クムック　　⑭ チュワシ　　　　　⑮ タタル　　　⑯ バシコルト
⑰ カラカルパック　⑱ カザック　　　⑲ クルグズ　　⑳ アルタイ
㉑ ハース　　　㉒ トゥバ　　　　　　㉓ サハ

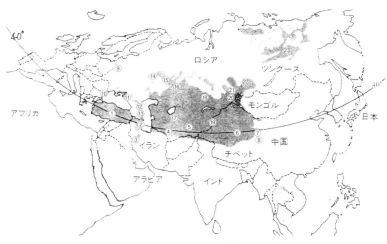

トルコ諸語の分布

第3部　トルコ系諸言語

②指示語コ・ソ・ア

　トルコ諸語（方言）のコ・ソ・アは日本語と意味用法が一致するわけではないが、この順に語形をかかげておく。出典となった辞書や文法書のたぐいは多いので、省略する。

《コレ》

1	bu	2	bu	3	bō	4	bu	5	bu
6	bu	7	bu, pu	8	bu	9	bu	10	bu
11	bu	12	bu	13	bu	14	ku	15	bu
16	bil	17	bul	18	bul	19	bul	20	bu
21	pu	22	bo	23	bu				

　8世紀の突厥碑文などにはbuの形で30か所あまり、11世紀の辞書*Divan lugat*にもbuの形で約300か所に見られる。トルコ祖語 *bu。

《ソレ》

1	šu	2		3	šuo	4	šu, šol	5	šu
6	šu	7	gol	8	šu, vu	9	šu	10	šu
11		12	sol	13	šu	14	śak	15	šul
16	šul	17	sol	18	sol	19	ošol	20	
21		22		23	sol				

　8世紀、11世紀の文献には、これらに相当する語形が見いだされない。のちの発達であろう。11世紀の辞書に見える文末詞šu, ču（命令の気持をあらわす）と、つぎのo, olとの合成語である可能性が高い。

《アレ》

1	o	2	o	3	ō, o	4	ol	5	u
6	u	7	ol, a	8	o, tïɣu	9	ol, o	10	o
11	ol, o	12	ol	13	ol, o	14	vɔl	15	ul
16	ul	17	ol	18	ol	19	al, tigi	20	ol

- 232 -

5. トルコ諸語の指示語

21　ol　　　22　ol　　　23　ol

　8世紀の碑文などではolの形で約100か所、11世紀の辞書でもolの形で約2,000か所に見える。トルコ祖語 *ol。

③指示語の格変化と複数

　トルコ諸語の指示語は、名詞とならんで格語尾を接尾させて変化形をつくる。アクセントも格語尾にうつる。ただし、名詞とはことなる変化形をもつなどから、名詞とは別の代名詞という品詞を立てる。ちなみに、日本語には代名詞という品詞はないだろう。とりあげた言語（方言）の格変化形をすべてあげる必要はないので、4トルクメン語と15タタル語のものをあげる。比較のため名詞gol, kul「腕・手」の変化形をそえておく。

4	bu	šu	ol	gol
所属格（の）	munuŋ	šunuŋ	onuŋ	goliŋ
方向格（へ）	muŋa	šuŋa	oŋa	gola
対象格（を）	muni	šuni	oni	goli
位置格（に）	munda	šunda	onda	golda
起点格（から）	mundan	šundan	ondan	goldan

15	bu	šul	ul	kul
～の	moniŋ	šuniŋ	aniŋ	kulniŋ
～へ	moŋa	šuŋa	aŋa	kulga
～を	moni	šuni	ani	kulni
～に、で	monda	šunda	anda	kulda
～から、より	monnan	sunnan	annan	kuldan

　すこし用例をあげる。ご覧のように指示形容詞（コノ・ソノ・アノ）としても使われ、格変化形は時間・場所をも指示し、ソレはカレまたはカノジョと同形である。

第3部　トルコ系諸言語

4　Munɨ　　okadɨŋ　　mɨ　　？
　　これを　　読んだ　　か　　？
　　Mundan　　aŋrɨk　　yōl　　yōk.
　　これより　　さき　　道　　なし。
　　Men　　šu　　jayda　　yašayarɨn.
　　私は　　この　　家に　　住んでいる。
　　šundan　　bašga…
　　それより　　ほかに
　　Sen　　onɨ　　　　　　　　gördüŋ　　mɨ　　？
　　君　　それ（かれ、かの女）を　　見た　　か　　？
　　Ol　　duranlar　　　　kimler　　？
　　あの　　立っているのは　　だれだれ　　？

15　bu　　zamanda…
　　この　　時に（現在）
　　monnan　　baška…
　　これより　　ほかに
　　Šähärgä　　kitkän　　dä,　　šunda　　kalgan.
　　町へ　　　行った　　が、　　そこで　　とどまった。
　　šul　　uk　　vakɨtta…
　　その　　ぴったりの　　時に
　　ul　　kɨz,　　ulurɨnda…
　　その　　娘、　　その場所で…
　　Min　　anɨ　　　　　　　　kičä　　kürdem.
　　私は　　それ（かれ、かの女）を　　きのう　　見た。

　　トルコ諸語には複数語尾 -ler ～ -lar がある。母音調和と語幹末音によって -der, -ter, -ner などの異形態をもつものもある。複数は「ぼかし、ばらつき」を表わし、語幹は数カテゴリーとしては中立であって単数ではない。たとえば、トルコ語の「本」は kitap であるが、「2冊の本」は iki kitap であって、iki kitaplar ではない。指示語も複数形をつくることができるが、修飾語にはなら

－ 234 －

ない。

④指示語の派生

　格変化は文法的な変化であるが、派生は語彙的な変化である。現代日本語のコ・ソ・アは単語としては存在せず、コレ、ココ（名詞として）、コノ、コンナ（無活用形容詞として）のように派生した形で使われる。これに対して、トルコ諸語ではbu, šu, oなどが代名詞として生きていて、格変化（曲用）に当ってはbun-, šun-, on-のような異形態であらわれる。トルコ語のonは「10」の意味があるから、よく冗談に相手がondan sonra「ソレから（あと）……」と考えているすきに聞き手がon bir「11」といって茶化すことがある。10のあとは11だから。

　日本語のコは語根ではあっても、コレ、ココは厳密には膠着とはいえまい。トルコ語では、つぎのように膠着的派生が可能である。bunja これほど、bura ここ、böyle＜bu ile こう、こんなに、burali ここの人……

⑤指示語の意味

　指示語が指し示すものは、いったいなんだろうか。話し手（書き手）が指し示すものごとや人に対し、どんな心で接するのか、その時々の関心によって使い方にゆれがある。ゆれの具体例は、あとでウイグル語の場合で示すことにしよう。そして、ひとりごとに出てくるコソアなどアレコレ考えると、言語とは浮気でファジーで頼りになるものとの感を深くする。

　トルコ語のbu, šu, oは当然、日本語のコレ、ソレ、アレと同質ではない。むかし、トルコの友人宅にいたとき、食卓をかこんで母親が小さい息子に、こう言った。Onu deyil šunu!「ソレでなくコレを！」（それぞれoとšuの対象格の形で）。母親と息子は、となりあって位置し、息子がフォークで皿の料理を取ろうとした。息子が取ろうとした料理と母親が食べさせたい料理はならんでいたから両者からの距離はほとんどひとしかった。しいて訳せば「ソッチのではなく、ほらコッチのを！」となろうか。buは近称（文脈指示では直前のものを）、oは遠称であるが、šuは単に中称ではなく、関心の度合いが強いことを示す（文脈指示では直後のものを）。

　別のインフォーマントによると、buは人を指すのには使いにくいという。

- 235 -

第3部　トルコ系諸言語

弟を紹介して Bu küčük kardešim dir.「コレ弟です」（küčük 小さい、kardeš 兄弟
姉妹、-im 第1人称語尾）とは言えるが、先生や母には使えない。指示形容詞
としても bu adam「コノ人・男」や bu kadin「コノ女」は見くだした感じがする
という。

　用例をくわえよう。
　Šu söylediyiniz ad…「ホライマ、おっしゃった名前は…」（-diy 完了連体語尾、
-iniz 第2人称複数語尾・敬語に）。

　Ben šunu bunu bilmem, onu bilirim, onu söylerim.「わたしはアレコレ知らな
い、ソレなら知ってる、ソレを言うのだ」（-me 否定接尾辞、-m 第1人称語尾、
-（i）r 未完了語尾、-im 第1人称付属語）。しつこい感じ。

　O ev bundan geniš deyil.「アノ・ソノ家はコレより広くない」（直接指示と文
脈指示の両義あり。-dan 起点格語尾）。

　Šunu alir misiniz?「ホラコレをもらってくれますか、ホラアレを取ってくれ
ますか」（-ir 未完了語尾、mɨ 疑問の付属語、siniz 第2人称複数の付属語）。

⑥ウイグル語アレコレ

　現代ウイグル語のコソアには bu, šu, u とならんで、複合語と見られるものを
ふくめ 10 あまりの指示語がある。それらの機能をつぎのように、まとめてみ
た（『現代ウイグル語四週間』1991、大学書林、124ページ）。間接指示とは文
脈指示のことである。

指示 / 範囲	直接			間接		
	近	中	遠	近	中	遠
広い	bu	ašu	awu	bu	šu	u
狭い（身近なもの）	mawu mušu			mušu	ašu	awu

　この本に出した用例は、いま省略することにするが、悩んだすえに達した仮

- 236 -

5. トルコ諸語の指示語

説がこの表である。ウルムチ出身のインフォーマントとやりとりするなかで、どちらでもよいと思われるもの、指示詞の用法が重なりあっている場合があるという事実にぶつかった。それは書きことばと話しことばとの差かもしれないし、読み手の関心の度合いや思いいれの差にかかっている。

つぎの（1）から（10）までのテストは、民話などの一部を読んでもらって、（　）にコソアからえらんで入れてもらったものである。

（1）awalqi   anariŋ   nimišqa   tatliq,   bu   nimä   üčün
　　まえの   ザクロが   なぜ   甘く、   これは   なに   ゆえ

　　aččiq?   Meniŋdä   päqätla   bir   tüp
　　にがいか？   私どもには   ただ   1   本の

　　anar bar,   här   ikki   qetim   elip   kälginim
　　ザクロがあり、   それぞれ   2   度   取って   来たのは

　　（　）   anardin.
　　その   ザクロからです。

（2）Adi   bilän   meniŋ   bir   so'alim   bar,   sorašqa
　　その前   に   私の   ひとつ   質問が   あり、   たずねて

　　bolarmikin?   （　）niŋa   jawap   berišsilä……
　　よいだろうか？   それに   答えを   くだされば……

（3）meniŋ   toyluğum   20   börä,   30   qaplan……
　　私の   結納品は   20匹の   オオカミ、   30匹の   ヒョウ……

　　bolsun,   （　）lar   qačan   täyyarlansa   （　）
　　にしましょう、   これらが   いつか   そろったら   その

　　waqitta   toy   bašlansun.
　　時に   婚礼が   始まるでしょう。

（4）Mana   （　）   künlärniŋ   biridä   bir   šähärdä   bir
　　ほら   その   日々の   1日に   ある   町に   ひとりの

— 237 —

第3部　トルコ系諸言語

beliqči　　　yašiğan　　ikän.　　　（　）niŋ　　　baliliri　　　　köp……
漁師が　　　住んで　　いたと。　　その　　　　こどもらは　　多く……

(5) bir　　　　beliqqa　　miŋ　　tilladin　　　in'am　　qiliwärsilä,
　　1匹の　　魚に　　　千　　金からの　　　賞を　　おやりになるなら、

　　az　　　kündä　　ğäznä　　quruğdilinip　　qalsa,　　　　　（　）
　　短　　時日に　　金庫が　　ひあがって　　しまったら、　　その

　　čağda　bizniŋ　　halimiz　　nimä　　bolmaqči?
　　時　　私どもの　　生活は　　どう　　なるのでしょう？

(6) Täqsir,　　　（　）　　beliq　　ärkäkmu　　ämäs,　čišimu　　ämäs.
　　閣下　　　　この　　魚は　　雄でも　　　ない、　雌でも　　ない。

　　（　）niŋ　　üčün　　（　）niŋ　　özila　　yalğuz　　torğa……
　　その　　　ため　　それ　　　自身で　　ひとりで　　網に……

(7) jaraŋliq　　tawušlar　　14　　bolup,　　（　）lar　　（　）lardin
　　有声　　　音は　　　　14　　あって、　それらは　　つぎのものから

　　ibarät……
　　成りたつ……

(8) Sözlär　　　eğizdin　　bir　　wä　　birqančä　　böläklärgä
　　単語は　　　口から　　1　　あるいは2、3の　　部分に

　　bölünüp　　čiqidu.　　Sözniŋ　　（　）　　böläklärgä　　boğum
　　分かれて　　出る。　　単語の　　その　　部分は　　　　音節

　　däp　　atilidu.
　　と　　呼ばれる。

(9) ilgiriki　　zamanda　　Hasan　　Däwläk　　wä　　Sawut
　　先の　　　時代に　　　ハサン　　デゥレック　　と　　サウット

　　Qapaq　　degän　　ikki　　horun　　bolğan　　ikän.
　　カパック　　という　　2人の　　なまけものが　　いた　　とさ。

5. トルコ諸語の指示語

（ ）	ikkisi	nahayiti	horun	ikän.
その	２人は	とても	なまけもの	とか。

(10) Tağdiki haŋda bir sumruğ qušniŋ uwisi
　　　山の　　谷に　　１羽の　　鳳凰　　鳥の　　巣が

bar. Män （ ）ni bir küni atamni ägišip
ある。おれは それを ある 日 父に ついて

tağqa barğanda körgänmän. Bir amal qilip
山へ 行ったとき 見た。 ある 手だてを して

änä （ ） qušni tutuwalsak asmanğa
そこの あの 鳥を つかまえれば 天へ

（ ） äpčiqip qoyudu…… （ ） yaxši pikir……
あいつがつれて登ってくれるよ…… それは いい 考えだ……

　　以上 10 問 18 か所の指示語について、原文とインフォーマントの答が合っていたものは 8 か所（同）しかなかった。対照表はつぎのとおり。

	原文	インフォーマント
（1）	šu	ašu
（2）	šu	mušu
（3）	mušu, šu	同、同
（4）	šu, u	同、同
（5）	u	šu
（6）	bu, šu, u	同、同、bu
（7）	u, munu	šu, bu
（8）	ašu	同
（9）	u	Bu
（10）	u, šu,	ašu, ašu,
	šu, bu	ašu, 同

（7）の munu は mawu の西部方言という。

（2004. 7. 1『国文学解釈と鑑賞』至文堂）

－ 239 －

第3部　トルコ系諸言語

6. アゼルバイジャン語音声資料

　1978年8月1日から26日にわたって、妻とともに西アジアを旅した。モスクワからトルクメン・ソビエト社会主義共和国の首都アシハバートへとび、そこに4日間滞在し、ついでアゼルバイジャン・ソビエト社会主義共和国の首都バクーへとび、そこに4日間、さらにウクライナ・ソビエト社会主義共和国のオデッサへとび、そこから汽船バシキリア号にのって黒海西岸をイスタンブルへわたった。

　現アゼルバイジャン共和国の首都バクーではガイドのナギエフ・ラミズNagiev Ramiz氏が案内をしてくれた。カスピ海でおよいだり、アゼルバイジャン語の書物を買ったりした。今回発表する民話『フィトナ』は、そのひとつである。29×22cm、絵入り色ずりの小冊子で10枚の厚手の紙に印刷されている。表紙は右のとおり。

　8月8日、Hotel Azerbaijanでラミズ氏にこの小冊子を読んでもらい録音した。氏は1950年バクー生れの青年である。録音に要した時間は18分弱であった。今回は、その約半分にあたる9分弱の前半部分を発表する。

　フィトナという女奴隷を主人公とする、この民話はペルシャの詩人ニザーミー・ガンジャヴィー（ラミズ氏の発音では [nizaːmi gɛndʒɵʋi]）の叙事詩を原典としている。それは黒柳恒男氏による日本語訳『七王妃物語』（平凡社・東洋文庫191）で知ることができる。その17章「バハラームと奴隷娘の話」、18章「奴隷娘は将軍と王の接待について相談する」、19章「将軍はバハラームを宴に招く」の3章が、この民話の原典である。ニザーミーについては黒柳氏の解説を見られたい。

　アゼルバイジャン語の話し手は、旧ソ連邦に677万人うち97.7％が母語のもち主となっている（*СССР в цифрах в 1989 году*）。イランには7,757,200人（1986）、イラクには30万から90万以上（1982推定）、トルコには53万以上、アフガニスタンには5千以下、シリアには3万人（1961）の話し手がい

- 240 -

6. アゼルバイジャン語音声資料

るといわれている（Barbara F. Grimes ed. – *Ethnologue, Languages of the World, Eleventh Edition*, Texas 1988）。

　小川政邦氏（ナウカ『窓』84、'93. 4）によると「これまでロシア文字を使ってきた中央アジア諸国は現在ラテン文字への転換を図っている。アゼルバイジャンも去年9月からの新学年度で1年生の国語の授業に使う予定で『ABC』の教科書の印刷をトルコに発注した。しかし、入学式の1週間前に原稿が返送されてきた。アゼルバイジャンが採択したラテン文字によるアルファベットには特殊な音を表す特別な2文字が追加されているが、それをトルコ風に読むとまるっきり違った音になるので、トルコの出版社がアゼルバイジャンの教科書をラテン文字で印刷することを断ったのだった《*В новый год с новым языком*》（《*Российская газета*》1992. 12. 31 No.280）。今後はチュルク系言語の文字表記の問題も互いに検討することになりそうだ。」

　以下、1行目が原文、2行目がIPAによる簡略表記、3行目が日本語の直訳である。IPAのうち［, ］は短いポーズ、［. ］はやや長いポーズを示す。アクセントは語末に高さがあるのが普通だから、記号ははぶく。アクセント記号［ ́］をつけたのは、つぎの場合である：

1) ［ilɛ, dɑ, idi, kimi, isɛ, uʃun］のような付属語にはアクセントがないことを示すために、直前の自立語に［ ́］をつけた。
2) 前記のものをふくむ付属語が正書法では分かち書きされていない場合も、おなじように直前の自立語に［ ́］をつけた。
3) 否定の接尾辞［-mə］にはアクセントがないので、直前の語幹に［ ́］をつけた。
4) ［ ́ɑndʒɑk, ́jɑnnɪz］などの副詞、その他不規則な場合。

（1993. 7. 18記）

第3部　トルコ系諸言語

əhpaм шаhын ajγзлγ, чөhрəсиндəн мин
[bɛxram ʃaxɨn ajyzly, tʃø:rɛsindɛn min]
バハラム　王の　月のような、　その顔から　千

бир көзəллик jaған Фитнə адлы бир кəнизи　варды.
bir gøzɛlliç　jaɣan　fitnɛ　adlɨ　bir　jænizi　'vard'.
一の 美しさが 降りそそぐ フィトナ という名の　　女奴隷　がいた。

Фитнə зирəк, гывраг, ағыллы-камаллы гыз иди.
　　　　fitnɛ　zɨrɛk̟,　gɨvrax,　aɣɨlli-camalli　giz　'dɨ.
フィトナは かしこい、 活発な、 　分別ある　娘　であった。

Сифəти гызылкүл　кими зəриф, jериши көj зəми
sifæti　gɨzɨlgyl　kimɨ　zæ:rif,　jeriʃi　gøj　zæmɨ
その顔は 赤いバラ のように 美しく、 その歩みは 緑の　　原

үзəриндə əсəн меh кими арам, хош иди. Узундəн,
yzæɾindɛ　ɛsæn　mɛç　kimɨ　aram,　xoʃ 'dɨ.　　yzyndɛn
の上に　吹く そよ風 のように 安らかで、心よかった。 その顔から、

- 242 -

6. アゼルバイジャン語音声資料

көзүндән нур јағырды. Фитнә каман чалар вә рәгс

gøzynnən nur ja'ɣɩrdɩ. fitnɛ caman tʃalar, və rɛks

その目から　光が　降るのであった。フィトナは　ケマンを　引く、　そして　ダンスを

едәрди. Бүлбүл　кими ширин, тә'сирли сәси варды.

ɛ'dɛrᵈ. bylbyl kimi ʃɩrin, tɛ:sɩrli sɛsi 'vardɩ.

するのだった。ナイチンゲール　のように　かわいい、生きいきした　声を　していた。

Каман илә сәс-сәсә вериб охујанда гушлар көјдә

ca'manɩlɛ sɛs-sɛsɛ veip oxujanda, ɢuʃlar gø·jdɛ

ケマンと　　声を　あわせて　歌うとき、　　鳥は　　空で

ганад сахларды. О, шаһа вурулмушду. Шаһ да она

ganat sax'lardʲ. o ʃaxa vurul'muʃt. 'ʃax da ona

羽を　休めるのだった。かの女は　王に　心ひかれていた。　　王　　も　かの女に

ашиг иди.

a'ʃɨgidi.

恋していた。

Чалғы мәчлисләриндә, овда шаһ Фитнәни

tʃaɫɣɨ mɛdʒlɪslɛrindɛ̃, ovda, ʃax fitnɛni

うたげ　　　の会で、　　　狩で、　王は　フィトナ（の声）を

- 243 -

第3部　トルコ系諸言語

динләмәкдән ләззәт алар, көнлү раһатланарды.

dinlεmεçtεn　　　lεzzεt　　aɫar,　　cǿnly　　　raxatla'nardɨ.

聞くのを　　　　楽しみ　とし、　その心が　安らぐのであった。

Фитнә чәнк чаларды, шаһ ов вурарды. Бир күн шаһ

fitnε　　dʒεŋҟ　　tʃa'lardɨ,　ʃax　ov　vu'rardɨ.　bɪr　gyn　ʃax

フィトナはジェンキを　引き、　王は 獲物を 打った。　　ある　　日　王は

чөлдә ов етмәк истәди, Фитнәни дә өзү илә көтүрдү,

tʃǿldε　ov　etmεc　istεdɪ,　　fitnε'ni　dε　ǿzy　ilε　gǿtyrdy,

野で 狩をすることを 望み、　フィトナを も 自分 とともに つれて、

маралдырнаглы гара атыны миниб чапды.

maraldɨrnaɣlɨ　　ɢara　　atɨnɨ　　minip　　tʃaptɨ.

シカ爪の　　　　黒　　馬に　乗って　とばした。

Шаһ ов көрәндә нә'рә чәкиб даға-даша сәс

ʃax,　ov　gǿrεndε̃,　næ:rε　　tʃekip　daɣadaʃa　'sεs

王は、獲物を 見ると ときの声を　あげ　山野に　声を

салыр, ох илә чејранлары вуруб јыхырды. Шаһын

salεr,　'ox　ɲilε̃　dʒεjɹanlarɨ　vurup　　ji'xɨrdɨ.　ʃaxɨn

放ち、　矢　で　ガゼルを　　射 落すのであった。 王の

- 244 -

атлылары да һәр тәрәфдән овлағы әһатә етмишдиләр,

atɬiːlaˈrɪ da hæɹ tɛrɛftɛn ovlaɣɪ æhatɛ ɛtmɪʃtɪlɛr,

騎兵　　は　あらゆる　方向から　狩場を　包囲　　し、

чејранлары шаһ олан сәмтә говурдулар.

dʒɛjɹanlarɪ ʃax oɫan sɛbtɛ ɢovurdular.

ガゼルを　　王が　いる　方へ　追うのであった。

Бәһрам шаһын аты алтында ојнајыр, шаһә

bɛːram ʃaxɪn atɪ, aɫtinda ojnajɪr, ʃaxæ

バハラム　　王の　　馬は　　とびはねて　　後足で

галхыр, әли чејранларын башына ох јағдырырды.

ɢaɫxɪr, æli dʒɛjranlarɪn baʃɪna ox jaɣdɪrɪrdɪ.

立つ、　その手は　ガゼルの　頭に　矢を　あびせた。

Тез-тез кириши бошалдыб, каманыны долдурурду.

tɛstɛs ciriʃi boʃaldɪp, camannɪ dolduruld.

しばしば　弦を　空にして　その弓を　満たした。

Охун полад учу чејранлары јерә сәрир, бә'зән дә

oxun polat u̥ʃu, dʒɛjɹanlarɪ jɛrɛ særɪr, bæːzɛn dɛ

矢の　はがねの　先が　ガゼルを　地面に　倒し、　時に　は

第3部　トルコ系諸言語

даша дәјиб этрафа од сачдырырды. Шаһ оху дәјән

daʃʃa　dæjɪp,　ɛtrafa　od　saʃtɪrɨrdɨ.　ʃax　oxu　dɛjɛn

石に　当って　まわりに　火花を散らすのであった。王　の矢が　当った

ов јериндәчә кабаб олурду. Шаһ габағына чыхан

of,　jɛrɪndɛdʒɛ cabab　olurdᵘ.　ʃax　gabaɣɨna　tʃɨxan

獲物は　その場で　焼肉　になった。　王　の前に　出てきた

ову әлдән вермир, ја вурур, ја да дири тутурду.

ovu　æld ɛn vɛrmir,　ja　vuru:,　ja da　diri　tuturd.

獲物を　見逃さずに　あるいは 打ちとりあるいは 生けどりにした。

Овун гызғын вахты чөлдән бир нечә чејран

ovun　gɨzgɨn　vaxtə,　tʃøldɛn　bir nitʃɛ　dʒɛjɹan

狩の　たけなわの　ころ　荒野から　数頭の　ガゼルが

чыхды. Шаһ гызмыш шир кими каманы әлинә алды

tʃʃɨxtə.　ʃax　gɨzmiʃ　'ʃir　kimi　cama:ni　ɛlɹne　aldɨ,

出てきた。　王は　怒った　ライオン のように　弓を　手に　して、

атын башыны бурахды, чејранлара чатдыгда һәдәфи

atɨn　baʃɨnɨ　buraxtɨ,　dʒɛjɹanlara　tʃattɨkta　hɛdɛfi

馬の　頭を　めぐらし、ガゼルのところに　着くと　目標に

－ 246 －

6. アゼルバイジャン語音声資料

тушлајыб атды. Ох чејранын будуна санчылды,

tuʃlajɯp　atti.　ox　dʒɛjɹanɯn　buduna　sandʒɯldɯ,

ねらいをつけて 射た。　矢が　ガゼルの　ももに　痛みをあたえ、

чејран аѓзыѵстэ јыхылыб торпаѓы ѳпдѵ. Белэликлэ

dʒɛjɹan　aɣzɯystɛ　jixɯlip　torpaɣɯ　øptʏ.　bɛlæ′liclɛ

ガゼルは　うつぶせに　倒れて　地面に　キスした。　こうして

шаh чејранларын бир нечэсини вуруб јерэ јыхды,

ʃax　dʒɛjɹanlarɯn　bir netʃæsɯnɯ　vurup　jɛrɛ　jixtɯ,

王は　ガゼルの　いくつかを　打って 地面に　倒し、

бир нечэсини дэ тутдурду. Онун бу шѵчаэти

bir netʃæsɯnˈ　dɛ　tutturdu.　onun　bu　ʃudʒaːɛtɯ,

いくつか　は つかまえさせた。かれの この 勇ましさは、

нѳкэр наиб ичиндэ достлары hејран ѓојур,

nʏcɛrnaːɯp　itʃindɛ　dostla·rɯ,　hɛjran　goju·,

家来たち　の中の　友人を　うっとり　させ、

бэднэзэрлэрин исэ кѳзѵнѵ тѳкѵрдѵ.

bɛdnɛzɛrlærin　isɛ　gø·znʏ　tøxyrdy.

にくむ人たち　さえも　目を　注いだ。

– 247 –

第3部　トルコ系諸言語

Бәһрам шаһын севимли кәнизи Фитнә исә өз

bæhram　　ʃaxɨn　　sevɪmlɪ　　cænizi　fit′nɛ　　iʃɛ　　øz̥

バハラム　　王の　　　かわいい　　女奴隷　フィトナ　の方は 自分の

һөкмдарынын бу икидлик вә гочаглыгына сусур,

hʏkymdaːrɨnɨn　　bu　　ikɨ̃tlic　　vɛ　　godʒaklɨɣɨna　　susuɹ,

とのさまの　　　この　勇ましさ　　と　　　　強さに　　　　黙し、

нәдәнсә шаһы тә′рифләмирди. Фитнәнин бу рәфтары

nɛ′dɛnsɛ　　ʃaxɨ　　tɛrɪf′lɛmedɪ.　　　fitnɛnn　　bu　　ɾɛftʌrɨ

なぜか　　　王を　　賞めなかった。　　フィトナの　この　　態度は

шаһы дүшүндүрсә дә һәләлик сәбирлә көз ләјир

ʃaxɨ　　dyʃyndyr′sɛ　　dɛ　　hɛlɛlic　　sɛbirlɛ　　gøzlɛjɪɹ
　　　　　　。
王を　　考えこませた　　が　　なお　　こらえて　　見つめ

вә сусурду.

vɛ　　su′surd̥.

そして 黙していた。

Бирдән узагдан бир чеjран гачмага башлады.

birdɛn　　uzaxtan　　bi　　dʒɛjɹan　　ɢatʃmaɣa　　baʃtadɨ.

突然　　　遠くから　一頭の　ガゼルが　　　走り　　　出した。

- 248 -

Шаh гыза деди:

ʃax ɢiza dɛdɪ,

王は　娘に　言った：

— Дејəсəн бизим овчулуг шүчаəтимизи

djesen bizim ʔoftʃuluq ʃydʒaːɛtimizi

「おそらく　われらの　　狩り　　　の勇ましさを

көрмүрсəн. Белə олар, даркөзлəр мəhарəти чəтин

ˈgøɾmɣɪsən. bɛlaˑ olar, daːrgøzlɛr maxaːrɛti tʃʃɛtɪn

お前は見ていない。そう　さ、　　細目は　　　　腕前を　かろうじて

сечəр. Одур, бах о сəмтдəн бир чејран кəлир,

sɛtʃɛr. ˈodur bax o sɛmttɛn bi dʒɛjran jaлɪ,

見分ける。ほら　見ろ あの　方から　一頭 ガゼルが やってくる、

hарасыны дејирсəн нишан алым.

xarasɪn dɛjrsɛn niʃan alɪm.

そのどこかを　お前が言えば　ねらいを　つけてやる。」

Фитнəнин инчи додаглары тəрпəнди:

fitnɛnn indʒi dodaglarɪ tɛrpɛndi.

フィトナの　うすい　　口びるが　　動いた：

– 249 –

第3部　トルコ系諸言語

— Шah caғ олсун, — деди,—инди ки мəhарəтдəн

ʃax　　saɤ　　olsn　　　dɛdi,　　indi　ki　maxɑ·rɛttɛn

「王よ　元気　　で」　　と言った、「いま　も　腕前について

сөз салдын, онда кəрəк оху елə атасан ки, həмин

søz　　saldin　　onda,　gɛrɛc　oxu　ɛlɑ·　tasən　ki,　ʹxɛmin

ことばを 放った からには、ぜひ　矢を　こう　射たら　、　あの

чеjранын дырнағыны башына тикəсəн.

dʒɛjrann　　　dirnaɤni　　　baʃna　　tɪkɛsen.

ガゼルの　　　　ひ爪を　　　　頭に　　ぬいつけたら。」

Шah онун дедиjини jеринə jетирмəк үчүн тез

ʃax　　onun　　dɛdiːni　　jɛrɪne　　jɛtɪɹʹmɛc　　uʃun　　tɛʂ

王は　かの女の 言ったことを その通りに　　する　　ために すばやく

каман тəлəб етди, ағыр вə jуварлаг мазыны камана

camɔn　　tɛlɛbɛtti,　　ɑ·ɤir　vɛ　juvarlak　　maːzini　camɑna

弓を　　要求した、　重く　て　丸い　　没食子を　弓に

гоjуб атды. Мазы чеjраныn беjнини гызышдырды.

gojb　　atti.　mazi　　ɟɛrann　　bɛjni　　　giʐʃtirdi.

つがえて 射た。没食子が ガゼルの　　脳を　　　熱くした。

- 250 -

Јазыг чеjран дырнағыны   башына галдырды

ja:zɨk   jɛjran   dɨrna·ɣənɨ   baʃɨna   gaɫdɨrdɨ

あわれな ガゼルが   ひ爪を   頭に   もちあげた

ки, ағрыjан jерини гашысын, бу заман шаhын

cɨ, a:ɣ ɨrjan   jɛrini   gaʃɨsɨn,   bu   zaman   ʃaxɨn

のは、痛んだ   ところを かこうとして、この   時   王の

парлаг оху чеjранын дырнағыны кичкаhына тикди.

parlak   oxu   dʒɛjrann   dɨrna:ɣənɨ   jitʃgaxna   ticti.

光った   矢が   ガゼルの   ひ爪を   こめかみに   ぬいつけた。

Чеjран үзүстә jыхылды. Шаh Фитнәjә сары дөнүб

dʒɛjran   yzttɛ   jɨxɨrdɨ.   ʃax   fitnejɛ   sa:rɨ   dønyp

ガゼルは うつぶせに   倒れた。   王は   フィトナ   の方を   むいて

сорушду:

so·ruʃtu.

たずねた：

— Һә, нечә атырам?

ha: nɨdʒɛ   a'tɨram.↘

「さあ どんな ものだ？」

– 251 –

第3部　トルコ系諸言語

Гыз өзүнү итирмәјиб гүрурла деди:

g iz　　ɸzyny　　itirmɛjip　　gururla　　dɛdi,

娘は　　正気を　　失わず　　堂々と　　言った：

— Шаh буну вәрдиш етмишдир. Адәт едилән шеј

ʃax　　kwunu　　væːrdiʃ　　et′miʃtir.　　aːdɛt　　edilɛn　　ʃej

「王は　　これを　　修練で　　やったのだ。　　習熟　　した　　ことは

чәтин олмаз. Адам вәрдиш илә hәр бир иши едә

tʃætɪn　olmas.　adam　　væːr′diʃ　　lɛ　　hɛr　bir　iʃiː　ɛdɛ

むずかしく　ない。　　人は　　修練　によって　あらゆる　　ことを　なし

биләр. Шаhын дүз вурмасы күч вә мәhарәтдән

bilɛr.　ʃaxɪn　　dyz　　vurmasɪ　　gytʃ　　vɛ　　mɛhaːrɛtten

うる。　　王が　　正しく　当てたのは　　力　　と　　腕前によって

дејил, анчаг вәрдишдәндир.

dejl,　′andʒak　　væːrdiʃ′tɛndɪ.

ではなく、　　ただ　修練によってである。」

Фитнәнин чавабы шаhа чох ағыр кәлди, ити

fitnɛnɪn　　dʒavabi　　ʃaxa　　tʃok　　aɣɪr　　jaldɪ,　　iti

フィトナの　　答えは　　王に　ひどくきびしく　当った、　鋭い

– 252 –

6. アゼルバイジャン語音声資料

балта ағачы кәсән кими ону кәсди вә гәзәбләндирди.

baɫta aɣadʒɨ kʰɛ'sɛn kimi onu kɛsti vǝ gæzæmlændɪrdɪ.

おのが　木を　切った　ように　かれを　切ったそして　　怒らせた。

Шаһын үрәјиндә Фитнәјә гаршы дәрин бир кин доғду.

ʃaxin　yrejndɛ　fitnɛjɛ　gaɹʃɨ　dærin　bir　kʰin　doɣdu.

王の　　　心に　　　フィトナに　対する　深い　　うらみが 生れた。

Шаһлар үрәкләриндәки интигам һиссини јалныз

ʃaxlar　yrɛclɛrindɛki　intɪgǝm　çissini　'janniz

王たちは　　　心の　　　　　復讐　　　心を　　ひとえに

ган илә сөндүрәрләр,　ова ачығландыгда атын

'gan　ɪlɛ　søndyrɛrlɛɹ,　oʋa　adʒɨglandɪkta　atin

血　をもって　静める、　獲物に　どなりつけるときは　馬の

үзәнкисини гопарар вә ов итинин дәрисини сојмагла

yzɛŋgisini　goparar　ʋɛ　of　itinin　dærisini　soj'magla

あぶみを　　くだく　そして 猟　犬の　　　皮を　　はぐことで

үрәкләрини сојударлар.

yrɛclɛrini　sojdɑrlar.

心を　　　冷やすものだ。

– 253 –

第3部　トルコ系諸言語

Фитнәнин сөзү дә шаһы јаман гәзәбләндирмишди,

fitnɛnin　sǿzy　dɛ　ʃaxɨ　jaman　gazɛmlɛndir'miʃt,

フィトナの　ことば　は　王を　ひどく　怒らせてしまった、

буна көрә дә үрәјиндә дејирди: «Бу һејфи кәнизди

buna　gǿrɛ　dɛ　yrɛjndɛ　dɛ'jirdi,　bu　hɛjfi:　kʰænizdɛ

それ　で　心のうちに　思った：「この　無念を　女奴隷に

гојмаг олмаз, ону чәзаландырмаг лазымдыр». Анчаг

gojmag　olmaz̦,　onu　dʒɛza:landir'maɣᵊ　la:'zɨmdɹ.　andʒak

止めおくことはできない、かの女を　罰する　必要がある。」しかし

кәнизи өлдүрмәјә шаһын әли кәлмирди, чүнки

kænizi　ǿldyrmɛjɛ　ʃaxɨn　æli　jæmmɩɹt,　tʃynky

女奴隷を　殺すのに　王の　手は ふさわしくない、なぜなら

гадын өлдүрмәји өзү үчүн әскиклик сајырды.

gadɨn　ǿldyrmɛjɩ　ǿzy　yʃyn　æʃkiclic　'sajɨrd.

女　殺しは　自身 にとって 不名誉　と考えていた。

Онун фикринчә гадын кишијә тај дејил вә ола да

onun　fic'ɹindʒɛ　gadɨn　kiʃijɛ　taj　dɛjil　vɛ　o'la　da

かれの　考えでは　女　人と　対等 ではないし そのはずも

билмәз.

bilmɛ̊z.

ない。

Шаһын бөјүк бир сәркәрдәси варды. Ону

ʃaxɨn　bøjyk　iɹ　sɛrkærdæsɩ　ˈvardɩ.　onu

王には　すぐれた　一人の　　将軍　　がいた。　かれを

јанына чағырды:

janna　tʃaɣɨrdɩ.

そばへ　　呼んだ：

— Кет, бу кәнизин башыны бәдәниндән үз.

get,　bu　kʰænizin　baʃɨniˑ　bɛdɛnnɛn　yz.

「さあ、この　女奴隷の　　首を　　からだから　もぎ取れ。

Бу, бизим сарајымызын фитнәсидир. Фитнәни

bu,　bizim　sarajmɨzin　fitnaˈsidɩr.　fitnɛni

これは　わが　　王宮の　　フィトナ(騒動)だ。　騒動を

сарајдан узаглашдырмаг вачибдир.

sarajdan　uzaːlaʃtɨrmak　vaˈdʒɩbdɩr.

王宮から　遠ざけることが　必要だ。」

第3部　トルコ系諸言語

Садə вə адилхасиjjəтли сəркəрдə Фитнəни

saːdɛ	vɛ	aːdikkaṣijɛtli	sɛːcærdɛ	fitnɛni
純	で	公正な	将軍は	フィトナを

габағына салыб өз евинə апарды, əввəл онун

ɢabaːɣina	salïp	øz	ɛvinaˑ	paːrdi,	ɛvvɛl	onun
前に	ひきすえ	自分の	家へ	つれて行った、	まず	かの女の

башыны бəдəниндəн аjырмаг истəди. Гыз ағлады,

baʃïnï	bɛdɛnnɛn	ajrmak	iʃtadi.	gïz	aɣladï,
首を	からだから	離そう	とした。	女は	泣いて

jалварды вə деди ки:

jaɫwardï	vɛ	dɛdi	kɿ,
たのんだ	そして	言った	：

— Еj сəркəрдə, белə чиркин иши өзүнə лаjиг

ɛj	sɛrcærdæ,	bɛlɛ	tʃɥrkyn	iʃi	øzynɛ	laːjik
「ねえ	将軍、	こんな	きたない	仕事を	ご自身に	ふさわしい

билмə. Өз шəрəфинə дүшмəн деjилсəнсə, күнаhсыз

bimm.	øz	ʃærɛʃɿne	dyʃmɛn	deˈjilsens,	gynaːhsïz
と思うな。	お自身の	名誉にかけて	敵	でないならば、	無実の

– 256 –

6. アゼルバイジャン語音声資料

бир гызын наһаг ганыны бојнуна көтүрмә. Мән

bir　gɨzin　nahag　gannɨ　bo:nnə　gøtrm.　mɛn

女の　つまらない　血を　首に　流さないで。　わたしは

шаһын ән јахын адамы, мүсаһиби, кәнизләринин

ʃaxin　ɛn　jaxin　adamɨ,　mysa:hibi,　gɛnizlɛrinn

王の　一番　身近な　人間で、　話し相手で、　女奴隷のうち

сечилмишијәм. О, мәчлисләриндә мәндән башга һеч

sɛʃilmyʹʃijɛm.　o,　mɛdʒliʃlɛrdɛ̃　mɛndɛn,　baʃka　hɛʃ

選ばれたもの。　かれは　みんなの中で　わたしより　ほかにまったく

кимлә марагланмазды. Әркөјүнлүк мәни алдатды,

ʹkɨmnɛ̃　ma:lanʹmazd.　erkøjynlyk　mɛni　ałdattɨ,

だれにも　関心がなかったの。　甘えが　わたしを　だました、

шејтан мәни јолдан чыхартды. Кичик бир һәрәкәтим

ʃɛjtan　mɛni　jołdan　tʃɨkarttɨ.　kɨtʃic　bi·　harɛkɛtim

悪魔が　わたしを　道から　そらした。　つまらない　わたしの行為が

шаһа хош кәлмәди. О, мәнә гәзәбләнди вә өлүмүмә

ʃaxa　xoʃ　ʹgɛlmɛd.　o　mɛnɛ　gazamlɛndi　ʋɛ　øłymmɛ

王には　気に入らなかった。かれは　わたしに　怒った　そしてわたしの死を

－ 257 －

第3部　トルコ系諸言語

һөкм верди. Сән кәл мәни өлдүрмәјә бу гәдәр

hǿkm　　ʋɛrdi.　　sɛn　ɟæm　mɛnɪ　ǿldyrmɛjə　bu　ɡɑdɑr

宣告　　した。　　あなた　ねえ　わたしを　殺すのに　それ　ほど

тәләсмә. Бир нечә күн сәбир ет, дөз. Шаһа де ки,

ta′laʂmə.　bi·　nitʃɪ　ɡyn　′ʂabir　ɛt,　dǿz.　ʃaxɑ　dɛ　ky,

急がないで。　一　二　日　我慢　して、耐えて。王に　言ってね、

ону өлдүрдүм. Шаһ бу хәбәрдән севинсә гајыт мәни

onu　ǿldyrdym.　ʃax　bu　xabɛrdɛn　sɛʋinʂɛ·　ɡɑjd　mɛni

かの女を　殺したと。　王が　その　知らせを　喜んだら　帰って　わたしを

өлдүр, ганымы сәнә һалал едирәм, әкәр мәним өлүм

ǿldyɹ,　ɢanimi　sɛnɛ　hatat　ɛdərəm,　æɡɛr　mænɪm　ǿlym

殺してよ、わたしの血をあなたに　許可　する、　もし　わたしの　死

хәбәримдән шаһ гүссәләнсә сән мәни өл-

xabɪɹmdɛn　ʃax　ɡyssɛnɛnsɛ,　sɛn　mɛni　ǿldyrmɛdijindɛn

の知らせを　王が　悲しんだら、あなたはわたしを殺さなかったことを

дүрмәдијиндән горхма, сәнә һеч нә олмаз. Сән

ɢo·xm,̥　sɛnɛ　hetʃ　nɛ　olməs.　sɛn

心配するな、あなたにはまったくなにもない。あなたが

- 258 -

шаһын гәзәбиндән гуртарарсан, мән дә өлүмдән

ʃaxɪn	gazɛbɪndɛn	gurtararsan,	mɛn	dɛ	ølymdən
王の	怒りから	救われるなら、	わたし	も	死から

хилас оларам. Доғрудур, лајигли бир адам дејиләм,

xɪlãs	ola·m.	do·ɹudur,	ła·jgl	bir	adam	dijlɛm,
まぬかれる。		たしかに、	値打のある		人間 ではありません、

лакин бир күн кәләр ки, бу јахшылығынын әвәзини

łacm	birr	g̊yn	ɟɛnɛr	cy,	bu	jaxʃiliɣinin	ɛvɛzni
しかし	いつの	日か	やって来	て、	この	善行の	むくいを

көрәрсән. Сәнин јанында хәчаләтли олмарам.

gørɛrsɛn.	sɛnin	janinda	xadʒa·ratl	olmarm.
受けられるでしょう。	あなたの	そばで	ご迷惑に	なりません。」

Гыз буну дејиб балача бир дүјүнчә ачды.

gɪz	bunu	dɛjib	baladʒa	bɪr	dyjyndʒɛ	aʃti.
娘は	こう	言って	小さな		結び目を	ほどいた。

Сәркәрдәнин габағына једди лә'л гојду. Бу

særkɛrdɛnin	gaba·ɣina	jɛtti·	łə̃ł	ɢojdu.	bu
将軍の	前に	七粒のルビーを	おいた。	この

– 259 –

第3部　トルコ系諸言語

дашларын һəр биринин гијмəти бир өлкəнин

daʃtarɨn　xɛr　birinin　ɟijmɛti　bir　ɸlkɛnɪn

石の　それぞれ　一粒の　価値は　一　国の

кəлиринə бəрабəрди. Ү́мманларын бүтүн кəлири

gæljərinɛ　bɛra:bɛrd.　umma·nlarɨn　bytyn　gæljəri

収入に　ひとしかった。　オマーン国の　全　収入は

о дашларын јары гијмəти гəдəр олмазды...

o　daʃlarɨn　ja:rɨ　gijmɛti　gadar　olmazd.

その　石の　半分の　価値　ほども　なかった…

Сəркəрдə Фитнəнин ағыллы мəслəһəтини

sɛrcɛrdɛ　fitnɛnin　a:xɨllɨ　mɛslɛɛtɪnɪ

将軍は　フィトナの　かしこい　忠告を

динлəјиб гəрарыны дəјишди.

dɪnlɛjib　gara:rnɨ　dajʃti.

聞いて　決心を　かえた。

— Амандыр, сөз арамызда галсын. Һеч кəсин

a′mandɨr,　sɸz　aramɨzda　′galsɨn.　hɛʃ　kɛsɪn

「どうか　このことは 二人だけに　しておこう。どんな　人の

jанында шаһын адыны чэкмэ, — деди. — Гоj сэни

janında ʃaxın a·dını 'tʃɛcmɛ dedi. goj sɛni

そばでも 王の 名を 口にするな」と言った。「そのうちお前を

мэним евимдэ гуллугчу билсинлэр.

mɛnim ɛvimdɛ gulluktʃu bilsinlɛr.

わしの 家の 使用人 と知るだろう。」

Онлар белэчэ шэртлэшэндэн сонра бир-биринэ

onnar bɛlɛdʒɛ ʃartlɛʃɛn'dɛn sonɹə birbirɪnɛ

二人は こう 約束して から たがいに

анд ичдилэр. Сэркэрдэ зулм эмэлиндэн, гыз исэ

ɑnn ɪʃtɪlɛr. særkærdɛ zylm æmɛlindɛn, 'gɪz sɛ

誓いを 立てた。 将軍は 重圧 の任から、 娘 は

өлумдэн гуртарды.

ɸlymdɛn gurtɑrd.

死から 救われた。

Бир һэфтэ сонра шаһ сэркэрдэни көруб

bir hafta sonra ʃax særkærdɛnɪ gɸryb

一 週間 後 王は 将軍に 会い

- 261 -

第3部　トルコ系諸言語

ондан Фитнәнин һаггында мә'лумат истәди. Кәнизин

ondan　　fitnɛnin　　ɑgginda　　malumat　　istadi.　　kænizin

かれから　　フィトナ　　について　　情報を　　求めた。　　女奴隷の

агибәтини сорушду.

ãgibɛtini　　soɹuʃtu.

運命を　　　たずねた。

— Aj нечә олду?

ɑj　　nedʒɛ　　ołdu↘

「おい　どう　した？」

Сәркәрдә чаваб верди ки:

særgærdɛ　　tʃɔvɑp　　vɛr'di　　kɪ̥,

将軍が　　　返事　　した　のは：

— Ajы әждаһаja тапшырдым, анчаг ган

ɑjɨ　　ɛʒdɑxɑja　　tɑpʃiɹdm,　　andʒɑk　　gɑn

「月を　　竜に　　　託しました、　　でも　　血の

баһасыны көз jашымла вердим.

baxasɨna　　gøz jɑ'ʃimla　　vɛɹd'm.

代償で　わたしの涙とともに　渡しました。」

（1993.10『岡山大学言語学論叢』第3号）

7. 新疆ウイグルの文字改革 —文化大革命とその後—

　中国には数十をかぞえる少数民族がいる。そのなかには、トルコ系の言語であるウイグル語、カザック語、キルギズ語などを母語とするウイグル族、カザック族、キルギズ族などがいる。

①届かない「民族画報」

　私は、このトルコ系諸言語に興味をもっている関係で、中国で出版されていたウイグル語版の『民族画報』を、ながく購読していた。ソ連邦内のウイグル語やカザック語は、ロシア文字に基礎をおいた正書法でかかれるが、中国領のウイグル語やカザック語は、アラビア文字を改良して、母音を表記することができるような正書法でかかれてきた。

　1966年、文化大革命が始まるまで、毎月きちんと、丁寧な丈夫な封筒に入ったウイグル語版『民族画報』が届いていたのに、5月号はこなかった。6月号からはウイグル語版ではなく、中国語版が来るようになった。しばらくして、私は購読を中止した。『民族画報』だけではない。他のウイグル語、カザック語の出版物もこなくなってしまった。こんなところからも、文化大革命というのは文化の名にあたいするかどうか疑問に思った。

　ところが、76年8月ウイグル語のローマ字化による文字改革がなされたという新聞報道に接した（9月6日付朝日新聞文化欄）。中国書籍を輸入している本屋さんをあるいて『民族画報』をしらべてみた。76年11月号の毛沢東の死を特集した新文字のウイグル語版を発見して、とびあがって喜んだ。同内容のカザック語版もあった。

②歴史の舞台で活躍

　むかしウイグルは、西域、トルキスタン、中央アジアなどと呼ばれる地域で、はなばなしく歴史の舞台に登場し、中国の文献には回紇、回鶻などとしるされている。

　現在のウイグル族は、チベットの北。ソ連領と国境を接する新疆ウイグル自治区に大半がすみ、その数500万人といわれる。ウイグル自治区の面積は約170万平方キロだから、日本の4倍、フランスの3倍。そこのウイグル族の人

第3部　トルコ系諸言語

口は北海道の人口にほぼ等しい。

　ウイグル語、ウズベック語などトルコ系の諸言語を話すトルコ族は、総数7,000万人にもなるが、その半数はトルコ共和国にすむ。普通トルコ語というと、それは地中海に面したトルコ共和国の言語をさし、トルコ語を含む多数のトルコ系の言語をさすときには、チュルク語といって区別されてきた。私は、チュルクという一般に耳なれない用語をさけて、トルコ系諸言語あるいはトルコ諸語と呼んでいる。

③疑問のローマ字化

　76年8月から採用されたウイグル新文字は、ABCからXYZまでの26字に7字を加えたものからなっている。これまでのアラビア文字ではoとö、uとüが区別できず、トルコ系の諸言語を表記するのには適さない文字であったから、ローマ字化は一歩前進といってよい。しかし国際的には、どうかと思われる点もないではない。たとえばqaqとかいてチャチ（頭髪）とよむ。トルコ語ではsaçサチである。またixqiとかいてイシチ（労働者）とよむ、トルコ共和国ではişçiとかかれる。

　またこれらの表記法は、すでに使用されている中国語のローマ字表記（漢語拼音＝ぴんいん）に、そっくりならったものであり、1930年以降しばらく使われていたウイグル語のラテン化文字とくらべると、一歩後退といえるだろう。前記のqaq, ixqiは、以前のラテン化文字ではçaç, işçiであったのだから。

　ウイグル族は500万人といっても、中国の総人口8億人のなかでは少数民族であることにはかわりはなく、また中国という国家のなかにすむかぎりは、中国語を学び、中国語で生活する必要にせまられることもあるだろう。2重言語生活は、かならずしも不幸とばかりはいいきれない。だが、新文字がqのほかにch, xのほかにsh, jのほかにzhという中国語の「そり舌音」を表記する方法も、中国語拼音そのままにとりいれているのは、いかにも大漢族主義のにおいがする。たとえば、主席zhuxi首相shouxiang長城changchengは、ウイグル語では発音の区別はないのだから、juxi, xouxiang, qangqengと表記すべきではないか。

　76年2月、新疆維吾尔（ウイグル）自治区文字改革委員会編『維語正字詞滙』というウイグル語の小辞典（8,000語余）が出版された。印刷部数4万部。一見したところ若干の中国語の語いが拼音そのままに収録されている。借用語は、

- 264 -

7. 新疆ウイグルの文字改革

いついかなる時代でもあるし、政治文化の流れをおしとどめることはできないが、ウイグル族の身になってみると、自分たちの発音では区別のないものを、文字づらで区別しなければならないのは、考えものであろう。ちょうどいまの日本で、「シーズンはだめ、スィーズンとかけ」というようなものだから。

④少なくない外来語

では、中国語からの借用語に、どんなものがあるだろうか。小辞典の序文2ページのなかから、拾ってみよう。毛主席Mao Zhuxi路線luxiən林彪Lin Biao孔子Kongzi批判pipən委員会weyyüənhuy―これだけである。全文137語のうち、これだけしかないということはウイグル語に外来語が少ないことを意味しない。10世紀ごろからイスラム教徒となったウイグル族は、アラビア・ペルシャの語いをすでに多数とりいれており、近くは、国際的な用語もロシア語などから借用ずみだからである。無産階級puroletaryat党parti専政diktatura自治aptonom区rayonを、序文から拾い出すことができる。新文字化によってウイグル語に借用語がふえていくかどうか、興味のあるところだ。

（1978. 2. 27『朝日新聞』）

第3部　トルコ系諸言語

8. ウイグル語音声資料——北京放送

①資料について

　以下に音声表記をこころみる現代ウイグル語の資料は、北京放送局（中央人民广播电台）が1978年9月18日の夜10時から10時30分のあいだに放送したものの一部である。小宅の短波受信機から録音テープにうつし取ったものを、くりかえし聞きながら文字化したものであり、今回はそのはじめの部分、全体の約5分の1にあたる部分（4分20秒間）を発表する[1]。

　ウイグル語はトルコ系諸言語のひとつで、トルコ語族のうち東方語派に属する。音韻・形態・語彙などウズベック語に近い関係にある。話し手9,000万人をこえるトルコ諸語のうち、ウイグル語の話し手は、中華人民共和国新疆ウイグル自治区に約550万人、ソ連のカザック・ソビエト社会主義共和国などに約20万人がいる[2]。

②音声表記

　IPAによって放送音を簡略的に文字化したものである。個々の単音の特徴や異音については、④でややくわしく観察することとする。左はしの数字は引用の便宜上つけた行数である。

　語を単位として分かち書きにしてある[3]。語のアクセントは最後の音節がやや高いのが普通であるが、わずかの語で高さが語中にあるものがあり、そこからつぎの音節へ急速に低下する。このような場合は母音の上に（　ʹ　）印をつけておいた。

　イントネーションの起伏は少なく、おおむね平らである。中国語からの借用語・固有名詞などでは、もちろん声調が無視され、一本調子で発音されている。（ , ）で示した個所の直前の音節は上昇調で発音される。そして（ , ）の個所には、ごく短い音声のとぎれがあり、構文上の句切りにもなっている。（ . ）の個所には、やや長めの音声のとぎれがあり、下降調を示す。

- 266 -

8. ウイグル語音声資料——北京放送

1 （男声）dʒoŋjaŋ₄₁xalq radˌjo stans·sɨ .

2 （女声）dʒoŋjaŋ xalq radˌjo stans·sɨ .

〈音楽40秒〉

3 （女声）xa:zɨr , ʔujɣurdʒa aŋlatiʃmɨznɨ baʃtájmɨʐ .

4 （男声）ʔa·ldɨ bɨlɛn , bu· keˌʈɯmkɨ aŋlatiʃmɨznɨŋ ʔasa: sɨ· mæzmunnɨrnɨ
tonuʃtúrumuʐ .

5 （女声）dʒoŋgo ajallərnɨŋ mæ·mlikɛttik tœrtɨndʒɨ qurulti·je , jɛːŋə
ræçpærnɨˌ o:rgɛnnɨ

6 sajlap tʃˌɨktɨ . çizmɛt ˌdakladi to:rɨsɨtci qora·rɨ , wɛ mæ·mlikɛttɨk
ʔojalla· ˌhɨrlæʃmesɨŋ

7 ni:zamma:mesɨ ma:qullédi . kurultaj ʁa:lbɨɨk aja·láʃti .

8 （男声）rɛmmin ribō gezitnɨˌ , dʒoŋgo ajallərɨnɨŋ mæmlikɛttik
tœrtɨndʒɨ kurultɨːnɨˌ

9 ɴalbɨɨk ji:plɣənnɨŋ tɛbrikleʃ muna:sibiti bilɛn ilan qɨlɣan , ʔær
millɛt ʔojallarɨ

10 tʃæpærwærlikke kɨʈip , jénɨ uzun tʃæpær ʔəlip barajli digɛn
mawzuluk bəʃ makalɨsɨ .

11 （女声）qajnəm taʃqɨnlɨqqə tʃɸmgɛn maɨdʒɨla· jɛːŋ kɛnti digɛn
mawzuluk toŋʃun .

12 （男声）ʔɛndɛ xawarna· aŋlətimɨʐ .

13 （女声）dʒoŋgo ʔajallərnɨŋ mæ:mlikɛttik tɸrtindʒi qurultii , muʃu ʔajnɨŋ
o:ŋ jætɨndʒ

14 kyni tʃỹʃtin ʔɨlgɨrɨ ʔomu:mi ji·ɣɨn ɸtkyzyp , jɛːŋə ræçpærnɨˌ o:rgɛnɨˌ
sajlap tʃˌɨktɨ .

15 xɨzmɛt ˌdakladi toɣrsɨdekɨ qa·ra·rɨ , wɛ mæ:mlikɛttik ʔojjanna·
ˌbɨrlæʃmesɨŋ

16 ni:zanna:mesɨnɨ ma:qullédi .

17 ʃtin ʔilgirkɨ ji·ɣɨnda , ba:rlɨq wɛkillæ· ɣulɣulə qɨlɨs ʔarqɨlɨq ,
soŋ tʃɨŋlɨŋ , tzæē tʃaŋ ,

18 dɛŋ jɨŋtʃawla·nɨ , mæ·mlikɛttik ʔajalla· b(ɨ)rleʃmɨsɨŋ pæ:xə·

第3部 トルコ系諸言語

dʒu:ʃi:lɨ:xa· bɨrdæk sajldi .

19 jolda·ʃ kaŋ ka·tʃiŋ , py̆tyn daldɛkilə·niŋ ʔi:nta:jn qɨzɣɨn ʔalqɨs sada:lær
    itʃidɛ· ,

20 jɨɣɨndəkɪlɛ·gɛ waka:letɛn mundak di:. bu· , y̆ʃ nɛpær jolda·ʃ , bizniŋ
    pɛ:ʃqədɛm

21 ʔinɛqlaptʃilɛrimiʑ . bulan , nættʃæ o·ɲ ɲɨnnɨ bɨr kyndæk œtkyzyp ,
    dʒoŋgo ʔinɛqla:bɨ

22 ytʃyn , ʔa·janna·nɨŋ ʔa:zatlɨq iʃtɛri ytʃyn , ʔa:dʒa:ip tœçpə qoʃti .
    bula· , hæ:r kajsɨ

23 ʔinɛklabi dæ:ʋrdɨkɨ mo:l ʔæ:mɨlɨ tæ:dʒrɨbɛgɛ ʔi:gæ . dæwlæt çi̟tʃidɛ ,
    xa·lqaradē jyksɛk

24 a·broja· dɛ ʔi:gæ . ʔu·la·nɨ , ɸ:zymyznŋ pæ:xə· dʒu:ʃi:lɨ:ɣə sajlaʃ ,
    py̆tyn mæ:mlɨkɨtɨ-

25 mɨztkɨ ʔojjanna·nŋ ʔa:rzu·si wɛ ʃan ʃarɨpɨ .

26 qʋrʋltajdɛ gɛnē , jolda·ʃ kaŋ ka·tʃiŋɯ , mæ:mlikɛttik ʔajalla·
    bɨrlæʃmesi , y̆ʃinn

27 nœwættik ʔidʒra:jɛ vi:jɛnqujɣə wakaltɛn , jɨɣɨnda qɨlɣan , jɛ:ɲə
    dɛərdɨkɨ dʒoŋgo

28 ʔajannərɨ harkɨtɨnɨŋ , jyksɛk vazɨ·pʂsɨ digin mawzuluk hɨzmɛt ḑakla·di
    to:rsɨtkɨ qarar ,

29 dʒoŋxwa mæ:mlikɛttik ʔajalla· bɨrlæʃmesɨŋ jɛ:ɲə ni:zanna:mesɨnɨ
    ma:qullādi .

30 kurultajda mæ:mlikɛttik ʔajalla· bɨrlæʃmisɨŋ jɛ:ɲə ræçpærnɨ̨ḳ
    o:rgɛnɨ sajlap tʃi̟kɨn .

31 jolda·ʃ kaŋ ka·tʃiŋ kata:rnak , i̟ʃki jys kɨrk pæ·s ki̟ʃi , tɸrtindʒi
    nœwættik mæ:mlikettik

32 ʔajanna· bɨrlæʃmisɨŋ idʒra:jɛ vi:jɛnnɨ bop sajlándi̟ . gǽnæ , ʔællik bɛʃ
    kʃi xowbu

33 idʒra:jɛ vi:jɛnnɨ bop sajlándi .

34 kurultaj mɛ:zgɪldē jig(ɨ)rmæ sækks næppær wɛkil , ʔomu:mi jɨɣɨnda

– 268 –

8. ウイグル語音声資料——北京放送

tʃœ:zkɛ tʃɨkt̪i .

35 ʔo:ttųs toqs næpær wɛkil dʒa:dɨn tʃœẓ qɨldi . ʔu·la·nɨŋ bæ:zɪlɪrɪ ,
lɪmbiəo wə tœrt

36 kɨʃtik ǧorok lɛn ba:tura·nɛ kʉræʃ kɨɣən ʔiʃ ʔizdɛrɪnɪ tonuʃtúrd̪i .
bæ:zɨ: , satʃialistik

37 ʔinɛklap wɛ quruluʃta qo:tɣa cæltyrgɛn ʔæ:lə næt̪idʒlerini xujbaw
qəldi . bæ:zɪlɪrɪ ,

38 ʔɔjjanna· xɨzmɨtɨnɨ jaxʃ i̯ʃteʃtki tæēdʒrɪbɪlɪrɪnɪ tonuʃtúrd̪i . bæ:zɪlɪrɪ ,
dʒa·n dili bilɛn

39 ʔa:kɨ sɛp tæēmɨnat ʔi̯ʃtɪrɪnɪ jaxʃ i̯ʃtɪp , ki:ŋki æwlatta·ŋ cœ:ŋl kojɪp
i:ʃtɪrɪʃtkɪ

40 tæ:sirannarnɨ tonuʃtúrdi . ʔula· , kɨ̯ʃini haja·dʒanlandɨrdɨɣan sœ:zɸ:dɛ ,
lɪmbiəo wɛ tœrt

41 kɨʃtik ǧorox kata·rlɨkla·nɨŋ tʃe·kidɪn aʃkan dʒina·jættɪrje botɣan tʃæksɪẓ

42 dʉ:ʃmænligini toluk çipa:dɛléd̪ . xua dʒu·ʃi· baʃʃnəɣədɛkɪ dandʒoŋjaŋŋə
je:kɨndɪn ɛ:gɪʃip ,

43 je:ɳɨ uzun tʃæpær əlip pɪrstki jyksɛk kɨzɣɨnlɨɣɨnɨ toluk çipa:dɛlédi .

44 ʔilimiẓ ʔajannarnɨŋ bu· ket̪imki mɨ:sɨlsɨẓ tæ:ntæninik jiʒɨnəɣa
qatnaʃqan ʃki miŋa

45 jakɨn wɛkil , jɨ·ɣɨnda tʃœ:zkɛ tʃɪqɨʃ wɛ gurupla·də muza:kɛ·rɛ qɨlɨʃ
ḍawamda , œz ʔara

46 yginip , œz ʔara ɪham bɛ:ʃ . ʒi:ɣɨnnɨɳ ru:hɪnɪ ʔæ:stajdɨl tæēʃwɨk qɨlɪp
wɛ ʔiztʃil idʒra·

47 qɨlɨp , pa:rti·nɨŋ əræçpærligidɛ , pɣ̊tyn mæ:mlikitimiztki jyz mɪljonnɨxan
ʔɔjjalla·nɨ

48 tʃæpæ:rwə· qɨ·p , ʔilimiz ʔajallərnɨŋ je:ɳɨ dæ:ʊrdɪkɪ jyksɛk vazɪ·pɪsɪ
ʔo:runlaʃ ytʃyn ,

49 treʃip kʉræʃ qɨʃqa bæl baɣlédi .

- 269 -

第3部　トルコ系諸言語

③正書法と訳

　以上の音声表記を、中華人民共和国新疆ウイグル（维吾尔）自治区における現行の正書法におきかえ、日本語訳をつける[5]。

　ウイグル語をラテン文字で表記しようとするこころみは以前にもあったが[6]、現行のものは漢語拼音字母を基礎にしたものである。これは1959年に考案され、試験的に実施し改訂をへて1965年に公布普及がはじめられた。プロレタリア文化大革命の10年ののち1976年8月1日から一般にはアラビア・ペルシャ文字の使用が禁止されていた。わたくしは、この正書法について批判したことがあるが[7]、後述するフォネーム表記と正書法との関係を考える中で、具体的に見ていきたい。

　日本語訳について。ウイグル語の構文は日本語のそれにきわめて近いので、ウイグル語ひとつひとつの下に直訳をつける。ただし（　）内はおぎなった日本語である。

　本資料の主要な部分（女声）は中国語からの翻訳と見られる。それは1978年9月18日づけ『人民日報』の一面トップ記事で、その大見出しは中国妇女第四次全国代表大会胜利闭幕となっている[8]。

1、2　Zhongyang　　hǝlķ　　radyo　　istansisi.
　　　中央　　　　　人民　　放送　　局。

3　Ḥazir　　　uyoɣurqǝ　　anglitiximizni　　baxlaymiz.
　　これから　　ウイグル語　放送を　　　　始めます。

4　Aldi　　bilǝn　　bu　　ķetimki　　anglitiximizning　　asasiy
　　最初　　に　　　この　回の　　　放送の　　　　　　主な
　　mǝzmunlirini　　tonuxturimiz.
　　内容を　　　　　紹介します。

5　Zhongguo　　ayallirining　　mǝmlikǝtlik　　tǝtinqi　　ķurultiyi
　　中国　　　　婦人の　　　　全国　　　　　第4回　　代表大会（が）

– 270 –

8. ウイグル語音声資料——北京放送

yengi　　　rəhbərlik　　　organni
新しい　　　指導　　　　機関を

6　saylap　　qiқti.　　　　Hizmət　dokladi　tooɣrisidiki　қarari
　選び　　出しました。　活動　　報告　　に関する　　決議
　wə　　məmlikətlik　ayallar　birləxmisining
　と　　全国　　　　婦人　　連合の

7　nizamnamisini　　maқullidi.　　　　Қurultay　　　oɣəlibilik
　憲章を　　　　　通過させました。　代表大会は　成功に
　ayaқlaxti.
　終りました。

8　Renmin　　ribao　　gezitining　zhongguo　ayallirining
　人民　　　日報　　紙が　　　中国　　　婦人の
　məmlikətlik　　tөtinqi　　қurultiyining
　全国　　　　第4回　　代表大会が

9　oɣalbilik　yepiloɣanining　　təbrikləx　　munasiwiti　　bilən
　成功に　　行われたことの　　祝（に）　　関係　　　　して
　elan　　қiloɣan　　"Һər millət　　ayalliri
　発表　　した　　　「各民族　　　婦人（は）

10　səpərwərlikkə　ketip　　yengi　　uzun　　səpər　　elip
　動員へ　　　　進み　新しい　　長　　征（に）　取りかかって
　barayli"　　digən　　　mawzuluk　bax　maқalisi.
　行こう」　という　　　題の　　　主　論文。

11　"Қaynam　　taxқinliққa　　qөmgən　　malqilar　yengi　　kənti"
　「渦まく　　洪水に　　　　沈んだ　　牧人（の）　新しい　村」

– 271 –

第3部　トルコ系諸言語

digen　　　mawzuluk　　tongxün.
という　　　題の　　　　通信。

12 Əmdi　　həwərlər　　　　anglitimiz.
　　さて　　ニュース（を）　知らせます。

13 Zhongguo　ayallirining　　məmlikətlik　tөtinqi　　　ĸurultiyi
　　中国　　　婦人の　　　　全国　　　　第4回　　代表大会（は）

　　muxu　ayning　　on-yəttinqi
　　今　　月の　　　17番目の

14 küni　qüxtir　　　ilgiri　　omumi　　yioɲin　　өtküzüp　　yengi
　　日　正午から　　前に　　全体　　会（を）　行ない　　新しい

　　rəhbərlik　organni　saylap　qiĸti.
　　指導　　　機関を　　選び　　出しました。

15 Hizmət　dokladi　tooɲrisidiki　ĸarari　wə　　məmlikətlik
　　活動　　報告　　に関する　　決議　　と　　全国

　　ayallar　birləxmisining.
　　婦人　　連合の

16 nizamnamisini　maĸullidi.
　　憲章を　　　　　通過させました。

17 Qüxtin　　ilgiriki　yioɲinda　barliĸ　　wəkillər　　oɲuloɲulə
　　正午から　前の　　会議で　　すべての　代表（は）　討論

　　ĸilix　arĸilik　Song　Qingling　Cəy　　Chang.
　　すること　を通して　宋　　庆龄　　蔡　　畅

18 Dəng　Yingchaolarni　məmlikətlik　ayallar　birləxmisining
　　邓　　颖超たちを　　全国　　　　婦人　　連合の

- 272 -

8. ウイグル語音声資料——北京放送

pəhir　　zhuxiliɔɲiɔɲa　　birdək　　saylidi.
名誉　　主席に　　　　一致して　　選びました。

19　Yoldax　　Kang　　Keqing　　pütün　　zaldikilərning　　intayin
同志　　康　　克清（は）　満　　場の　　　　非常に

ķizɔɲin　　alķix　　sadalar　　iqidə
熱い　　拍手（の）　音　　の内に

20　yiɔɲindikilərgə　wakalitən　mundaķ　didi.　　　Bu　　üq
会場のものに　　代って　　こう　　言いました。　この　　3

nəpər　　yoldax　　bizning　　pixķədəm
人（の）　同志（は）　我々の　　老練な

21　inķilapqilirimiz.　　Bular　　　nəqqə　　on　　yilni　　bir
革命家（です）。　　これら（は）　数　　十　　年を　　一

kündək　　ətküzüp　　zhongguo　　inķilawi
日の如く　　通して　　中国　　革命

22　üqün　　　ayallarning　　azatliķ　　ixliri　　üqün　　ajayip
のため　　婦人の　　　解散　　事業　　のため　　特別の

təhpə　　ķoxti.　　　Bular　　　hər　　　ķaysi
貢献（を）　加えました。　これら（は）　それぞれ　どの

23　inķilawiy　dəwrdiki　mol　　əmiliy　təjribəgə
革命　　期の　　豊かな　実践的　経験を

igə.　　　Dələt　iqidə　həlķarada　yüksək
もっています。　国　　内で　国際的に　高い

24　abroyɔɲa　da　　ige.　　　　Ularni　　əzimizning　　pəhir
信望を　　も　　もっています。　かれらを　我々自身の　　名誉

- 273 -

```
zhuxiliŋiŋa      saylax           pütün        məmlikəti-
主席に           選ぶこと（は）   全           国の
```

25 mizdiki   ayallarning   arzusi   wə   xan   xəripi.
　　　　　　　婦人の   願い   そして   名誉   光栄（です）。

26 Ⱪurultayda   yənə   yoldax   Kang   Keqingning
　 代表大会では   また   同志   康   克清が
　 məmlikətlik   ayallar   birləxmisi   üqinqi
　 全国   婦人   連合   第3

27 nɵwətlik   ijrahiyə   weyyüənhuyoŋa   wakalitən   yioŋinda
　 回   執行   委員会に   代って   会議で
　 ⱪiloŋan   "Yengi   dəwrdiki   zhongguo
　 行なった   「新   時代の   中国

28 ayalliri   hərkitining   yüksək   wəzipisi"   digən   mawzuluk
　 婦人   運動の   高い   任務」   という   題の
　 hizmət   dokladi   tooŋrisidiki   ⱪarar
　 活動   報告   に関する   決議（と）

29 zhonghua   məmlikətlik   ayallar   birləxmisining   yengi
　 中華   全国   婦人   連合の   新しい
　 nizamnamisini   maⱪullidi.
　 憲章を   通過させました。

30 Ⱪurultayda   məmlikətlik   ayalliri   birləxmisining   yengi
　 代表大会では   全国   婦人   連合の   新しい
　 rəhbərlik   organi   saylap   qiⱪildi.
　 指導   機関（が） 選び   出されました。

8. ウイグル語音声資料——北京放送

31　Yoldax　　Kang　　Keqing　　қatarlik　　ikki　　yüz　　 қirқ-bəx
　　同志　　康　　克清　　をふくむ　　2　　百　　45

　　kixi　　tətinqi　　nəwətlik　　məmlikətlik
　　人（が）　第4　　回　　全国

32　ayallar　　birləxmisining　　ijrahiyə　　weyyüəni　　bolup
　　婦人　　連合の　　執行　　委員　　として

　　saylandi.　　Yənə　　əllik-bəx　　kixi　　houbu
　　選ばれました。　また　　55　　人（が）　候補

33　ijrahiyə　　weyyüani　　bolup　　saylandi.
　　執行　　委員　　として　　選ばれました。

34　Қurultay　　məzgildə　　yigirmə-səkkiz　　nəpər　　wəkil
　　代表大会　　時に　　28　　人（の）　代表（が）

　　omumi　　yioʃinda　　səzgə　　qiҡti.
　　全体　　会で　　発言　　しました。

35　Ottuz-toққuz　　nəpər　　wəkil　　yaddin　　səz　　қildi.
　　39　　人（の）　代表（が）　文書で　　発言　　しました。

　　Ularning　　bəziliri　　Linbiao　　wə　　tət
　　かれらの　　あるもの（は）　林彪　　と　　4

36　kixilik　　guruห　　bilən　　baturanə　　kürəx　　қiloʃan　　ix
　　人　　組　　と　　勇敢に　　闘争　　した　　事

　　izlirini　　tonuxturdi.　　Bəziliri　　satsiyalistik
　　迹を　　語りました。　あるもの（は）　社会主義

37　inҡilap　　wə　　ҡuruluxta　　ҡoloʃa　　kəltürgən　　əla
　　革命　　と　　建設で　　手に　　した　　勝れた

– 275 –

第3部　トルコ系諸言語

nətijilirini　　huybao　　ķildi.　　　　Bəziliri
成果を　　　　報告　　　しました。　あるもの（は）

38 ayallar　　hizmitini　　yahxi　　ixləxtiki　　　　　təjribilirini
婦人　　　活動を　　　よく　　行なったことの　　経験を

tonuxturdi.　　Bəziliri　　　　　jan dili　　bilən
語りました。　あるもの（は）　命・心　　　で

39 arķa　　　səp　　təminat　　ixlirini　　yahxi　　ixləp　　keyinki
後　　　　方　　補給（の）　仕事を　　よく　　やって　　後の

əwlatlirini　　kəngül　　ķoyup　　yetixtirixtiki
世代を　　　心　　　　こめて　　育てたことの

40 təsiratlirini　　　tonuxturdi.　　Ular　　　　　kixini
体験を　　　　　語りました。　かれら（は）　人を

hayajanlandiridiɋan　　səzlirida　　Linbiao　　wa　　tət
感動させる　　　　　　発言で　　　林彪　　　と　　4

41 kixilik　　　guruħ　　ķatarliklarning　　qəkidin　　axķan
人　　　　　組　　　集団の　　　　　枠を　　　越した

jinayitlirigə　　boloɋan　　qəksiz
罪状に対して　　生じた　　無限の

42 düxmənligini　　toluķ　　ipadilidi.　　Hua　　　zhuxi
恨みを　　　　　完全に　　表明しました。　華　　　主席

baxlioɋidiki　　dangzhongyangɋa　　yeķindin　　əgixip
先頭の　　　　党中央に　　　　　近く　　　従って

43 yengi　　uzun　　səpər　　elip　　　　berixtiki
新しい　　長　　征（に）　取りかかって　行くことの

- 276 -

8. ウイグル語音声資料──北京放送

yüksək	кizоɋinliоɋini	toluк	ipadilidi.
高い	熱心さを	完全に	表明しました。

44
Ilimiz	ayallirining	bu	кetimki	mislisiz	təntənəlik
わが国	婦人の	今	回の	例のない	盛んな

yiоɋiniоɋa	кatnaxкan	ikki	mingоɋa
会に	参加した	2	千に

45
yeкin	wəkil	yiоɋinda	səzgə	qiкix	wə
近い	代表（は）	会議で	発言	すること	および

guruplarda	muzakirə	кilix	dawamda	əz ara
グループで	討論	する	中で	たがいに

46
ügünüp	əz ara	ilħam	berdi.	Yiоɋinning
学び	たがいに	励し（を）	与えました。	会議の

roħini	əstayidil	təxwiк	кilip	wə	izqil	ijra
精神を	真剣に	宣伝	し	そして	一貫して	実行

47
кilip	partiyəning	rəħbərligidə	pütün	məmlikitimizdiki
して	党の	指導で	全	国の

yüz	milyonliоɋan	ayallarni
百	百万もの（＝数億の）	婦人を

48
səpərwər	кilip	ilimiz	ayallirining	yengi	dəwrdiki
動員	して	わが国	婦人の	新	時代の

yüksək	wəzipisi	orunlax	üün
高い	任務	達成	のため

49
tirixip	kürəx	кilixкa	bəl	baоɋlidi.
努力し	闘争	すること	を	決心しました。

── 277 ──

第3部　トルコ系諸言語

④フォネームと異音

　もっぱら上の音声資料をもとに、この方言のフォネームについて考える。以下〔　〕の中の数字は①音声表記の引用行数で、必要に応じ（意味）/フォネーム表記/の順序に記述する。

　まず音節の種類は/V, CV, CVC, VC, VCC, CVCC/の6つで、これらのうち/CV/と/CVC/がもっとも基本と見られる。/CCV, CCVC, CCVCC/のようなタイプはないが、外来語で〔1. stɑnsᵊsi〕（局）/stan=sa=si/＜ロシア語 станция のような例はある[9]。/-CC/はごく限られた子音群であって/halk/、/alt/、/kɨrk/、/tört/、/devr/の5例が認められた。〔42. bɑʃʃnəɣədɛkɪ〕（先頭の）は〔10. bɔʃ〕（主）や〔3. bɑʃtájmiẓ〕（始める）と同じ語根からなり、強調された音声のあらわれと認められるから/baš=li=ɣi=de=ki/である。

1) 子音フォネームは、つぎのようである。ただし/c/は、ごく一部の中国語借用語にのみ認められる。本資料では人名の〔17. tzæɛ̌〕（蔡）/cay/があるだけであるが、このあとの放送で男性アナウンサーは同名の蔡を〔sɛ̌ĩ〕と発音している。

	唇	歯	硬口蓋	軟口蓋
閉鎖音	p　b	t　d		k　g
破擦音			c　č　j	
摩擦音	f　v	s　z　š　y		h　ɣ
流　音		l	r	
鼻　音	m	n		ŋ

　以下それぞれの子音フォネームの特徴について観察する。

閉鎖音

　破裂の程度は東京方言のそれに近いか、やや強い。とくに語頭では、無声・有声とも軽い帯気音である。無声音は、語および音節のはじめにも、おわりにも現われうるが、有声音は語末に現われず、音節末でもごく少ない〔24. ɑˑbrojɑˑ〕（信望へ）/ab=roy=ɣa/、〔9. tɛbriklɛʃ〕（祝）/teb=rik=leš/。

− 278 −

8. ウイグル語音声資料——北京放送

語末の/-p, -t, -k/は内破音であるが、母音フォネームがつづくと有声化することがある、/ineklap/（革命）→/ineklabi/（革命的）cf. /ineklapči/（革命家）、/alt/（前）→/aldi/。しかし、これは語によって有声化するものと、しないものとが定まっていて、/gezit/（新聞）、/hizmet/（奉仕）、/šarip/（光栄）などは有声化しない。

中国語の無声無気音は/b, d, g/で対応する/linbiyav/（林彪）、/daŋ/（党）、/joŋgo/（中国）。有気音は/p, t, k/で対応する/pipan/（批判：あとの放送に出る）、/toŋšun/（通訊）、/kaŋ/（康）。

/p/ と /b/

〔34. næppær〕（人）は〔20. nɛpær〕や〔35. næpær〕と同じフォネーム/neper/。〔31. pæˑs〕と〔43. pirstki〕の〔p-〕は、それぞれ直前の語末無声音に同化したもので/beš/（五）、/baristeki/（行くことの）。〔36. lɛn〕は〔4. bɪlɛn〕や〔9. 38. bilɛn〕の弱まり語形（付属語）と認められる。

/t/ と /d/

母音/i/の前で口蓋化することがある〔34. ʧĭkʈi̥, 4. keʈɪmkɪ. 44. keʈimki, 37. næʤidʒlerini, 42. çipaːdɛlɛʤ, 1. radʲjo, 36. 38. tonuʃtúrʤi〕が、同じ環境でも口蓋化が目立たない場合もあるから、これらは自由異音と認められる/čikti, ketimki, neticelerini, ipadeledi, radiyo, tonušturdi/。

〔10. kiʈip〕では母音間にあって/-t-/が半有声化している。〔6. 15. ɗaklḁdi, 28. ɗaklaˑdi〕における無声化は、直前の語末の/-t/に同化したもの/dakladi/であるが、正書法のdokladiと第一音節の母音が異なる。

完了形活用語尾/-di/は、しばしば母音の無声化〔32. sɑjlándi̥〕や消失〔42. çipaːdɛlɛʤ〕が見られ、さらにこの語尾全体が語幹と融合してしまうことがある〔20. diː〕（言った）/dedi/、〔30. ʧikin〕（出された）/čikildi/、〔46. bɛˑʃ〕（与えた）/berdi/。これは、この語尾がよく用いられること、コンテクストで了解されてしまうので「内言」化する、などのためと考えられる。

/k/ と /g/

〔q〕で表記した〔15. qɑˑrɑˑri〕や〔11. qɑjnəm〕にあっては、かなり後よりの/k/が認められ、〔c〕で表記した〔37. cæltyrgɛn〕や〔39. cœːŋl〕にあっては、か

- 279 -

第3部　トルコ系諸言語

なり前よりの/k/が認められる。これらは、それと結びつく母音の性質によって条件づけられていて、〔q〕と〔c〕が対立するフォネームの反映であるとは認められない。同じ形態素たとえば/kurultay/の/k-/は〔q〕の前よりの変種でも発音されるし、〔k〕の後よりの変種でもある。/g/についても同様で〔36. g̊orok, 41. g̊orox〕などは〔G-〕と表記してもよい。

　正書法ではkとκを区別しながら、gは一種である。中国とソ連のトルコ諸語正書法は音声にかたよりすぎたもので、また、過去のアラビア・ペルシャ文字における区別のなごりをとどめている、と批判することができよう⁽¹⁰⁾。

　〔5. 14. 30. ræçpærnɪk̟〕は、つづく〔oːrgɛn-〕とともに〔goːr-〕のように発音されている。〔34. sækks〕（八）、〔35. toqs〕（九）は1例ずつしかないが、おそらく/sekkiz/、/tokkuz/であろう。ちなみに正書法のikki（二）は〔31. iʃki, 44. ʃki〕の2例によって、この方言では/iški/と認められる。

　〔41. dʒinaːjættirje〕（罪pl. へ）の最終音節は与格語尾/-ge/の弱まったもので/jinayetlerge/。〔34. 45. ʧœːzkɛ〕（ことばへ）/čözge/の〔k〕は、/čöz/という語の/-z/が普通無声化して発音されるため、それに引かれたのであろう。

破擦音　/č/と/j/

　語および音節のはじめにも、おわりにも現われうる。破裂の程度および摩擦のするどさは東京方言のそれよりやや強い。部分的に/č-/は他の方言の/s-/に対応する〔10. 43. ʧæpær〕（旅）/čeper/、〔34. 45. ʧœːz, 35. ʧœz〕（ことば）/čöz/。これらは正書法ではsəpərとsøz。ただし、この方言でも/ čöz /と/ söz /はダブレットと見られる。〔20. 26. ẙʃ〕（三）は他に例がなく/üč/か/üš/か決めかねる。〔17. ʃtin〕は〔14. ʧʸʃtin〕（昼から）/čüštin/の弱まり語形である。/j/は借用語に多く現われる。〔26. ẙʃinn〕（第三）では/-j/が、つぎの〔n-〕と同化している。

　中国語のそり舌音chとzhは〔ʧ〕と〔dʒ〕で発音され、別のフォネームとはならない。〔17. ʧaŋ〕（暢）/čaŋ/、〔18. 24. dʒuːʃiː, 42. dʒuˑʃiˑ〕（主席）/juši/。ロシア語のtsも一例だが/č/で受ける〔36. saˑʧialistik〕。

摩擦音 /v/

語および音節のはじめにも、おわりにも現われうる。歯唇音としては摩擦の弱い〔ʋ〕、ないしは〔w〕である。この資料には〔f〕の例はないが、ロシア語・中国語からの新しい外来語に /f/ を認めることができる。〔27. dɛərdɪkɪ〕は〔23. 48. dæːʋrdɪkɪ〕の弱まり語形である。

/s/ と /z/

すべての位置に現われる。〔32. sɑjlándi̥, 33. sɑjlándi〕の語頭の〔s-〕は、直前の〔-p〕に同化して破裂音化し〔tɑjlandi〕に近い。しかし〔24. sɑjlaʃ〕や〔6. 14. 30. sɑjlap〕ではそのようなことがない（選ぶ）/sayla-/。前述のとおり /söz/ と /čöz/ が共存している可能性がある。

/z/ は語末で常に無声化（半有声化）する。とくに〔31. jys〕（百）/yüz/、〔34. sækks〕（八）/sekkiz/、〔35. toqs〕（九）/tokkuz/、〔35. ʔoːttu̥s〕などの数詞の語末では完全に無声である。〔19. dɑldɛkilənin〕の語頭の〔d-〕は、直前の〔-n〕に同化したものである（会場の）/zaldekilerniŋ/。

/š/ と /y/

すべての位置に現われる。〔ʃ〕は東京方言などのシではなく、摩擦がするどい。音節末で〔-s〕と発音されることがある〔19. ʔalqis〕（拍手）/alkiš/、〔43. pirstki〕（行くことの）/baristeki/、〔31. pæˑs〕（五）/beš/、〔17. qilis〕（すること）/kiliš/。あとの2語は〔32. bɛʃ〕、〔45. qiliʃ〕という形でも現われる。

〔j〕の摩擦は、かなり明瞭である。とくに文頭で強調されると〔ʒ-〕に近づく。〔ʒ-〕はカザック語的である。/yiɣin/（会議）の8例中〔46. ʒiːɣinnin〕だけが第一音節に長母音を有するのは強調を物語る。〔15. 38. ʔɔjjɑnnaˑ, 47. ʔɔjjɑllaˑni, 25. ʔɔjjɑnnaˑnn〕（婦人たち）/ayallar/ なども語中の /y/ に力が入ったもの。〔21. oˑŋŋinni〕（十年を）/on yilni/ は /n/ と /y/ の相互同化の好例である。

/h/ と /γ/

すべての位置に現われる。/h/ は前舌母音とともに〔h〕ないし〔ç〕、後舌母音とともに〔x〕ないし〔χ〕という傾向を有するが、かなり自由変異的である。正書法では h〔x〕と ḥ〔h〕を区別しているが、〔6. çizmɛt, 15. xizmɛt, 28. hizmɛt〕

第3部　トルコ系諸言語

のような例を見ると、フォネームの体系的対立があるとは認めがたい。/h/を
ふくむ語のほとんどが、アラビア・ペルシャ語借用語であり、多分にその正書
法を引きついでいる⁽¹¹⁾。

〔9. ʔær〕（それぞれ）/her/は〔22. hæːr〕の弱まり語形、〔42. 43. çipaːdɛ〕（表明）
/ipade/と〔23. çiʧidɛ〕（内で）/ičide/の〔ç-〕は直前の〔-k〕、〔-t〕からのわたり
音であって/h/ではない。後者には〔19. iʧidɛˑ〕という形もある。

/ɣ/は〔ɣ〕ないし〔ʁ〕であるが、環境に同化して〔42. dandʒoɲaŋŋə〕（党中
央へ）/danjoŋyaŋya/、〔9. ʁalbılık〕（勝利の）/ɣalbilik/のような変種を生じう
る。これらは直前の〔ŋ〕の影響と説明しうる。また弱まって無声化したり、
母音の長音化要素となったりする〔47. mıljonnixan〕（数百万）/milyonliɣan/、
〔18. dʒːʃiːliːxaˑ〕（主席へ）/jušiliɣiɣa/、〔7. ajaˑláʃti〕（終った）/ayaɣlašti/、〔6.
toːrisitci, 28. toːrsıtkı〕（に関する）/toɣrasideki/。一方〔15. toɣrsideki〕という発
音もある。

流音　/l/

すべての位置に立ちうる。母音と関連して〔ḷ〕と〔ɬ〕がとくに目立つ場合が
ある〔14. ʔılgırı〕、（以前）/ilgiri/、〔11. małdʒilaˑ〕（牧人たち）/maljilar/、〔37.
qoːłɣa〕（手に）/kolɣa/、〔41. bołɣan〕（なった）/bolɣan/。もちろんフォネーム
として対立はしない。

このフォネームには異音が多く、〔n, t, d〕、ゼロなどが認められるが、同化
と弱化で説明しうる。進行同化の例として〔4. mæzmunnirni〕/mezmunlarni/、〔47.
mıljonnixan〕/milyonliɣan/、〔tæːntæninık〕/tentenelik/などは〔n〕のあとで/l/が
〔n〕になっているもの。〔12. xawarnaˑ〕/havarlar/、〔31. kataːrnək〕/katarlik/、〔5.
14. 30. ræçpærnıḳ〕/rehperlik/などでは〔r〕のあとでも〔n〕になっている。〔39.
æwlattaˑṇ〕/evlatlarni/、〔41. dʒinaˑjættirje〕/jinayetlerge/、〔27. 31. nœwættik〕/
növetlik/、〔5. 6. 13. 15. 18. 26. 30. 31. mæːmlikɛttik〕/memleketlik/などは〔t〕
のあとで/l/が〔t〕になっているもの。〔22. iʃterı, 38. iʃtɛʃtki, 39. iʃtıp〕/išleri,
išlešteki, išlep/、〔36. 41. kiʃtik〕/kišilik/、〔3. baʃtájmıẓ〕/bašlaymiz/などは〔ʃ〕
のあとでも〔t〕になっているもの。〔36. ʔizdɛrını〕/izlerini/は〔z〕のあとで/l/が〔d〕
になっている。もちろん上のような環境でも〔l〕を保っている例がある。

逆行同化の例として〔21. oˑɲɲinni〕/on yılni/で〔n〕の前の/l/が〔n〕となって

- 282 -

いるものがある。18例をかぞえる複数形/ayallar/は、その7例が〔ajannər〕のように/ll/が〔nn〕で現われる。これはどう説明すべきだろうか。

フォネーム/l/の縮小・脱落として〔32. 33. bop〕/bolup/、〔36. kiɣan, 48. qi·p, 49. qiʃqa〕/kilɣan, kilip, kiliška/があり、ともによく用いられる動詞である。〔qi·p, qiʃqa〕において〔i〕の無声化が起っていないことに注意しよう。融合の例には、つぎの3つがあった〔40. sœːzøːdɛ〕/sözlerde/、〔36. bæːziː〕/beziler/、〔30. tʃi̥kin〕/čikildi/。

/r/

すべての位置に立ちうる。舌先のふるえ音〔r〕で、それが明瞭に観察されることも多いが、複数語尾などの音節末で弱まって先行母音の長音化として現われることも多い。

〔21. bulɑn〕（これら）/bular/は、つづく〔nættʃɛ〕の頭音に同化したもの。〔5. 8. 13. 31. 35. 40. tœrt, tørt〕（四）/tört/は正書法ではtøtとなっているが、明らかに〔r〕が認められる。〔46. əræçpærligidɛ〕（指導で）/rehperligide/では語頭の母音添加をひきおこしている。

鼻音　/m, n, ŋ/

語頭に現われない/ŋ-/をのぞき、すべての位置に立ちうる。〔12. ʔɛndɛ〕（いま）/emde/、〔16. 29. niːzannaːmesɯ〕（憲章を）/nizamnamesini/などでは〔n〕＜/m/の逆行同化が見られる。

〔8. rɛmmin〕（人民）/renmin/、〔13. oːɲjætɯndʒ〕（17番目）/on yettinji/、〔35. 40 lɯmbiəo〕（林彪）/linbiyav/などでは〔m, ɲ〕＜/n/の逆行同化、〔7. niːzammaːmesɯ〕では進行同化、〔21. oːɲɲinni〕では/n/と/y/の相互同化が見られる。

/-ŋ/は属格語尾/-niŋ/と中国音に多く見られ、音節のはじめでは〔39. cœːŋl〕（心）/köŋül/、〔jɛːŋi, jɛ́ŋi, jɛːŋə〕（新しい）/yeŋi/に現われる。

－ 283 －

第3部　トルコ系諸言語

2) 母音フォネームは次のようである。

	前　舌		後　舌	
		円　唇		
狭	i	ü	u	ɨ
中		ö	o	
広	e			a

　この体系はトルコ共和国のトルコ語と基本的には同じであるが、母音調和が
トルコ語ほど強力でなく、円唇同化も弱い。語幹と接辞の間で母音調和しない
ものとして、曲用語尾の-niŋ（属格）、-din 〜 -tin（奪格）、活用語尾の-di 〜
-ti（完了）などがあり、部分的に認められる円唇同化/öz-ü-müz/、/tonuš-tur-
u-muz/、/öt-küz-üp/のほかは/tört-inji cf. トルコ dördünjü/、/kün-i cf. トルコ
gün-ü/など円唇同化が広く見られない。

　音声資料では、/r/などの母音化によって生じたものをのぞき、きわめて多
くの長母音あるいは半長母音が観察される。これらの長音要素はフォネームと
して一単位をなすものであろうか。そうではない。同じ形態素の中で長くも短
くも発音されている、〔jɛːŋi〕と〔jeŋi〕、〔qaˑraˑri〕と〔qɔraˑri〕、〔mæːmlikɛttik〕
と〔mæmlikɛttik〕など。そして開音節は長めに発音される傾向を有する。中国
語借用語の開音節は、たいていやや長い、〔dʒuˑʃiˑ〕（主席）。他の借用語のうち、
原語の長母音を保って長く発音されるのが普通であると思われるものもある。
たとえば〔niːzannaːmesɪ〕。しかし、いずれも長母音の音節と短母音のそれと
の間に体系的な対立はないから、長音要素はフォネームとして無視される。

　〔ʔ〕について。母音で始まる語の前には弱い声門閉鎖音が聞かれる。文頭など、
ときに明瞭にわかることがある〔24. ʔuˑlaˑni, 37. ʔæːlə, 23. ʔæːmɪlɪ〕が、これ
をフォネームのひとつに数える必要はあるまい。

　語末の開音節で母音が鼻音化することがある〔8. ribɔ̃〕（日報）/ribo/、〔23.
xaˑlqaradɔ̃〕（国際的に）/halkarada/、〔34. mɛːzgɪldɛ̃〕（時期に）/mezgilde/、〔26.
genɛ̃〕（また）/gene/。これはウズベック語でも観察されるが、フォネームとし
て無意味である。

－ 284 －

狭母音　/i, ü, u, ï/

/i/は〔i〕ないし〔ɪ〕。/ü/は〔y〕より広く〔ʏ〕あるいは後よりの中舌的な変種〔ʉ〕。/u/はほとんど〔o〕（〔ɷ〕）と表記すべきもの。/ï/は〔ü〕、〔ï〕ないし〔ə〕の高めのものである。正書法ではiのみであるが、この方言では/i/と/ï/の2つのフォネームが認められる。

　これらは語のすべての位置に立ちうる。無声子音にはさまれると常に無声化し〔31. ki̥ʃi̥, 14. tʃy̥ʃtin, 35. ʔo:ttu̥s, 45. tʃiqi̥ʃ〕、ときに消失する〔34. sækks〕/sekkiz/、〔32. kʃi̥〕/kiši/、〔35. toqs〕/tokkuz/。しかし〔20. y̥ʃ, 36. ʔi̥ʃ, 44. ʃki〕にあっては、無声子音間にないのに/ü, i/が無声化し、語頭の/i/が落ちている。この3語は他に1例、4例、1例ずつあるが、すべて無声化しており、いずれも/š/の前にあるから、この無声子音の影響と見られる。

　音節のはじめに子音群を許さず、音節末でも前述のようにごく限られた子音群しか許さない音節構造をもっているために、〔49. treʃip, 18. b(i)rlɛʃmisinŋ, 39. cœːŋl, 34. jig(i)rmæ〕などは/tirešip, birlešmesiniŋ, köŋül, yigirme/の実現と見ることができる[12]。

中母音　/ö, o/

/ö/は〔œ〕ないし〔ø〕、/o/はやや前よりの〔o+〕である。特徴的なことは、これらのフォネームが第二音節以下に現われないことである。現われる場合は外来語だけである、/radiyo, milyon, joŋgo（中国）、ribo（日報）/など。

広母音　/e, a/

　語のすべての位置に立ちうる。/e/は〔æ〕ないし〔ɛ〕、/a/は〔ɑ〕ないし〔ʌ〕、ときにやや円唇の〔ɔ〕、〔ɒ〕。正書法ではeとɔで/e/の狭広を区別しているが、少なくともこの資料の方言では自由異音と見られる。広母音は語末音節の狭母音の強力な逆行同化によって、しばしば狭い変種として実現する。

〔注〕

（1）文字化の準備のために、アンカラ大学の言語歴史地理学部・中国学講座（Ankara Üniversitesi, Dil Tarih-Coğrafya Fakültesi, Sinoloji Kürsüsü）のDr. Pulat Otkan氏の援助をいただいたことを記し、あつく感謝する。

第3部　トルコ系諸言語

（2）『中国少数民族』北京 1981, p. 174.

　　Всесоюзная Перепись Населения, 1970 Года. Москва 1976, p. 197.

　　СССР в Цифрах в 1980 Году. Москва 1981, p. 14.

（3）〔baʃtájmɨẓ〕、〔tonuʃtúrumuẓ〕などは、それぞれ2語と認めるべきかもしれないが、別の機会に論じる。

（4）1978年末からは中国語のʤoŋjaŋ（中央）をやめて、アラビア語借用語mærkæz を使う（日那暢夫氏の教示による）。

（5）主に利用した辞書は：

　　G. Jarring—*An Eastern Turki-English Dictionary.* Lund 1964.

　　Н. Наджип—*Уйгурско-Русский Словарь.* Москва 1968.

　　新疆维吾尔自治区文字改革委员会编『维语正字词汇』1976.

　　新疆教育出版社编『汉维简明小词典』1976.

（6）竹内和夫「現代ウイグル語の曲用」（『民族学研究』第28巻第2号）1964.

（7）竹内和夫「新疆ウイグルの文字改革」（『朝日新聞』1978. 2. 27）

（8）資料13行以下に相当する中国文はつぎのようである：

　　　　新华社北京九月十七日电　中国妇女第四次全国代表大会今天上午举行全体大会，选举新的领导机构，通过关于工作报告的决议和全国妇联章程。

　　　　在上午的大会上，全体代表经过酝酿，一致推选宋庆龄，蔡畅，邓颖超为全国妇联名誉主席。康克清同志在全场极其热烈的掌声中代表大会表示：　她们三位是我们老一辈的革命家，她们几十年如一日，为中国革命，为妇女解放事业作出了卓越的贡献。她们有各个革命时期丰富的实践经验，在国内，在国际都享有崇高的威望。推选她们当我们的名誉主席是我们全国妇女的愿望和光荣。

　　　　大会还通过了关于康克清同志代表全国妇联三届执行委员会向大会所作的《新时期中国妇女运动的崇高任务》的工作报告的诀议，通过了中华全国妇女联合会新的章程。

　　　　大会选举了全国妇联新的领导机构。康克清同志等二百四十五人被选为第四届全国妇联执行委员，另有五十五人被选为候补执行委员。

　　　　整个大会期间，有二十八位代表在全体大会上发了言，有三十九位代表作了书面发言。她们有的介绍了与林彪，"四人帮"英勇斗争的事迹，有的汇报了在社会主义革命和建设中取得的优导成绩，有的介绍了做好妇女工作的经验，有的介绍了全心全意搞好后勤，精心培育后代的体会。她们激动人心的发言，充分表现

了对林彪，"四人帮"一伙的滔天罪行的无比仇恨，表现了紧跟华主席为首的党中央进行新长征的高度热情。

参加我国妇女界这次空前盛会的近二千名代表，在大会发言和小组讨论中互相学习，互相勉励，决心认真宣传和贯彻执行会议精神，在党的领导下，把全国亿万妇女动员起来，为完成新时期我国妇女的崇高任务而努力奋斗。

（9）/is=tan=sa=si/と解釈すべきかもしれない。正書法はistansaである。

（10）こころみに『維吾正字詞彙』によってk-とк-の分布状況を、第一音節母音ごとに調べてみると、つぎのような興味ある数字がえられた（数字はおよそのページ数）：

	a	o	u	e	ə	i	θ	ü
k	6	3	1	3	4.5	3	6	3.5
қ	13.5	6	4.5	2	3.5	6.5	0	0

（11）上と同じくҳとhの分布を調べると：

	a	o	u	e	ə	i	θ	ü
ҳ	5	1	4語根	1語根	5	2	1.5	0.5
h	4	2	3	1	2	2	0	0

ページ数がすくなくkとкのようなきれいな分布を示してはいないが、円唇母音については対照的である。1974年夏ウズベック共和国を訪ねたとき、ヒワ市のある池のふちに立っていた2枚のほぼ同文の立札（十数メートルしか離れていない）は、кとқ，хとҳについて、つぎのような異同をみせていた：

立札A	立札B	正書法	意味
катьан	қатьан	қатъиян	きびしく
килинади	қилинади	қилинади	されている
балик		балиқ	魚
хавуз		ҳовуз	池
шаҳар	шаҳар	шаҳар	市

第3部　トルコ系諸言語

ウルゲンチ市の街のスローガンも мехнат と正書法 меҳнат「労働」、タシケント市でもブラハ市でも мехмонхона と正書法 меҳмонхона「ホテル」、халк と正書法 халқ「人民」などの混乱を示していた。これらは単なる書きあやまりとは思われない。

（12）N.S. Trubetzkoy―*Grundzüge der Phonologie.* 1958, 1977[6], p. 57 In vielen Sprachen 以下、長嶋善郎訳『音韻論の原理』1980, p. 69。なおこの部分の Cantineau によるフランス語訳 1949, p. 65 はよいが、Baltaxe による英語訳 1971[2], p. 62 には誤訳がある。日本語訳 *pširmoq*《煮る》は《料理する》の方がよい。

（1982. 12. 25『岡山大学文学部紀要』No.3）

9. トルコ諸語のなかでの現代ウイグル語の位置

現代トルコ諸語は、**5. トルコ諸語の指示語**で掲げた地図で見られるように、ユーラシア大陸の東西にひろく分布しています。このなかで現代ウイグル語が、どんな位置をしめているか、いくつかの点で考えてみることにします。

まず話し手の数から見てみましょう。人口の資料は、つぎの文献から取りました。いまの時点では、もっと多くなっていると考えられます。

① *Численность и Состав Населения СССР*, Москва 1984 (これは 1979 年の調査結果です。1989 年の調査結果はまだ発表されていません)
② Barbara F. Grimes (ed.)—*Ethnologue, Languages of the World*, 11th edition, Texas 1988 (イランやアフガニスタンのトルコ諸語について)
③「中国の少数民族」(『北京周報』No.22, 1983)

トルコ共和国の人口は 1985 年に 5,000 万人をこえました。

ソ連の統計によれば、この数十年間にわたって、トルコ系の民族のいちじるしい増加がみとめられます。民族別の人数と民族語の使用者数のパーセンテージも、くわしく知ることができますが、ここでは話し手のおよその数(万人単位)を示すことにします。正書法をもっている 19 の言語を、その話し手の数の多い順にならべてみますと

トルコ語	4,500 万人
ウズベック語	1,350 万人
アゼルバイジャン語	1,150 万人
カザック語	730 万人
ウイグル語	620 万人
タタール語	540 万人
トルクメン語	260 万人
キルギズ語	200 万人
チュワシ語	150 万人
バシキル語	92 万人

第3部　トルコ系諸言語

ヤクート語	32万人
カラカルパック語	29万人
クムック語	23万人
カラチャイ・バルカル語	19万人
トゥバ語	17万人
ガガウズ語	15万人
ハカス語	6万人
アルタイ語	5万人
ノガイ語	5万人

　カラチャイ・バルカル語はコーカサスで話され、ガガウズ語はウクライナ、モルドバなどで話されています。
　19言語の正書法で使われている文字は、トルコ語がローマ字を、ウイグル語がアラビア・ペルシャ文字を基礎にしているのにたいし、ソ連の諸言語はロシア文字を基礎にしています。いずれにしても、それぞれの正書法の歴史は浅く、発音にちかい音素文字であらわそうとしている点では共通しています。もちろん個々の文字についての問題点はあります。いま「道」と「ない」をあらわす単語が、どのような文字で書かれているかを示してみましょう。

	「道」	「ない」
トルコ語	yol	yok
ウズベック語	йўл	йўқ
アゼルバイジャン語	jол	joх
カザック語	жол	жоқ
ウイグル語	يول	يوق
タタール語	юл	юк
トルクメン語	ёл	ёк
キルギズ語	жол	жох
チュワシ語	çул	çук
バシキル語	юл	юк
ヤクート語	суол	суох

- 290 -

カラカルパック語	жол	жоқ
クムック語	ёл	ёкь
カラチャイ・バルカル語	джол	джокъ
トゥバ語	（oruk）	чок
ガガウズ語	йол	йок
ハカス語	чол	чох
アルタイ語	jол	jок
ノガイ語	йол	йок

　さてつぎに、19言語の分類です。言語の分類は音韻論、形態論、語彙論などのすべての分野にわたって総合的に行われなければなりませんが、ここでは、ごく一部の母音と子音の対応関係などにだけしぼって、ひとつの分類をこころみることにします。そのまえに、音の対応ということについて、ひとことふれておきます。19の言語はチュワシ語を別にして、たがいに、さまざまな点でよく似ています。それは、さきほどの「道」を見てもわかります。しかし単に似ているだけではありません。例の「道」について言えば、語頭のy-がj-のほかs-やč-であらわれていますが、このあらわれ方が規則的であるということです。このように基礎語彙のあいだに音韻対応の規則性がみとめられる、すなわち「道」のほかのy-ではじまる単語「年齢」（ウイグル語ياش yaš）とか「ない」（ウイグル語يوق yoq）とかいう単語の場合でも、j-やs-やč-のあらわれ方に規則性があるとき、それらの諸言語は系統をひとしくすると言います。たがいに親族関係にあるとも言います。これが語族とよばれるもので、これらのトルコ諸語は、むかし単一の言語であったと仮定することができます。

　さて母音oは、さきほどの「道」で、つぎのように対応するようです。以下すべてローマ字になおして（転写して）示すことにします。

（表1）	ヤクート語	-uo-
	トルクメン語	-ō-
	タタール語	
	バシキル語	-u-
	チュワシ語	

第3部　トルコ系諸言語

　　　　その他14言語　　　-o-

　ウイグル語は、その他14言語の仲間です。まえの語中の-o-が（表1）のように対応するのかどうかは、別の語でたしかめる必要があります。「ない」について調べてみますと、「道」とまったく同じ結果がえられます。「手」（ウイグル語قولqol）については、どうでしょうか。

（表2）　タタール語　　　⎫
　　　　バシキル語　　　⎬　-u-
　　　　チュワシ語　　　⎭
　　　　その他16言語　　-o-

　ウイグル語は、その他16言語の仲間です。（表1）と（表2）のちがいは、むかしの*-ō-と*-o-が現代語に反映しているすがたを示しています（*のしるしは文献のない時代の、むかしの推定音を示します）。
　つぎに母音aは、「年齢」という語で、つぎのような対応を示しています。

（表3）　ヤクート語　　　⎫
　　　　トルクメン語　　⎬　-ā-
　　　　タタール語　　　⎫
　　　　バシキル語　　　⎬　-ä-
　　　　チュワシ語　　　-u-
　　　　ウズベック語　　-ɔ-
　　　　その他13言語　　-a-

　ウイグル語は、ここでも、その他13言語の仲間です。動詞語根「行く」（ウイグル語بارbar-）については、どうでしょうか。

（表4）　チュワシ語　　　-i-
　　　　ウズベック語　　-ɔ-
　　　　その他17言語　　-a-

9. トルコ諸語のなかでの現代ウイグル語の位置

（表3）と（表4）のちがいは、むかしの*-ā-と*-a-が現代語に反映しているすがたを示しています。

つぎに母音-ü- は、「百」（ウイグル語يۈز yüz）という単語について、つぎの対応を示します。

（表5）　ヤクート語　　　-ü-
　　　　タタール語　　⎫
　　　　バシキル語　　⎬　-ö-
　　　　チュワシ語　　⎭
　　　　ウズベック語　　-u-
　　　　その他14言語　　-ü-

以上（表1）から（表5）までの、限られた母音の対応関係から見ますと、現代ウイグル語は、その他13〜17言語の仲間であることがわかります。

子音にうつります。語頭のy-は、「道」に関して、つぎの対応を示します。これは「ない」（ウイグル語يوق yoq）などに関しても同じです。

（表6）　ヤクート語　　　　　　　s-
　　　　ハカス語　　　⎫
　　　　　　　　　　　⎬　č-
　　　　トゥバ語　　　⎭
　　　　チュワシ語　　　　　　　ś-
　　　　アルタイ語
　　　　キルギズ語　　　⎫
　　　　カラチャイ・バルカル語　⎬　j-
　　　　カザック語　　　⎭
　　　　カラカルパック語
　　　　その他10言語　　　　　　y-

ウイグル語は、その他10言語の仲間で、タタール語とバシキル語を別とすれば、のこりの8言語は北緯40度のあたりに分布しています。

つぎに語頭のk-に関して、動詞語根「来る」（ウイグル語كەل käl-）は、つぎ

- 293 -

第3部　トルコ系諸言語

の対応を示します。「目」（ウイグル語 كۆز köz）なども同様です。

（表7）　クムック語
　　　　　トルコ語
　　　　　アゼルバイジャン語　　　g-
　　　　　トルクメン語
　　　　　ガガウズ語
　　　　　その他14言語　　　　　k-

　ここではウイグル語は、（表6）の北緯40度線グループからはなれてしまい
ます。
　語頭の子音t-について調べてみます。「山」（ウイグル語 تاغ tağ）の対応は、
つぎのようです。

（表8）　トルコ語
　　　　　ガガウズ語
　　　　　アゼルバイジャン語　　　d-
　　　　　トルクメン語
　　　　　トゥバ語
　　　　　その他14言語　　　　　t-

　（表7）とよくにた関係を示しています。ところが「歯」（ウイグル語 چىش čiš）
では、

（表9）　トルコ語
　　　　　ガガウズ語
　　　　　アゼルバイジャン語　　　d-
　　　　　トルクメン語
　　　　　トゥバ語
　　　　　チュワシ語　　　　　　š-
　　　　　ウイグル語　　　　　　č-

- 294 -

9.トルコ諸語のなかでの現代ウイグル語の位置

その他12言語　　　　t-

　ウイグル語は、仲間はずれになってしまいました。これは*tiš の語末の摩擦音-š の影響で t- が破擦音に変ったものと考えられます。「髪の毛」*sač や動詞語根「落ちる」*tüš- なども、ウイグル語では čač چاچ、čüš- چوش に変っています。

　最後に数詞「4」を比較してみましょう。

（表10）

言語	形
トルコ語	
ガガウズ語	
アゼルバイジャン語	
ノガイ語	dört
クムック語	
トゥバ語	
トルクメン語	dȫrt
タタール語	dürt
バシキル語	
カラチャイ・バルカル語	
カザック語	
カラカルパック語	tört
キルギズ語	
アルタイ語	
ハカス語	
ヤクート語	tüört
チュワシ語	tövat
ウズベック語	tort
ウイグル語	töt

　ここでもウイグル語は孤立しています。むかしの形*dört を立てておきます。
　以上の限られた母音と子音の比較から、現代ウイグル語の音韻的特徴を、いくつかあげてみましょう。

– 295 –

第3部　トルコ系諸言語

(1) 母音については、ヤクート語のような長短の区別をもたず、タタール語などの西北グループとはちがった、多数派に属しています。しかし、すでにおわかりのように、ウイグル語には広母音の弱化という、いちじるしい音声上の特徴があります。yaš→yeši「その年齢」、bar-→beriš「行くこと」。

(2) 子音については、北緯40度線グループではありますが、西南グループとはちがい、ウズベック語とともに東方グループに属しています。

(3) t-やs-がč-に変化する傾向をもっているのも、ひとつの特徴です。

(4) 音節末の二重子音をきらって、-r-や-l-の脱落する現象がよく見られます。ウイグル語'altä「6」と'atmiš「60」を比較。

　最後に文法のうち形態論にかかわる部分を、ひとつだけ取りあげてみましょう。ウイグル語では、確認完了の活用語尾に第1人称複数の語尾がついた形は-duqです。トルコ諸語において、この語尾がどう現れるかを見ることにします。
　第1人称複数の人称代名詞biz～mizに由来すると思われるものが接尾するのは、

（表11）　チュワシ語　　　-mərなど
　　　　　ヤクート語　　　-bit…
　　　　　トゥバ語　　　　-wis…
　　　　　ハカス語　　　　-bis…
　　　　　アルタイ語　　　-bis…（ただし-kも）

のようにチュワシ語と東北語派で、残りは-kが接尾します。ここでは他の15言語の仲間にウイグル語も加わっていますが、くわしく見ると、この語尾はウイグル語では常に-duq～-tuqのように後舌の円唇母音の形に固定していて母音調和しない点が、ほかとことなっています。単数'idimに対して複数形は'iduq（複合活用では-tuqも）であり、一般の動詞もつぎのようです。

　与えた　　　bärduq　（トルコ語ではverdik）
　取った　　　'alduq　（　　〃　　　aldik）

- 296 -

9. トルコ諸語のなかでの現代ウイグル語の位置

見た	körduq	（	〃	gördük）
なった	bolduq	（	〃	olduk）
去った	kättuq	（	〃	gittik）
押した	bastuq	（	〃	bastik）
落ちた	čüštuq	（	〃	düštük）
つかんだ	tuttuq	（	〃	tuttuk）

（1991. 2. 20『現代ウイグル語四週間』大学書林 p. 408 〜 418）

第3部　トルコ系諸言語

10. 旧ソ連文字事情 ―トルコ系諸国でロシア字からローマ字へ―

①トルコ諸語（方言）について

　旧ソ連には100をこえる民族と言語があった。黒海沿岸から中央アジアをへて、東シベリアにいたる広い地域に、トルコ系の諸言語（方言）が分布している。その人口とそれぞれの民族語の使用率を1989年の統計 CCCP B ЦИФРАХ B 1989 ГОДУ によって示しておこう。1万人未満を切りすてる。（　）は原地読みである。

ウズベック	1,669万人	98.3%
カザック	813万人	97.0%
アゼルバイジャン	677万人	97.7%
タタール	664万人	83.2%
トルクメン	272万人	98.5%
キルギス（クルグズ）	252万人	97.8%
チュワシ	184万人	76.4%
バシキル（バシコルト）	144万人	72.3%
カラカルパック	42万人	94.1%
ヤクート（サハ）	38万人	93.8%
クムク	28万人	97.4%
トゥバ	20万人	98.5%
ハカス	8万人	76.1%
ノガイ	7万人	89.9%
アルタイ	7万人	84.3%

　これらの言語が共通のみなもとから分かれたものであることは、うたがいない。ただ、それらを独立の言語とよぶべきか、または方言とよぶべきかについては、考えかたによって主張がことなり、一定の基準がない。いま数詞（名詞の下位区分）の123を比較してみよう。

	1	2	3
ウズベック	bir	ikki	uč
カザック	bir	eki	üš
アゼルバイジャン	bir	iki	üč
タタール	ber	ike	öč
トルクメン	bïr	iki	üč
クルグズ	bir	eki	üč
チュワシ	pĕr	ikĕ	viś
バシコルト	ber	ike	ös
カラカルパック	bir	eki	üš
サハ	bïr	ikki	üs
クムク	bir	eki	üč
トゥバ	bir	iyi	üš
ハカス	pir	iki	üs
ノガイ	bir	eki	üš
アルタイ	bir	eki	üč

これらに2つの大方言をくわえよう。

トルコ	bir	iki	üč
ウイグル	bir	ikki	üč

②ソ連邦解体時の文字状況

　1917年のロシア革命、1922年のソ連邦成立からおよそ70年、1991年にソ連邦は解体した。それまでソ連邦を構成していた15の共和国では、どんな文字が使われていたか。

　アルメニアとグルジアは伝統的な固有の文字をもっていて、それがいまにひきつがれている。残りの13共和国のうちローマ字（ラテン文字）が使用されていたのは、いわゆるバルト3国とよばれるリトワニア、ラトビア、エストニア、それにルーマニア語と同じモルドバ方言の表記（1989年から許可されたもの）においてであった。これらはローマ字正書法がそのまま現在にいたっている。

－ 299 －

第3部　トルコ系諸言語

残る9共和国ではロシア字（キリール文字）が使われており、スラブ系の諸国ではそのままでよかったが、トルコ系のウズベック、カザック、アゼルバイジャン、トルクメン、クルグズの5共和国では、民族独立とともに、ロシア字からローマ字への移行が問題となってきた。

③文字とりかえの流れ

トルコ系の諸族は、古代のソグド文字やブラーフミ文字など例外的なものをのぞくと、突厥文字、ウイグル文字、アラビア文字、ローマ字、ロシア字そしてローマ字へと文字をとりかえてきた。これらは地域により、また言語集団により、ことなる取りいれかたをしている。時代もいろいろである。

もっとも古い碑文は、モンゴル高原で発見された突厥文字で書かれ、8世紀から9世紀に使われていた。右からの横書き文字である。ウイグル文字も元来右からの横書きで、9世紀から17世紀にわたっている。中央アジアでは、トルコ系諸族の多くがイスラム化するにつれて、11世紀からアラビア文字を取りいれ、今世紀にひきつがれている。

ロシア革命のあと、1920年代に入ると、つぎつぎと旧ソ連のトルコ諸族はローマ字を採用した。一例として、トルクメンのローマ字をお見せしよう。下の写真はトルクメン・ソビエト社会主義共和国の首都アシガバドの公園で、1978年夏わたしがとったものである。レーニン像の青白色の台座にローマ字がある。このアルファベットは1928年から1940年まで使われていたものである。

LENINIZM
レーニン主義は
GYNDOσJAR
東　方
HALQLARbNbN
諸　民　族　の
AAZATLbQ
解　放
JOOLb-DbR
の道　　である

- 300 -

10. 旧ソ連文字事情

　トルコ共和国はアラビア文字をすてて1928年以来ずっとローマ字を使いつづけている。

　ところが1937年ごろから、レーニンの民族政策に反するスターリンの大ロシア主義によって、ロシア字への転換がすすめられた。それはソ連の「共通語」としてのロシア語の学習をうながし、文化のロシア化をうながすものであった。1953年にスターリンが死に、スターリン批判の流れのなかで諸民族の自覚とともに自己の文化を見なおす主張が勢いをましてきた。ちなみにレーニンのおばあさん（父の母）は西モンゴル族のひとつ、ボルガ川下流域に住むカルムク人であった（蔵原惟人『若きレーニン第1部』新日本新書1969）。

　1991年のソ連邦の崩壊によって、ふたたびローマ字化への動きがはじまった。小川政邦氏によると（ナウカ『窓』1993・4）「アゼルバイジャンでは、すでに1992年9月からの新学年度で1年生の国語の授業に使う予定で、ローマ字教科書の印刷をトルコに発注した。しかし、入学式の一週間前に原稿が返送されてきた。アゼルバイジャンが採択したラテン文字によるアルファベットには特殊な音を表す特別な2文字が追加されているが、それをトルコ風に読むとまるっきり違った音になるので、トルコの出版社がアゼルバイジャンの教科書をラテン文字で印刷することを断ったのだった」という。

　中国の新疆ウイグル自治区では、事情が少し複雑である。ここに住むウイグル、カザック、クルグズなどは、中世のアラビア字から1930年代に一時ローマ字へ、そして1947年からロシア字を採用していたが、中国とソ連の関係が悪くなると、アラビア字とならんでローマ字化への動きがあり、1965年には漢語の拼音ローマ字がおしつけられた。この辺の事情については「新疆ウイグルの文字改革—文化大革命とその後—」（『朝日新聞』1978・2・27）に紹介しておいた。政治的内乱としての文化大革命をへてアラビア字が公的には禁止されていたが、1976年に毛沢東が死に、1982年からアラビア字正書法が復活している。

　シベリアのサハ族は、もともと文字をもたず、イスラム化もしなかったから、ローマ字による書きことばが、もっとも早く19世紀なかばにはじまっている。サハ語教育については山下宗久「サハ共和国（ヤクーチャ）の教育改革—民族文化の復興を目指して—」（ナウカ『窓』1996・3）を参照。しかし、ここでも1939年以来ロシア字正書法がおしつけられている。

第3部　トルコ系諸言語

④ローマ字はすぐれた文字

　すべての言語は音と意味からなっている。大部分の言語（方言）で、たがい
に区別されている音素は30前後という限られた数であるのにたいして、意味
概念は無限の広がりをもつ。文字は、かならず音をともなっているが、音素だ
けを、または音素と概念を視覚的な2次的な記号におきかえたものが文字であ
る。言語と文字の本質からいってローマ字はもっともすぐれた文字である。

　トルコ系の言語（方言）にとって、ロシア字とローマ字はどちらが合理的で
あるか。たとえば子音と母音からなる音節/ya, ye, yo, yu/をロシア字でя, e, ё,
юと表記するなどを考えただけでも、その優劣はあきらかであろう。アゼルバ
イジャンではロシア字正書法の時代でも1959年にйをjにかえ、それにとも
なってя, юをja, juに部分修正している。この改正にはロシア側からの抵抗が
あったであろう。いうまでもなく、音素と文字が一対一の関係にあるのがのぞ
ましい。この点でも/ʃ, ŋ, q/などを2字でдж, нг, кьなどと表記するのはまずい。
そのほかロシア字eが語頭では/ye/を、語中では/e/を表す、юが/yu, yü, ü/を
表すなど一貫性のない正書法もある。これは近い方言を正書法のうえで分断す
る、いわば「分割統治」の政策からでていると見られ、他言語の構造を無視し
たものといわざるをえない。

　ではアラビア文字はどうであろうか。トルコ系の言語（方言）の多くは母音
音素を8つもっている。ところが元来アラビア文字には母音を表す文字がな
かったから、子音字のyやwを用いて母音をも表すなどまぎらわしい。いろい
ろな書き方がされてきた。たとえば前掲の数詞1は右から左へbrと書かれbir
ともberとも読むことが可能である。drはdir, dır, dür, durなどの表記である。

　トルコ諸語のうち現在もアラビア文字正書法を採用しているのは、新疆ウイ
グル自治区だけであるが、ここでは音と文字が一致するように工夫改良されて
いるから、容易に読むことが可能である。しかし、まぎらわしい字形が多く、
文字としてはローマ字よりずっと劣ったものといわざるをえない。ちなみに、
英語のつづり方はローマ字の見本とは、とうてい言いかねるしろものである。
子音シをsh, チをchで表すなどは「国際的」でもなんでもない。

⑤トルコ諸族の共通アルファベットへ

　1991年8月30日、それはソ連邦の解体という大きな事件の発端である。旧

10. 旧ソ連文字事情

ソ連を構成していた15の共和国のうちの5つ、すなわちアゼルバイジャン、ウズベック、カザック、クルグズ、トルクメンといったトルコ系のソビエト社会主義共和国は、それぞれ独立の共和国となった。旧ソ連憲法には「連邦離脱の権利」が書いてあったが、名目にすぎなかった。ちなみに、アトランタのオリンピックには独立国として参加し、カザクスタンは金3銀4銅4の、日本につぐメダルを得ている。

　1991年11月18日から3日間、イスタンブルのマルマラ大学で、アルファベットに関する討論が行なわれた。参加した学者のうちわけは、コルクマズ女史をはじめとするトルコから9人、カザックから4人、ウイグルから1人、アゼルバイジャンから3人、バシコルトから2人、チュワシ、ダゲスタン、クリミア、ガガウズ（モルドバ）、カバルダ・マルカルから1人ずつであった。この会議には34文字からなるトルコ諸族に共通のアルファベットが提出された。参加者は合意文書「現代トルコ諸族アルファベット・シンポジウムの結論」に署名した。このアルファベットは、トルコ共和国のトルコ語のために使われている29文字に5文字（ä, x, q, ñ, w）を加えたもので、それぞれの言語（方言）のローマ字表記はこの枠におさまるというものである。重要な原則が確認された。それは1音素1文字という対応を守るということである。マルマラ会議から35日後、アゼルバイジャン議会は32文字からなるアルファベットを採用した。ただし、äをəに変えて。

　1992年9月29日から5日間、こんどはクルグズ共和国の首都ビシケックで、文部大臣と文部省関係者たちの会議がひらかれトルコ系諸共和国でのローマ字採用が推進された。

ORTAK TÜRK ALFABESİ							
A	B	C	Ç	D	E	Ə	F
G	Ğ	H	X	I	İ	J	K
Q	L	M	N	Ñ	O	Ö	P
R	S	Ş	T	U	Ü	V	W
Y	Z						

共通トルコ諸族アルファベット

- 303 -

第3部　トルコ系諸言語

1993年にはトルコ共和国の首都アンカラで、その後南部の都市アンタリア
でも会議が招集された。アンカラには6共和国の外務大臣ら23人が、アンタ
リアには大統領、首相、議員らがトルコから600人、他の共和国から400人
もの多数が一堂に会し、34文字の枠を確認した。

⑥議論はつづく

その後、各地でローマ字アルファベットへむけて議論がつづけられ、34文
字以外の文字が発表されたりしている。たとえば、トルクメン共和国は1991
年10月27日独立を宣し、翌1992年夏には30字からなる合理的なアルファベッ
トが提案された。これは音素と文字が1対1であった。その一方、1音素に2
文字をあてる（šをsh, sxなどとする）ような案も提出された。トルクメン語に
は固有の長母音があり、これをどう表記するかも、ひとつの問題であった。aa
のように以前のローマ字方式の表記も提案される一方、/ö/をqqとするような
ものもあらわれた。1993年4月12日大統領ニヤゾフ署名の新アルファベット
が公布されたが、先の34文字の枠にない文字があったり、母音/ɪ/をyで表し
たために、子音/y/をÿ（大文字は¥）とするなどの欠点があり、改良の余地を
残している。この新アルファベットは1996年1月1日から小学校1年生に使
用させることになっていた。

モルドバ共和国議会は、1993年5月13日トルコ系のガガウズ族にたいし、
ローマ字の採用を決定した。ガガウズ方言はトルコ共和国のトルコ語に近いこ
ともあって、このアルファベットはトルコ語表記のものと共通の29文字から
なっている。

ウズベック共和国では、アラビア字やロシア字に未練をのこす人びともかな
りあったが1993年9月2日、最高会議は31文字からなるローマ字アルファベッ
トを公布した。しかし共通字34とは少しことなるものであった。ウズベック
内のカラカルパック自治共和国では、1994年2月26日ローマ字化が決定され、
31文字を採用した。これは34文字の枠におさまっていた。ウズベックとカラ
カルパックのローマ字は、1995年9月の新学期から小学校で教えられること
になった。

クリミアのタタール方言でも1993年共通字の枠内でローマ字化がきめられ、
ウクライナ共和国内閣に決議を要請した。1994年8月の下旬、クリミアで第

- 304 -

10. 旧ソ連文字事情

2回トルコ族世界青年キャンペーンが行なわれ、マケドニアからシベリアにいたる25の共和国や社会集団から274名の青年が集まった。言語問題の討論のなかで共通文字によるローマ字化をすすめることが確認された。

ロシア連邦内のタタール共和国では、1994年7月20日タタール語保存法が採択され、科学アカデミーにローマ字化へむけての検討が託された。

カザック共和国は1991年12月1日に独立した。科学アカデミーはローマ字化への検討をはじめたが、住民の37.8%をしめるロシア人にとっては不安の材料であるかもしれない。すでに1989年9月28日には、カザック共和国言語法が制定されていてカザック語が同国の国語と位置づけられている。なお日本のマスコミではカザフスタン、その首都アルマトイなどと紹介されているが、正しくはカザクスタン、アルマトゥである。

クルグズ共和国（これもキルギスタンではなくクルグズスタンが正しい）では、住民の過半数がクルグズ人である。ソ連邦解体の翌日早ばやと独立を宣した。1941年のロシア字採用から55年、ローマ字化への道を歩みつづけている。1996年9月2日付の科学アカデミーからの私信によると、2年前までローマ字化案が検討されてきた。28字から30字のアルファベットが提案されていたが、財政上の理由で議論が中断しているという。学校では英語、ドイツ語、フランス語が教えられていて、ローマ字アルファベットを採用するのに、なんらさしさわりはないとのこと。1995と印刷されている切手にはローマ字 KYRGYZSTAN とロシア字 КЫРГЫЗ РЕСПУБЛИКАСЫ の両方が見える。消印はローマ字のみである。

〔参考文献〕

＊ Академия Наук СССР——*Орфографии Тюркских Литературных Языков СССР* Москва 1973

＊エレーヌ・カレール゠ダンコース、髙橋武智訳『崩壊した帝国』新評論1981

＊ A.B. Ercilasun——"Lâtin Alfabesi Konusunda Gelişmeler" *Türk Dili* Sayı 523 Temmuz 1995, TDK Ankara

（1997. 1. 1『国文学解釈と鑑賞』至文堂）

第3部　トルコ系諸言語

11. 中国のカザック語（方言）、とくに数詞とその音声をめぐって

　研究室誌第1号を出すことになったので、あたためていた録音をききなおして、紹介をかねて小論にまとめてみた。学生諸君のことを頭において書いたので、いささか脱線したところがあるが、言語と人間の歴史、民族とか方言とかについても考えてもらえる材料になれば、さいわいである。言語研究は音声観察からはじまる。

①カザックという呼び名

　ソ連邦を構成している15の共和国の1つにカザフ共和国がある。ソ連ではКазахская ССРとよばれる。Казахの発音は、日本語のカザフとは、だいぶちがっている。とくに [x] と [ɸ] は、まったく別の音声である。しかし日本では、この共和国をカザフとよび、カザフ族やカザフ語と名づけられている。英語ではKazakhが多いがKazakなどもある[1]。ドイツ語ではKasache, Kasachisch[2], Kazakisch[3]などと書かれる。フランス語ではKazakhstan, Kazakhie;Kazakh[4]などと書かれる。中国語では哈薩克hāsàkèが普通だが、哥薩克、卡薩赫、可薩克などとも書かれるという[5]。哈薩の音にひかれて、日本でハサックと紹介されることもある[6]。現代北方漢語には [ka] や [qa] に相当する音節が、きわめてすくない。咖啡コーヒー、卡片カード、喀秋莎カチューシャなどの表記にあらわれる漢字は、外来語や擬声音に対する当て字であるにすぎない。ついでに [o] もないから、日本の娘「おしん」は中国では阿信「あしん」に変身して翻訳された。さてモンゴル語ではКазах[7], Xacar[8], hasag[9]などと書かれる。モンゴル人民共和国のハルハモンゴル語や内モンゴル語には外来音をのぞいて [k] がない。トルコ語ではKazakと書かれる[10]。トルコ語のKazakには3つの意味があり[11]、第1は毛糸のセーター＜フランス語casaque＜ペルシャ語、第2はコサック騎兵、転じて亭主関白の夫のこと、第3は固有名詞としてのカザック人である。

　ではカザック人はみずから、なんと称しているのだろうか。それはソ連でも中国でも [qɑzɑq] である[12]。カザック語でカザック語に相当する表記は、ソ連ではҚазақ тілі、中国ではҚazaқ tiliで一貫している（til=言語）。新疆でアラビア・ペルシャ文字による正書法が復活しているが、qazaq tiliと転写

－ 306 －

11. 中国のカザック語（方言）、とくに数詞とその音声をめぐって

（transliteration）することができる⁽¹³⁾。以上のようにカザフではなくカザック
の方がカザック人やカザック語には適していると考えるので本稿の題名もカ
ザック語としたものである。このような考えを、わたしの著書や論文でとお
してきたのも、こういうわけである。松村一弥氏は、つぎのように書かれてい
る⁽¹⁴⁾：

> 「カザフ族の自称民族名を、かれらの用いるアラビア文字からローマ字に
> 転写するとQazaqとなる。このQはkhとも転写できる舌根音で、そのじっ
> さいの発音をカナ文字であらわすとなると、あとに母音が来る場合にはカ
> 行、語末に置かれた場合にはフとあらわすのがいちばん原音に近いので、
> カザフとした。」

　ここには誤解がある。khは先にみたようにロシア文字のxやドイツ語のch
に相当するか、kの帯気音を示すものである。前者は摩擦音であって［q］の閉
鎖音とは調音様式をことにする。舌根音も口蓋垂音とすべきであろう。語末に
あるからといって摩擦音になるわけではないからカ行音でさしつかえない。以
下すべてカザック語と書くことにしたい。

②カザック語の話し手と地域
　カザック語はトルコ語族に属し、ソ連のカザック共和国を中心として、その
陸つづきの新疆ウイグル自治区の北部、モンゴル人民共和国の西部、イラン北
部、アフガニスタン北部などに、話し手およそ900万人を持っている。いま
最新の資料によって数をたしかめてみよう。まず、ソ連のカザック人は⁽¹⁵⁾：

総数	カザック語使用者	ロシア語も話せる人
813万6千人	97%	60.4%

10年まえの1979年と比較すると⁽¹⁶⁾：

655万6千人	97%	52.3%

－ 307 －

第3部　トルコ系諸言語

■地図

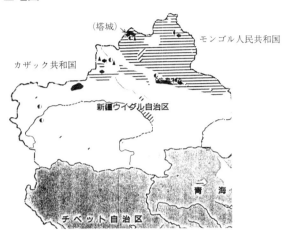

　カザック共和国の人口は、1,468万4千人（1979）から1,669万人（1990）へ増加している。中国のカザック族は1982年の調査で907,582人となっている[17]。カザック族の一部は甘粛省や青海省にもいるが、大部分はウイグル自治区の北部（地図では ═══ 線の部分）にすみ、カザック共和国やモンゴル人民共和国のカザック語とみごとにつらなっている[18]。

　ソ連と中国以外にすむカザック人の数は、つぎのようである[19]：

アフガニスタン	2,000人
イラン	3,000人
モンゴル人民共和国	133,000人

　中国の人口調査は、その後1990年におこなわれた。その結果が11月13日国家統計局によって『人民日報』に発表されている。これによると、カザック族の人口は111万1,718人であり、1982年の90万8,414人から22.38％の増となっている。前掲『北京周報』1982年の数字より832人多いが、その理由はわからない。中国全人口の増加率は12.45％であったという。小数民族の増加が目だつ。仡佬族の714.09％をはじめ、俄羅斯族の360.10％、赫哲族187.60％、満族128.18％、錫伯族106.68％、土家族101.23％など8年間に

- 308 -

11. 中国のカザック語（方言）、とくに数詞とその音声をめぐって

倍増以上の数字が見える。漢族に対しては「ひとりっ子政策」がとられているため、こどもほしさに小数民族といつわっているものがあると思われる。

③言語と方言

　国境をまたがって共通の言語が存在しているとき、いろいろな問題がおこる。歴史的に国境はかわる。共通といっても、どの程度をさすのか。言語をラングのレベルでとらえるのか、パロールの面でいうのか。ひとつの言語名で呼ぶべきか、それとも方言とするべきか、などなどの問題がよこたわっている。たとえば、すぐれた方言研究の見本ともいうべきものに『沖縄語辞典』（国立国語研究所1963）があるが、その琉球方言概説の注1）16ページに、つぎのようにある：

> 「ある同系の言語（方言）を「……方言」と呼ぶかあるいは「……語」と呼ぶかについては言語学上のはっきりした規準はなく、むしろ民族上の問題である。この観点からすれば、現在の琉球諸方言を、その本土方言との差異の大きさにもかかわらず琉球方言と呼ぶことは不適切ではないと考えられる。」

　ここの「民族上の問題」も、ひとすじなわでは行かない。「民族」とはなにか、さまざまな論点があるが[20]、ここでは立ちいらない。言語と方言とを区別するひとつの規準に書きことば（文字共通語）の同一性をとりあげることがある。カザック語の場合は、どうであろうか。ソ連とモンゴルのカザック語には、ロシア文字を基礎とした正書法があるのに対して、中国のカザック語はアラビア・ペルシャ文字を基礎とした正書法で書かれている。そうすると中国のカザック語は別の言語名で呼ぶことになりそうだが、それはおかしい。国境をこえてカザック人たちはカザック語で通じあえるからである。しかし逆は真ではない。ウイグル人とウズベック人は、かなりの程度で通じあえるし、チャガタイ語と呼ばれる共通の文字言語を有していたが、いまは正書法がことなり、それぞれウイグル語とウズベック語と呼ばれる。このように東はウイグルからウズベックへ、トルクメンへ、アゼルバイジャンへ、そしてトルコへと少しずつ音声をかえながら北緯40度線上を西へ西へ旅してみると、これらはひとつの言語な

第3部　トルコ系諸言語

のだなという思いにかられる。

　1988年9月26日からトルコの首都アンカラで国際トルコ語会議がひらかれた。その報告を簡単にまとめたことがあるが[21]、レセプションでひとりの日本人らしい人を見つけた。きいてみるとカザック人のムサーエフ氏であった。Кенесбай Мусаевич Мусаев氏（1931-）はモスクワの言語研究所のトルコ語学者で*Лексика Тюркских Языков в Сравнительном Освещении* 1975, *Лексикология Тюркских Языков* 1984などの著書で知られている。かれはKazak folklor dili üzerine「カザックフォルクロアの言語について」という発表をトルコ語でおこなった。わたしのレポートはTürk dillerinde üçüncü kişi kategorisi「トルコ諸語の第3人称」という題名で提出しておいたのに、わたされたプログラムを見るとTürk lehçe ve şivelerinde…「トルコ諸方言の…」となっていた。すべてのトルコ諸語は方言あつかいというわけである。注11の辞書によるとlehçeとは「ある言語が歴史的、地域的、政治的原因で音声・形態・統語の特性をことにする分派。Azerî lehçesi, Özbek lehçesi, Kırgız lehçesi」、şive=ağızとは「ある言語の領域内の地方や階層によってことなる発音の特性。Rumeli ağzı, İstanbul ağzı」であると説明されている。lehçeもşiveもBir dilin「ある言語の」とあるけれど、両者には大きなちがいがある。百科事典のカザック語の項をみよう[22]。Kazak Türkçesi（カザックトルコ語）の見出しには「現代トルコ諸方言lehçeのうち北西あるいはキプチャックグループに属する方言」ではじまる解説が2ページにわたってある。この辺でしめくくるとすれば、F. deソシュールの「言語と方言との差異がどこにあるかを言うのはむずかしい」Il est difficile de dire en quoi consiste la différence entre une langue et un dialecte.[23]という、つきなみの結論にいたる。言語は変化してとどまることを知らない歴史的存在なのである。

④数詞の位置づけ

　カザック語の数詞は名詞の下位区分として位置づけるのが適当である。単語を語彙カテゴリーによって分類する、いわゆる品詞分けには、さまざまな論議がある。日本語文法においても意見がわかれるところであるが、数詞を他の品詞たとえば名詞や動詞と同レベルの大分類に属させるのは少数派である。以下カザック語文法で自立語がどのように分類されているか、ソ連と中国の学者の

- 310 -

11. 中国のカザック語（方言）、とくに数詞とその音声をめぐって

見解をざっとしらべてみよう。

まずカザック共和国アカデミーの本によると[24]、品詞が9種に分類されている：

1) 名　詞　имя　существительное
2) 形容詞　имя　прилагательное
3) 数　詞　имя　числительное
4) 代名詞　местоимение
5) 動　詞　глагол
6) 副　詞　наречие
7) 擬声語　подражательные　слова
8) 機能語　служебные　слова
9) 感動詞　междометие

このうち8) は付属語で5つに下位分類されているが、ここでは立ち入らないでよかろう。また7) 擬声語を一品詞とするのにも疑問があるが、これにも目をつぶるとする。この本の数詞を論じている個所は、つぎのようにはじまる：

　「カザック語の数詞は独立の品詞である。これは意味論的な、またある点で文法的な関係で他の品詞とは区別される。」

つぎに中国の文法書3冊[25]を年代順に見て行く：

『簡明』：1) 名詞、2) 形容詞、3) 数詞、4) 代名詞、5) 動詞、6) 副詞、7) 助詞、8) 感動詞、9) 擬声詞……数の概念をあらわすものを数詞という。数詞は文中で「いくつ、いくら、なん番、なん個」などの質問に答えるものである。

『簡志』：カザック語の単語は、その意味と語形変化と統語機能によって12に分けることができる、すなわち名詞、形容詞、数詞、代詞、動詞、副詞、後置詞、接続詞、助詞、語気詞、感動詞、擬声詞

『語法』：実詞類として名詞、形容詞、数詞、代詞、動詞、副詞

- 311 -

第3部　トルコ系諸言語

　以上いずれも共通して数詞を独立の品詞とし、分類の主たる基準に意味をか
んがえていることがわかる。しかし品詞分類の基準に意味をとりこむのは適当
とはいえず、混乱をまねくばかりである。「静けさ」は状態をあらわすから形
容詞に、「運動」は動作をあらわすから動詞に、とはいくまい。「いくつ」は数
詞か疑問代名詞か、それとも名詞なのだろうか。もちろん言語は連続体であり
過去をひきずっているものだから、数詞が部分的に他の品詞と同じようなはた
らきを見せることはある。しかし、それが大分類のめやすになるのかどうか検
討を要する。

　カザック語の数詞は名詞の一種である。その形態的、統語的機能を例をあげ
ながら、名詞とくらべていくことにする[26]。

①曲用語尾を接尾させて格変化する：
　tas（石）→ tastïŋ（石の）、tasqa（石へ）、tastan（石から）と同様 on（10）
　→ onnïŋ üši（10の3 = 3/10）、elw（50）→ elwge juwïq（50に近い）、eki（2）
　→ ekiden（ふたつずつ）

②複数語尾を接尾させることができる：
　qïz（娘）→ qïzdar（娘たち）と同様 qïrïq（40）→ qïrïqtar（40歳ぐらい）、segiz（8）
　→ segizderde（8時ごろに）、on bes（15）→ on besterinde（15日ごろに）

③限定語尾を接尾させることができる：
　äke（父）→ äkesi（その父）、saɣat（時計）→ saɣatï（その時計）と同様 mïŋ
　bir（1,001）→ mïŋnïŋ biri（1,000の1 = 1/1,000）、ekew（2個、2人）
　→ Ekewi—jumïsšï.（うち2人は労働者だ）

④人称語尾を接尾させることができる：
　qïz（娘）→ qïzdarïŋ（君の娘たち～君たちの娘）、saɣat（時計）→ saɣatïmïz（わ
　たしたちの時計）と同様 üšew（3個、3人）→ üšewiŋ（君たち3人）、ekew（2
　個、2人）→ ekewimiz（われら2人）

－ 312 －

11. 中国のカザック語（方言）、とくに数詞とその音声をめぐって

⑤文の主語になることができる：

Qar   qalïŋ   jawdï.
雪が   大そう   ふった。   と同様

Jyïrma   bes   üške   teŋ   bölinbeidi.
25   は   3に   ひとしく   分けられない。

⑥文の目的語になることができる：

Men   gazet   oqïdïm.
わたしは   新聞（を）   読んだ。

Ol   alïstan   bir   attïnï   kördi.
かれは   遠くから   ひとりの   騎手を   見た。   と同様

Saɣat   segizdi   soqtï.
時計が   8を   打った。

Törtke   altïnï   qossa   on   boladï.
4に   6を   加えれば   10   になる。

⑦文の補語になることができる：

Men   oqwšï-mïn.
わたしは   学生   だ。   と同様

Men   onïnšïsï-mïn.（-ïnšï 番目）
わたしは   その10番目だ。

Üške   tört   qosïlsa   jeti   boladï.
3に   4が   加われば   7   になる。

以上①から⑦までにおいて、数詞のはたらきは名詞のそれと、なんらことなるところがないことがわかった。ただ数詞はそのままで名詞の修飾語となることができるのに対し、名詞はそのままでは他の名詞の修飾語となることができない。

たとえば、

- 313 -

第3部　トルコ系諸言語

> birinši　　　xat
> 1番目の　　手紙

> jyïrma-eki　　　oqwšï
> 22人の　　　　　学生

のように数詞は学生や手紙をじかに修飾できるが、名詞は

> memleket　　mülk,　　Qazaq　　　ädebiyet
> 国家　　　　財産、　　カザック　　文学

のような名詞句をつくることができない。この場合には前項が特定的であれば所属格におき、後項にはいずれにせよ限定語尾を必要とする、すなわち、

> memlekettiŋ　　mülki,　　Qazaq　　ädebiyeti

のようにしなければならない。名詞とことなる数詞の上のようなはたらきは、数詞を代名詞や形容詞に近づけるものといえるかもしれない。すなわち形容詞の下位分類に数形容詞をもうけるという考えかたである。しかし形容詞は上の①から⑥のようなはたらきを、基本的にはもたず、主要なはたらきは修飾語となるか文の述部になるかであって、数詞を形容詞のなかに位置づけることはできない。

　では、なぜ数詞はそのままで名詞の修飾語になれるのだろうか。カザック語の名詞のなかには metir（メートル）、kilogram のような単位をあらわすもの、ïstakan（コップ）、tabaq（皿）のような数量をはかるのに用いられるものがある。これらは名詞でありながら数詞とともにじかに名詞のまえにおかれ、それを修飾することができる：

> eki　　metir　　　üš　　sänti　　　toryïn
> 2　　　メートル　3　　センチの　絹地

> bes　　jiŋ　　tuz　　tört　　jiŋ　　šeker
> 5　　　斤の　　塩　　4　　　斤の　　砂糖

- 314 -

bir	ïstakan	süt
1	杯の	ミルク
üš	tabaq	et
3	皿の	肉

数量にかかわるこのような名詞は、まさに数詞ととなりあわせである。

⑤インフォーマント

カザック語の数詞を発音してくれたのは Alem Abdurahman 氏（男）、1960 年5 月 19 日生れで、新疆ウイグル自治区伊犂哈薩克自治州 Ile Qazaq Avtonomyali Oblisi, 塔城地区 Tarbaγatay Aymaγi, 塔城 Šawešek の出身である。塔城は、さきの地図に示したとおり、ソ連カザック共和国にごく近い。新疆大学科学系の助手であったが、日本私学協会の援助によって東京理科大学理学一部化学科の長谷川研究室に留学していた。録音は、わたしの研究室で 1986 年 4 月 2 日におこなった。

⑥数詞の音声

IPA によって数詞の音声をしるす。インフォーマントには左はしの算用数字のみを示し、2 度ずつ発音してもらった。右がわにあるのは、アラビア・ペルシャ文字正書法の転写字とソ連がわの正書法である。

1	[ber]	[bɪr]	bir	бір
2	['ɛ:ke]	[ɛ:ke]	eki	екі
3	[ɣʃ]	[ɣʃ]	üš	үш
4	[tɸ:rt]	[tɸ:rt]	tört	төрт
5	[bⁱɛs]	[bⁱɛs]	bes	бес
6	[aɬtə]	[aɬtə]	altï	алты
7	[dʒɛ:te]	[dʒɛ:te]	jeti	жеті
8	[sɛ:gɪz]	[sɛ:gɪz]	segiz	сегіз
9	[to:ɣʊz]	[to:ɣʊz]	toɣïz	тоғыз
10	[o:n]	[o:n]	on	он
11	[oˑmbɪr]	[oˑmbɪr]		
12	['o:nɛkʲ]	['o:nɛkʲ]		
13	['o:nɣʃ]	['o:nɣʃ]		
20	[dʒirmaˑ]	[dʒirmaˑ]	jyrma	жырма

第3部　トルコ系諸言語

21	[dʒirmaˑbɪr]	[dʒirmaˑbɪr]		
30	[ˈoːtuz]	[ˈoːtuz]	otïz	отыз
40	[qərəq]	[qərəq]	qïrïq	қырық
50	[ˈɛːlʏ]	[ˈɛːlʏ]	elw	елу
60	[ˈappi̥s]	[ˈappi̥s]	alpïs	алпыс
70	[ˈdʒɛppi̥s]	[ˈdʒɛppi̥s]	jetpis	жетпіс
80	[sɛk̟sɛn]	[sɛk̟sɛn]	seksen	сексен
90	[ˈtoqsan]	[ˈdoqsan]	toqsan	тоқсан
100	[dʒʏz]	[dʒʏz]	jüz	жүз
101	[dʒʏzbɪr]	[dʒʏzbɪr]		
110	[dʒʏz oˑn]	[dʒʏz oˑn]		
200	[ˈɛːkɪdʒʏz]	[ˈɛːkɪdʒʏz]		
300	[ʏʃʃʏz]	[ʏʃtʃʏz]		
1000	[məŋ]	[məŋ]	mïŋ	мың
2000	[ɛːkeməŋ]	[ɛːkeməŋ]		
1986	[məŋ toːɤuz dʒʏz sɛk̟sɛn ˈatta]			

いくつか説明を書きそえよう。

1）1回目と2回目で発音のちがいが目だつものがある。1、2、90、300が
　そうである。[e] は後よりでより狭い変種である。2では語頭に [ˈ] が出
　る場合と、出ない場合（200 ～ 2000）とがある。90の語頭子音も音色を
　ことにする。300は同化の程度がことなる。

2）60と70はおそらく二重調音 [ˈaɫppis] と [ˈdʒɛɫppis] であろうが、聞き
　とれなかった。

3）[r] は舌先のふるえ音で、とくに1、40ではっきりしている。

4）アクセントは語末にあるのが普通だが第1音節に強さが目だつものがあ
　る。80と90のように音節構造も語源的なつくりも（8＋10、9＋10）お
　なじものが、ことなるアクセントをもっている。

5）[ə] と書いたものは高めの後よりの変種で [ɤ] の方がよいかもしれない。

6）6や10の語頭には [ʔ] が入るが、それほど目だたない。

7）長母音がよくあらわれているが、これは丁寧に発音したためと考えられ
　る。祖語の長母音と関係ないように思われる。ただ [bˈɛs] はおもしろい。

8）正書法との関係を見ると、9と30の第2音節が円唇化していて /toguz/、
　/otuz/ のように、この方言では解釈される。20は両正書法とも二重母音

－ 316 －

11. 中国のカザック語（方言）、とくに数詞とその音声をめぐって

的であるが、この方言では /jirma/。50は /elü/ とする。

参考に、前掲注25耿・李（1985）p.43のIPAをあげる。［　］は省略する。

bɪr	ekɪ	yʃ	tørt	bes	ɑltə
dʒetɪ	segiz	toʁəz	on	dʒəjərma	
otəz	qərəq	eliw	alpəs	dʒətpis	
seksen	toqsan	dʒyz	məŋ		

またウイグル語ウルムチ方言のIPAは [27]：

bɯr, bɪr	iʃkki	ʔytʃ	tøt	bɛʃ	
ʔaltɛ	jɛttɛ	sɛkkɪz	toqquz	ʔon	
ʒigirmæ	ʔottuz	qərəp	ʔɛllic	ʔatmɪʃ	
jɛtmɪʃ	sɛcsɛn	toxsan	jʏz̥	məŋ	

⑦母音音素と体系

　数詞の音声資料をつかって、この方言の母音音素を考えてみる。カザック語の基礎語彙にあらわれる母音は、すべて数詞のなかに存在すると仮定してよかろう。以下に音素とそれに相当する音声、その形態素をあげる。

/i/：狭い［e］ないし［ɪ］で実現することが多い。無声子音のあいだでは、よく無声化する。例：/bir/、/eki/、/jeti/、/segiz/、/jirma/、/jetpis/。

/ï/：高め後よりの［ə］ないし［ɤ］で実現することが多い。無声子音のあいだでは、よく無声化する。例：/altï/、/kïrïk/、/alpïs/、/mïŋ/。辞書 [28] によって、つぎのような /i/ との minimal pair を見つけることができるだろう。/tis/（歯）：/tïs/（そと）、/is/（しごと）：/ïs/（すす）。

/ü/：ほとんど［y］で実現する。［ʃ］のまえで、おそらく無声子音のあいだで無声化しやすい。例：/üš/、/elü/、/jüz/、/üš jüz/。

/u/：［u］、［ʊ］で実現する。無声化は数詞のなかに例がなかったが、以上4種の高母音は共通した無声化の傾向があるものと考えてよい。例：

－ 317 －

第3部　トルコ系諸言語

/toguz/、/otuz/。/ü/ との minimal pair には /üš/（3）：/uš/（先端）、/tüz/（野）：
/tuz/（塩）などがある。

/ö/：数詞には1例［ø］のみ、/tört/。語の第1音節にのみあらわれる特徴がある。

/o/：［o］で実現する。例：/toguz/、/on/、/otuz/、/toksan/。これも第1音節に
　のみあらわれる特徴があるが、外来語をのぞく。/ö/ との minimal pair に
　は /köl/（湖）：/kol/（手）、/öl-/（死ぬ）：/ol/（それ）などがある。

/e/：［ɛ］であるが、語頭でしばしば［ⁱɛ］であらわれる。例：/eki/、/bes/、
　/jeti/、/segiz/、/elü/、/jetpis/、/seksen/。/i/ との minimal pair には /bir/（1）：
　/ber-/（あたえる）、/is/（しごと）：/es/（記憶）などがある。

/a/：［ɑ］で実現する。例：/altï/、/jirma/、/alpïs/、/toksan/。/e/ との minimal
　pair は /ter/（汗）：/tar/（せまい）、/kel-/（来る）：/kal-/（残る）、/ber-/（あ
　たえる）：/bar/（ある）など多い。

　以上の母音音素の体系をつぎのように考える。これは他のトルコ諸語（方言）
の多くに共通する体系である。

	前舌		後舌	
狭	i	ü	u	ï
中		ö	o	
広	e		a	

この体系の根拠を、つぎの3点にしぼることができよう。

1）前舌と後舌の対立はカザック語の形態変化を支配する母音調和の法則を
　反映する。
2）/o/ と /ö/ は外来語 /kino/（映画）などをのぞくと語の第1音節にしかあらわ
　れないが、他の母音音素にはそのような制限がない。
3）母音調和による形態変化は、広母音は広母音の中で、狭は狭の内部での
　交代による。たとえば複数語尾は /-ler 〜 -lar, -der 〜 -dar, -ter 〜 -tar/ と
　いう異形態を、方向格語尾は /-ge 〜 -ga, -ke 〜 -ka, -e 〜 -a/ という異形
　態をもつ。一方、所属格語尾は /-niŋ 〜 -nïŋ, -diŋ 〜 -dïŋ/ という異形態

－ 318 －

11. 中国のカザック語（方言）、とくに数詞とその音声をめぐって

をもつ。

　さて、ここに母音音素について別の音素/ä/があるのかどうかという問題がのこされている。数詞には音声資料がかけていて、いまのところ検討する機会をもてないので諸文献を参照するにとどめる。前掲注25耿（1989-6）によると、前舌広母音音素に/ä/と/e/があり、/ä/は［æ］にひとしく、一般に語の第1音節にあらわれるが、多くはアラビア語ペルシャ語からの借用語中にかぎられるとして、äke（父）、äl（力）、säl（わずか）、däpter（ノート）の例をあげている。この記述は注24カザック・アカデミーの文法書（1962-18 ～ 29）に書かれているところであるが、そこにはロシア語のФакт, акт, актив, пассивなどのaが［æ］で発音されること、ペルシャ語harが［ær］に、アラビア語harfが［ærip］に発音されるというような記述が見える。注28の辞典で、うえの語はfakt, aktip; är, äripと登録されている。［æ］は/a/の異音ではないかとうたがわれるが、いまは意見をひかえる。

　最後に子音音素/k/、/g/は後舌母音をともなうとき［q］、［γ］で実現するが、別の音素を立てる必要はないことをつけくわえておこう。

⑧数詞の再建

　トルコ系の諸言語（方言）は、数詞をはじめとする基礎語彙が音韻対応の法則にささえられているから、共通のみなもとから発しているものと推定することができる。ひとつの仮説として、トルコ祖語はBC数千年のむかしアルタイ山脈のあたりにあり、BC1000年ごろチュワシ祖語とその他という二大方言に分裂したと考えられる。トルコ祖語の再建形は学者によってことなり、なかなか一致してはいない。いま数詞について3つの著書[29]とわたしの推定形をあげておく。ひとつひとつについて、祖語の音韻体系とかかわりながら推定の根拠をしめさなければならないが、それは別の機会にゆずらざるをえない。考えかたの一部を発表したことがある[30]。

	Doerfer	Щербак	Серебренников	竹内
1	*bîr	*pïr	*bīr‹*pīr	*bīr

– 319 –

第3部　トルコ系諸言語

2	*ekkī ～ *êkkī	*iki ～ *eki	*iki ～ *äki	*ikki ～ *ekki
3	*üč	*üč (*ǖč?)	*üč	*üč
4	*tôrt	*tört	*tört	*tǖört (düört?)
5	*bêš	*päš	*bäš‹*bēl'	*bi̯eš
6	*altë	*altï	*altï	*altï
7	*dêttē	*θäti	*yäti	*jetti
8	*säkkäz	*säkis	*säkiz	*sekkiz
9	*tokkaz	*toqïs	*toqïz	*tokkïz
10	*ôn	*ōn	*ōn	*u̯ōn
20	*digärmē	*θi (～ ä) girmä	*yigirbä	*jigürme
30	*pottaz	*otïs (oltïs?)	*otïz	*hottïz
40	*kïrk	*qïrq	*qïrq	*kïrk
50	*älläg	*ällig	*ällig	*ellig
60	*altmaš	*altmïš	*altpïl'	*altmïš
70	*dêtmäš	*θätmiš	*yätpil'	*jetmiš
80	*säkkäz ôn	*säkisōn	*säksän	*sekkiz u̯ōn
90	*tokkaz ôn	*toqusōn	*toqsan	*tokkïz u̯ōn
100	*dûz ～ dūz	*θüs	*yūz	*jüyz
1000	*biŋan	*piŋ	*bïŋ‹*pïn (ママ)	*biŋ

(1991. 3. 14)

〔注〕

（ 1 ） **Kazakh**（Kăzā・k). Also **K (h) aza (c) k, Kazak, Qazaq.** pl. **Kazakhi, Kazakhs.**
[Russ.] One of a Turkic people of the Kazakh SSR（Khazakhstan）; the language
spoken by this people. *The Compact Edition of The Oxford English Dictionary Vol.
III A Supplement to The Oxford English Dictionary Vol. I－IV* 1987, p. 452

（ 2 ）G. Wahrig: *Deutsches Wörterbuch* Berlin 1973, p. 1988.『独和大辞典』小学館
1985, p. 452

（ 3 ）*Philologiae Turcicae Fundamenta* Tom I, Wiesbaden 1959, P. 434f.

（ 4 ）*Petit Larousse illustré.* Paris 1978, P. 1453. D, Indjoudjian: *Dictionnaire Kazakh-
Français.* Publications Orientalistes de France 1983

（ 5 ）愛知大学中日大辞典編集処編『中日大辞典増訂版』大修館 1986, p. 719

11. 中国のカザック語（方言）、とくに数詞とその音声をめぐって

（6）藤堂明保他編『最新中国情報』小学館 1985, p. 273

（7）Б.Базылхан: *Монгол-Казах Толь*『モンゴル・カザック語辞典』Улаанбаатар 1984, p. 286

（8）А. Лувсандэндэв: *Монгол Орос Толь*『モンゴル・ロシア語辞典』Москва 1957, p. 701

（9）内蒙古大学蒙古語文研究室編『蒙漢辞典』呼和浩特 1976, p. 568

（10）*Kazak Türkçesi Sözlüğü* İstanbul 1984

（11）TDK: *Türkçe Sözlük* Ankara 1988, P. 824

（12）Н.А. Баскаков: *Тюркские Языки* Москва 1960, p. 231: Казахи［Қазақ］. Н.А. Баскаков: Введение в Изучение *Тюркских Языков* Москва 1962, p. 315. 1969, p. 357 ditto. 耿世民・李増祥編著『哈薩克語簡志』p. 1: 哈薩克族自称 qazaq。

（13）قازاق ٴتىلى

（14）村松一弥『中国の少数民族　その歴史と文化および現況』毎日新聞社 1973, p. 114

（15）*CCCP в Цифрах в 1989 Году* Москва1990, p. 38

（16）*Численность и Состав Населения ССР по Данным Всесоюзной Переписи Населения 1979 Года* Москва 1984, p. 71

（17）『北京周報No. 22』1983. 5. 31

（18）馬寅編, 君島久子監訳『概説中国の少数民族』三省堂 1987 の付図により作製

（19）Barbara F. Grimes ed.: *Ethnologue*, Texas 1988, pp. 408, 428, 563

（20）田中克彦『言語の思想・国家と民族のことば』NHK ブックス 1975,『言語からみた民族と国家』岩波現代選書 1978,『ことばと国家』岩波新書 1981; 川田順造・福井勝義編『民族とは何か』岩波書店 1988

（21）『月刊言語』大修館 1989. 1月号

（22）*Türk Ansiklopedisi XXI* Ankara 1974, p. 441-442

（23）F. de Saussure: *Cours de Linguistique Générale*, Édition Critique Préparée par Tullio de Mauro. Paris 1975, p. 278

（24）Академия Наук Казахской ССР Институт Языкознаия: *Современный Казахский Язык. Фонетика и Морфология* Алма-ата 1962, p. 129, 213

（25）格拉吉丁・欧斯満編著『簡明哈薩克語語法』北京 1982, p. 40, 81. 耿世民・李

— 321 —

第3部　トルコ系諸言語

　　　増祥編著『哈薩克語簡志』北京 1985, p. 19. 耿世民『現代哈薩克語語法』北京
　　　1985, p. 57, 96

(26) 用例は上記の中国文献から引用する。すべてアラビア・ペルシャ文字正書法か
　　　らの転写である。ただしjは[dʒ]に相当する。母音字は語によって表記を分ける。

(27) 竹内和夫『現代ウイグル語四週間』東京 1991, p. 78-80

(28) 金炳喆編『哈漢詞典』ウルムチ 1979

(29) G. Doerfer: *Khalaj Materials* Indiana Univ. 1971, p. 290f. А.М. Щербак: *Очерки
　　　по Сравнительной Морфологии Тюркских Языков（Имя）*Ленинград 1977,
　　　p. 13 Б.А. Серебренников, Н.З. Гаджиева: *Сравнительно- историческяя
　　　Грамматика Тюркских Языков* Москва 1986², p. 124, 126. なお、引用にあたっ
　　　てロシア字などをローマ字表記にあらためた。

(30) 竹内和夫「モンゴル諸語とトルコ諸語の親族関係1」（『岡山大学文学部紀要』第
　　　10号1988）「トルコ諸語音韻史上のrhotacismとlambdacism」（日本言語学会
　　　第100回大会研究発表、要旨『言語研究』第98号1990）

付記：

　　　中国におけるカザック語の文献には、以下のものがある（1985年現在）。胡振華著,
　　　西脇隆夫訳「中国におけるチュルク諸語の研究状況」（『島根大学法文学部文学科紀
　　　要』第9号1, 1986）

カザック語

　　　文字改革委員会『哈薩克文簡明写法』, 新疆人民出版社, 1954年。

　　　熱合木吐拉艾卜夏「論詞」（カザック語）, 数56-12。

　　　耿世民「哈薩克語文及其研究」,『少数民族語文論集』第2集, 1958年12月。

　　　寧「哈薩克族的文字」,「文字改革」63-2。

　　　魏萃一, 范耀祖「関干哈薩克語円唇音以及X字母発音的口語調査」, 文65-2・3。

　　　新疆維吾爾自治区文字改革委員会, 伊犁哈薩克自治州文字改革委員会『哈薩克文正
　　　字法』, 新疆文字読物出版社, 1965年。

　　　同上「哈薩克語初級読本」, 文65-4.5.6. 66-1.2.4。

　　　伊犁哈薩克自治州文教局『哈薩克語語音』,（カザック語）, 1975年。

　　　『文字改革問答』（カザック語新文字版）, 新疆人民出版社, 1976年。

11. 中国のカザック語（方言）、とくに数詞とその音声をめぐって

那衣満・阿汗等『漢哈辞典』，新疆人民出版社，1979年4月。

衣那也提・克扎也夫「関于哈薩克語系属問題的簡介」（カザック語），教79-2。

吾拉孜別克・哈那比亜「哈薩克語的元音及其符号」（カザック語），「新疆日報」
　　1979年5月9日。

『哈薩克語諺語』（カザック語），新疆人民出版社，1979年。

阿瓦力漢・哈力「現代哈薩克語的修辞手段」（カザック語），教80-2。

吐爾遜「関于正確地劃分音節和区別位格，助格附加成分与小品詞的問題」，教80-3。

李増祥，努爾別克「哈薩克語概況」，民80-2。

耿世民「哈薩克族的文字」，民80-3。

金炳哲『哈漢詞典』，新疆人民出版社，1980年7月。

尼合邁徳・蒙加尼「『突厥語大詞典』与現代哈薩克語的関係」，「新疆社会科学」81-
　　1，82-1。カザック語版は10）に所収。

達肯『漢哈常用詞典』，民族出版社，1981年5月。

格拉吉丁・欧斯満『簡明哈薩克語語法』，民族出版社，1982年1月。

阿布拉什，努爾別克『哈語詞組和成語詞典』（カザック語），民族出版社，1982年5月。

楊振明『哈薩克語　上・中・下』，新疆人民出版社，1982年5月。

中央人民広播電台民族部哈薩克語組『漢哈成語詞典』，民族出版社，1982年10月。

王遠新「従現代哈薩克語看突語動詞条件式的発展過程」，新82-4。

木哈什，伊布拉音『漢哈常用名詞術語対照（1）』，新疆人民出版社，1983年4月。

努爾別克「関于編纂双語詞典中的幾語問題」（カザック語），「語言与翻訳」83-3。

新疆維吾爾自治区民族語文字工作委員会『現代哈薩克語』（カザック語），民族出版社，
　　1983年8月。

王遠新「試談哈薩克語詞類的分化」，新83-4。

王遠新「現代哈薩克語量詞浅析」，民84-3。

耿世民，李増祥『哈薩克語簡志』，民族出版社，1985年12月。

（1991.5.31『岡山大学言語学論叢』創刊号）

第3部　トルコ系諸言語

12. Türk語の長母音について

　いままでにAltay諸語の音韻比較は子音の面でかなり進んで来ましたが、母音の面ではそうではないようです。これはAltay諸語に属するそれぞれの言語の歴史的研究があまり進んでいなかったことにもよると思います。Türk語は数多くの学者によって、かなりよく研究されて来ました。長母音についてもそうです。そこで、わたしたちがこれから、さらに研究を進めて行くためにぜひとも必要なので、いままでの並々ならぬ研究のあとを大ざっぱにたどりながら、わたしの考えをのべて行きたいと思います。

　Türk語の長母音研究史はかなり新しく、ここ20〜30年の歴史だといっていいでしょう。しかし長母音が注意され出したのは1世紀もまえのことで、まずO. Böhtlingkの *Über die Sprache der Jakuten*, St. Petersburg 1851 があります。Sanskrit学者であったBöhtlingkはこのシベリアのYakut方言に長母音、二重母音があることを注意し、Nischegorod'schen Tatar方言の長母音とくらべております。W. Radloffは *Phonetik der nördlichen Türksprachen*, Leipzig 1882; *Die jakutische Sprache in ihrem Verhältnisse zu den Türksprachen*, St. Petersburg 1908 などのすぐれた著作において長母音、二重母音の起源についての考えをのべています。Yakut方言の長母音、二重母音もほかの諸方言のものと同じく、元々のものではなく、すべてmechanische Verschmelzungすなわち、たとえば蒙古文語aɣula > ōla「山」、中期Türk語tägül > トルコ語dᴈjil, dᴈjl, dᴇᶐl, Türkmen方言däl「でない」などのように、ある種の子音が長母音、二重母音のもとになっているものだとしています。Radloffはかれの知っている数多くの方言との比較から、Yakut方言にのみ見出される長母音はすべてこの方言内の新しい変化であると見ているわけです。V. Grønbech も *Forstudier til tyrkisk lydhistorie*, København 1902（*Keleti Szemle* Ⅳ, Selbstanzeige 1903）においてRadloffの説をうけついでZusammen-ziehungstheorieを進めています。ですからYakut方言のtüört「4」（トルコ dört）などはČuvaš方言のtᴐvɑnᴣなどとの関係から*töbärt, *tögärtなどとしています。

　ところがZ. GomboczはDie bulgarisch-türkischen lehnwörter in der ungarischen sprache（MSFOu XXX）Helsinki 1912において、ハンガリー語の長母音とTürk語のそれとを比較し、Yakut方言の長母音、二重母音と対応するものがあ

− 324 −

ることを見出し（ung. *kék*（in den ältesten denkmälern *kejk*）〜 osm. *gök*, kas. *kük*, tschuw. *kəvak*, jak. *küöx*）、これらは原始Türk語で長母音であったろう、という説を出しました。このGomboczの研究は長母音研究史の上で大きな意味をもっているものです。J. Némethの"Die langen Vokale im Jakutischen"（*KSz* XV）1914 〜 15も大変つつしみ深く考えてはおりますが、原始Yakut方言に長母音を認めようとしています。そしてČuvaš方言の形はのちの変形であるとし、つぎのように説明しております。Ungarisch *kék*（in der älteren Sprache: *kejk*）＜ altčuv. **köök*（＞ heute *kêvak*）〜 jak. *küöx* ＜ altjak. **köök*. これから少したちますとイランのすぐ北のTürkmen方言の長母音が注目されるようになりました。この方言の長母音、二重母音とYakut方言のそれとがよく対応することがわかって来ました。Е.Д. Поливанов "К вопросу о долгих гласных в общетурецком праязыке"（Доклады Академи Hayk）1927; M. Räsänen "Über die langen vokale der türkischen lehnwörter in ungarischen"（*FUF* XXIV）1937; L. Ligeti "Les voyelles longues en turc"（*Journal Asiatique* CCXXX）1938など にくわしくのべられております。以上のように研究史は原始Türk語長母音説へ進んで来たことを教えてくれますが、新しい見方としてはM. Räsänen: *Materialien zur Lautgeschichte der türkischen Sprachen*, Helsinki 1949があります。mo. *küke* 〜 tü. *kök*が終りの母音の代り引きのばしErsatzdehnungによるという、Ramstedtはじめ多くの学者のいままでの説に対しRäsänenは蒙古語の方が長めを失ったのだという考えを出し、Tungus語Evenki方言との比較をその支えとしております。

　そこで実際にTürk語の現代諸方言の母音はどのように対応するかを見て行きたいと思います。方言の形は資料のそろっているつぎの文献から引用します。

Yakut方言	Э.К. Пекарский: *Словарь якутского языка*, С. Петербург 1907 〜 30
Tuva方言	А.А. Пальмбах: *Русско-тувинский словарь*, Москва 1953: *Тувинско-русский словарь*, Москва 1955
Koibal Karagas方言	A. Castrén: *Versuch einer koibalishcen und karagassischen Sprachlehre*, St. Petersburg 1857
Xakas方言	Н.А. Баскаков и А.И. Инкижекова-грекул: *Хакасско-*

第3部　トルコ系諸言語

русский словарь, Москва 1953

Kašgar方言	G. Raquette: *English-Turki dictionary*, Leipzig 1927
Salar方言	柴田　武「海青省の楯化のサラール語について」（*Tôyôgo Kenkyû*, Sôkangô）1956
Kïrgïz方言	К.К. Юдахин: *Киргизско-русский словарь*, Москва 1940
Kazax方言	Н.Т. Сауранбаев: *Русско-казахский словарь*, Москва 1954
Čuvaš方言	H. Paasonen: *Csuvas szójegyzék*, Budapest 1908
Kazan Tatar方言	G.S. Bálint: *Kazáni-tatár nyelvtanulmányok*, Budapest 1875～77
Baškir方言	Г.Р. Каринов: *Русско-башкирский словарь*, Москва 1954
Özbek（Taškent）方言	А. Абдурахманов: *Русско-узбекский словарь*, Москва 1954
Özbek（Xiwā）方言	I. Kúnos（bearbeitet von）: *Šejx-Sulejman Efendi's čagataj-osmanisches Wörterbuch*, Budapest 1902
Türkmen方言	А. Алиев и К. Бориев: *Русско-туркменский словарь*, Ашхабад 1929
トルコ方言	Türk Dil Kurumu: *Türkçe sözlük*, İstanbul 1945

　諸方言の比較に当ってはロシア字などをつぎのように改めて引用します。ただしサラール方言は音声記号で表わされています。

母音

ロシア字など	э	ә	i̥	и	ы	ь	ı	і	ы̆	ŏ	ө	ю	ұ	ÿ	ү	й	ё	я	ъ
改めた文字	ä	ä	i	i	ï	ï	ï	ï	ï	o	ö	yu	u	ü	ü	y	yɔ	ya	'

Türkmenのә	Kazax のi̥ Xakas	Taškentのo	Taškent,Baškir, Tuva.の語頭のɔ	Taš., Baš., Tuv. の語頭のe
ä	é	ɔ	e	ye

– 326 –

12. Türk語の長母音について

θθなどの重母音	Kïrgïz, Kazax の ь
ŏ など	ʼ

子音

ロシア字など	б г ғ ҙ ɣ д ж з ҙ j к ҡ қ қ л ԓ м н ӈ
改めた文字	b g g g g d ǰ z ð y k k k k l l m n ŋ

п р q с т ч ҷ ц ш	Baškir の ç	トルコの c	トルコの ç
p r k s t č ǰ ǰ š	θ	ǰ	č

トルコの ş	Türkmen の c	Türkmen の ç
š	č	ǰ

はじめに諸方言の母音をa, ï, o, u, ö, üの順で表をつくり比較して行きます。母音i, äについては後に問題にします。

意味＼方言	Yak.	Tuv.	Koib.	Xak.	Kaš.	Sal.	Kïrg.	Kazx.	Čuv.	KazT.
馬	at	aˑt	at	at	at	a× at	atʼ	at	ut	at
頭	bas	baš	bas baš	pas	baš	baʃ	basʼ	bas	puś	baš
名	āt	at	at	at	at	a× aʔ	atʼ	at	yat	at
雪	xār	xar	kar	xar	kar	qar	karʼ	kar	yųr	kar
歳	sās	čaš	ɬas ďâs	čas	yaš		ǰasʼ	ǰas	śųl	yäš
血	xān	xan	kân kʼan	xan	kan	ʔqan qan	kanʼ	kan	yųn	kan

– 327 –

第3部　トルコ系諸言語

Baš.	Taš.	Xiw.	Trkm.	Trk.	cf.
at	ɔt	at	at	at	mo. akta
baš	bɔš	baš	baš	baš	
at	ɔt	at	āt	ad	mo. aldar
kar	kɔr		kār	kar	
yäš	yɔš	yaš	yāš	yaš	mo. nasun
kan	kɔn	kan	kān	kan	tu. hāŋe

　上の表による諸方言の母音aの対応関係はつぎのようになります。

Yak.	Tuv.	Koib.	Xak.	Kaš.	Sal.	Kïrg.	Kazx.	Čuv.	KazT.	Baš.	Taš.
a	a	a	a	a	a	a	u	u	a	a	ɔ
ā	a	a	a	a	a	a	a	ya u̯	a	a	ɔ

Xiw.	Trkm.	Trk.
a	a	a
a	ā	a

－ 328 －

意味＼方言	Yak.	Tuv.	Koib.	Xak.	Kaš.	Sal.	Kïrg.	Kazx.	Čuv.	KazT.
冬	kïs	kïš	kès kys	xïs	ki̱š	qiʃ	kïsʼ	kïs	xəl	kïs
40			kèrèk	xïrïx	kirk	Gi:rx qirx Gə:rx	kïrkʼ	kïrïk	xərəx	kïrk
娘	kï̄s	kïs	kès kys	xïs	ki̱z	qiz	kïzʼ	kïz	xər	kïz
静・魂	tï̄n	tïn	tèn	tïn	tin−			tïn−	tʼšəm	tïn

Baš.	Taš.	Xiw.	Trkm.	Trk.
kïš	kiš	kïš−	kïš	kïš
kïrk	kirk		kïrk	kïrk
kïð	kiz	kïz	kïz	kïz
tïn	tin−	tïn−	dïn	din−

上の表による諸方言の母音ïの対応関係はつぎのようになります。

Yak.	Tuv.	Koib.	Xak.	Kaš.	Sal.	Kïrg.	Kazx.	Čuv.	KazT.	Baš.	Taš.
ï	ï	è y	ï	i̱	ɨ	ï	ï	ə	ï	ï	i
ï̄	ï	è y	ï	i̱	ɨ	ï	ï	ə	ï	ï	i

Xiw.	Trkm.	Trk.
ï	ï	ï
ï	ï	ï

第3部　トルコ系諸言語

方言 意味	Yak.	Tuv.	Koib.	Xak.	Kaš.	Sal.	Kïrg.	Kazx.	Čuv.	KazT.
矢	ox ok	ok	ok	ux	ok	ɔx	ok'	ok	u̯xə̂	uk
あれ かれ	ol	ol	ol	ol	ol	ɔ	ol'	ol	vɔ̂l	ul
10	uon	on	on	on	on	ɔn on		on	vu̯n	un
無	suox	čok	ɬok	čox	yok	jɔx–	jok'	jok	śu̯k	yuk
火	uot	ot	ot	ot	ot		ot'	ot	vu̯t	ut

Baš.	Taš.	Xiw.	Trkm.	Trk.	cf
uk	ok	ok	ok	ok	
ul	u	ol	ol	o	
un	on		ōn	on	
yuk	yok		yōk	yok	
ut	ot	ot	ōt	od	mo. utaɣan

　上の表による諸方言の母音oの対応関係はつぎのようになります。

Yak.	Tuv.	Koib.	Xak.	Kaš.	Sal.	Kïrg.	Kazx.	Čuv.	KazT.	Baš.	Taš.
o	o	o	(u) o	o	ɔ	o	o	u̯ və̂	u	u	o
uo	o	o	o	o	ɔ	o	o	u̯ vu̯	u	u	ɔ

– 330 –

12. Türk語の長母音について

Xiw.	Trkm.	Trk.
o	o	o
o	ō	o

意味＼方言	Yak.	Tuv.	Koib.	Xak.	Kaš.	Sal.	Kïrg.	Kazx.	Čuv.	KazT.
鳥	kus	kuš	kus	xus	kuš	quʃ	kusʼ	kus		koš
止る	tur–	tur–	tur–	tur–	tur–		tur–	tur–	t͡âr–	tor–
氷	būs		bus	pus	muz			muz	p͡âr	boz
塩	tūs	dus	tus	tus	tuz	tɯz tɔz	tuz	tuz	t͡âvar	toz

Baš.	Taš.	Xiw.	Trkm.	Trk.	cf.
koš	kuš	kuš	kuš	kuš	
tor–	tur–	tur–	dur–	dur–	
boð	muz	muz	būz	buz	mo. mölsün, mösün
toð	tuz		dūz	tuz	mo. dabusun

上の表による諸方言の母音 u の対応関係はつぎのようになります。

Yak.	Tuv.	Koib.	Xak.	Kaš.	Sal.	Kïrg.	Kazx.	Čuv.	KazT.	Baš.	Taš.
u	u	u	u	u	u	u	u	ə̄	o	o	u
ū	u	u	u	u	ɯ ɔ	u	u	ə̄vɑ	o	o	u

第3部　トルコ系諸言語

Xiw.	Trkm.	Trk.
u	u	u
u	ū	u

方言＼意味	Yak.	Tuv.	Koib.	Xak.	Kaš.	Sal.	Kïrg.	Kazx.	Čuv.	KazT.
見る	kör-	kör-	kôr-	kör-	kör-		kur-	kör-	ku̯r-	kür-
死ぬ	öl-	öl-	öl-	öl-	öl-	øl-	ul'-	öl-	vil-	ül-
青・空	küöx	kök	kôk / kuk	kök	kök	gɯx / gox	kok'	kök	kəvak	kük
湖	küöl	xöl	köl / höl	köl	köl	g̊uli	kol'	köl	külə	kül

Baš.	Taš.	Xiw.	Trkm.	Trk.	cf.
kür-	kor-	gör-	gör-	gör-	
ül-	ol-	öl-	öl-	öl-	
kük	kok	kök	gōk	gök	ung. kék
kül	kol		kōl	göl	mo. ɣool

　上の表による諸方言の母音öの対応関係はつぎのようになります。

Yak.	Tuv.	Koib.	Xak.	Kaš.	Sal.	Kïrg.	Kazx.	Čuv.	KazT.	Baš.	Taš.
ö	ö	ô̂ / ö	ö	ö	ø	u	ö	u̯ / vi	ü	ü	o
üö	ö	ô̂ / ö	ö	ö	ɯ / o	o	ö	əvɑ / ü	ü	ü	o

－ 332 －

12. Türk語の長母音について

Xiw.	Trkm.	Trk.
ö	ö	ö
ö	ȫ	ö

方言 意味	Yak.	Tuv.	Koib.	Xak.	Kaš.	Sal.	Kïrg.	Kazx.	Čuv.	KazT.
3	üs	üš	ük üiš	üs	u̞č	ɯʃ ɔʃ oʃ	uš˅	üš	viźə	öč
笑う	kül-	xül-	kül-	kül-	ku̞l-			kül-	ku̞l-	köl-
力	küs	küš	küs küš	küs	ku̞č		kuš˅	küš		köč
乳	üt	süt	süt	süt	su̞t	syt ʃyt		süt	sət	söt

Baš.	Taš.	Xiw.	Trkm.	Trk.	cf.
ös	uč		üč	üč	
köl-	kul-	gül-	gül-	gül-	
kös	kuč	güč	güyč	güč	ma. hūsun, mo. küčün
höt	sut	süt	süyt	süt	mo. sü

上の表による諸方言の母音 ü の対応関係はつぎのようになります。

Yak.	Tuv.	Koib.	Xak.	Kaš.	Sal.	Kïrg.	Kazx.	Čuv.	KazT.	Baš.	Taš.
ü	ü	ü	ü	u̞	ɔ o	u	ü	vi u̞	ö	ö	u
ü	ü	ü	ü	u̞	y	u	ü	ə	ö	ö	u

– 333 –

第3部　トルコ系諸言語

Xiw.	Trkm.	Trk.
ü	ü	ü
ü	üy	ü

　以上aからüまで6種類の母音を現代諸方言の上で比較して見ました。その結果、とくに目立つ事実としてつぎの点をあげることができましょう。

1) Yakut, Türkmen両方言は長母音、二重母音の点でよく対応する。Koibal Karagas方言にも長母音があらわれることがあるが、上の二方言のように規則的ではない。

2) Čuvaš方言では平口母音はyを、円口母音はvをそれぞれともなってあらわれることがある。とくにYakut, Türkmen方言が長母音、二重母音の語に多いが、そうでない場合もある。

3) Baškir, Kazan Tatar方言のo, u, ö, üはそれぞれ他の方言のu, o, ü, öによく対応する。

　そこで、つぎに古い文献では長母音、二重母音がどのように表わされているかを見て行きたいと思います。年代のはっきりしている最古の文献は唐の開元20年（732）の突厥碑文ですが、この碑文に用いられている文字は閉音節文字的な部分があります。たとえばat「馬」、eb「家」などは母音字をつかわずに、いつも子音字1つで表わされています。子音字は母音の性質が前か後かによって、おおむね2群にわかれていて、とくに閉鎖音については混同がありません。この文字の書き方について、トルコのA.C. Emreは「Türk諸方言比較文法」*Türk lehçelerinin mukayeseli grameri, Birinci kitap, Fonetik*, İstanbul 1949 でほぼつぎのような法則を立てました。

1) 閉音節の広母音は文字に書かれない。[a]t
2) 開音節の末母音字はすべて書かれる。[a]rka
3) 狭母音、円口母音字は原則として書かれる。bir, ol

- 334 -

4) ただし2音節の閉音節語で両音節ともに狭母音あるいは円口母音のものであるとき、第1音節の母音は書かれるが、他は多くは書かれない。küm⁰š

5) ⁰k, ᵘk および ⁰k, ᵘk をそれぞれ1字で表わす特別な子音字があり、これを閉音節に用いれば円口母音字はいらない。učdᵘkda

6) ᶦk を1字で表わす特別な子音字があり、これを閉音節に用いれば狭母音字はいらない。bᵃlᶦk

　上のきまりは碑文によって差がありますが、だいたい当っているといえます。ところが、さきほどの「馬」ᵃtに対して「名」という語を示すと認められる文字の書き方の中には、母音字を用いて2字にatと書いている例があります。ほかにᵃč-「開く」〜 Yak. as-, Trkm. ač-; ač「腹のへった」〜 Yak. ās, Trkm. āč; taš「石」〜 Yak. tās, Trkm. dāš; yoᵒk 〜 yuᵒk「無」; köᵒk 〜 küᵒk「青い」などが注意されます。このような母音字の用法から突厥碑文の言語が長母音あるいは二重母音的なものをもっていたと考えることができます。19世紀末にこの碑文を解読したV. Thomsenはいち早く上のような事実に気付いていたらしく、その論文集 *Samlede Afhandlinger* III, københavn 1922, p. 33の註につぎのように書かれてあります。

　　　Dans tous ces mots, le *a* est une voyelle longue, et c'est proprement cette quantité qui s'exprime par ♪ *a*; par exemple: *āt*, nom, *āč*, qui a faim, ont l'*a* long, par opposition à *at*, cheval, *ač-*, ouvrir, qui l'ont bref.

　またUigur文字の文献では円口母音字を重ねて書いた例がかなりありますし（たとえば華夷訳語高昌館雑字21 oot火、傲）、Brāhmī文字でも母音の長短を区別して表わしているようです。これについてはA. von Gabain: *Alttürkische Grammatik*, Leipzig 1950²にゆずることにします。

　つぎに古い言語の長母音を記述したものとして11世紀の辞書*Kitābu dīvān luɣāt at-turk*があります。Maḥmūd al-Kāšɣarīによって書かれたこの辞書は20世紀のはじめİstanbulで見い出され、Kilisli Riɸatによって印刷本3巻として出版されました。C. Brockelmannはこの誤植の多い印刷本によっ

第3部　トルコ系諸言語

て *Mitteltürkischer Wortschatz nach Maḥmūd al-Kāšrarīs Dīvān Lurāt at-turk* （Bibriotheca Orientalis Hungarica Ⅰ）Budapest und Leipzig 1928を作り、原本は1066年に書き終ったものとしております。他の説によりますと1074年、1077年などであるとされます。トルコに現存する1本は1266年に書き写されたもので、その写真版 Besim Atalay: *Divanü Lûgat-it-Türk Tıpkıbasımı "Faksimile"*, Ankara 1941（638葉）があります。この辞書には曲用形、活用形をのぞいて約8,000近くの語が収められ、その用例とともにアラビア語の訳がつけられております。書き手がKašgarの出身ですから、主としてその言語を記述していると考えられますが、当時の方言や文法、民族配置などにもふれています。Brockelmannは *Wortschatz* の序文で Maḥmūd の言葉を引きながら、長母音についてのべておりますが、*Wortschatz* には取入れませんでした。この辞書の Türk 語を表わすアラビア字の書き方はいつも一定してはおりませんが、多くの語例について調べた結果、母音の長短を区別していることが明らかになりました。それは語頭、語中においてつぎのように区別されております。

アラビア字の表記	語　　頭	語　　中
a, ä	elif-fatha, elif, elif-hemze-fatha	fatha, なし
ā, (ā̈)	elif-fatha-elif, elif-elif	elif-fatha, elif
i, ï	elif-kesre, elif-hemze-kesre, elif	kesre, なし
ī, ï̄	elif-kesre-ye, elif-ye	ye-kesre, ye
o, u, ö, ü	elif-zamma, elif, elif-hemze-zamma	zamma, なし
ō, ū, ȫ, ǖ	elif-zamma-vav, elif-vav	vav-zamma, vav

　上のように、こまかい母音記号のある、なしのちがいはありますが、elifとyeとvavがアラビア語におけるように長母音をあらわすものとして働いております。いま上の点に注意しながら、この辞書に表われる用例を集め、まえに現代語方言の比較のときに用いた語を調べて見ますと、つぎのような結果が出ました。子音字につけられた母音記号やjezmのある、なしなどは問題にしないことにします。なお名詞のat-などは曲用形あるいは接辞をとったものを示し、動詞のturなどは命令形を示します。数字はこの辞書に表われるすべての数を

- 336 -

示します。

馬	at 189, at- 112
頭	baš- 55, bāš 3, bāš- 7
cf. 傷（Yak. bās, Trkm. bāš）bāš 10, bāš- 6, baš- 4
名	āt 3, at- 4
雪	kār 11, kār- 3, kar 1, kar- 1
歳	yāš- 3, yaš- 2
血	kān 11, kān- 12, kan- 2
冬	kïš 7, kïš- 7, kïš 1, kïš- 2
40	kïrk 3
娘	kïz 26, kïz- 12, kïz 11, kïz- 3, xïz- 1
魂、息	tïn- 6, tïn 1, tïn- 2
矢	ok 45, ok- 17, ōk 2, ōk- 1
あれ、かれ	ol 約2,000, ol- 92, ōl 2, ōl- 1
10	ōn 3
無	yōk 13, yōk- 1, yok 1
火	ōt 29, ōt- 7, ot 4, ot- 2
cf. 草、薬（Trkm. ot）ot 40, ot- 9, ōt 2, ōt- 2
鳥	kuš 47, kuš- 9, kūš 2
止る	tur 9, tur- 64, tūr- 10
氷	būz 4, būz- 3, buz 1, buz- 1
塩	tūz 7, tūz- 1
見る	kör 6, kör- 47, kör 4, kör- 6
死ぬ	öl- 8, öl- 1
青、空	kök 27, kök- 4
湖	köl 7, köl- 2, köl 1, köl- 1
3	üč 2, üč- 2, üč 1
笑う	kül 2, kül- 16
力	küč 4, küč- 14, küč 2, küč- 8
乳	süt 25, süt- 8

- 337 -

第3部　トルコ系諸言語

　　上のように母音字の書き方は動いておりますが、数の上でくらべて見ますと
母音の長短の区別が出てまいります。書き手のMaḥmūdも述べておりますよう
に、語尾や接尾辞を取ると語幹の母音の長さを失って来るという現象が見られ
ます。したがって2音節以上の語の長母音をたしかめることはやや困難をとも
なって来ます。このような事実はYakut方言にも著しい現象で、Türk語母音の
歴史は短母音化の歴史だといっていいかもしれません。

　*Dīvān luɣāt*では、長い ā̱ を表わすと考えられるものが語頭には1つもなく、
語幹の中にもきわめて少ないのです。語尾や接尾辞の中には -lā 〜 -lǟ, -māk
〜 -mäk（Yak. -lǟ, -liä, Trkm. -mäk）などが注意されます。Yakut方言でも語幹
には ä が現われず、iä 〜 ī が現われ、語尾には ǟ が現われるようです。これは
母音調和の問題とからんで来ると思われますので、別に考えることにします。
そこで、まえに残しておいた母音 i, ä について考える順序となりました。まず
現代諸方言の i は

意味＼方言	Yak.	Tuv.	Koib.	Xak.	Kaš.	Sal.	Kïrg.	Kazx.	Čuv.	KazT.
知る	bil-	bil-	bil-	pél-	bil-		bil'-	bél-	pəl-	bel-
我々	bisi	bis	bis	pés	biz	pisir	biz'	béz	pir	bez
だれ	kim	kïm	kim kèm	kem	kim		kim	kém	kam	kem
1	bīr	bir	bir	pér	bir	bir bi:r̥	br'	bér	pər	ber
仕事	īs	iš		és-	i̱š		is'	és	as əś	eš

－ 338 －

12. Türk 語の長母音について

Baš.	Taš.	Xiw.	Trkm.	Trk.	cf.
bel−	bil−	bil−	bil−	bil−	
beð	biz		biz	biz	mo. bida
kem	kim	kim	kim	kim	mo. ken
ber	bir	bir	bīr	bir	
eš	iš	iš	īš	iš	

対応関係は

Yak.	Tuv.	Koib.	Xak.	Kaš.	Sal.	Kïrg.	Kazx.	Čuv.	KazT.	Baš.	Taš.
i	i	i	é	i	i	i	é	i, ə, a	e	e	i
ī	i	i	é	i	i	i	é	ə, a	e	e	i

Xiw.	Trkm.	Trk.
i	i	i
i	ī	i

　上の表によって原始 Türk 語の i は Xakas, Kazax, Baškir, Kazan Tatar 方言など
で e に近く現われる以外は、i を保っていると認められます。つぎに諸方言の ä
は短母音語のみについて

− 339 −

第3部　トルコ系諸言語

方言／意味	Yak.	Tuv.	Koib.	Xak.	Kaš.	Sal.	Kïrg.	Kazx.	Čuv.
来る	käl-	kel-	kil- kel-	kil-	kèl-	gel-	kel'-	kel-	kil-
わたし	min	men	min men	min	män	mæn	men'	men	mən
男・人	är	er	ir, îr er, êr	ir	är	er	er'	er	ar
する		et-	id-, ed-, êd-	it-	et-		et-	et-	at-
7	sättä	čedi	ďite ďete	čité	yete	jitʃī jède	jeti	jeté	śiťťʃə

KazT.	Baš.	Taš.	Xiw.	Trkm.	Trk.	cf.
kil-	kil-	kel-	gil-	gel-	gel-	
min	min	men	min	men	ben	mo. bi
ir	ir	er	ir	är	er	mo. ere
it-	it-	et-		et-	et-	
yide	yete	yetti	yetti	yedi	yedi	

対応関係は

Yak.	Tuv.	Koib.	Xak.	Kaš.	Sal.	Kïrg.	Kazx.	Čuv.	KazT.	Baš.	Taš.
ä	e	i e	i	e ä	e æ	e	e	i ə a	i	i	e

Xiw.	Trkm.	Trk.
i e	e	e

12. Türk 語の長母音について

　上の表によって、原始 Türk 語の ä は Xakas, Baškir, Kazan Tatar 方言などで i に近く現われる以外は、ä, e を保っていると認められます。これらは古い [æ] ないし [ɛ] に由来するものと考えられます。

　さて突厥碑文の言語が長母音あるいは二重母音的なものをもっていたということが、まだ明らかでなかった当時、V. Thomsen は *Inscriptions de l'Orkhon déchiffrées* (*MSFOuV*) Helsinki 1896, p. 15 において、ある単語が文字 i に書かれたり、書かれなかったり（たとえば il～ᵃl）する点から、この母音は ä とは別の平口母音 ė ではないかと考えました。そして後に Yenisei 碑文の母音字 𐰏 がこの音を表わすものだとして、"Une lettre méconnue des inscriptions de l'Iénissei" (*JSFOu* XXX₄) Helsinki 1913-18 を発表しました。この ė をもつと考えられた語は éki「2」、él「民族・国」、éš「友・つれ」、ét-「する」、bél「腰」、béš「5」、yétmiš「70」、kéš「帯・箙」の 8 語です。このうち ét- と yétmiš は表にのせましたように、他の ä の語と変らない対応を示しております。「2」の現代諸方言はつぎのようになっていますから、ikki に由来するものと考えます。

意味 \ 方言	Yak.	Tuv.	Koib.	Xak.	Kaš.	Sal.	Kïrg.	Kazx.	Čuv.	KazT.
2	ikki äkki	iyi	ike iki	éké	iki	iʃki iʃki	eki	eké	ikkə	ike

Baš.	Taš.	Xiw.	Trkm.	Trk.	cf.
ike	ikki	iki	iki	iki	ma. ikiri

　V. Thomsen が指摘しました 8 語は él をのぞいて文字 ė に書かれているものが非常に碑文の傷んだ、しかもかなりの例のうちの 1 例か 2 例に過ぎないものなのです。上の 3 語について見ますと、iki 6, ki 50,（éki 1 ?）; it- 31, t- 3,（ét- 1 ?）; yiti 14, yti 22, ytmš 5,（yétmš 1 ?）のようです。文字 i に書かれるかどうか、という点を問題にしますと、ほかに「だれ」km 4;「聞く」išid- 2, išd- 2, šid- 6, šd- 19;「千」biŋ 2, bŋ 3;「君たち」siz 26, sz 26 などがあります。*Dīvān luɣāt* における上の 3 語は ikki（二重子音は tešdīd で）73, iki 8; ät 1, ät- 17, it- 2, ït- 5;

－ 341 －

yätti 2, yiti 1のようになっています。したがって、わたしは[iʔki]，[æt]，[jæʔti]，
[jæʔtmiʃ]であったろうと考えます。なおM. Räsänen: *Materialien zur*……
p. 141によれば

　'2': mtü.（neben *iki*），IM., osm. Urfa（K. Edip. 133），özb.（Poliv. 57），jak.
ikki, tel. jak. *äkki*, sag. əkkə.

　'7': IM. oir. tel. leb. *jätti*, tuba. tel. *d'atti*, koib. kč. *d'etti*, šor. *čätti*（*čädi*），
sag. *četti*, özb. trkm. az.（Foy, MSOS 6: 176），osm. Urfa（K. Edip. 133），
Gaziantep（Ö. A. Aksoy 1: 71）*jeddi*, N-Syrien（Hartmann, KSz 1: 155）
jetdi, jetti, jak. *sättä.*

　さてそこで残りの5語について諸方言の現われ方を見ますと

意味 ＼ 方言	Yak.	Tuv.	Koib.	Xak.	Kaš.	Sal.	Kïrg.	Kazx.	Čuv.	KazT.
腰	bı̄l	bel	bil bel	pil	bel	bel	bel	bel	pilək	bil
5	biäs	beš	bis bes beiś	pis	beš	peʃ beʃ	bes˙	bes	pillək	biš
民族・国	(ïal?)	el	il êl	il			el	el	yal	il
友・つれ		eš	eiś				es˙		yi̱š	iš
簾・てん	kı̄s	keš	kis kiś				kes˙			
言う	diä-	dä-	dîr-	té-	de-		de-	de-	tɛ-	di-
夜・晩	kiäsä	kejǟ	keɖä	kijē̱	kičä				keše	kaś	kič

Baš.	Taš.	Xiw.	Trkm.	Trk.	cf.
bil	bel	bil	bīl	bel	mo. bel
biš	beš	biš	bǟš	beš	
il	äl	il	īl	el	mo. il, el
iš		iš		eš	
		kiš			
	de–	di–	dī–	de–	
kis	keč	gič	gīǰe	geǰe	

対応関係は

Yak.	Tuv.	Koib.	Xak.	Kaš.	Sal.	Kïrg.	Kazx.	Čuv.	KazT.	Baš.	Taš.
ī	e	i	i	e	e	e	e	i, ε	i	i	e
iä		e						ya, yi̯			

Xiw.	Trkm.	Trk.
i	ī / ä	e

　上の表は、eš, kešについて資料が不足しておりますが、母音i, äに関しつぎのことがいえると思います。

1) 母音iについて Yak., Trkm. が ī 〜 ī と対応し、ä については Yak. ī 〜 iä,
　　Trkm. ī, ä が対応する。

－ 343 －

第3部　トルコ系諸言語

2) Xakas, Kazan Tatar, Baškir の i, e は他の方言の e, i に対応する。

3) Yak., Trkm. 以外の方言では母音の長さのちがいによって変りがほとんどない。

　そこで突厥文字の書き方を見ますと、bil 1, bél 1, bl 1; biš 15, béš 1, bš 7; il 48, él 27, l 34; iš 5, éš 1, š 16, ; kiš 2（kéš 1 ?）のように Thomsen の é は非常に少なく、文字 i に書かれることが多いのです。*Dīvān luɣāt* では bil 3; biš 4, biš- 2; il 10, il- 6, äl- 1; iš 2, iš- 3; kiš 8, kiš- 3; ti- 16, tä- 2; kičä 2（ただし動詞 kič- 4）のように大部分が文字 i に書かれております。ところが短母音の語では käl 15, käl- 143; män 90, bän 3, män- 225, min-20, män- 2, min- 2; är 約 1,000, är- 70 のように語頭では elif 1 つ、語中では母音記号で示されています。上のような事実から古い Türk 語の短母音 [æ]、[ε] に対する長母音は [e:]、[ie:] であったろうと考えます。長母音の狭まりは英語、ドイツ語など多くの言語に認められますし、Uigur 字文献とともに古い時代には文字 i が用いられていたのは、上のような音声上のちがいを示したものであろうと思います。

　したがって Thomsen が é をもつと考えた 8 語はつぎのようになります。

ét-「する」　………［æt］　　　　éš「友・つれ」………［e:ʃ］?

yétmiš「70」　………［jæʔtmiʃ］　bél「腰」　　………［be:l］

éki「2」　………［iʔki］　　　　béš「5」　………［be:ʃ］

él「民族・国」………［e:l］　　　kéš「帯・箙」………［ke:ʃ］?

（以上は日本言語学会第31回大会（1954. 10. 31）発表の原稿に手をいれたものである。）

ON THE LONG VOWELS IN TURKIC LANGUAGES

After O. Böhtlingk described long vowels of Yakut dialect in 1851, Z. Gombocz, in his work *Die bulgarisch-türkischer lehnwörter in der ungarischen sprache* 1912, against the mechanische Verschmelzung or Zusammenziehungstheorie of W. Radloff and V. Grønbech, set force a new theory of long vowels in proto-Turkic.

- 344 -

Later J. Németh, Е.Д. Поливанов, M. Räsänen and L. Ligeti tried to show that Yakut dialect keeps long vowels since a fairly old time, and from about the time of 1930, with the backing of Türkmen dialect, long vowel theory in proto- Turkic has been established. The writer tries to compare, in tabular forms, vowels of the modern dialects of Yakut, Tuva, Koibal Karagas, Xakas, Kašgar, Salar, Kïrgïz, Kazax, Čuvaš, Kazan Tatar, Baškir, Taškent, Xiwā, Türkmen and Osman, with the results as for long and short a, ï, o, u, ö, ü:

(1) Yakut dialect corresponds to Türkmen dialect on the points of long vowels and diphthongs.

(2) most words with y and v of Čuvaš dialect contain the preceeding Yakut and Türkmen words.

(3) o, u, ö, ü of Baškir and Kazan Tatar dialects correspond respectively to u, o, ü, o of the other dialects.

In the oldest inscriptions (732 A. D.), while $^a t$ 'horse', $^e b$ 'house', $^e č-$ 'open' etc. are written without vowel letters, we can find *at* 'name', *ač-* 'hungry', $yo^o k \sim yu^o k$ 'not', $kö^o k \sim kü^o k$ 'blue, sky' etc. with vowel letters. This is, as V. Thomsen noted in his *Samlede Afhandlinger* III, p. 33, an evidence of the language of the oldest inscriptions with long vowels or diphthongs.

In the dictionary *Kitābu dīvān luɣāt at-turk* (11c.), clear distinction between the words with long and short vowels is made as in Arabic, which all the examples in question show as seen in the article (e.g. 'horse' *at* 189, *at-* 112; 'name' *āt-* 3, *at-* 4…). Nouns with hyphen indicate derivative forms, and verbs without hyphen imperative. It is notable in this dictionary that the stem vowels lose their length in the derivative forms and that the fact can be observed in the modern Yakut dialect as well. So it might be said that the history of Turkic vowels is that of vowel shortening.

Correspondence relations of short i, e and long i in the modern dialects are seen in tabular forms, e.g. e of Xakas, Kazax, Baškir and Kazan Tatar dialects correspond to i of the other dialects and i of Xakas, Baškir and Kazan Tatar to e. This may be derived from $[æ]$ or $[ɛ]$.

The writer's investigation into the eight words in the oldest inscriptions that

第3部　トルコ系諸言語

V. Thomsen pointed out to be of narrow é in his works, *Inscriptions de l'Orkhon déchiffrées* and "Une lettre méconnues des inscriptions de l'Iénissei" has resulted that the words ét-, yétmiš and éki would be [æt], [jæʔtmiʃ] and [iʔki] from the view points of the forms in the modern dialects and in *Dīvān luɣāt*. It has been estimated that the rest five words, as the table shows, would be of long vowels as [eːl], [eːʃ], [beːl], [beːʃ] and [keːʃ], with references of the letter i much used for these words in the oldest inscriptions and *Dīvān luɣāt*, and of Yakut i, iä corresponding to Türkmen i, ä. From this fact, he has presumed short [æ] or [ɛ] to long [eː] or [ieː] in old Turkic, as in English *beat* [biːt] to *bit* [bɪt] and as in German *Lehre* [leːrə] to *lernen* [lɛrnən].

Kazuo TAKEUCHI

（1957. 12. 31『言語研究』No.32）

13. トルコ諸語音韻史上のRhotacismとLambdacism

　岡山大学の竹内です。トルコ系諸言語（方言）の音韻史のうえで、ここ150年ものあいだ論議されてきた問題のひとつにrhotacismとlambdacismというのがあります。これについて本日は、わたしの新しい仮説をお話ししようとおもっております。

　いわゆるアルタイ系とよばれている諸言語（方言）の系統論、あるいは日本語の系統論におきましても、それぞれの言語の歴史をあきらかにし、祖語を再構するという作業は、なかなか困難で意見が分かれているのが実状です。個々の言語内での内的な再構なしに、いわゆる「比較」がこころみられてきたうらみがあります。きょうのお話は、この辺とも深くかかわっております。

　さて、rhotacismとlambdacismですが、もうご承知の方も多いとはおもいますが、ごく簡単に説明しておきます。現在このユーラシア大陸に話されているトルコ諸語は20ほどあり1億人の人口をもっておりますが、このうちチュワシ語（モスクワ東方600km150万人）とその他のトルコ諸語では①のように語末の子音がことなってあらわれます（ローマ字転写する。チュワシ語（Čuv）はチュワシ南部方言。）

①　　　　Čuv.　　その他
娘　　xěr　　kiz...　　　zetacism?　　*$-r'$ ($-r^2$)
石　　čul　　taš...　　　sigmatism?　　*$-l'$ ($-l^2$)

　この$-r/-z$の対立をrhotacism（r音化）という歴史的な変化として、また$-l/-š$の対立をlambdacism（l音化）と呼ぶわけです。もっともトルコのT. Tekinなどはzetacism（z音化）とsigmatism（š音化）と称していますが、それは、どちらを古いとみるかで意見が分かれているからです。

　チュワシ語は、あらゆる点でトルコ系の言語であることにうたがいはありませんが、歴史的に大きな変化をへてきていまして、チュワシ語を古いものと考える見方は改める必要があると考えます。いずれにせよ、チュワシ語とその他の諸言語は共通の祖語から分裂したものという点では一致できています。ところが、このトルコ祖語の再構となりますと、いわゆる「アルタイ語族」説がか

第3部　トルコ系諸言語

らんで、その成立の可否をめぐって意見がわかれます。②のように語末音に対立がないものもあり

②	Čuv.	gtü.	
1	pĕr	bir...	*-r
風	śil	yel...	*-l

　①のような場合には祖語に②と異なるフォネーム $*-r^2/-l^2$ を立てて②と区別する、こうした主張は「アルタイ語族」説をとなえる学者たち Ramstedt, Poppe をはじめとしてその弟子たちにたくさんおります。一方「アルタイ語族」の成立に疑問をもつ、あるいは慎重な学者たちは、チュワシ語そしてその祖先の言語の方こそ -r/-l 音化を経過したものとし、これを主張したものとして、Radloff, Gombocz, Németh, Menges, Benzing, Clauson, Róna-Tas, Ščerbak などがおります。ほかに Pritsak の *-rč/-lč 説などもあります。ドイツの Doerfer は従来「アルタイ説」に反対していましたが、この問題については 1976 にいたって Ramstedt, Poppe の古典的方式にかたむいているとのべています。

　ごく簡単に研究史の問題点を整理してみましたが、歴史的な文献もふくめて、用例を検討してみましょう。

③	Čuv.	Trkm.	Tat.	MK（11c.）	ProT.
口	śăvar	aγɨð	awɨz	aγɨz	*āgɨz
膝	čĕr-	dīð	tez	tiz	*tiɨz
8	sakkăr	sekið	sigez	sek(k)iz	*sekkiz
30	vătăr	otuð	utiz	ot(t)uz	*hottiz
100	śĕr	yüð	yöz	yūz	*jüyz
星	śăltăr	yɨldɨð	yoldɨz	yulduz	*juldɨz
氷	păr	būð	boz	būz	*būz
塩	tăvar	dūð	toz	tūz	*tūz
牛	văkăr	öküð	ügez	öküz	*höküz
子牛	păru	buðaw	bozaw	buzaγu	*buzagu
娘	xĕr	gɨð	kiz	qɨz	*kɨyz

- 348 -

13. トルコ諸語音韻史上のRhotacismとLambdacism

私たち	epir	bið	bez	biz	*biz
君たち	esir	sið	sez	siz	*siz
春	śur	yāð	yaz	yāz	*jāz
長い	vărăm	uðǐn	ozin	uzūn	*uzūn
歯	śăl	diš	teš	tïš	*tiyš
涙	śul	yāš	yaš	yāš	*jāš
5	pilĕk	bēš	biš	bïš	*bi̯ēš
70	śitmĕl	yetmiš	jitmeš		*jetmiš
石	čul	dāš	taš	tāš	*ti̯āš
冬	xĕl	giš	kiš	qiš	*kiš
銀	kĕmĕl	kümüš	kömeš	kümüš	*kümüš

　ここにとりあげた単語は、わたしがしらべた基礎語彙100ばかりのうち、当面の問題にかかわるものをぬきだしてあります。右のProtoT.の形はトルコ諸語内部の再構によって立てたものです。ひとつひとつの形について説明する余裕はありませんが、わたしの仮説では、トルコ祖語（その年代はBC数千年？）における*-z/-šは、狭母音または口蓋化音素（j, y～i̯）がそれに先立っていたとき、チュワシ祖語（Proto-Bulgar?）において、*-z>*-rおよび*-š>*-l̥>*-lというrhotacismとlambdacismを引起した結果、*-r/-lに変化したと考えるものです。このようにして、チュワシ祖語とその他のトルコ諸語が二大方言に分裂しましたが、その時期はBC100～300年あるいはそれ以上まえと推定します。基礎語彙のうちつぎの④では狭母音ないし口蓋化要素をふくみませんから、rhotacismもlambdacismもおこっておりません。

④

		Čuv.	Trkm.	Tat.	MK.	ProT.
目		kuś	göð	küz	köz	*köz
頭		puś	baš	baš	baš	*baš

　さてトルコ祖語（その年代は確定できませんが先ほどBC数千年といった）にはフォネームz, š, r, lがありました。これらは語頭に立たないという制限があります。分裂したチュワシ語の祖先の言語は、さきの仮説の条件のもとでz

－ 349 －

第3部　トルコ系諸言語

をrに、šをlと合流させ今日にいたったものと考えられます。現代チュワシ語でz, šがごく少数の語にありますが、いずれも後のロシア語やとなりのタタール、バシキル語などからの借用語です。

　一方トルコ諸語は長い歴史の中で、となりあったモンゴル語とハンガリー語へかなりの単語を提供してきました。BudenzやGomboczの名著（1912）をはじめハンガリー語に入ったトルコ系の語彙はハンガリーの学者たちがよく研究してきたところです。その数200をこえるようです。ウラル祖語からウグル諸語が分裂したのはBC1000年ごろといわれておりますが、その後Volga, Don川中上流域において、チュワシの祖先とみられる古代Bulgar族はハンガリーの祖先の言語と接触し、rhotacismとlambdacismを経過した語彙がハンガリー語の祖先の言語に入ったものと考えられます。さきほどの③のうちハンガリー語とチュワシ語の形をみますと：

⑤
	Čuv.	Hung.	ProT.	Mong.	
膝	čĕr-	térd	*tïyz		
春	śur	nyár（夏）	*jāz	nara（太陽）?	nirai（新生児）?
牛	vǎkǎr	ökör	*höküz	hüker	
子牛	pǎru	borjú	*buzagu	bura'u	

　一方モンゴル祖語には（Poppe 1955）z, šというフォネームがありませんから、r/l（少数はs）で借用したものと考えます。もっとも分裂したr/l言語がウラルとモンゴルの東西に借用語を提供したとする見方もありえますが、チュワシ語の祖先が東方に残存した証拠は明らかではありません。

〔参考文献〕

Adamović, M.: 'Fragen der tschuwaschischen Lautgeschichte' *Central Asiatic Journal* 33, 3-4, 1989

Benzing, J.: 'Das Hunnische, Donaubolgarische und Wolgabolgarische' *Philologiae Turcicae Fundamenta* 1957

Clauson, G.: *Turkish and Mongolian Studies* London 1962

　〃　*An Etymological Dictionary of Pre-thirteenth-century Turkish* Oxford 1972

13. トルコ諸語音韻史上のRhotacismとLambdacism

Doerfer, G.: *Türkische und Mongolische Elemente im Neupersischen* Band Ⅰ 1963, Ⅱ 1965, Ⅲ 1967, Ⅳ 1975

〃 'Proto-Turkic: Reconstruction Problems' *Türk Dili Araştırmaları Yıllığı Belleten* 1975-1976 Ankara

〃 'The Problem of Rhotacism/Zetacism' *CAJ* 28, 1-2, 1984

〃 'Zetacism/Sigmatism Plays No Rôle' *CAJ* 32, 1-2, 1988

Gombocz, Z.: *Die bulgarisch-türkischen Lehnwörter in der ungarischen Sprache*（MSFOu 30）1912

Xakimzjanov, F.S.: *Jazyk Epitafij Volžskix Bulgar.* Moskva 1978

Krueger, R.J.: *Chuvash Manual.* Bloomington 1961

Ligeti, L.: 'A Propos du Rhotacisme et du Lambdacisme' *CAJ* 24, 3-4, 1980

Nauta, A.H.: 'Rhotazismus, Zetazismus und Betonung im Türkischen' *CAJ* 16, 1, 1972

〃 'Lambdazismus im Tschuwassischen: Gtü. š = Tschuw. l und ś ' *Altaistic studies*, 25th PIAC. Stockholm 1982

Palló, M.K.: 'Hungaro-Tschuwaschica' *UAJb* 31, 1959

〃 'Die mittlere Stufe des tschuwaschischen Lautwandels d > δ > r' *UAJb* 43, 1971

Poppe, N.: *Introduction to Mongolian Comparative Studies*（MSFOu 110）1955, 1987²

〃 *Vergleichende Grammatik der altaischen Sprachen* 1960

〃 *Introduction to Altaic Linguistics.* 1965

〃 'Zur Stellung des Tschuwaschischen' *CAJ* 18, 2, 1974

〃 'Altaic Linguistics- An Overview'『言語の科学』No. 6, 1975

Pritsak, O.: 'Bolgaro-Tschuwaschica' *UAJb* 31, 1959

〃 'Der Rhotazismus und Lambdazismus' *UAJb* 35, 1964

Ramstedt, G.J.: 'Zur Frage nach der Stellung des Tschuwaschischen' *JSFOu* 38, 1922

〃 *Einführung in die altaische Sprachwissenschaft Bd. l, Lautlehre* Helsinki 1957

Räsänen, M.: *Materialien zur Lautgeschichte der türkischen Sprachen* Helsinki 1949

Róna-Tas, A. ed.: *Chuvash Studies*, Wiesbaden 1982

Ščerbak, A.M.: *Sravnitel'naja Fonetika Tjurkskix Jazykov.* Leningrad 1970

Serebrennikov, B.A.: *Sravnitel'no-istoričeskaja Grammatika Tjurkskix Jazykov.* Moskva 1986

Tekin, T.: 'Once more Zetacism and Sigmatism' *CAJ* 23, 1-2, 1979

第3部　トルコ系諸言語

Tekin, T.: 'Zetacism and Sigmatism: Main Pillars of the Altaic Theory' *CAJ* 30, 1-2,
　1986

Tenišev, E.R.: *Sravnitel'no-istoričeskaja Grammatika Tjurkskix Jazykov. Fonetika.*
　Moskva 1984

（1990. 6. 3 日本言語学会第 100 回大会《東京大学》研究発表）

第4部 「アルタイ」諸語ほか

第4部
「アルタイ」諸語ほか

1. モンゴル諸語とトルコ諸語の親族関係 I

　モンゴル諸語とトルコ諸語が満州・ツングース諸語とともに、いわゆる「アルタイ」語族をかたちづくるかどうかについて、さまざまな議論がおこなわれてきた。「アルタイ」語族の成立を積極的に主張する立場から、それを完全に否定する立場へと諸学者の見解はわかれていて一致していない。しかし三者がそれぞれにモンゴル語族、トルコ語族、ツングース語族として系統をひとしくする、すなわち言語としての親族関係を有するという点では、諸学者の意見がわかれることはない。

　いまのところ、わたしも「アルタイ」語族説にはくみせず、3つの語族が成立するものとかんがえている。もちろん朝鮮語族であり、日本語族であるとかんがえているから、日本語を「アルタイ」語族、あるいはさらに古典的な「ウラル・アルタイ」語族の一員とはかんがえない。

　いうまでもなく、アルタイ（Altay）という名は、ソ連とモンゴル人民共和国と中華人民共和国にまたがる約2,000キロにわたる山脈の名からきている。そしてこの名でよばれる1言語、アルタイ語が存在するが、これはトルコ語族のうち北方語派に属する言語で、使用人口は約5万人である（1979年ソ連の人口調査）。このアルタイ語という名称が、しばしば「アルタイ」諸語ないしは「アルタイ」語族を意味するものとしてつかわれることがあるので注意しなければならない。たとえば講談社『国語辞典』（1979）では、アルタイ語の説明として、つぎのような記述がみられる。

　　ウラル・アルタイ語族中のトルコ語・モウコ語・満州語などの語群。朝鮮語・日本語も、それに属するという。

　岩波『広辞苑』（1969[2]）も、おなじように、

　　ウラル・アルタイ語族中において、トルコ語・蒙古語・満州語を含む1語

－ 354 －

群。朝鮮語・日本語もこれに属するという。

　以下この論文でアルタイ語とは、トルコ語族の1言語であって、いわゆる「アルタイ」とは区別されるものである。

　ある言語（群）ないしは方言（群）と、別の言語（群）ないしは方言（群）とのあいだに親族関係がある、すなわち系統がおなじであることを証明するには、類型論的な類似ではなく、それぞれの基礎的な形態素のあいだに音韻対応の法則をみいだすことが必要である。モンゴル諸語とトルコ諸語のあいだで、このようなことが可能であろうか。モンゴル文語sara「月」とトルコ語ay「月」とのあいだに、どんな対応関係（correspondence）があるのだろうか。času-n「雪」とkar「雪」については、どうだろうか。「月」や「雪」が、これらの言語群において基礎的な形態素であることに異論はないであろう。雪のふらない赤道あたりの言語を、いま問題にしているのではない。モンゴル系、トルコ系の言語の話し手たちは、ながいながい歴史をとおして、月をあおぎ雪とたたかってきたにちがいない。月や雪をあらわす単語が、別の語にとってかわってしまう可能性はほとんどないだろう。また他の言語からたやすく借用されるともおもわれない。もしモンゴル諸語とトルコ諸語が同系であるならば、こうした基礎語彙は、みかけの形がにていようと、いまいと、共通のみなもとから出発していなければならない。そうした共通基語の形を、両者のあいだに再構reconstructionすることができるであろうか。

　わたしはトルコ語について、現在話されている諸言語（方言）と、14世紀、11世紀および8世紀ごろの資料とに共通してみいだされる基礎語彙100ばかりをしらべてある。これらとモンゴル諸語の形とをつきあわせ、それぞれの再構形から両言語間に音韻法則がみちびきだせるものか、どうか検討していくことにする。天体・気象にかかわる日、月、星、雪、雲の5語からはじめるとしよう。

　モンゴル諸語として、この論文でとりあげるのは、次の現代語（方言）であるが、それに文語形とMukaddimatの資料と元朝秘史にみられる語形とをくわえ、参考に満州文語をあげておくことにする。引用文献の書名は論文のあとに

第4部 「アルタイ」諸語ほか

かかげる。

ブリヤート	(Черемисов 1793)
ハルハ	(小沢 1983)
内モンゴル	(道布 1983)
ダグール	(仲 1982)
オルドス	(Mostaert 1968)
ドンシャン	(刘 1981、栗林 1986)
バオナン	(布和 1982)
シラユグル	(照那斯図 1981、栗林 1987)
モンゴォル (1)	(照那斯図 1981)
モンゴォル (2)	(Smedt 1964)
カルマック	(Ramstedt 1935)
モゴール	(岩村 1961；Weiers 1972)
文語	(小沢 1983)
Muk.	(Поппе 1938)
元朝秘史	(小沢 1984-)
満州文語	(福田 1988)

　モンゴル文語と満州文語だけローマ字転写をもちい、他は文献にあるままの語形を引用するのでいろいろな表記がまじることになる。トルコ諸語についても同様 Kāšgari と突厥文字資料は転写である。

　トルコ諸語は、つぎの現代語（方言）に、14世紀 kuman 語と11世紀 Kāšgari の辞書と8世紀前後の突厥文字資料の形をくわえる。

- 356 -

南方語派	トルコ	（TDK 1988）
	ガガウズ	（Гагауз 1973）
	アゼルバイジャン	（Азербайджан 1985）
	トルクメン	（Туркмен 1962）
	ハラジ	（Doerfer 1980）
東方語派	ウズベック	（Узбек 1959）
	ウイグル	（Uyγur 1982）
	サルックユグル	（Малов 1957; Тенишев 1976; 陈 1985）
	サラール	（柴田 1946; Тенишев 1976; 林 1985）
中央語派	カザック	（Indjoudjian 1983）
	カラカルパック	（Каракалпак 1958）
	ノガイ	（Ногай 1963）
	キルギズ（自称〔qirгiz〕）	（Киргиз 1963）
西方語派	カライ	（Караим 1974）
	カラチャイ・バルカル	（Карачае 1965）
	タタール	（Татар 1966）
	バシキル（自称〔baʃqort〕）	（Ьашкир 1958）
	クムック	（Кумык 1969）
北方語派	アルタイ	（Алтай 1964）
	ハカス	（Хакас 1961）
	トゥワ	（Тувин 1968）
	ヤクート（自称〔saxɑ〕）	（Пекарский 1907-; Якут 1972）
	チュワシ	（Paasonen 1974; Чуваш 1982）
	Kuman	（Grønbech 1942）
	Kāšgari	（Atalay 1939-）
	突厥	（Orkun 1936-）

　語派の分類は*Philologiae*（*1959*）にしたがいつつ、ハラジを便宜的に南方語派にいれておくことにする。

- 357 -

第4部 「アルタイ」諸語ほか

日（太陽）からはじめよう。モンゴル諸語では、

ブリヤート	нара（н）
ハルハ	нар（ан）
内モンゴル	nar
ダグール	nar
オルドス	nɑrɑ
ドンシャン	naran
バオナン	naraŋ
シラユグル	nɑrɑn
モングォル（1）	nara
モングォル（2）	nɑrɑ
カルマック	nɑrṇ〔?tü.jaz 'frühling'〕
モゴール	nɑrɑn; nʌrʹãn

文語	nara-n
Muk.	ناران naran
元朝秘史	納 ᵗ蘭 naran

満州文語	šun

　うえの語形をよくみると、第1音節のCVはすべてに共通であるが、第2音節のVはハルハ、内モンゴル、ダグール、カルマックにあって消失ないしは弱化という変化をおこしていることがわかる。この変化は、あとでとりあげる「月」や「雪」などにあっても同様に規則的であり、古い文献ではたもたれているから、nar＞naraとかんがえるよりも、nara＞narとする方が妥当である。もっともハルハではnaranという形もあるから完全消失というわけではない。また語末に-n（-ŋ）のあるものと、ないものとがあるが、これは構造的syntagmaticな問題がかかわってくるし、うえの語形からは論じることができない。なおRamstedtの比較〔?〕は疑問である。いまは共通基語の形として、

- 358 -

*nara-n

を再構しておく。つぎの「月」を参照のこと。
　つぎにトルコ諸語では、

トルコ	gün
ガガウズ	гӱн
アゼルバイジャン	күн
トルクメン	гүн
ハラジ	kün, kin
ウズベック	кун
ウイグル	kün
サルックユグル	кун, күн; kʼun, kʼün; kun
サラール	gun, g̊un; kun, gun, kün, kʼun
カザック	күн
カラカルパック	күн
ノガイ	куън
キルギズ	күн
カライ	кӱн
カラチャイ・バルカル	кюн
タタール	көн
バシキル	көн
クムック	гюн
アルタイ	кӱн
ハカス	кӱн
トゥワ	хүн
ヤクート	кӱн; күн
チュワシ	ku̥n; күн
Kuman	kün
Kāšgari	كُونْ kün (31), كُنْ kᵘn (30)

第4部 「アルタイ」諸語ほか

突厥　　　　　　　　𐰚𐰇𐰤 kün (37), 𐰚𐰤 kᵘn (13)

うえの（　）の数字は用例数をしめす。

以上のうち正書法のないハラジ、サルックユグル、サラール、カライなどでは、表記が一定していない場合がある。それぞれの小方言の記述に差があるためである。アゼルバイジャンのĸは前よりの〔g〕にあたり、母音字ü, ÿ, ү, уъ, юなどは〔y〕にちかいものに相当する。

意味のうえでは、モンゴル諸語が「太陽」と区別される一日の「日」（『元朝秘史』üdür）をもっているのに対して、トルコ諸語は日本語ヒとおなじように、「太陽」と「日」はおなじに使われる。とくに「太陽」をさす語に güneš, küneš, kuyaš, kuyas, koyaš（チュワシ xəvɛl、хĕвел）などをもちいる言語（方言）もあるが、トルコ諸語に共通ではない。11世紀の قُیاش qᵘyaš (4) はヤクートの kuyās とともに「酷暑」を意味する語である。güneš は kün との混成によって生じたものであろう（<*kuyāš）。

さて語頭の子音に注目すると、現代語ではつぎのような対応がみられる。

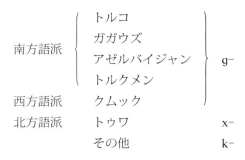

この分布は、円唇まえ母音をともなう他の語 gül-「笑う」や göz「目」などにあっても、規則的であり、古い文献もすべて k- をもっていることから、その有声化と摩擦音化はあたらしい変化とかんがえることができる。

つぎの母音に注目すると、現代語ではつぎのように対応する：

- 360 -

1. モンゴル諸語とトルコ諸語の親族関係 I

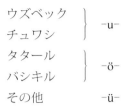

ウズベックの正書法がよっているタシケントの都市方言では、üとuが合流してuに、oとöが合流してoとなったため、8母音体系から、つぎのような6母音体系（Trubetzkoy 1958, 1977[6]: 90）へうつったものとみられる：

i	u
e	o
æ	ɔ

正書法ではつぎの文字であらわされる：

и	y
e（語頭 э）	ў
a	o

チュワシの -u- は *ö と *ü からきている場合があり、さきにあげた「笑う」と「目」は、

トルコ	チュワシ	タタール
gül-	kul-	köl-
göz	kuś	küz

のようにあらわれる。タタールとバシキルの ö が、その他の ü と対応することは、あまりにも有名である。トルコ諸語共通の形を、古い文献を参照するまでもなく、

第4部 「アルタイ」諸語ほか

　　*kün

と再構することに異論はないであろう。

　月にうつろう。モンゴル諸語では、

ブリヤート	hapa
ハルハ	cap（ан）
内モンゴル	sar
ダグール	sarool
オルドス	sara
ドンシャン	sara
バオナン	sarə
シラユグル	sara
モングォル（1）	sara
モングォル（2）	sara
カルマック	sarᴰ〔eig. 'hell', 'licht'; vbl. sara-gul〕
文語	sara-n
Muk.	ﻟﻞ sara
元朝秘史	撒 ˢ刺 sara
満州文語	biya

　第1音節CVはブリヤートha-をのぞき、すべてsa-であらわれる。s->h-の変化をおこしているブリヤートは、この点で特異な言語ということができる。ダグールの形は、文語のsaragulとつながる。第2音節の母音が消失ないしは弱化するのは、まえの「日」とおなじく、ハルハ、内モンゴル、カルマックにおいてである。ここで注目すべきは、語末の-nのあらわれかたである。現代語ではハルハだけがsaranという形をもっている。しかも、この-nのあらわれかたは「日」にかぎらず、すぐあとで出てくる「星」「雪」「雲」といった名詞に

－ 362 －

共通しているのに、「月」にはなぜ−nがつかないのだろうか。疑問としてのこしておくことにしたい。共通基語の形としては、したがって−nのない

*sara

を再構する。
　トルコ諸語では、

トルコ	ay
ガガウズ	ай
アゼルバイジャン	aj
トルクメン	āй
ハラジ	hāᵃy
ウズベック	ой
ウイグル	ay
サルックユグル	ай, ей; aj, ej; ɑj
サラール	aj; aī; ɑj
カザック	ай
カラカルパック	ай
ノガイ	ай
キルギズ	ай
カライ	ай
カラチャイ・バルカル	ай
タタール	ай
バシキル	ай
クムック	ай
アルタイ	ай
ハカス	ай
トゥワ	ай
ヤクート	ыі; ый
チュワシ	ujə̂x, уйăx

第4部　「アルタイ」諸語ほか

Kuman	aj, āj
Kāšgari	اَیْ ˈⁱy (13), ایْ ˈīay (3), یِ ˈⁱaay (1)
突厥	D^ay (44), D♪ay (1)

　天体としての月とカレンダーの月とが同形であること、モンゴル諸語と共通である。トルクメンとハラジに長母音があらわれるが、これらは共通基語の長母音をひきつぐものとみられる。ヤクートの形はその変化したものである。つぎの対応がある：

	トルクメン	ヤクート
「小馬」	тāй	тый

　ハラジには、他の現代諸語にも散発的にあらわれる語頭のh-がたくさんある。モンゴル語のような古文献のささえがないが、一応ここでは古い形としておく。チュワシの形は*ay＞uyに指小接尾辞がついたものである。Doerfer（1971：291）は*pêyを立てているが、共通基語の形として、

　　*hāy

を再構する。

　星にうつろう。モンゴル諸語では、

ブリヤート	одо（н）
ハルハ	од（он）
内モンゴル	ɔd
ダグール	xod
オルドス	uᴅu
ドンシャン	xodun, xoduŋ
バオナン	hotuŋ
シラユグル	hodən, hɔdǒn

- 364 -

モングォル（1）	foodə
モングォル（2）	fōdɪ
カルマック	odn̥〔ursp. *podun〕

文語	odu-n
Muk.	هودون hodun
元朝秘史	豁㶊 hod, 豁都 hodu, 火敦 hodun
満州文語	usiha

　語頭の摩擦音 x-, h-, f- は共通基語をひきつぐものとみられる。Ramstedt（1916）、Pelliot（1926）以来の定説といってよいだろう。モングォルの長母音については、Poppe（1955: 74）が *u のまえで長音化したものとみていたが、服部（1959: 43）の批判をへて、Poppe（1967: 10）では *pōdun を立てる。「アルタイ」説に有利かとおもわれる、つぎの語を指摘しておくにとどめる。それはトルコ諸語の「火」である。

トルコ	od
トルクメン	ōт
ハラジ	hū°t, hu̦°t, hū̦°t
ウズベック	ўт
サルックユグル	otʼ, ot, χut
タタール、バシキル	ут
ヤクート	уот
チュワシ	вут
その他	от
再構形	*hōt（Doerfer 1971 *pôt）

　問題は「星」と「火」とをむすびつけることがゆるされるか、どうかである（？日本語 *φöči）。意味のずれは、とくに基礎語彙においては、文献のうえで意味変化がたしかめられないかぎり、その関係づけによほど慎重でなければならない。

第4部 「アルタイ」諸語ほか

元朝秘史のhodには傍訳「星毎」がついており、小沢（1986）には〔hodunの複数形〕と注されているが、星はそもそも複数でとらえられるものであるから、hodとhoduは変異形ではないか。モンゴル共通基語の形としてはモンゴヮルのf-を考慮して、

　　*ɸōdu-n

を再構する。
　トルコ諸語では、

トルコ	yıldız
ガガウズ	йылдыз
アゼルバイジャン	улдуз
トルクメン	йылдыз
ハラジ	yuldız, yuldu·z
ウズベック	юлдуз
ウイグル	yultuz
サルックユグル	йултыс, йылтыс; jyłtus, jiltïs; juldəs
サラール	juldus; jiltis, jiłtus, jułtus
カザック	жұлдыз
カラカルパック	жулдыз
ノガイ	юлдыз
キルギズ	жылдыз
カライ	йылдыз, йулдуз, йулдус, йолдуз
カラチャイ・バルカル	джулдуз
タタール	йолдыз
バシキル	йондоз
クムック	юлдуз
アルタイ	jылдыс
ハカス	чылдыс
トゥワ	сылдыс

- 366 -

ヤクート	сулус
チュワシ	śêlᴅêr; çăлтăp（〔śɔ́ldər〕Krueger 1961: 71）

Kuman	julduz
Kāšgari	ﺟﻮﻟﺪ yᵘldᵘz（4）, ﺟﻮﻟﺪﻭﺯ yᵘlduz（1）
突厥	ⱮⰃⰂⰄⰄⰅ yultuz（4）

　語頭の摩擦音・破擦音は、つぎのように分布し、それはトルコ yol「道」yıl「年」など後母音の単語における分布と同様である：

南方語派	
東方語派	
ノガイ	y–
カラチャイ・バルカルをのぞく西方語派	
ノガイをのぞく中央語派	
カラチャイ・バルカル	j–〔dʒ– 〜 ʒ–〕
アルタイ	ḏ–
ハカス	
トゥワ	č–〔tʃ–〕
ヤクート	s–
チュワシ	ś–〔ɕ〕

　ただしアゼルバイジャンでは狭母音に先だつy–はうしなわれることがおおい：

	トルコ	アゼルバイジャン
「百、顔」	yüz	ÿз
「年」	yıl	ил
「ヘビ」	yılan	илан

　さて語頭子音の再構については、ここ100年ほどのあいだにさまざまな説

－ 367 －

第4部 「アルタイ」諸語ほか

が提出されている。代表的なものとして、

(1) *y-: Radloff (1883, 1908), Räsänen (1949, 1969), Серебренников (1979, 1986), Тенишев (1984)

(2) *d-, *ð-, *ʒ-, *n-; Ramstedt (1957), Poppe (1960), Menges (1968), Doerfer (1971)

(3) *ɟ-: 服部 (1941)

(4) *θ-: Щербак (1970, 1974)

以上のうち Doerfer (1971星 *duldaz) をのぞき、(2) は「アルタイ」説に立った再構であり、(4) はヤクート、チュワシを古い言語とみる考えからみちびかれたものである。音声変化の自然さからいうならば (3) の提案がすぐれているだろう。わたしは *dʒ- を立てることによって、つぎのような音声変化がおこったものとみたい：

$$*[dʒ-] < \begin{array}{l} [ɟ, ʒ-> j-> \phi-] \\ [tʃ-> ɕ-> s-] \end{array}$$

その根拠のひとつとして、漢語「真珠、珍珠」がどのようにトルコ諸語にうけいれられてきたかをみることにする。真 (珍) 珠の上古音および中古音 (藤堂1978) は、

	上古音	中古音
真珠	tientiug	tʃiĕntʃiu
珍珠	tɪentiug	tɪĕntʃiu

ロシア語 жемчуг は、かなり古い借用語であろう。古代ロシア語にすでに женчугъ の形がある (Фасмер1986: II 46)。ハンガリー語にも gyöngy [ɟønɟ] がある。突厥文字では y°nčü (2) yinčü (1)、Kuman では inčü、そして Kāšgari の記述によると、西がわの Oguz と Kipčak は y- ～ を j- (č-) ﭺ にかえるとして ﺟﻨﺠﻮ という形を4か所出している。これは jinju, jinču, činču などとよめる。

- 368 -

1. モンゴル諸語とトルコ諸語の親族関係 I

ほかに 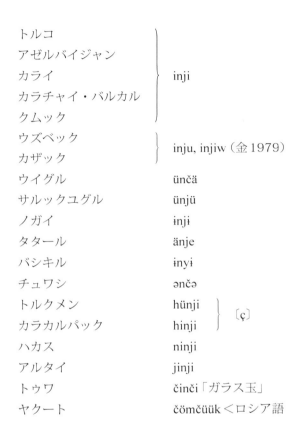 yinju 〜 yinču が18か所、 yunju 〜 yünjü が1か所ある。
そこで現代語の分布をみると、

トルコ	
アゼルバイジャン	
カライ	inji
カラチャイ・バルカル	
クムック	
ウズベック	inju, injiw（金1979）
カザック	
ウイグル	ünčä
サルックユグル	ünjü
ノガイ	inʲi
タタール	änje
バシキル	inyɨ
チュワシ	ənčə
トルクメン	hünji 〕〔ç〕
カラカルパック	hinji
ハカス	ninji
アルタイ	jinji
トゥワ	činči「ガラス玉」
ヤクート	čömčüük＜ロシア語

11世紀における方言記述が、そのままのこっているところはない。チュワシをふくむ大部分の言語がy-を消失させたとみられるが、〔ç〕がたもたれているところがある。注目すべきは北方語派で、ハカスの場合は音節末の鼻音に同化して*jinji＞ninjiという変化をおこしていること、「雨」naŋmir＜*jaŋmirなどと同様であるが、アルタイとトゥワに漢語音にちかい形がみとめられる。こうした歴史的・地域的な音声変化は、さきのわたしの推定をうらづけるものではなかろうか。
つぎに「星」に関して第1音節の母音が問題となるが、タタール・バシキル

- 369 -

第4部 「アルタイ」諸語ほか

がoをもっており、また語頭子音の影響でu＞iという口蓋化がおこったとみることができるから、共通基語の形として一応、

　　　*juldïz

を再構する。しかし、もうひとつ問題がのこされている。それは語中・語末の−z 〜 −r（チュワシ）の問題であり150年もの古くて新しい、rhotacismかzetacismかの議論にかかわってくる。ここでその論争の歴史をかたることはひかえるが、

	トルコ	チュワシ	モンゴル文語	元朝秘史
「小牛」	buzaǧï	pɔru	biraɢu	不^舌剌兀（二歳牛）bura'ū
「去勢牛」	öküz	vɔkɔr	üker	

のように、他のすべてのトルコ諸語の−z−, −zに対して、チュワシはモンゴルと共通の−r−, −rであらわれることが問題となってきたものである。これを−z＞−rと考えれば、ゲルマン語などの歴史にみえるrhotacism（r化）となり、−r＞−zと考えればzetacizm（z化）ということになる。この議論は「アルタイ」説とふかくかかわっている。チュワシをふくむすべてのトルコ諸語が−rで対応するものを−*rで再構するのはいいとして、上記のようなものは別の再構音を、Ramstedt（1922, 1957）は口蓋化した−*ŕを、Poppe（1926）はチェコ語のような−*řをかんがえた。

　その後Pritsak（1964）では −*rti, −*rčが、Щербак（1970）では −*s（−*θ, −*ð）が提案され、Doerfer（1971）では上記2語に対してOld Bolgar（チュワシ祖語）の形として *burzāɡū, *pökärzなどが考えられているが、いずれもいまだ定説とはいいがたい。Тенишев（1984）とСеребренников（1986）はチュワシの−rを−*zからの変化とみている。くわしくは「石」の項（「親族関係2」）を参照。

　雪にうつろう。モンゴル諸語では、

　　　ブリヤート　　　　　caha（н）

− 370 −

ハルハ	цас（ан）
内モンゴル	dʒas
ダグール	tʃas
オルドス	ᴅžɑsu
ドンシャン	tʂasun
バオナン	tɕiasuŋ
シラユグル	tʃasən, dʒɑsən
モングォル（1）	tɕasə
モングォル（2）	tšʹiäsẹ
カルマック	tsɑsṇ
モゴール	čāsun（Ramst, čōsun）; tʃɔsún

文語	času-n
Muk.	جاـون časun
元朝秘史	察孫 časun

| 満州文語 | nimanggi |

語頭の子音は、つぎのようにあらわれる：

ブリヤート	s-
ハルハ、カルマック	ts-
内モンゴル、オルドス	j-
その他	č-

文語のč-は内モンゴル、オルドスでもč-であらわれるのが普通である。た
とえば「白」čaɢa（ɢa）nは、

ブリヤート	saɡān
ハルハ、カルマック	tsaɡān
その他	čaɡān, čiɡānなど

- 371 -

第4部 「アルタイ」諸語ほか

　では「雪」の場合、内モンゴル、オルドスのj-は、どういうわけだろうか。これらの方言の閉鎖音、破擦音は無声帯気と無声無気の対立からなっているが、časunのように第2音節に無声子音あるいは、つぎのように無声帯気子音があるときは、語頭で異化dissimilationがおこって、č->j-（無声無気）の変化が生じたものである。たとえば、

文語		内モンゴル	オルドス
čečeg	花	dʒitʃĩg	Dži˙tšˇik
čisun	血	dʒɵs	Džusu
čiki	耳	dʒix	Dži˙ᵏxe

その結果、元来j-ではじまる語との区別が語頭ではなくなってしまっている：

文語		カルマック	内モンゴル	オルドス
jaɢu-n	百	zūn	dʒɵɵ	Džū
jiɢasu-n	魚	zaɣˀsn̥	dʒagas	Džaɢˌasu

　つぎにバオナンとモングォル（2）ではč-のあとに母音iがあらわれているが、これはč-の影響で生じた「わたり」である。モングォル（2）の「茶」もtšˇiāと記述されている。第1音節の母音は、同化assimilationによって前よりの変種をもつモングォル（2）のほかは、*aをたもっていると見られる。

　第2音節の子音は、ブリヤートが*s＞hという特異な変化をへているのが注目されよう。母音は同化ないしは弱化している方言が多いが、アクセントが関係しているものと見られる。モンゴル共通基語の形として、

　　*čāsu-n

を再構することができる。Ramstedt（1935）の語源説ča-sun, ča-ganはどうであろうか。なおcf. Ramstedt（1957, I: 63）, Poppe（1960: 97）čā-l-sun, Poppe（1967: 6）čālsun,

　トルコ諸語では、

- 372 -

トルコ	kar
ガガウズ	кaap
アゼルバイジャン	гap
トルクメン	rāp
ハラジ	qáᵃr
ウズベック	кop
ウイグル	кar
サルックユグル	кap; qar; qɑr
サラール	qar; karʾ; gɑr
カザック	кap
カラカルパック	кap
ノガイ	кap
キルギズ	кap
カライ	кap, кьap
カラチャイ・バルカル	кьap
タタール	кap
バシキル	кap
クムック	кьap
アルタイ	кap
ハカス	xap
トゥワ	xap
ヤクート	xāp; xaap
チュワシ	ju̯r; юp

Kuman	qar
Kāšgari	قَرْ qar (14), قَرْ qᵃr (2)
突厥	𐰴𐰺 qᵃr (6)

語頭子音は、つぎのようにあらわれる：

第4部 「アルタイ」諸語ほか

アゼルバイジャン	
トルクメン	g-
ハカス	
トゥワ	x-
ヤクート	
チュワシ	y-
その他	k-

　この分布は、後舌母音aをともなう他の語、たとえばトルコ kan「血」：チュワシ yun, トルコ kal-「残る」：チュワシ yul- などにあっても規則的であり、古い文献も q- をしめすから、その有声化と摩擦音化はあたらしい変化とみることができる。前舌母音 e, i などをともなう場合は、つぎのようである：

トルコ	
ガガウズ	
アゼルバイジャン	g-
トルクメン	
クムック	
その他	k-

　q- と k- が音韻的対立をなすかどうかという問題がある。現代語のなかに両者をかきわける正書法をとっているものがあり、古い文献でも突厥文字やアラビア文字で区別がされている。しかし、これは母音の前舌か後舌かによる「子音調和」であって、トルコ祖語においては q- と k- の対立はないものと考えられる。
　つぎに「雪」の母音は、すでにのべたチュワシとウズベックをのぞき、すべて -a- であらわれる。しかもトルクメン、ハラジ、ヤクートの三者が長母音で対応している。このような場合、トルコ共通基語では長母音を推定することができる。長母音の研究史および対応関係については、竹内（1957）であきらかにした。とくに Kāšgari の長母音記述は注目すべきもので、ڧَار qar（14）は長母音の表記である。トルコ共通基語の形としては、チュワシ yur との関係で、

- 374 -

1. モンゴル諸語とトルコ諸語の親族関係 I

　　*kyār

を再構し、チュワシでは*xɔr＞yurのような摩擦音化と円唇化の変化をへたものと考える。モンゴル文語kirmaɢと比較された（Poppe 1975: 143）。

　雲にうつろう。モンゴル諸語では、

ブリヤート	үүлэ（н）
ハルハ	үүл（эн）
内モンゴル	uul
ダグール	əulən
オルドス	ūle, ɯ̯ile
ドンシャン	oliən, wəliən
バオナン	mokə
シラユグル	buləd
モングォル（1）	uloŋ
モングォル（2）	uliŋ
カルマック	ūln̥
文語	egüle-n
Muk.	اولان ūlen; ابولان - ايولن e'ūlen
元朝秘史	額兀列 e'ūle, 額兀連 e'ūlen
満州文語	tugi

　東部裕固の形は西部裕固からの借用である。保安の形は、どこからきたものであろうか。これらをのぞくと、すべて共通基語からの変化とみられるが、モングォルで短母音化がおこっている。音声環境がにている「門」をしらべてみよう。

ブリヤート	үүдэ（н）

－ 375 －

第4部 「アルタイ」諸語ほか

ハルハ	ʏʏᴅ（эн）
内モンゴル	uud
ダグール	əud
オルドス	ǖᴅe
ドンシャン	uidziən, wəidzien
バオナン	ndaŋ
シラユグル	yden（uden）
モンゴル（1）	ude
モンゴル（2）	uᴅie
カルマック	ǖdṇ
モゴール	öidan（Ramst.öɯdȧn）; oıdʌn

文語	egüde-n
Muk.	اودانى eʼǖden, اوداى ǖdeni
元朝秘史	額兀迭 eʼǖde, 額兀闐 eʼǖden, 額兀顛 eʼǖden, 額闇闐 eʼǖden

　モングォルでの短母音化は、「雲」で資料のなかったバオナン、シラユグル
でも生じているようである。もっともバオナンでは-d, -jのまえで母音が同化
してn-に変化する。布和（1982）にくわえてТодаева（1960: 111）を参照すると、

文語	布和	Тодаева
ide-	nda- 吃	ндэ-
udasun	ndasuŋ 线	ндасоŋ
üje-	ndziə- 看	нджэ-

　ドンシャンでは語頭の円唇狭母音がさらにせまくなってw-の子音に変化し
たようである。Тодаева（1961: 113）ではвiджiəнと表記されている。
　こうしてみるとモングォル、バオナンおよびシラユグルで、つぎのような短
母音化がおこったと考えられる。

　*egū- ＞*eʼū- ＞*ū- ＞ü- 〜 u-

- 376 -

そのほかの現代諸方言では、ダグールがəu-、モゴールがoɪ-、のこりはū̃-であらわれる。これらは古い文献のe'ū̃-からの変化とみられる。Muk. にはe'ū̃-とū̃-の両形があり、母音変化の過渡期を物語っている。母音間の軟口蓋子音おそらく〔-γ-〕が『元朝秘史』よりまえには存在したものとすると、モンゴル共通基語の形として、

　　　*egū̃le-n

を再構することができる。
　トルコ諸語では、

トルコ	bulut
ガガウズ	булут
アゼルバイジャン	булуд
トルクメン	булут
ハラジ	bulït
ウズベック	булут
ウイグル	bulut
サルックユグル	пылыт; pyɫt; bələt
サラール	pulet, bulut; pulut, poɫyt; bulət
カザック	бұлт
カラカルパック	булт
ノガイ	булыт
キルギズ	булут
カライ	булут
カラチャイ・バルカル	булут
タタール	болыт
バシキル	болот
クムック	булут
アルタイ	булут
ハカス	пулут

- 377 -

第4部 「アルタイ」諸語ほか

トゥワ	булут
ヤクート	былыт
チュワシ	pələt, пĕлĕт
Kuman	bulut
Kāšgari	ﺑُﻟْﺖ bᵘlᵗt (21), ﺑﻟْﺖ bᵘlᵘt (2)
突厥	bulit (2), bulitlᶦg (1)

　語頭の子音はハカスとチュワシで規則的に p- であらわれ、サルックユグル
とサラールではゆれている。ハカスとチュワシの正書法では、ロシア語からの
借用語をのぞき、語頭に b- はたたない。他の例をあげよう。

	トルコなど	ハカス	チュワシ
「頭」	baš, bas	pas	puś
「1」	bir	pir	pör
「腰」	bel	pil	pilök

　第1音節の母音は、タタールとバシキルで o があらわれるから u を再構する
ことができる。ヤクート（サルックユグル？）だけが例外であるが、いまのと
ころ説明ができない。あるいは第2音節の狭母音 i による逆行同化かもしれな
い。第2音節の母音は、ハラジ、サルックユグル、サラール、ノガイ、タター
ル、ヤクートで非円唇母音があらわれ、カザックとカラカルパックではゼロで
あり、古い文献も非円唇母音をもっている。トルコ共通基語の形として、

　　　*bulit

を再構する。

　以上モンゴル諸語とトルコ諸語の天文関係の基礎語彙を再構してきたが、そ
れをふたたびかかげてみよう。

1. モンゴル諸語とトルコ諸語の親族関係 I

	日	月	星	雪	雲
モンゴル	*nara-n	*sara	*φōdu-n	*čāsu-n	*egǖle-n
トルコ	*kün	*hāy	*juldiz	*kyār	*bulit

　両者のあいだには、どんな音韻対応の法則もたてることができないであろう。このような基礎語彙における不一致は、両者の親族関係をうたがわせるのに十分である。

　ちなみにインド・ヨーロッパ語族では、つぎのようになっている（Buck 1949）：

	日	星	雪
共通基語	*sāwel-, *sūl-	*ster	*snigʷh-
ドイツ	sonne	stern	schnee
フランス	soleil	étoile	neige
ウエールズ	haul	seren	nyf
ロシア	solnce	（zvezda）	sneg
リトアニア	saulė	（žvaigždė）	sniegas
ラテン	sōl	stēlla	nix
ギリシャ	hēlios	astēr	nipha
サンスクリット	suar	star-	（hima-）

　またツングース語族からエヴェンキー、ウイルタ、満州文語の三者で共通とみられる形をあげておこう。（池上 1985, Цинциус 1975-）：

	月	星	雪	雲
エヴェンキー	bega	oxikta	imanaa	tuksu
ウイルタ	bee	xosikta	simana	təwəskə
満州	biya	usiha	nimanggi	tugi

（1988. 9. 10）

第4部 「アルタイ」諸語ほか

〔引用文献〕

Алтай（1964）：*Русско-Алтайский Словарь*. Москва

Atalay, B.（1939-）：*Divanü Lûgat-it-türk tercümesi* Ⅰ, Ⅱ, Ⅲ; *Tıpkıbasım; Dizini*. Ankara 1939-1943

Азербайджан（1985）：*Азербайджанско-Русский Словарь*. Баку

Бащкир（1958）：*Бащкирско-Русский Словарь*. Москва

Buck, C.D.（1988）：*A Dictionary of Selected Synonyms in the Principal Indo-European Languages*. Chicago & London 1949, paperback 1988

布和・刘照雄（1982）：『保安语简志』北京

Цинциус, В.И.（1975-）：*Сравнителъный Словарь Тунгусо-Маньчжсурских Языков* Ⅰ, Ⅱ. Ленинград 1975, 1977

陈宗振（1985）：『西部裕固语简志』北京

Черемисов, К.М.（1973）：*Бурятско-Русский Словарь*. Москва

Чуващ（1982）：*Чуващско-Русский Словарь*. Москва

道布（1983）：『蒙古语简志』北京

Doerfer, G.（1971）：*Khalaj Materials*. Bloomington

Doerfer, G., Tezcan S.（1980）：*Wörterbuch des Chaladsch*. Budapest

Фасмер, М.（1986-）：*Этимологицеский Словарь Русского Языка* Ⅰ ～ Ⅳ. Москва 1986, 1987

Гагауз（1973）：*Гагаузско-Русско-Молдавский Словарь*. Москва

Grønbech, K.（1942）：*Komanisches Wörterbuch*. København

服部四郎（1941）：『現代語の研究とトルコ諸方言』（帝国学士院東亜諸民族調査室報告会記録第3号）

服部四郎（1959）：「蒙古祖語の母音の長さ」（『言語研究』No.36）

福田昆之（1988）：『満洲語文語辞典』横浜

池上二良（1985）：「ツングース語学入門」（『日本語の系統基本論文集1』）和泉書院

Indjoudjian, D.（1983）：*Dictionnaire Kazakh-Français*. Paris

Iwamura, S.（1961）：*The Zirni Manuscript. A Persian-Mongolian Glossary and Grammar*. Kyoto

金炳喆（1979）：『哈汉词典』新疆

Карачае（1965）：*Карачаево-Балкарский Словарь*. Москва

－ 380 －

Карайм（1974）: *Караймско-Русско-Польский Словарь*. Москва

Хакас（1961）: *Русско-Хакаский Словарь*. Москва

Каракалпак（1958）: *Каракалпакско-Русский Словарь*. Москва

Киргиз（1965）: *Киргизско-Русский Словарь*. Москва

Krueger, J. R.（1961）: *Chuvash Manual.* Bloomington

Кумык（1969）: *Кумыкско-Русский Словарь*. Москва

栗林均（1986）:『『東郷語詞彙』蒙古文語索引』東京

栗林均（1987）:『『東部裕固語詞彙』蒙古文語索引』東京

林莲云（1985）:『撒拉语简志』北京

刘照雄（1981）:『东乡语简志』北京

Малов, С.Е.（1957）: *Язык желтых Уйгуров*. Алма-Ата

Menges, K.（1968）: *The Turkic Languages and Peoples,* Wiesbaden.

Mostaert, A.（1968）: *Dictionnaire Ordos,* Second Edition, New York & London

Ногай（1963）: *Ногайско-Русский Словарь*. Москва

Orkun, N.（1936-）: *Eski Türk Yazıtları* Ⅰ～Ⅳ. Istanbul 1936-1941

小沢重男（1983）:『現代モンゴル語辞典』東京

小沢重男（1984-）:『元朝秘史全釈（上）（中）（下）』、『元朝秘史全釈続攷（上）（中）』
　東京

Paasonen, H.（1974）: *Tschuwaschisches Wörterverzeichnis,* Budapest 1908,
　Eingeleited von A. Róna-Tas 1974

Пекарский, З. К.（1907-）: *Словарь Якутского Языка,* Ленинград 1907-1930, repr.
　1958, 1959

Pelliot, P.（1926）: ‘Les mots à H initiale, aujourd'hui amuie, dans le mongol de XⅢ^e et
　XⅣ^e siècles’　Journal Asiatique p.193-263

Philologiae（1959）: *Philologiae Turcicae Fundamenta* I. Wiesbaden

Poppe, N.N.（1926）: ‘Altaisch und Urtürkisch’ *Ungarische Jahrbücher* Ⅵ Berlin-Leipzig

Поппе, Н.Н.（1938）: *Монгольский Словарь Мукаддимат ал-адаб*. Москва 1938,
　repr. 1971

Poppe, N.N.（1955）: *Introduction to Mongolian Comparative Studies. MSFOu* 110
　Helsinki 1955, 1987[2]

Poppe, N.（1960）: *Vergleichende Grammatik der altaischen Sprachen.* Wiesbaden

第4部 「アルタイ」諸語ほか

Poppe, N.（1967）：'On the Long Vowels in Common Mongolian' *JSFOu* 68

Poppe, N.（1975）：'Altaic Linguistics-An Overview'『言語の科学』第6号　p.130-186. 東京言語研究所

Pritsak, O.（1964）：'Der „Rhotazismus" und „Lambdazismus"' *Ural-Altaische Jahrbücher* 35, p.337-349

Radloff, W.（1883）：*Phonetik der nördlichen Türksprachen,* Leipzig

Radloff, W.（1908）：*Die Jakutische Sprache in ihrem Verhältnisse zu den Türksprachen.* St. Petersburg

Ramstedt, G.（1916）：'Ein anlautender stimmloser labial in der mongolischen-türkischen ursprache.' *JSFOu* ⅩⅩⅩⅡ 1916-1920

Ramstedt, G.（1922）：'Zur Frage nach der Stellung des Tschuwassischen.' *JSFOu* ⅩⅩⅩⅧ

Ramstedt, G.（1935）：*Kalmückisches Wörterbuch.* Helsinki

Ramstedt, G.（1957）：*Einführung in die altaische Sprachwissenschaft* Ⅰ, Ⅱ. Helsinki 1957, 1952

Räsänen, M.（1949）：*Materialien zur Lautgeschichte der türkischen Sprachen.* Helsinki

Räsänen, M.（1969）：*Versuch eines etymologischen Wörterbuchs der Türksprachen.* Helsinki

De Smedt, A. et Mostaert, A.（1964）：*Le Dialecte Monguor,* London-Paris

Щербак, А.М.（1970）：*Сравнителъная Фонетика Тюркских Яэыков.* Ленинград

Щербак, А.М.（1974）：'Еще рав к вопросу о реконструкции тюркского архетипа анлаутных j ～ ʒ ～ z ～ š ～ č ～ s......' *Советская Тюркология* 4 Ваку

Серебренников, Б.А., Гаджиева, Н. З.（1986）：*Сравнительно-историческая Грамматика Тюркских Языков.* Москва

柴田武（1946）：「青海省の楯化のサラール語について」*Tôyôgo kenkû, Sôkangô* 東大 言語学研究室

竹内和夫（1957）：「Türk 語の長母音について」（『言語研究』No.32）

Татар（1966）：*Татарско-Русский Словарь.* Москва

Тенишев, Э.Р.（1976）：*Строй Саларского Языка.* Москва

Тенишев, Э.Р.（1976）：*Строй Сарыг-Югурского Языка.* Москва

Тенишев, Э.Р.（1984）：*Сравнительно-историческая Грамматика Тюркских Языков,*

1. モンゴル諸語とトルコ諸語の親族関係 I

Фонетика. Москва

Тодаева, Б.Х.（1960）：*Монгольские Языки и Диалекты Китая.* Москва

Тодаева, Б.Х.（1961）：*Дунсянский Язык.* Москва

藤堂明保（1978）：『学研漢和大字典』東京

Trubetzkoy, N.S.（1958）：*Gründzüge der Phonologie,* Göttingen 1958, 1977[6], 長嶋訳『音韻論の原理』東京1980

Туркмен（1962）：*Словарь Туркменского Языка.* Ащгабат

Тувин（1968）：*Тувинско-Русский Словарь.* Москва

T.D.K（1988）：*Türkçe Sözlük 1, 2.* Ankara

Uyɣur（1982）：*Uyɣurqə-Hənzuqə Luɣət*『维汉词典』新疆

M. Weiers（1972）：*-Die Sprache der Moghol der Provinz Herat in Afganistan,* Göttingen

Узбек（1959）：*Узбекско-Русский Словарь.* Москва

Якут（1972）：*Якутско-Русский Словарь.* Москва

照那斯图（1981）：『东部裕固语简志』北京

照那斯图（1981）：『土族语简志』北京

仲素纯（1982）：『达斡尔语简志』北京

（1988. 12 .10『岡山大学文学部紀要』No.10）

第4部 「アルタイ」諸語ほか

2. モンゴル諸語とトルコ諸語の親族関係Ⅱ

　言語間の系統をあきらかにするには、それぞれの言語でもっとも基礎となる語彙形態素のあいだに音韻法則による対応があることを証明しなければならない。ここで基礎となる形態素とは、それぞれの言語の話してたちが生活していくうえで欠くことのできなかった、他の言語（方言）からたやすく借用されたり、他の形態素から派生させたりしたものでないものである。また「ラジオ」や「紙」や「飛行機」のような「文化語」やパパ・ママのたぐいは、現代の生活にどれほど必要であろうとも、系統を問題とする基礎語彙からは当然のぞかれなければならない。また、文法形態素については新疆、甘粛などの言語接触地帯で、おどろくほどの借用がおこなわれていることに注目しなければならない。cf.（趙1982, 馬1984, 伊布拉黒麦1985）

　基礎語彙は歴史のながいものがおおい。音声のうえでの変化があっても、基礎語彙は地域的なひろがりをもち、それをもちいる言語共同体のすべての人に共通に理解される。意味のずれがないのが普通である。言語共同体をひろくモンゴル諸語やトルコ諸語をもちいる人びとに適用したときも、基礎語彙は共通である。さらに歴史的な文献が、その共通性をたしかなものにしている。もし、モンゴル諸語に共通な基礎語彙とトルコ諸語に共通のそれとが一致するならば、いわゆる「アルタイ語族」の成立へむけて一歩をふみだすことができよう。

　この論文に先立つ『岡山大学文学部紀要』第10号1988では、天体と気象に関する基礎語彙（日、月、星、雪、雲）について、モンゴル共通基語とトルコ共通基語の再構形がこころみに提出された。「親族関係Ⅰ」とする。それは、

	日	月	星	雪	雲
モンゴル	*nara-n	*sara	*φōdu-n	*čāsu-n	*egüle-n
トルコ	*kün	*hāy	*juldiz	*kyār	*bulit

であった。これらのあいだに、語族を証明するだけの共通点をみいだすことはできないであろう。ひきつづき自然に関する語彙（火、地、石）をしらべることにしよう。

- 384 -

2.モンゴル諸語とトルコ諸語の親族関係Ⅱ

「火」のモンゴル諸語は、つぎのようである。

ブリヤート	гал
ハルハ	гал
内モンゴル	gal
ダグール	galj
オルドス	ɢal
ドンシャン	qan, qaŋ
バオナン	xal
シラユグル	ɢal
モングォル（1）	ɢal
モングォル（2）	ɢɑr
カルマック	g̝al
モゴール	γāl（Ramst. γōl）: Ø
文語	ɢal
Muk.	γal قال ‎, ‎ڧَل ; qal ڧَل
元朝秘史	中合勒 Gal
満州文語	tuwa

　まずドンシャンの形が注目される。語末子音のみによって区別される文語gar「手」とくらべてみると、古い文献もふくめて、ドンシャンのqaのほかは-lと-rのちがいにすぎない。ドンシャンの音節構造は、Тодаева（1961：18）、劉（1981：10 ～）、栗林（1986：Ⅹ ～）がすでに指摘しているように、閉音節末では-n, -ŋのみがゆるされる。したがってgal > qaŋ, gar > qaのような変化をおこしたものである。この音節構造は北方中世～現代漢語のそれとほぼ一致するから、その影響をうけたものと考えられ、言語接触によるこのような音節構造の変化は、きわめて注目すべきである。語頭のq-は無声帯気閉鎖音であるが、Muk.ではγalとqalがみられ、『元朝秘史』では文語のga-とqa-がともに中合であらわされている。中国側の記述ではダグール、ドンシャンのg-,シラユグル、ドンシャン、モングォル（1）のɢ-が、いずれも無声無気で、帯気のk-およびq-と音声的に対立している。ただしモングォル（1）ではg-と

- 385 -

第4部 「アルタイ」諸語ほか

k-の対立はあるが、ɢ-に対するq-はない。このほかオルドスやカルマックでも無声音に無気と帯気がある。

　モンゴル諸語における軟口蓋子音のあらわれかたは、摩擦音もからんで複雑である。いまは軟口蓋閉鎖音として共通基語に *k- と *g- を立て、q-とɢ-は後母音とむすびつくときの変種と考える。それが有声・無声の対立なのか、帯気・無気の対立なのかは、とわないでおく。モンゴル文語のɢ-, g-に対して、ドンシャンがq-, k-をしめす語は：

	文語	ドンシャン
火	ɢal	qaŋ
手	ɢar	qa
出る	ɢar-	quri-
ブタ	ɢaqai	quɢəi
苦い	ɢasiɢun	quʂuŋ
渡る	ɢatul-	qutulu-
雌犬	gičige	kidzǝu
はしご	giškigür	quʂʁəu
追いつく	güiče-	kuitʂə-

　これらから文語の第2子音がl, rと無声子音のとき、語頭で無声化（帯気音化？）がおこったと考えることができる。一方バオナンでは

	文語	ドンシャン
火	ɢal	*x*al
手	ɢar	*x*ar
出る	ɢar-	*x*ăr-, *x*arə-
苦い	ɢasiɢun	*x*uɕyg ＜ **x*aɕyŋ

のようにl, rと無声子音のまえでɢa-＞*x*a-のように摩擦音化がおこった。なおモングォル（1）と（2）のちがいは方言による。モンゴル共通基語の形として、モゴールの長母音をとりいれて、

- 386 -

　　　　　*gāl

を再構する。
　トルコ諸語では、

トルコ	od
ガガウズ	(атеш)
アゼルバイジャン	од
トルクメン	ōт
ハラジ	hū°t, hu°t, hū°t
ウズベック	ўт
ウイグル	ot
サルックユグル	ōт, ot', ot, χut; ot
サラール	; ot, o't, o'; ot
カザック	от
カラカルパック	от
ノガイ	от
キルギズ	от
カライ	от
カラチャイ・バルカル	от
タタール	ут
バシキル	ут
クムック	от
アルタイ	от
ハカス	от
トゥワ	от
ヤクート	уот
チュワシ	vụt; вут
Kuman	ot
Kāšgari	أَ‍ت't (6), أوْت ot (36)

－ 387 －

第4部 「アルタイ」諸語ほか

突厥　　　　　　　　　　ổ > ot（4）

　トルコでは、少数のきまり文句以外はペルシャ語atešがもちいられる。トルコ、アゼルバイジャンの–dは正書法のうえでot「草」と区別するために、またotun「草の」のような有声化しない語との区別のためである。at「馬」とad「名」もおなじ。od, adなどは古くは長母音であったために、母音間で子音の有声化がおこったものである。タタールとバシキルのuは、ほかのoと対応する。トルクメン、ハラジ、ヤクート、11世紀が長母音、二重母音で対応しているから、共通基語の形として、

　　*hōt　　cf.Doerfer（1971：299）*pōt

を再構することができる。チュワシのv–は未解決。

　「大地」のモンゴル諸語は、

ブリヤート	газар
ハルハ	газар
内モンゴル	gadʒĭr
ダグール	gadʒir
オルドス	ɢɑDžar
ドンシャン	ɢadẓa
バオナン	ɢatɕir
シラユグル	ɢadʒar
モングォル（1）	ɢadẓar
モングォル（2）	ɢɑDžiär
カルマック	gˬazr̥
モゴール	γažar（Ramst. γaӡar）; Ø
文語	gajar
Muk.	γajar; غابار, qajar نابار, qajar قبير
元朝秘史	中合札児 gajar

－388－

満州文語　　　　　　　na

　ブリヤートのС, ３は摩擦音と記述されている（Амоголонов 1958: 43）。そのパラトグラム（P.38）をみるとТ, Дとほとんどおなじで破裂音のようであるが、s, zとしておく。そこで第２音節の子音は、

　　　ブリヤート、カルマック　　　−z−
　　　ハルハ　　　　　　　　　　−dz−
　　　バオナン　　　　　　　　　−č−
　　　その他　　　　　　　　　　−dž−

である。バオナンには文語kejiye「いつ」に対してkɘtɕiɘがあるが、母音間でdzも多くみられるからɢatɕir は例外的である。布和（1982: 10）にはɢadzir 田地とɢatɕir 地面がある。このような意味分化がおこっているのだろうか。第２音節の母音は弱化する。ドンシャンは開音節となる。モングォル（2）では「わたり」のiがあらわれる（cf.「茶」t°šiɑ）。モンゴル共通基語の形として、

　　　*gajar

を再構する。
　トルコ諸語では、

　　　トルコ　　　　　　　　　　yer
　　　ガガウズ　　　　　　　　　ep
　　　アゼルバイジャン　　　　　jer
　　　トルクメン　　　　　　　　ep
　　　ハラジ　　　　　　　　　　yer, yẹˑr, yeˑr, yiˑr
　　　ウズベック　　　　　　　　ep
　　　ウイグル　　　　　　　　　yər
　　　サルックユグル　　　　　　йер; jer
　　　サラール　　　　　　　　　jɛr; jer, jeř, jir, jyr

第4部 「アルタイ」諸語ほか

カザック	жер
カラカルパック	жер
ノガイ	ер
キルギズ	жер
カライ	йэр
カラチャイ・バルカル	джер
タタール	җир
バシキル	ер
クムック	ер
アルタイ	jep
ハカス	чир
トゥワ	чер
ヤクート	cip; сир
チュワシ	śər; çĕp

Kuman	jer
Kāšgari	يير yir (200以上)、يَري y°r-i (2)
突厥	↑↑↑9 yir (29)、↑9 y°r (42)

　あたまの子音については、わたしの「親族関係Ⅰ」に諸言語（方言）の対応表がしめされているが、つぎのようであった：

トルコ〜サラール	
ノガイ	} y- [j-]
カライ、タタール、バシキル、クムック	
カザック、カラカルパック、キルギズ	} j- [dʒ- 〜 ʒ-]
カラチャイ・バルカル	
アルタイ	ḍ-
ハカス	č- [tʃ-]
トゥワ	} s-
ヤクート	

－ 390 －

チュワシ　　　　　　　　　　　　ś– ［ɕ–］

　そして再構形を *j–［dʒ］とした。うえの「大地」の形は、正書法のちがいなどがあって見にくいけれど（辞書などの文献にあるままを引用したため）、対応表にあっている。ただひとつタタールで жир［ʝir］が出ている点があわないだけである。これは、タタール語では一般に［*dʒ–＞ʝ–＞j–］という変化がおこったが、その間に母音においても e＞iɛ＞iĕ＞i のような変化がおこり（服部 1972: 10）、母音 i のまえでは語頭の ʝ がたもたれた、と考えられる。したがってタタールで語頭に ʝ があらわれるのは、つぎのような語である。（バシキルの語頭の e = ye）：

	トルコ	バシキル	タタール	ハカス
風	yel	ел	җил	чил
7	yedi	ете	җиде	читі
70	yetmiş	етмеш	җитмеш	читон
達する	yet–	җ	җит	чит–

　タタール語の辞書（1966）は йи– をまったく登録せず、җи– 以外の җан（トルコ語 can）や җавап（トルコ語 cevap）などはアラビア借用語である。これに反してバシキルでは［*dʒ–＞j–］の変化が完成して、語頭ではすべて［j–］となった。うえのアラビア語も йэн, яуап の形に変化している。これらのことから、タタール語とバシキル語は歴史的にややことなる道をあゆんだということができる。これは、つぎの母音についてもあてはまる。

　トルコ諸語の歴史のなかで、組織的に母音の *e＞i と *i＞e のような逆の変化をおこした言語として、よく知られているのはタタール語とバシキル語である。これに非常にちかい変化は、ハカス語にもみとめられる。ハカスの正書法は i は弱まった狭い［ẹ］をあらわすから、たとえば「7」はタタールやバシキルの母音 e にちかづく。バシキル、タタール、ハカスの基礎語彙から、いくつか比較してみると、

第4部　「アルタイ」諸語ほか

	トルコ	バシキル	タタール	ハカス
腰	bel	bil	bil	pil
わたし	ben	min	min	min
与える	ver–	bir–	bir–	pir–
5	beş	biš	biš	pis
50	elli	ille	ille	ilęg
男	er	ir	ir	ir
口びる	erin (方言 TDK1963–)	iren	iren	iręn
肉	et	it	it	it
来る	gel–	kil–	kil–	kil–
切る	kes–	kið–	kis–	kiz–
8	sekiz	higeð	sigez	sigęs
君	sen	hin	sin	sin
汗	ter	tir	tir	tir

　ところが、バシキルではТенишев（1984: 124〜）がいうように、yととなりあったeはiに変化しなかった。この点がタタール、ハカスとことなる。いま問題の「大地」yerと、さきにあげた「風」以下の語は、こうしたものである。そのほか、つぎのような語がある：

	トルコ	バシキル	タタール	ハカス
脳	beyin	meye	miy	miy
着る	giy– < *ked–	key–	ki–	kis–
触れる	değ–	tey–	ti–	teŋ–

　つぎに母音の長さが問題である。11世紀の辞書は、よく母音の長短を書きわけていて、200をこす語例が長母音で記録されている。これは、おそらく[jęːr]をあらわしたものと考えられる。アラビア文字では基本的に母音はi u aの区別しかできないからyirと書きあらわすよりほかはなかったのであろう。yᵖr–i [jɛri]と書かれている2例は1行が7音節および8音節からなる4行詩にあって、韻文のリズムのために短母音の形をとっているものと思われる。長母音を保存

– 392 –

する現代語のトルクメンとヤクートが、どちらも長母音でないのは、どうした
ことだろうか。Doerfer（1971: 217 ～; 1977: 19）は、このようなくいちがい
を種々考察して、proto-Turkic の母音の長さについて長 /â/ と半長 /ā/ と短 /a/ の
3項対立を提案した：

Proto-Turkic originally did not have two "quantities" but three.（p. 234）
トルコ共通基語の母音体系を長と短の8×2とする立場からは、

　*i　*ü　*u　*ɨ
　　*ö　*o
　　*e　*a

半長フォネームはさらに検討を要する。いま問題の「大地」は、なんらかの
理由で短母音化がはやく始まったものとして、

　*jēr

を再構しておく。長短の不一致が-l、-rのまえで多く見られるのは注目してよ
い。

「石」にうつろう。モンゴル諸語は、

ブリヤート	шулуу (н)
ハルハ	чулуу (н), гүр
内モンゴル	tʃɷlɷɷ
ダグール	tʃoloo
オルドス	tšʹilū
ドンシャン	taʂɯ
バオナン	taɕiə
シラユグル	tʃəluu, tʃluː
モンゴォル（1）	taʂ
モンゴォル（2）	tʹɑʂ

第4部 「アルタイ」諸語ほか

カルマック	tšolūn [čila ǀ gun; tü. taš id] ; gür
文語	čilaɢu-n; gürü
Muk.	كورى güri
元朝秘史	赤老温 čilaʾūn; 古^舌魯 gürü
満州文語	wehe

　ドンシャン、バオナン、モングォルの形は、トルコ系言語のtašからの借用であるから、これらを考察の対象からはずす。語頭の子音については「親族関係Ⅰ」の「雪」*času-nのところで対応関係をしめしたが、それは

ブリヤート	s-
ハルハ、カルマック	ts-
その他（異化をおこした内モンゴルとオルドスをのぞいて）	č-

であった。「石」のč-は母音iがつづくために、ややことなる対応をしめす（Poppe 1955：111）；

ブリヤート	š-
その他	č-

　その母音iは、オルドスで保存されているほかは、いわゆる「*iの折れ」によって、

ブリヤート、ハルハ	-u-
ダグール、カルマック	-o-
内モンゴル	-u-
シラユグル	-ə- ～ φ

のようにあらわれている。シラユグルではアクセントが語末にうつったために、

- 394 -

第1音節の母音が弱化・消失した。「*iの折れ」についてのくわしい研究は栗林（1981、1982）を見られたい。ちなみに、太平洋戦争中チャハルから早稲田大学に留学していた「石」さんは、手紙の差出人をいつも「チーロ」と書いてよこした。おしくも敗戦後結核のため異国の土となってしまった！

　第2音節の母音については Poppe（1955：67）にしたがって文語 -aɢu からの変化と考えられる。ただし長母音をもつ [*-aɣu:] を推定し、モンゴル共通基語の形として、

　　　*čilagū-n

を再構する。

　トルコ諸語では、

トルコ	taş
ガガウズ	таш
アゼルバイジャン	даш
トルクメン	дāш
ハラジ	tā̆š
ウズベック	тош
ウイグル	taš
サルックユグル	тɑc; tɑˑs, tɑs; dɑs
サラール	taʃ, daʃ; taš, taʃ; daʃ
カザック	тас
カラカルパック	тас
ノガイ	тас
キルギズ	таш
カライ	тас, таш, даш
カラチャイ・バルカル	таш
タタール	таш
バシキル	таш
クムック	таш

- 395 -

第4部 「アルタイ」諸語ほか

アルタイ	таш
ハカス	тас
トゥワ	даш
ヤクート	тāс, таас
チュワシ	tšўl; чул, čol (Räsänen 1969: 466)

Kuman	taš
Kāšgari	اَشْ taš (26), تَشْقَ tᵃš-qa (1)
突厥	ⴟⴒⴈ taš (13), ⴟⴈ tᵃš (22)

語頭の子音は、つぎのようにあらわれる：

アゼルバイジャン、トルクメン、トゥワ	d-
チュワシ	č-
その他	t-

トゥワの閉鎖音は帯気と無気（〜半有声）が対立していて、Исхаков（1961: 76）ではロシア語との対比が、つぎのように図示されている：

ロシア語	トゥワ語
t ⏐ a	t ⏐ a
d ⏐ a	d ⏐ a

　一方、新彊北部のアルタイ地区に住むトゥワ人［dɤbɑ］の言語調査（宋 1982）では、tが帯気無声音であるのに対し、dは無気有声音であるとされている。一般に南方語派では、語頭の閉鎖音の有声化がみられるが、それは完全に規則的ではなく、さらに研究を必要とする。いま語頭のt-〜d-について、トゥワと南方語派（ハラジをのぞく）のあらわれかたをしらべよう。

- 396 -

	山	舌	9	塩	言う	汗	歯	4
トゥワ	dag	dil	tos	dus	de-	der	diš	dört
トルコ	dağ	dil	dokuz	tuz	de-	ter	diš	dört
ガガウズ	dayïr	dil	dokuz	tuz	de-	ter	diš	dört
アゼルバイジャン	daɣ	dil	dogguz	duz	de-	ter	diš	dörd
トルクメン	dāg	dil	dokuð	dụð	diy-	der	diš	dört

　トルコとガガウズは一致したあらわれかたをしめすが、ほかは完全に規則的ではない。しかし他の言語（方言）がほとんどt-であるのに対し、北方語派のトゥワと南方語派とのあいだに、このような共通した有声化の傾向がみられるのは注目すべきである。かつての言語接触が考えられる（Emre 1949：152 ～ , Щербак 1970：91 ～）。「石」に関してトルコ共和国各地にdašの形が記録されており（TDK 1963-）、逆にトルクメンでは無声化したdašがあるという（Тенишев 1984：209）。なお上記8語のうち、「言う」と「4」についてはd-をもつ言語（方言）がほかにもかなりある点で特異であり、*dē-および*dört, *düörtにさかのぼる可能性がある。

　つぎにチュワシのč̌-について考える。チュワシのč̌-が他のt-と対応する場合をPaasonen（1974）によって、しらべてみると：

	チュワシ	タタール	トルコ
裂く	čöl-	tel-	dil-
パン切れ	čölö	telem	dilim
舌	čölxe	tel	dil
呼吸	čöm	tin	din-
膝	čör-	tez	diz
生きている	čörö	tere	diri
爪	čörne	tirnak	tirnak
ふるえる	čötre-	tetrə-	titre-
メンドリ	čɔxɔ	tavik	tavuk
ひっかく	čɔrmala-	tïrna-	tirmala-
刺す	čik-	tik-	dik-

－ 397 －

第4部 「アルタイ」諸語ほか

石	čul	taš	taš

うえの比較によって、「メンドリ」と「石」をのぞき、チュワシの č- は *ti-
～ *ti- のような狭母音の音節から変化したものであることがわかる。そして
円唇化もおこしている。ちなみに「メンドリ」は南方語派でも d- とならず、突
厥文字で 〉〉川〈 tᵃkᵃgu（2）、Kāšgari で تَقَاغُو tᵃqaɣu（9）、تَقُّق tᵃqᵘq（4）と
あらわれ、モンゴル文語 takiya、ドンシャン tuɡɑ, tuxɡɑ、シラユグル dɑɡɡɑ、朝
鮮語 talk、日本語 toki（?）など、広く分布し相互に借用関係にあるとみられる
家畜語彙のひとつである。いわゆる Wanderwort（放浪語）のひとつかもしれな
い。

さて「親族関係I」において、チュワシと他のトルコ諸語とのあいだに、つぎ
の対応関係があることをあきらかにした：

	チュワシ	ヤクート	トルクメン	ハラジ	共通基語
雪	yur	xār	gār	qāᵃr	*kyār
血	yun	xān	gān	qāᵃn	*kyān
残る	yul-	xāl-	gāl-	qāl-	*kyāl-

ここでは共通基語からチュワシへと子音の摩擦化、母音の円唇化と短音化の
すじみちが推定されている。「石」も、この線上にあるとすれば、語末の -š を
保留しつつ、

	チュワシ	ヤクート	トルクメン	ハラジ	
石	čul	tās	dāš	tāᵃš	*tyāš

という推定が可能となる。

ここで参考とすべきは、つぎの歴史家たちの記述である（『アジア歴史事典』
第5巻228ページ、第6巻97ページ。平凡社1960）：

石国 石国は、トルコ語の tash（石）kend（国）の音訳。柘支、柘折、赭時、
者舌などの文字もあてるが、いずれもアラビア人の Shash Chash の同音異字

- 398 -

訳である。……（後藤　勝）

タシケント　文献上では、中国の〈魏書〉に「者舌国」とあるのが最古の記録で、隋唐時代には西突厥領内にあって「赭時国」「拓支国」「石国」として、元代には「察赤」、明代には「達失干^{タシハン}」として記録されている。者舌国などの呼称は、Chāch（転じてChāshともいう）の音訳……（佐口　透）

　これらの記述から、タシケントが石国とよばれ、石の音訳漢字として者舌などが使われていたことになる。11世紀Kāšgariの辞書にはtaškend, tāškendの名として šāš ﺷﺎﺵ が見られるが、tāš と šāš が同一の語かどうか、うたがわしい。そこで者舌などの漢字音をしらべてみると（藤堂1978）：

	中古音	中世音
柘支	ʧĭă ʧĭĕ	ʧieṭṣï
柘折	ʧĭă ʧĭɛt	ʧie ʧie
赭時	ʧĭăʒiei	ʧieṣï
者舌	ʧĭădʒĭɛt	ʧieʃie
拓支	tʻak ʧĭĕ	toṭṣï

　漢字「拓」は「柘」のあやまりであろう。その他すべての語頭にʧがあらわれているから、これらがトルコ語の「石」を音訳したものとすると、かなり古い時期から*ty-が実証されることになるのだが。

　つぎの問題は語末の-š ～ -lで、そこにはLambdazismus論争のながい歴史がよこたわっている。150年もの研究史を、ここでふりかえることはしないが、Rhotazismus論争とならんで、朝鮮語をふくむ「アルタイ」説とふかくかかわっていること、Ramstedt（1957：108）のつぎの定式化をみるだけで十分であろう：

tü. *taš* 'Stein': čuv. *tʻšul* id.（< *tịal, tʻal ～ tʻalʼ*）, mo. *čila-gun*, kh. *tšulūn*, kalm. *tšolūn*, burj. *šulūŋ* 'Stein'（< *tila-gun* < *tʻalʼa-gun*）, kor. *tol* 'Stein'（< *tʻalʼ*, AKE 17）

　またtü. mo.再構形に長母音がとりいれられてからの定式化は、たとえば

– 399 –

第4部 「アルタイ」諸語ほか

Poppe（1960：15, 77, 98, 120）のつぎのようなものがみられる：

（15）mo. *čila γun* < **tïlawūn* 'Stein', mmo. *čila'un* id., kh. *čulū* id. = ko. *tol* 'Stein' = tsch. *t'šul (čul)* < **t'al* 'Stein', AT *taš* < **tāš*, jak. *tās* < **tāš* id.

（77）mo. *čila γun* < vmo. **tïlagūn* 'Stein', kh. *čulū* id., bur. *šulūŋ* id.（> ew. *ǯolo* id., lam. *ǯol* id.）= kor. *tol* 'Stein' = tsch. *čul* < **t'al* < **tal²* < **tāl²* 'Stein', AT čag. *taš* id., jak. *tās* id.

（98）mo. *čila γun* < **tïlaγun* < **t'āla–bùn* 'Stein', kalm. *čolūn* id. = kor. *tol* id. = tsch. *čul* < **t'āl* < **tāl'* 'Stein', trkm. *dāš* id., jak. *tās* id.

（120）mo. *čila γun* < **tïla–wūn* 'Stein' = tsch. *čul* < **t'āl* < **tāl'* < **tāl²a* id.. AT *taš* < **tāš* < **tāl²* < **tāl²a* id.

ここで「アルタイ」説批判をくりひろげる余裕はないが、モンゴルのti-～ *tï-～という再構形は、もっぱらトルコ諸語のt-あるいは朝鮮語のt-とのかかわりで立てられており（もっとも代名詞のbi：ba ＝ či < *ti：taという体系的な推定はゆるされるが）、モンゴル諸語の内的再構からみちびきだされたものではないだろう。母音ïについても同様である。またDoerfer（1963～：Ⅱ 437）のいうように、朝鮮語のoとモンゴル語のïとトルコ語のaが対応するなどという音韻「法則」は、どの「アルタイ」論者の法則ともあわないことになる。そこで98ページではモンゴルに *t'āla-bùnを立てることになる。そこには *tïlawūnと *tïlagūnと *t'āla-bùnと *tïla-wūnといった、さまざまな推定形が立てられており（1965：201 *tịālagùn）、-wūn ～ -gūn ～ -bùnなどはいったいなんなのだろうか。

さてトルコ諸語の-š ～ -lにもどろう。Doerfer（1963～）は、この問題をしばしばとりあげつつ、（1971：275）ではB.C.1000年のテキストが発見されないかぎり、this problem remains unsolvableだとした。しかし（1976：33）にいたって *-r' > -z, -*l' > -šというRamstedt, Poppeの古典的方式の方にかたむいているとしている。Щербак（1970：83～）は、もじどおりRhotacismusとLambdacismusの立場で、チュワシの-rを-*s, -*θ, -*ðなどのことなる音からの変化とする一方、-l < -*šを一貫させているから、「石」は *tāšと再構される。Серебренников（1986：67）では-*l'がみとめられるから *tāl'となる。脈

－ 400 －

部（1972：12）では無声側面音［*ḷ］が提案され（音素連続/*lh/あるいは/*hl/
として）、つぎの比較がなされている：

　チュヴシュ語čul ‖ 突厥語taš ‖ ヤクート語tās ‖ 蒙古祖語*tïl- ‖ 朝鮮語tol,
中期朝鮮語tolh. のちに服部（1975：195）では、Proto-Mong. *tïla-（← *tïlha-）；
Korean tol-, Middle Korean tolh-. ……Middle Korean tolh- probably goes back to
*tulh- とされた。

　Róra-Tas（1982：121）は、-z-：-r-が単一のフォネーム -z- にさかのぼる
と主張する。つぎに「アルタイ」説につよく反対の立場で有名な Sir Clauson の
説を紹介しよう。

　Clauson（1962：217 ～）は、トルコ諸語とモンゴル諸語との接触を 3 つの
時期にわける。8 世紀以前おそらく 5 ～ 6 世紀にトルコ系の Tavğač（拓跋→チュ
ワシ）から Kitan（契丹）が借用した語彙が、もっともふるい層をなすと考える。
かれの語源辞典（1972）Preface の一節は、つぎのように要約することができる：

> 「単一のトルコ系言語は、紀元前のかなりふるい時期に長城の北西で形づ
> くられたが、紀元前後のころ 2 つの語派 Standard Turkish と l/r Turkish とに
> 分裂した。元すなわち北魏朝（A.D.386-535）の拓跋の言語は l/r Turkish
> のひとつであって、モンゴル族は 5 ～ 6 世紀に、ハンガリー族は 9 世紀ごろ、
> 語彙を l/r Turkish から借用した。13 ～ 14 世紀の Volga Bulgar 語そしてチュ
> ワシ語は l/r 言語をひきつぐものである」

　いま問題の -š ～ -l についていえば、拓跋語は語中・語末の -š と -z を -l と
-r に変化させてしまっていた（Clauson 1962：218）、という。チュワシ語の
子音体系は、語中・語末に -z をゆるさず、-š もごくかぎられている。それは、
あたかもモンゴル共通基語の子音体系（Poppe 1955：95）から音声閉鎖・破
擦音 b, d, g, ǯ をのぞいたもののようである。ヤクートなどのように *-z, *-š が
-s, -h として保存されることなく、*-z/*-š ＞ -r/-l の変化を、チュワシは全面
的に経過したものと考えられる。その要因はどこにもとめられるだろうか。ひ
とつの仮説を提案したい。共通基語において *-z/*-š のまえに狭母音（i, ï, ü, u）
もしくは口蓋化要素（j, y ～ ï）をふくむ音節があったとき、チュワシ祖語で＞
-r/-l の変化がおこった。Щербак（1966：31, 32；1970：85 ～）は長母音

第4部 「アルタイ」諸語ほか

のあとにおこる異音とみているが、わたしの仮説では、長母音の一部は共通基語で口蓋化要素をもった二重母音であったものから来ていると考える。わたしの観察では、トルクメン語アシハバート方言のгыз「娘」は［ɢijð］のような降り二重母音であり、ウイグル語ウルムチ方言のqizも［qɨjz̩］のような降り二重母音である。以下に、トルコ諸語に共通する基礎語彙のうちから（1）-r 〜 -z、（2）-l 〜 -š が対応するものをかかげる。再構形は暫定。

（1）	チュワシ	トルクメン	タタール		11c（転写）
口	śɔvar	aɣið	awɨz	aɣɨz	*（y）agɨz
膝	čör-	dið	tez	tiz	*tɨyz
8	sakkɔr	sekið	sigez	sek（k）iz	*sekkiz
9	tɔxxɔr	dokuð	tugɨz	togūz	*tokkɨz
30	vɔtɔr	otuð	utiz	ot（t）uz	*hottiz
100	śör	yüð	yöz	yūz	*jüyz
星	śɔltɔr	yɨldɨð	yoldɨz	yulduz	*juldɨz
氷	pɔr	būð	boz	būz	*būz
塩	tɔvar	dūð	toz	tūz	*tūz
角	mɔyra-ka	buynuð	mögez	müŋüz	*büŋüz
牛	vɔkɔr	öküð	ügez	öküz	*höküz
小牛	pɔru	buðaw	bozaw	buzaɣu	*buzagu
長い	vɔrɔm	uðīn	ozin	uzūn	*uzūn
赤	xörlö	gɨðɨl	kizil	qɨzɨl	*kɨzɨl
娘	xör	gīð	kɨz	qīz	*kɨyz
私たち	epir（gen. pirön）	bið	bez	biz	*biz
君たち	esir（gen. sirön）	sið	sez	siz	*siz
秋	kör	güyð	köz	kūz	*küyz
春	śur	yāð	yaz	yāz	*jāz

（2）	チュワシ	トルクメン	タタール	11c（転写）
歯	šɔl	dīš	teš	tīš	*tiyš
涙、歳	śul	yāš	yaš	yāš	*jāš

- 402 -

5	pilök	bēš	biš	bīš	*byēš
60	utmɔl	altmïš	altmïš	φ	*altmïš
70	śitmöl	yetmiš	jitmeš	φ	*jetmiš
石	čul	dāš	taš	tāš	*tyāš
冬	xöl	giš	kiš	qiš	*kiš
銀	kömöl	kümüš	kömeš	kümüš	*kümüš

　基礎語彙のうち（1）、（2）のように対応しないのは、つぎの2つであり、これらは狭母音が先だっておらず、仮説の反証とはならない。

	チュワシ	トルクメン	タタール	11c（転写）	
目	kuś	göð	küz	köz	*köz
頭	puś	baš	baš	baš	*baš

　もちろんチュワシと他のトルコ諸語とのあいだに、-r 〜 -rおよび-l 〜 -lで対応するものは、共通基礎語彙約100のうち、それぞれ20ばかりある。

　さて、ふるくから「アルタイ」説の比較語彙のひとつである *čilagū-n と *tyāš は、どんな位置づけが可能なのであろうか。たとい *tïla- ＞ čila- がみとめられたとしても、チュワシ čul とのあいだに対応の法則が適用できる「ささえ」があるのだろうか。チュワシの u は 13 〜 14 世紀の Volga Bulgar 語で a にさかのぼるものがある（ulttɔ：altï「6」、śul：jal「歳」（Benzing 1957））から、čul ＜ *tyal, *tiāl を立てることはゆるされる。しかし *tyal にあわせて *tïla- ＜ *tʹala- のような二重の推定形を立てるには、もっと確実な根拠を必要とする。čilagun は 6 世紀以前にモンゴルが借用した語彙のひとつ（Щербак 1966：32）との考えもあるが、ドンシャン、バオナン、モングォルの借用はふしぎである。また Mukaddimat の辞書に čilagun が見あたらないのは、どうしたことだろう。この辞書の索引は完全ではない。わたしのしらべたところでは、曲用形をふくむチャガタイ語の taš に対しては、一貫して güri（gürü が 1 か所）があててあり、計 34 か所出てくる。

　以上（火、地、石）についてモンゴル諸語とトルコ諸語の再構形は、

－ 403 －

第4部　「アルタイ」諸語ほか

	火	地	石
モンゴル	*gāl	*gajar	*čilagū-n
トルコ	*hōt	*jēr	*tyāš

のようである。モンゴル諸語の「石」は、その分布のしかたから重要な基礎語
彙とはいえないのかもしれない。ちなみにインド・ヨーロッパ語族では、つぎ
のように「火」の共通基語が二分されているほか、「地」と「石」については起
源がいろいろである（Buck 1949）。

	火	地	石
共通基語	*pūr/n, *egni-	*ĝhem-	?
ドイツ	feuer	erde, land	stein, fels
フランス	feu	terre	pierre, roche
ウェールズ	tan	daear, tir	carreg, maen
ロシア	ogon´	zemlja	kamen´, skala
リトアニア	ugnis	žemc	akmuo, uola
ラテン	ignis, focus	terra	lapis, petra
ギリシァ	pūr	gē, xthōn	lithos, petra
サンスクリット	agni-	bhū- 〜	aśman, śila-

　またツングース語族からエヴェンキー、ウイルタ、満州文語の三者を比較す
ると、「火」だけが共通している（池上1985）。

	火	地	石
エヴェンキー	togo	tur	xísə
ウイルタ	tawa	nā	ǰolo
満州文語	tuwa	na	wəxə

（1991.8.21）

－ 404 －

［参考文献〕

Амоголонов, Д. Д.（1958）：*Современный Бурятский Язык.* Улан-удэ.

Benzing, J.（1957）：'Das Hunnische, Donaubolgarische und Wolgabolgarische' *Philologiae Turcicae Fundamenta I.* 684-695 Wiesbaden.

Clauson, G.（1962）：*Turkish and Mongolian Studies.* London.

Clauson, G.（1972）：*An Etymological Dictionary of Pre-thirteenth-century Turkish.* Oxford.

Doerfer, G.（1963-）:*Türkische und Mongolische Elemente im Neupersischen.* Band Ⅰ～ Ⅳ 1963, 1965, 1967, 1975 Wiesbaden.

Doerfer, G.（1976）：'Proto-Turkic：Reconstruction Problems' *Türk Dili Araştırmaları Yıllığı Belleten 1975-1976.* 1-59 Ankara TDK.

Doerfer, G.（1977）：'Khalaj and its Relation to the Other Turkic languages' *TDAYB 1977.* 17-33 Ankara TDK.

Emre, A.C.（1949）：*Türk Lehçelerinin Mukayeseli Grameri, Fonetik.* Istanbul.

服部四郎（1972）:「タタール語の成立とチュヴシュ族の起源」『東方学論集』1-13。 東方学会

服部四郎（1975）:'The Studies of the Turkic Languages in Japan after World War Ⅱ'『言 語の科学』第6号。187-195 東京言語研究所

伊布拉黒麦（1985）:「甘粛境内唐汪話記略」『民族語文』No.6 北京

Исхаков, Ф.Г., Пальмбах, А.А.（1961）：*Грамматика Тувинского Языка, Фонетика и Морфология.* Москва.

栗林均（1981）:「「*iの折れ」考—蒙古語における *i音の発展の規則性と不規則性—」 『モンゴル研究』No.12 日本モンゴル学会

栗林均（1982）:「「*iの折れ」再説—ハルハ方言とオルドス方言の発展の平行性—」 『モンゴル研究』No.13 日本モンゴル学会

馬樹鈞（1984）:「漢語河州語与阿尓泰語言」『民族語文』No.2 北京

Poppe, N.（1965）：*Introduction to Altaic Linguistics.* Wiesbaden.

Ramstedt, G.J.（1906）：'Mogholica, Beiträge zur kenntnis der Mongholsprache in Afghanistan.' *JSFOu* ⅩⅩⅢ 4.

Róna-Tas, A.（1982）：'The Periodization and Sources of Chuvash Linguistic History' *Chuvash Studies* edited by András Róna-Tas. 113-170 Wiesbaden.

第4部 「アルタイ」諸語ほか

宋正純（1982）:「我国土瓦語音系初探」『民族語文』No.6、58-65 北京

Щербак, А.М.（1966）'О характере лексических взаимосвязей тюркских, монгольских и тунгусо-маньчжурских языков' *Воиросы Языконания* No.3, 21-35 Москва.

TDK（1963-）: *Türkiye'de Halk Ağzından Derleme Sözlüğü I ～XI.* 1963-1979 Ankara.

趙相如・阿西木（1982）:「新彊艾努人的語言」『語言研究』No.1 華中工学院中国語言研究所

（1991.12『岡山大学文学部紀要』第16号）

3. 日本のアルタイ諸語研究のあけぼの（江戸時代）

　満州・ツングース諸語、モンゴル諸語、トルコ諸語をあわせて、アルタイ諸語という。これら3つの言語群は類型論的、統語的構造においては、よくにているが、かなりの程度にことなっている。したがって、これらをアルタイ語族という、ひとつの語族にまとめることができるかどうか、おおいに議論を要するところである。3者がそれぞれに語族をなすことについては異論がない。まして、明治以来とりあげられてきたウラル・アルタイ語族となると、まぼろしの存在でしかない。

　日本のアルタイ諸語研究の歴史は、ヨーロッパのそれにくらべれば、ずっとあたらしいし、研究者の層もうすい。漢文化とヨーロッパの学問をまなぶのに一生懸命だったから、日本のまわりの言語の研究を直接こころざす人びとが、すくなかった。それでも、そうした研究の基礎をきずいた人びとがいて、その苦労の歴史をたどることができる。われわれは、そこからなにをまなぶべきであろうか。

　ふるく満州の地におこった渤海国（698-926）と日本とのあいだには、200年にわたる交流があったことがしられている。渤海（靺鞨）の言語は、ツングース諸語のひとつとかんがえられるが、そのころ留学生を交換して、たがいに通弁をしたといわれる。残念ながら渤海語の記録はのこされていない。内藤虎次郎「日本満州交通略説」（1907『湖南全集』第8巻）に解説がある。

　記録としては鎌倉時代の『吾妻鏡』貞応3年（1224）2月29日の条に、女真文字が4つかきのこされている（図）。白鳥庫吉が『史学雑誌』第9編11・12号（1898『全集』第5巻）「契丹女真西夏文字考」で紹介し、内藤虎次郎が前記の講演で解読をこころみ、2字目をグルン（国）、3字目をニ（の）、4字目の左を（万）とした。その後、稲葉岩吉『青丘学叢』第9号（1932）「吾妻鏡女直字の新研究」、

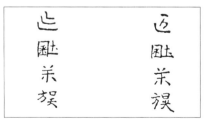

『吾妻鏡』女真字
北條本（左）と吉川本（右）
清瀬義三郎則府「女真文字—
ツングース狩猟民族の「擬漢字」文字」
（『月刊しにか』1997. vol.8, No.6 大修館書店）

第4部 「アルタイ」諸語ほか

秋山謙蔵『歴史地理』第65巻1号（1935）「鎌倉時代に於ける女真船の来航――『吾妻鏡』女真字と『華夷訳語』女真字との比較研究――」、村山七郎『東洋学報』33巻3・4号（1951）「吾妻鏡に見える女真語について」などの研究がつづいた。女真語をはじめとする漢訳語の資料についての考証は石田幹之助「女真語研究の新資料」（1930『桑原博士還暦記念東洋史論叢』のちに追記して、1973『東亜文化史叢考』）にくわしくかかれている。（註）

　くだって江戸の寛永年間に越前の漁民が清国に漂流し、北京から朝鮮をへて日本にかえってきた。その記録が『韃靼漂流記』（1644）という本になっている。このなかに満州語の口語の単語が60ほど、カナで記録されている。『湖南全集』に、その間の事情がよく紹介されている。たとえば数詞の1、2、3、4、5はヲモ、ヂヨウ、ヱラ、ドイ、スヂヤのようで、これらは満州文語のemu, juwe, ilan, duin, sunjaに相当する。また園田一亀『韃靼漂流記の研究』（1939）があるが、これは最近『東洋文庫539』（平凡社）に復刻されて便利になった。巻末に韃靼語の伝本異同表がある。ついでに、清王朝の姓は漢字で愛新覚羅とかかれるが、これは満州語のアイシンaisin「金」、ギョロgioro「王族」の音訳であって、漢字の意味とは関係ない。

　満州文字は16世紀のおわりに、モンゴル文字をかりてつくられたが、日本ではじめて満州文字を研究したのは、江戸の荻生徂徠（1667-1728）である。『満文考』あるいは『満字考』という、門弟による写本がつたわっている（1766）。そのころ日本に輸入されていた『正字通』、『千字文註』を参照して「子音の字は黒く、母音の字は朱で書いて」（内藤。実は母音字にかぎらず、音節末字を朱で書いてあるが）音節の構造をあきらかにしようとした。『満文考』についての解説は、「昔の満州研究」（1912『湖南全集』）がはやく、新村出にも紹介がある（1914『東方言語史叢考』）。写本は『荻生徂徠全集』第2巻（1974、みすず書房）に復刻されているので、たやすくみることができる。神田信夫の解題がくわしい。徂徠は文字をよむことはできたが、満州語そのものを研究するまでにはいたらなかった。

　江戸中期の大阪の医者、寺島良安は和漢の書をしらべること30年、巻頭の自序によれば正徳2年（1712）105巻からなる『和漢三才図会』という絵いりの百科事典をつくりあげた。その巻第13異国人物韃靼の項に、北虜訳語としてモンゴル語の名詞32を記録している。ほかに朝鮮国語、琉球国語、蝦夷国

3. 日本のアルタイ諸語研究のあけぼの（江戸時代）

語が記録されている。島田・竹島・樋口訳注『東洋文庫456』（1986、平凡社）からのコピーを、ここにかかげる。（横がきにした）

北虜訳語〔『登壇必究』に出ている。その大略を示す〕

天（テンゲリ）〔騰革力〕　　日（ナラ）〔納刺〕　　月（サラ）〔撤刺〕
星（ホウトン）〔火墩〕　　山（ボウゲラ）〔襖兀刺〕　　海（タアアライ）〔打来〕
河（モウロオン）〔母倫〕　　水（ウウソ）〔五速〕　　風（ケイ）〔克亦〕
雨（フウラ）〔虎刺〕　　雪（サツソ）〔叉速〕　　昼（ウウトウルル）〔五堵児〕
夜（ソニイ）〔速你〕　　焼酒（アラキ）〔阿刺乞〕　　米（アモ）〔阿目〕
飯（プウタ）〔補荅〕　　衣服（ホビツアソ）〔忽必叉速〕　　金子（ガンボイ）〔俺炭〕
銀子（モンコ）〔猛谷〕　　銅銭（チュイア）〔圭阿〕　　男子（コレ）〔額勒〕
婦人（ホトン）〔哈屯〕　　父（コチケ）〔額直革〕　　母（コケ）〔額克〕
兄弟（テウゲ）〔斗兀〕　　娘子（アカ）〔阿噶〕　　虎（プウケ）〔補兀〕
熊（コウワケ）〔我土革〕　　腰刀（イルルトウ）〔亦児度〕　　弓（ノウモ）〔奴木〕
松（ナラソ）〔納刺速〕　　花（チエエチエエ）〔扯扯〕

　これらの語彙は、明の万暦27年（1599）王鳴鶴編の兵法書『登壇必究』40巻（宮城県図書館蔵）からの抜粋である。モンゴル語の音訳漢字は、その後につくられた天啓元年（1621）刊の茅元儀撰『武備志』240巻にも多数みられる。『武備志』は日本で刊本（1664）となっていて、寺島は『図会』の別の巻では『武備志』も参照しているが、巻13では『登壇必究』からとしている。前記32のモンゴル語の音訳漢字は『武備志』（長沢規矩也編『和刻本明清資料集』第6集、1974、汲古書院）のそれと、まったくおなじである。ただ1か所『武備志』では銅銭圭阿となっている点がちがう。もちろん両者ともに、ふりがなはない。

　カナのひどいあやまりを、いくつか指摘しておこう。もしカナをふるとしたら（ローマ字は文語形）、

山ボウゲラ　　　→アウウラ　　　　agula
雪サツソ　　　　→チャス・ツァス　času
昼ウウトウルル　→ウドル　　　　　edür
飯プウタ　　　　→ブダ　　　　　　buda

－ 409 －

第4部 「アルタイ」諸語ほか

金子ガンポイ	→アルタン	altan
男子コレ	→エレ	ere
父コチケ	→エチゲ	ečige
母コケ	→エケ	eke
兄弟テウゲ	→ドウ	degüü
虎プウケ	→鹿ブグ	bugu
熊コウフケ	→オトゲ	ötüge

　カナが寺島自身のものか、異本によるちがいや、その由来など疑問点がいくつもあるが、いまはとわない。要するにモンゴル語が理解されていなかったことだけは、たしかである。

　やがてオランダ語をとおして世界への関心がひらけてくる。『蘭学楷梯』で有名な大槻玄沢（1757-1827）に「十数異言」という著作があり（杉本つとむ『江戸の言語学者たち』雄山閣、1987、391ページ）、世界諸言語の数詞1から10までをあつめている。アジアの言語18種のうちに、満州語と蒙古方言がみえる。玄沢すなわち『盤水先生随筆』（早稲田大学図書館蔵・貴重書をうつしていただく）には、満州文字と音訳漢字とカナがならんでいる。いま満州文字をはぶくと、

1 厄母（ヤモー）　2 注（チュイ）　3 一攬（イロアン）　4 對因（トイイン）　5 孫査（スエンジー）　6 倭姑（ニーク）　7 納單（ナタン）
8 渣滾（ジーコン）　9 屋雍（オヤン）　10 壯（スヤン）

のように、北方漢字音では、かなり正確に満州語を音訳してあるが、カナは満州語らしくない。現代北京音でカナ表記するとすれば、エムー、ジュー、イラン、ドウイン、スンジャ、ニングー、ナダン、ジャグン、ウユン、ジュアンのように満州語になるであろう。

　蒙古喀爾喀（ハルハ）方言については音訳漢字だけがみえる。

1 勒黒　2 懐葉勒　3 姑爾　4 徳爾百　5 他布　6 朱爾哈
7 多諾　8 奶媽　9 一素　10 阿爾

－ 410 －

3. 日本のアルタイ諸語研究のあけぼの（江戸時代）

　江戸もおわりのころになって、満州語の大家があらわれた。幕府天文方の蘭学者で、大阪うまれの高橋景保というひと、「和蘭からシーボルトと云ふ医者が来た時に、其のシーボルトがもつて居つた本を貰ひたい為に、日本で伊能忠敬の作つた小さい地図を密かに贈つて交換したのが顕はれて、獄に下されて、獄中で死んだのであるが、此の人は満州語の研究に非常に骨を折つて、立派な研究を仕上げた。（中略）是は実にえらいことであつて、高橋は文政12年に46歳で獄中で死んで居る」（『湖南全集』252、255ページ）。ついで新村出が紹介（「高橋景保の満州語学」1914、『叢考』）。また亀井高孝が補説（1916『芸文』7の10）。そして、内容にわたるくわしい研究が上原久にある（「高橋景保の満州語学」『埼玉大学紀要、人文科学篇』11、12、13巻、1962-64）。

　高橋の著作には『魯西亜国呈書満文訓訳強解』、『満字随筆』、『満文輯韻』、『増訂満文輯韻』などがあり、『亜欧語鼎』全5巻では漢満蘭露語の5,000語あまりを収録して、『満和辞典』の完成をめざしたが、不幸な死で中断することになった。ちなみに『満和辞典』の出現まで、その後100年あまりを要したのである。すなわち羽田亨編『満和辞典』（1937）である。

　未完の増訂本巻之13の末尾に戊子10月初8日浄書畢とあるが、これは逮捕される2日まえ、ときに文政11年（1828）のことである。上原（1962、11ページ）は、つぎのようにのべている。「明治以来多くの人々が贈位叙勲の事に与っているが、高橋景保についてそうしたことが取り上げられたことは、今日まで遂になかった。純粋に学問の進展のために殉じて、一生を学問のために捧げ尽した彼には、これに処するに叛逆罪を以てした徳川幕府が亡びて既に90年になるに拘らず、その功業は依然として何等の顕彰を見るに至っていない」と。

　高橋景保とは別に、長崎で満州語の研究がすすめられていた。内藤虎次郎「昔の満州研究」（1912）、新村出「長崎唐通事の満州語学」（1917『叢考』）に紹介があり、上原久の内容吟味の論文「長崎通事の満州語学」（1971、東京教育大学『言語学論叢』第11巻）がある。『翻訳満語纂編』（1851-55）、『翻訳清文鑑』は、20歳前後の通事たち10数人による独自の辞書研究であるが、高橋の業績にはおよばなかった。

　高橋景保のうまれたころ、幕府の蝦夷地探検にくわわった最上徳内（1754?-1836）は『蝦夷草紙』という本をのこし、天明6年（1786）サハリンにわたった大石逸平があつめた山丹人のことばを記録している。山丹人のことばの一部

－ 411 －

第4部　「アルタイ」諸語ほか

は、ツングースのオルチャ方言とみられ、貴重な資料である。はやく内藤虎次郎『湖南全集』や新村出『叢考』が注目しているが、他の資料をふくめ言語学の分野で池上二良のくわしい研究「サンタンことば集」（1967『北方文化研究』2）がある。またオロッコ（ウイルタ）語の記録も江戸末期にみられ、幕府蝦夷御用御雇の探検家松浦竹四郎（1818-1888）の『北蝦夷余誌』（1860）などがある。池上二良「19世紀なかごろのオロッコ語集」（1971『北方文化研究』5）参照。

　以上のほか、満州語や満州文字に多少なりともかかわった人びとや書物について、いろいろな紹介が『湖南全集』と『叢考』でなされている。しかし、幕府がたおれてからひさしく、アルタイ諸語の研究には光がさしこまない。内藤のつぎのことばを引用しておこう（明治40年の講演）、「さうして明治の世の中になりましたが、満州語の研究は未だ正式に始まりませぬ。徳川時代に於て既に研究の途が開けて居つたのだから、明治の世の中になつたら其の上を越した研究が出来さうなものだが、まだ出来ませぬのは甚だ遺憾であります」。おなじく明治40年の談話で、人類学のくさわけ鳥居龍蔵もつぎのようにのべている、「唯茲に遺憾なことには日本には帝国大学にも外国語学校にも未だ蒙古語、満州語、ツングース語等の講座が設けてありませんからウラルアルタイ語の事が殆と分つて居らない」（「蒙古語に就て」『東京人類学雑誌』第22巻）。

　トルコ諸語については、江戸時代の記録も研究もみあたらない。トルコの名が、はじめてみられるのは新井白石（1657-1725）の『西洋紀聞』にトルカ、『采覧異言』では都児。『和漢三才図会』には于闐（ホータン）、回鶻（ウイグル）、撒馬児罕（サマルカンド）などトルコ系の国ぐにの名がみえるが、言語の記録はなく、中央アジアへの見聞は、ずっとあとになる。

　江戸時代をかえりみて、鎖国のなかとはいえ漢籍をとおして清朝の言語、満州語への関心がたかまっていたことがうかがえる。鎖国とは、おもにヨーロッパへむかって交通をとざすことであったから、中国からの知識はたえることなく流れこんでいた。それにしても記録の王者ともいうべき中国のひとたちは、例の魏志倭人伝以来、日本への有力な情報提供者であった。とくに明代には周辺民族とその言語に対し、すさまじい関心（進出と防衛をふくむ）がはらわれた。それは四夷館や会同館といった官制の翻訳所をもうけ、おおくの『華夷訳語』のたぐいを出版するという活動にうかがえる。これらは日本に輸入され、好奇

3. 日本のアルタイ諸語研究のあけぼの（江戸時代）

心にもえた一部の人びとの目にもとまっていたことであろう。四夷館は清朝の
四訳館へとひきつがれていった。そしてヨーロッパの探検家や宣教師、学者た
ちは、中国の資料を利用し、さきをあらそって吸収あるいは現地調査によって、
先進的なアルタイ諸語研究をきずきあげたのである。

　1868年、江戸は東京にころもがえをする。そして文明開花は、まさにヨーロッ
パにおいつけ、おいこせの富国強兵、殖産興業の国づくりにいそがしかったが、
文化政策では学制をととのえ、ヨーロッパに留学生をおくり、外人教師をまね
くなど一定の努力がはらわれた。一方、江戸のおわりまでに、いまにのこる著
名な業績が、ヨーロッパではすでにうまれていた。そのいくつかをあげるなら
ば、

1820 M.A. Rémusat———*Recherches sur langue tartares.* Paris.

1820 J. Klaproth———*Abhandlung über die Sprache und Schrift der Uiguren.* Paris.

1823 J. Klaproth———*Asia Ployglotta.* Paris.

1831 I.J. Schmidt———*Grammatik der mongolischen Sprache.* St. Petersburg.

1832 H.C. von der Gabelentz———*Éléments de la grammaire mandchoue.*
　　Altenbourg.

1835 I.J. Schmidt———*Mongolisch-Deutsche-Russishes Wörterbuch.* St.
　　Petersburg.

1844, 46, 49 J.E. Kowalewski———*Dictionnaire mongol-russe-français.* Tom 1-3
　　Kazan.

1851 O. Böhtlingk———*Über die Sprache der Jakuten.* St. Petersburg.

1856 M.A. Castrén———*Grundzüge einer tungusischen Sprachlehre.* St. Petersburg.

1857 M.A. Castrén———*Versuch einer koibalischen und karagassischen*
　　Sprachlehre. St. Petersburg.

1857 M.A. Castrén———*Versuch einer burjätischen Sprachlehre.* St. Petersburg.

1864 H.C. von der Gabelentz———*Mandschu-deutsches Wörterbuch.* Leipzig.

　ここに英語の文献はない。
　こうして、日本のアルタイ諸語研究のあけぼのは、よあけへとむかって、ひ
きつがれていくのであった。

- 413 -

第4部 「アルタイ」諸語ほか

〔参考文献〕（ＡＢＣ）

＊池上二良「ツングース諸語」（『言語学大辞典2』三省堂）

＊石田幹之助『東亜文化史叢考』東洋文庫

＊『内藤湖南全集』筑摩書房

＊『日本における中央アジア関係研究文献目録』東洋文庫

＊新村　出『東方言語史叢考』岩波書店

＊『白鳥庫吉全集』岩波書店

（註）さきの『吾妻鏡』の4字は清瀬氏によると、はじめのものは皇帝の花押、あとの
　　　3字がgürün ni qadaɣunと読める。清瀬義三郎則府「女真文字－ツングース狩猟
　　　国　の　誠
　　　民族の「擬漢字」文字」（『月刊しにか』1997. vol.8, No.6 大修館書店）

（1992. 1『国文学解釈と鑑賞』57巻1号至文堂）

4. 日本語系統論・類型論とアルタイ語学

　日本語はどんな言語なのか、そのまえに人類の言語はどんなしくみでなりたっているのか、系統はどのようにして明らかにすることができるのか、言語の類型とはなにか、アルタイ諸語とよばれる言語群はどんな特徴をもっているのか……などなど、どれひとつをとってみても、簡単にわかりやすく説明することは、きわめてむずかしい。

　この小論を読まれる方のなかには、すでにみずから十分な解答をもっている方もおられるかもしれません。あるいは、日本語についてもっと知りたい、日本語の起源について関心があるのだが、とっかかりがわからないという方もおられるでしょう。国語辞典をちょっとひいてみてください。「ウラル・アルタイ語族」という見出しの説明は、どうなっているでしょうか。日本語や朝鮮語が、この語族に属するなどと書かれているのではないでしょうか。ほんとかな、と疑問をもちはじめると、底なしの泥沼にはまりこんでしまう恐れもあります。それもまたたのしい。

　うそとまことを区別できる力を学力というのだとすれば、小論は言語について知りたい学びたいという、あくなき向上心をおもちの方々に、いままで研究されてきた成果を紹介し、どこまでが確かで、なにが不明なのかを知っていただこうというものです。いろいろと文献を紹介しますが、そこに出てくる、これまたおびただしい参考文献をイモづる式に読まれることを期待します。三省堂の『言語学大辞典』全6巻は、世界にほこりうる企画で、まずそこから手をつけるのがよろしいかと思います。

①日本語の系統

　日本語はどんな言語か、その歴史はという疑問に、まず答えてくれるのが『言語学大辞典』（以下『大辞典』という）第2巻の「日本語」の項です。なんとB5版220ページにのぼる1巻の書物に相当し、とくに日本語の特質と日本語の歴史1) 2) 3) の部分を読むことをすすめます。このなかで「アルタイ型」という用語が出てきますが、系統とは直接かかわりません。『大辞典』第6巻のその項を参照してください。いわゆる『魏志倭人伝』にさかのぼっても、日本語の音節は開音節すなわち母音おわりの構造をしているのが特徴です。このような

– 415 –

第4部 「アルタイ」諸語ほか

特徴はアルタイ諸語や朝鮮語にはなく、ポリネシア諸語やアフリカのスワヒリ語、メキシコのマヤ語族の言語などに見られます。ただし、これは類型の問題。

　系統を明らかにする学問を比較言語学、歴史言語学が扱います。これらの大項目とともに、そのなかで使われている用語とくに親縁関係、音法則、音の変化、対応、祖語、再建などが、どんな内容をもっているのかを、きっちりと理解しておく必要があります。比較という用語自体が単にくらべるというのではなく、厳密には音法則による対応をもとに祖語を再建する方法なのです。日本語の系統をめぐって100年以上も「似たものさがし」が行われてきましたが、科学的な成果はえられておりません。言語音の組織は体系的であるから規則的に変化する。その法則が発見されればよい。たとえば日本語の数詞（名詞の下位区分として）の祖形が、つぎのようだったとします（左肩の＊は再建形のしるし）

1	2	3	4	6	8
*pi	*pu	*mi	*yo	*mu	*ya

　ある言語Xの数詞が、つぎのようだったら

1	2	3	4	6	8
ke	ko	ne	du	no	da

　これは一大事、X語は日本語と同系と見られます。たとえ日本から遠いところにあったとしても。なぜなら、両言語のあいだに、つぎのような対応が発見できるからです。（ハイフンは語頭、語末をしめす）

X　　語	k-	n-	d-	-e	-o	-u	-a
ニホン語	p-	m-	y-	-i	-u	-o	-a

　またX語が閉音節（子音おわり -t, -l）をもっていて、つぎのようだとしたら（X語には kel, kol などはない）

- 416 -

4. 日本語系統論・類型論とアルタイ語学

1	2	3	4	6	8
ket	kol	net	dul	nol	dal

　X語の前舌母音のあとの-tと後舌母音のあとの-lは、あとで加わったものか日本語で消えたものと説明することが可能です。なぜ消えたのかは研究課題としてのこりますけれど。このように親縁関係の証明には、かならずしも「似ている」必要はないのです。

　系統論にもちこむと危険なことがおこりかねない問題があります。語順が似ているとか、冠詞がないとか、男女中のような文法性があるかないかなどは歴史的に変化しうる性質のものですから、それらを系統と関係づけるには、よほど慎重でなければなりません。

　日本語の系統・起源について過去の研究をまとめたものに『論集日本文化の起源5日本人種論・言語学』（平凡社 1973）があり現時点で批判的に読んでおいた方がよいでしょう。また服部四郎『日本語の系統』（岩波書店 1959）、『亀井孝論文集2日本語系統論のみち』（吉川弘文館 1973）、『岩波講座日本語12、日本語の系統と歴史』（1978）などがあります。

　系統論は異なる2つ以上の言語（方言）を比較して祖語にいたり、語族を認定することを主たる目的とする。たとえば、日本語とモンゴル語を「比較」するのは、両言語が同系ではないかという仮定を計算にいれているわけです。しかしこのとき、両言語がかかえている異質の方言を無視して、いわゆる標準語や書きことばだけ扱っていては、目的を達することが困難です。日本語についていえば、琉球列島の言語（『大辞典』第4巻に170ページにわたる解説）に注目し、本土方言とのあいだに比較言語学の手法を適用して、日本祖語を立てる必要があります。モンゴル諸語についても、おなじことがいえます。日本祖語を求める研究は、ほとんどすすんでいません。服部四郎「日本祖語について」（『月刊言語』昭53・1 ～ 54・12大修館書店）が本格的なスタートでしょう。

　人種（実は亜種）と民族と語族がよく混同されるので注意が必要です。人種は生物学上の分類、民族は文化人類学上の分類です。いずれも人間にかかわるので無関係とはいえませんが区別が必要です。言語記号ここでは、「音と意味のある単位」と単純化しておきますが、この音と意味の結びつき方は必然でない、この点で言語の系統研究は他の文化現象とくらべて研究上の優位性をもっ

− 417 −

第4部 「アルタイ」諸語ほか

ています。たとえば、イヌという音は i が犬の頭、n が犬の胴、u が犬の尾を
あらわしているわけではありません。「dog」もおなじこと。ですから異なる言
語間で似た単語がいくつも見つかるとすると、両言語のルーツは同じかもしれ
ないと考えるのも当然です。ここに落し穴があります。それは借用の場合はも
ちろんですが偶然の一致ということがありうるからです。この辺を見きわめな
いで「似たものさがし」をしても系統論はなりたちません。

②日本語の類型

　言語類型論は、単語の変り方に目をつけることからはじまりました。大航海
時代をへて18世紀末になると、この地球上に約500の言語が存在するという
ことが、ヨーロッパ世界に知られるようになりました。単語が語形変化をしな
い言語、たとえば古典中国語やベトナム語と、語形変化をするロシア語などの
2つの類型（タイプ）に分かれます。現在の北方漢語で「本」のことを書（shū）
といいますが、1冊の本は一本書（yì běn shū）で、2冊になっても両本書（liǎng
běn shū）ですから、書は語形変化しません。英語では「a book, two book-s」、
ドイツ語では「ein Buch, zwei Bücher」のように単数と複数で形をかえます。「本」
についていえば、中国語のような言語を形態的孤立語、英語は形態的膠着語、
ドイツ語は形態的屈折語とよぶことができます。

　日本語は、さてどの類型に属するのでしょうか。「本」についていえば、も
ちろん孤立語です。類型は系統とはちがいますが、日本語のような系統不明の
言語も孤立語とよばれますから混同しないように、しっかり区別してほしい。
「膠着語だからウラル・アルタイ語族」などという誤った記述をよく見かけます。
この膠着という用語が、またまぎらわしい。明治時代には付着語、加添語、添
着語などと訳されています。膠着語について国語辞典類の記述を批判したこと
があります（竹内「国語辞典類にみえる「膠着語」の記述」『岡山大学文学部紀
要第1号』1980）。日本語は「膠着語」とは断じがたく、形態類型論的に孤立
性・分析性のたかい言語であると思います。そして「膠着は接辞の接合の仕方
に言うのであって、類型の種別とすべきではない」という見解もうなづけます
（『大辞典』第6巻499ページ）。『英語学辞典』（研究社 1940、46ページ）の
「Agglutination（膠着）」には「great-ness, un-time-ly」の例があがっていますが、
例は「book-s, play-er, go-ing, look-ed」など、たくさんあげることができます。

－ 418 －

4. 日本語系統論・類型論とアルタイ語学

　類型にかかわる研究はその後、単語のならべ方、語順、統語的類型論へすすみます。1960年代に入って、世界の言語学関連の書物に日本語がよく登場するようになります。日本語の語順はSOV（主語・主題と目的語・補語と動詞・述語）だというように。この3項の理論的な組みあわせは、6とおりになりますが、世界の分布状況は以下のようになっています。

	1963（142言語）	1978（63）	1983（336）	1987（1408）	1994（2399）
	Greenberg	Steel	Hawkins	松本	山本
SOV	45%	47.6%	51.7%	50.50%	49%
SVO	37%	31.7%	32.4%	36.22%	37%
VSO	18%	15.8%	15.7%	10.16%	10%
VOS		4.7%		2.63%	3%
OVS				0.35%	0.8%
OSV				0.14%	0.5%

　一番上が研究発表年、（　）は調べた各地の言語数、2行目が研究者、あとタイプ別のパーセントとなっています。これらの研究は、それぞれ独立して行われたものですが、日本語式の語順は世界の半数だということが明らかになっています。ヨーロッパ諸語などのSVOは3割ぐらい、動詞で文をはじめるタイプはハワイ語などポリネシア諸語やアラビア語、アイルランド語など15パーセントぐらいです。『大辞典』第3巻の「ハワイ語」から一例をあげてみましょう。発音はローマ字どおりに

Ua　'ike　na　'iole　i　ka　popoki.
た　見　たち　ネズミ　を　その　ネコ
（そのネコをネズミたちが見た）

　さらに、日本語はPO, GN, ANの語順の言語です。POはPR（前置詞）に対する後置詞（Postposition）のことで、たとえば「**from** school」と「gakkoo **kara**」のちがいで明らかなように、日本語では自立語のあとに付属語がくるきまりになっています。GNは所属・所有格の語や句が、いつも名詞のまえにくること

－ 419 －

を示します。たとえば「cap **of** Jack」と「Taroo **no** boosi」のように。ANは形容詞が名詞のまえにくる言語だということ、これは副詞と動詞の順序にも、また形容詞句（連体形）や副詞句（連用形）と名詞・動詞などとの順序にもあてはまります。たとえば、英語では「a **large** house」と「a house **larger** than yours」のふたとおり、日本語では「**ookii** ie」にきまっている。また「**yukkuri** aruku と walk **slowly**」さらに「kinoo **katta** hoñ と the book **bought** yesterday」などをくらべてみてほしい。要するに、日本語では修飾語と被修飾語とのかかわり方が一定しているのです。

　日本語式語順のタイプSOVが世界の半数をしめると先にのべましたが、このタイプは後置詞と共存する相関がきわめて高いことで知られています。「go **to** school と gakkoo **e** iku」において、動詞と名詞をつなぐ位置には当然のことながら前置詞か後置詞がおかれるとすると、日本語では名詞のあとにeがくることになります。このeをトルコ語「okul<u>a</u> git-」（学校へ行く）のように格語尾-aであらわす場合もあります。松本克己「語順のタイプとその地理的分布──語順の類型論的研究1」（『筑波大学文芸言語研究言語篇第12巻』1987）によるとSOV言語471のうち実に95.5パーセントがPO言語です。日本語とおなじSOV, PO, GN, ANというタイプの言語は、アイヌ語をはじめユーラシア大陸を中心に南アメリカ、アフリカなどに広く見られます。ペルーのケチュア語の例（『大辞典』第1巻）を見ましょう。

```
Pay-kuna-qa     Piru-ta       wañu-chi-rqa-nku.
かれ  ら  が    ペドロを     死  な  せ  た（かれらが）
```

　言語音についての類型論もさかんです。たとえば現代日本語には母音が5つ、世界の言語ではどうでしょうか。
　J.Crothers: Typology and Universals of Vowel Systems. *Universals of Human Language Vol.2 Phonology*, Stanford Univ. Press 1978 によると、5母音の言語が1番おおく（上掲図）、どんな言語にもa, i, uがあり母音の逆三角形が基

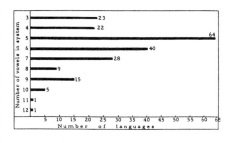

本だということがわかっています。

　意味に関する類型研究は、なかなかむずかしい。日本語にはコメをあらわす単語がたくさんあるように、アラビア語ではラクダ、エスキモー語では雪が、とかいうのは、世界の切りとり方と生活文化とがからんでいて、人類言語の普遍的な性質を示すものではありません。色彩語彙の研究では、有名なBerlin & Kayの研究（1969）があり、どんな言語も2つの色彩語（黒と白）をもち、つぎに赤がくわわって3つに、つぎに黄緑青のどれかがくわわるという順位がわかりました。

③アルタイ諸語を学ぶ

　母語にしろ他の言語にしろ、ことばを学ぶ、あるいは教える人は、なによりも先に人類の言語音のしくみを知らなければなりません。音声学はその第一歩、言語研究の基礎的な学問分野です。さてアルタイ諸言語とよばれる言語群には、チュルク（トルコ）諸語、モンゴル諸語、ツングース諸語が属します。それぞれ『大辞典』を参照してください。これらにふくまれる多数の言語（方言）についても解説があります。いまのところ「チュルク語族」、「モンゴル語族」、「ツングース語族」は認められますが、3者が「アルタイ語族」にまとまるかどうかは異論があります。類型的に3者は日本語のタイプSOV, PO, GN, ANとほとんど一致しますが、系統をひとしくする、すなわち親縁関係にあるという科学的な証明がなされていません。たとえば数詞の1から5を3者のうちから代表させて出してみましょう。

	1	2	3	4	5
トルコ語	bir	iki	üč	dört	beš
モンゴル文語	nigen	xoyar	gurban	dörben	tabun
満州文語	emu	juwe	ilan	duin	sunja

　音対応の法則が発見できそうもない、ただ4だけが似ている。それでアルタイ共通祖語*d-を立てようとしても、9などですぐに行きづまってしまいます。

第4部 「アルタイ」諸語ほか

	9	歯	生まれる	舌	言う
トルコ語	dokuz	diš	doğ-	dil	de-
モンゴル文語	yesün	sidün	törü-	xele	ge-
満州文語	uyun	weihe	banji-	ilenggu	se-

　チュルク諸語とモンゴル諸語について、その親縁関係を基礎語彙を中心に論じたことがあります（竹内「モンゴル諸語とトルコ諸語の親族関係1・2」『岡山大学文学部紀要第10号、第16号』1988、1991）。そこでは両語族の祖形をつぎのように再建してみました。

	日	月	星	雪	雲	火	地
モンゴル	*nara-n	*sara	*Φōdu-n	*čāsu-n	*egüle-n	*gāl	*gajar
トルコ	*kün	*hāy	*juldiz	*kyār	*bulit	*hōt	*jēr
cf.満州文語	šun	biya	usiha	nimanggi	tugi	tuwa	na

　これら3語族に属する言語（方言）の話し手は東シベリアから北アジア・中央アジアにかけて古くから隣りあって生活していたと思われます。たがいに言語接触して影響をあたえあったことでしょう。

	羊	種羊	種馬	ラクダ	たてがみ
トルコ語	koyun	koč	aygir	deve	yele
モンゴル文語	xonin	xuča	ajirgan	temegen	del
満州文語	honin	kûča	ajirgan	temen	delun

　これら家畜に関する語彙は、よく似ていて、むしろ似すぎていて、親縁関係ではなく借用関係にあるものと考えられます。日本語のイチ、ニ、サン、シ、ゴ……が中国語のイー、アル、サン、スー、ウー……と似ているのは同系だからではなく、日本が中国から借用したためです。英語のflowerとフランス語のfleurは似ているけれど、同系ではなくフランス語からの借用であることが明らかになっています。それは、グリムの法則によって、ゲルマンの「f-」はラテンの「p-」と対応するはずで、この例外は借用によるものだからです。

- 422 -

4. 日本語系統論・類型論とアルタイ語学

アルタイ諸語の研究はロシア、ドイツをはじめヨーロッパの学者の業績にお
うところが大きい。日本では江戸時代に満州語の研究がはじまりましたが、モ
ンゴル・トルコについては研究史がそれほど古くありません。しかし国際的な
視野が広がっています。『大辞典』はその成果を示しています。先にあげた『日
本語の系統と歴史』のなかから、池上「アルタイ語系統論」、『服部四郎論文集』
全3巻（三省堂）、『世界言語概説下』（研究社）なども参照してほしい。

アルタイ諸語に属する言語（方言）の数を正確にいうのはむずかしいが、50
ぐらいとしましょう。そのうちいくつかを、これから勉強してみようという方
のために、3つの言語の実例をあげておきます。第(1)はモンゴル国のハルハ語、
第(2)は新疆ウイグル自治区のウイグル語、第(3)は『満州実録』（1781?）から。

(1) ハルハ語（キリール文字をローマ字に転写、x＝ドイツ語ch、c＝ts）

Tegšin	zassan	deltey,	xad	med
平らな	整った	たてがみの、	岩	のように

xantraastay,		sayxan	xaltar	mor',	züün	gartaa
固く手綱を鞍にしばった		美しい	斑の	馬が、	左	手に

culbuuraa	bariad,	urt	gansaa	yaaralgüy	tataj
長い手綱を	握って、	長い	キセルを	ゆっくりと	吸って

suusan	ejnee	bayn	bayn	xarj,	sorgog
座った	主人を	時	時	見て、	用心深い

xoyor	čixee	solbilzuulan	zogsoj	bayv.
2つの	耳を	ピクピクさせて	立って	いた。

（小沢重男『モンゴル語四週間』大学書林1986、238ページ）

(2) ウイグル語（アラビア文字をローマ字に転写、'＝声門閉鎖）

'Ötkän	zamanda	bir	kämbägäl	dixanniŋ
過ぎた	時に	ある	まずしい	農民の

yalğuz	qizi	bolğan	'ikän.	Qiz	'intayin
ひとり	娘が	おった	そうな。	娘は	たいそう

čirayliq	bolup,	'ay	disä	'ay	'ämäs,
美しく	て、	月	といえば	月	でなし、

－ 423 －

第4部　「アルタイ」諸語ほか

kün	disä	kün	'ämäs,	xuddi	bir	pärizat
太陽	といえば	太陽	でなし、	まるで	1人の	仙女

'ikän.
のよう。

（竹内和夫『現代ウイグル語四週間』大学書林1991、286ページ）

(3)『満州実録』（満州文字をローマ字に転写）

Manju	gurun	i	da,	golmin	šanggiyan	alin	i
満州	国	の	源は、	長	白	山	の

šun	dekdere	ergi	Bukūri	gebungge	alin,	Bulhūri
日	浮き出る	方	ブクリ	という名の	山、	ブルフリ

gebungge	omoči	tučike.	Tere	Bukūri	alin	i
という名の	池から	出た。	その	ブクリ	山	の

dade	bisire	Bulhūri	omo	de	abkai	sargan	jui
ふもとに	ある	ブルフリ	池	に	天の	乙	女

Enggulen,	Jenggulen,	Fekulen	ilan	nofi
エングレン、	ジェングレン、	フェクレンの	3	人が

ebišeme	jifi	muke	či	tučifi	etuku	etuki
水浴びに	来て	水	から	出て	着物を	着よう

sere	de,
という	とき、

　モンゴル語、トルコ語については文法書や辞書が手に入りやすい。満州語
については『大辞典』、『世界言語概説下』、福田昆之『満州語文語辞典』（FLL）
を参照のこと。

（2001. 1『国文学解釈と鑑賞』66巻1号至文堂）

5. 形動詞・副動詞とアルタイ諸語・ニホン語

①はじめに

　結論をさきにのべておきます。形動詞・副動詞という用語はやめにして、動詞の連体形・連用形とします。動名詞は名詞の下位分類に入れ、分詞の位置づけはやっかいです、活用形か派生形なのか。詞ということばは、単語であると同時に、独立した（あるいは下位の）品詞である場合につかいます。いわゆる国文法でいう助動詞（れる、ます、た、たい……）は詞としての資格をもちません。形動詞・副動詞は独立した品詞ではなく、活用形のひとつですから、詞という名は適当ではありません。動名詞は動詞から派生した名詞のこと、おなじように動詞から派生した形容詞は動形容詞（タベヤスイ……）ですから、それぞれ名詞や形容詞の下位区分に属します。

②品詞のなかの動詞・形容詞・副詞

　『国文学解釈と鑑賞』1990年の1月号に「トルコ諸語の品詞」を書きました（本書第Ⅲ部第3章）。そこでは単語を形態論的に、統語論的にカテゴリーの出はいりをしらべ、品詞分類はどのようにしたらよいかを考えました。人類の言語は、名詞的なものと動詞的なものを根っこにして、なりたっていると思われます。それは、この世界を切りとる人間の認識を反映しているから、当然のことでしょう。すなわち、人をふくむ物とその動きに中心があるということです。

　いろいろな辞書をしらべてみると、動詞のしめる割合がわかります。逆引き辞典を利用すると、言語によっては簡単に動詞の数をかぞえることができます。ニホン語の動詞は、すべてウ段で終止形ができていますから、『日本語尾音索引──現代語篇──』（1978笠間書院）でかぞえると約4,000、全体にしめる割合は7％ぐらい。モンゴル語の動詞は、すべて連体形の–xでのっていますから*Rückläufiges Wörterbuch der mongolischen Sprache* 1976でかぞえると約40％をしめ、トルコ語では*Rückläufiges Wörterbuch der türkischen Sprache* 1975によって動名詞形 –mak ～ –mekをかぞえると、動詞は14％ぐらいであることがわかります。この3言語で動詞の％にかなり差がありますが、その理由は簡単です。名詞がおおいからです。ニホン語では漢語、トルコ語ではアラビア語からの名詞がたくさんあること、モンゴル語では派生動詞がたくさんあ

－ 425 －

第4部 「アルタイ」諸語ほか

ることによります。

　さて形容詞は、名詞を修飾するという中心的な役目をになっている品詞ですが、言語によって名詞にちかい場合と、動詞にちかい場合にわかれます。それは活用というカテゴリーのなかみと、かかわっています。ニホン語では、いうまでもなくアスペクトや連用・連体・仮定のような接続による語形変化を動詞と共有していますから、形容詞は動詞ととなりあわせです。ちなみに「…イ」でおわる形容詞は、逆引き辞典を利用してかぞえると、550ぐらいで、全体に占める割合は10%たらずです。「奇麗」を形容詞と勘ちがいして「キレカッタ」とするのは、あきらかに誤りですが、音声的に -ai, -oiを-eeとする方言で起こりやすい（アケカッタ、シレカッタ）ことは理解できます。-eiでおわる形容詞は、ひとつもありません。また「タカカロオ、タカカッタ、タカケレバ」などを助動詞や助詞に分ける国文法はナンセンス、「タカカロ、タカカッ、タカケレ」などという単語＝自立語は存在しませんから。

　形容詞の連用形（タカク）を副詞とするのはどうでしょうか。品詞を変えるのは活用ではなく、派生に属します。英語の形容詞は、high-higher-highestのように活用しますがhighlyのような副詞に派生させることができます。ニホン語の形容詞は、動詞にちかい活用形をもっていますから、中止形（タカク、タカクテ）を副詞と考える必要はないでしょう。動詞の活用と派生については、あとでのべることにします。

③アルタイ諸語の活用

　格、数、人称などの文法カテゴリーによる名詞類の語形変化を曲用とよびます。アルタイ諸語の形容詞は文の述語となる点で、ニホン語とならぶ動詞的性格を、一部分もっていますが、曲用することもある点ではおおいにことなります。用例をトルコ系、モンゴル系、ツングース系を代表して、ウイグル語、ハルハ語、シベ語（満州語の口語）からあげることにします。

（ウ）　Öydä　　hečkim　　**yoq**.　　（-dä位置格の語尾）
　　　　家に　　　誰も　　　　いない。

　　　　Yoqqa　　čiqarmaq　　（-qa方向格の語尾）
　　　　無に　　　　すること

－ 426 －

5. 形動詞・副動詞とアルタイ諸語・ニホン語

（ハ）　Miniy　　　mori　　**sayn**.
　　　わたしの　　馬は　　よい。
　　　Morinii　　**sayniig**　　dovtolj　　medne.　（-iig 対象格の語尾）
　　　馬の　　　よさを　　　駆けて　　知る。

（シ）　Yonəhunči　kesəkədə　**haji**.　　（-či 起点格、-də 場所格の語尾）
　　　犬より　　　猫に　　　いとしい。
　　　Gurun　　boodə　　**haji**　　o-
　　　国　　　　家に　　愛　　　なる

　動詞の活用形を連体形と連用形にかぎってあげていきます。これらは、いずれも形動詞、副動詞とよばれることがありますが、この名称はやめたいと思います。語尾は代表形。

（ウ）　連体形　　未完了　　完了
　　　　　　　　-idiɣan　　-ɣan
　　　＜用例＞
　　　Bu　　　Beyjiŋɣa　　bar**idiɣan**　　poyiz.　（-ɣa 方向格語尾）
　　　これは　北京へ　　　行く　　　　　汽車。
　　　Uni　　　kör**gän**　balilar　　　　...däp　　soraptu.
　　　それを　見た　　　こどもたちが　…と　　　たずねたとさ。
　　　　　　　　　　　　　　　　　　（-ni 対象格、-lar 複数語尾）

（ウ）　連用形
　　　中止　　仮定　　目的　　直前　　限度　　　否定中止
　　　-p　　-sa　　-ɣili　　-ɣač　　-ɣučä　　-mastin
　　　＜用例＞
　　　Aptobusqa　čüš**üp**　bazarɣa　　　kätti.
　　　バスに　　　乗って　バザールへ　行った。
　　　Töttin　　tötni　　al**sa**　　qančisi　qalidu.　（-tin 起点格語尾）
　　　4 から　　4 を　　取れば　いくつ　残る。

– 427 –

第4部 「アルタイ」諸語ほか

Alma　　　ye**gili**　　baγqa　　kirdi.
リンゴ　　たべに　　園に　　　入った。

Šähärgä　　qayt**qač**　　　kördüm.　　（-m 1 人称単数語尾）
町へ　　　戻ってから　　　見た。

Biz　　　**kälgüčä**　　sän　　kätmä.　（-mä 否定の接尾辞）
われわれ　　来るまで　　君　　行くな。

Qiz　　hečbir　　　hoduq**mastin**　　...däp　　jawab　　bärdi.
娘は　　まったく　　あわてずに　　　…と　　返事　　した。

（ハ）　連体形　　未完了　　慣習　　完了　　継続
　　　　　　　　　　-x　　　-dag　　–san　　–aa
　　　＜用例＞

I**rex**　　　　namar　　bi　　ix　　surguurid　　orno.
来るべき　　秋　　　私は　　大　　学に　　　　入る。
　　　　　　　　　　　　　　　　（-d 位置格、–no 終止形語尾）

Ter　　bol　　minii　　**yavdag**　　　surguuri　　mön.
あれ　　が　　私の　　通っている　　学校　　　　です。

Öčigdör　　bagšid　　setgüül　　arčir**san**　　suragč
きのう　　先生に　　雑誌　　　持ってきた　　生徒

Suug**aa**　　　　　xün
すわっている　　　人

（ハ）　連用形
　　　結合　　分離　　同時　　即前　　限度　　仮定　　譲歩
　　　-j　　　-aad　　-saar　　-magč　　–tal　　-val　　–vč
　　　＜用例＞

Doloon　　cagt　　bos**oj**　　nüüree　　ugaa**j**
7　　　　時に　　起き　　顔を　　　洗い
　　　　　　　　　　　　（-t 位置格、–ee 再帰対象格語尾）

Tengerd　　od　　gar**aad**　　bayna.
天に　　　星が　　出て　　　いる。

- 428 -

5. 形動詞・副動詞とアルタイ諸語・ニホン語

Ta　　　　yamar　　xeliig　　**sursaar**　　bayna?
あなたは　　どんな　　言語を　　学びつつ　　あるか。

Nar　　　**garmagč**　　bid　　　　　mordno.
太陽が　　出るとすぐ　　われわれは　　出発する。

Bi　　　nastai　　**boltol**　　xödöönd　　suusan.
私は　　年よりに　　なるまで　　いなかに　　住んだ。

Dulaan　　**bolbol**　　bid　　　cececeglegt　　očno.
温かく　　なれば　　我々は　　公園に　　　行く。

Boroo　　or**ovč**　　uuland　　očno.
雨が　　ふっても　　山へ　　　行く。

（シ）　連体形　　未完了　　完了
　　　　　　　　　−rə　　　　−xə
　　　＜用例＞

Aməə　　**bučərə**　　əində
父が　　死ぬ　　ときに

Jekə　　yali　　biləhadə　　tama.
食べた　　肉が　　のどに　　ひっかかる。

（シ）　連用形
　　　同時　　　　　　　中止　　仮定　　譲歩
　　　−mə, −maqə,　　−fi　　−či　　−čivəə
　　　＜用例＞

Bii　　**jəmə**　　jihi.　Nimaŋə　　**damaqə**　　venəxəi.
私は　　たべに　　来た。雪が　　　ふってすぐ　　とけた。

Galədə　　aišin　　seməkəmə　　sevərə**fi**
手に　　金の　　腕輪を　　　握って

Yači　　gənəči　　omiee?
どちらへ　　行ったら　　よいか。

se**čivə**:　　Genəxə　　se**čivə**　　boodə　　aqu.
といっても　　行った　　けれども　　家に　　いない。

− 429 −

第4部　「アルタイ」諸語ほか

　以上あげた連体形と連用形は、しばしばとくに連体形において、文の述語として終止形として用いられるものもあり、形容詞の動詞的性格を示すものです。ニホン語の連体形が終止形と形を同じくするのと似ています。また名詞化して、人称語尾や格語尾をとることができるものもあり、これはアルタイ諸語の形容詞が名詞的であることによるが、ニホン語でも（タベモシナイ、カキワスルガ、ヨンデワミタケレド）など名詞的用法があります。

④ニホン語の活用と派生

　ニホン語の終止連体形は、接尾辞ナイによる否定形とマスによる丁寧形をもち、それぞれ否定形容詞派生、丁寧動詞派生とすれば、基本形はつぎのとおり（5段動詞を例に）。

　　　未完了　カク　　完了　カイタ

　連用形は、中止　カキ・カイテ、並列　カイタリ、同時　カキツツ・カキナガラ、仮定　カケバ、譲歩　カイテモのようになっています。これらは、口語では命令勧誘形としてさかんに用いられます（カイテ、カケバ）し、中止形はよく名詞化します。

　語形変化の規則性に目を転じると、ニホン語もアルタイ諸語も不規則動詞とよべるものが、きわめてすくないといえます。ニホン語動詞のほとんどは、5段と1段（ミル、タベル）という規則動詞でなりたっています。部分的に、ユク・イク→イッタのような不規則な変化もありますが、不規則動詞とよべるのは、スルとクルにすぎません。ただ、アルタイ諸語には母音調和、子音調和という音声同化規則があり、おなじ意味機能をもつ語尾、接尾辞に異形態がいくつもあるという点が注目されます。これは、ちょうどニホン語の完了語尾がタとダで規則的に交代するのに似ています。たとえば、先にあげたウイグル語の連体形 -γan は語幹末音の性質によって -gän 〜 -qan 〜 -kän と交代し、ハルハ語の連用形仮定の -val は -vel 〜 -vol 〜 -völ, -bal 〜 -bel 〜 -bol 〜 -böl のような異形態をもっています。

　新しい語幹をつくることを派生とすると受身や使役の接尾辞（助動詞ではなく）によって、派生動詞をつくることができます。これもアルタイ諸語と共通

5. 形動詞・副動詞とアルタイ諸語・ニホン語

の現象に属します。ニホン語の受身接尾辞、使役接尾辞によってつくられる派生動詞は、5段も1段も不規則もすべて新しい1段動詞に派生して、活用をはじめます。カカレル、タベサセル、コラレル、サセルなどから連体形や連用形の活用形がつくられます。これらを形動詞とか副動詞とかよぶことはできません。おなじように、アルタイ諸語のたとえば受身をつくる接尾辞（ウイグル-ulなど、ハルハ-tなど、シベ-vəなど）は、新しい語幹を派生させて活用をはじめます。その連体形、連用形を形動詞、副動詞とよぶことはできないでしょう。

用例

（ウ） Qirɣizčidä　　yezilɣan　　gezit　　bar　　mu?
　　　 クルグズ語で　　書かれた　　　新聞　　ある　　か。

（ハ） Örgöč　　avtgxgüy　　　　　bayna.
　　　 とげが　　取られないで　　　　いる。

（シ） Erə　　　　terədə　　vavəfi
　　　 この人は　　かれに　　殺されて

　ニホン語にしろ、アルタイ諸語にしろ、あるいはヨーロッパなどのことばにしろ、動詞の活用体系をしっかりつかんでおく必要があります。体系の一部を取りだして、形容詞的・副詞的な役割をするものを、動詞とは別の品詞のように形動詞とか副動詞とかよぶのは、いただけません。

⑤分詞について

　形動詞・副動詞という用語はparticiple, причастие, converb, деепричастиеのような外国の文法用語の翻訳であり、分詞という用語との関係がふかい。しかし、いずれも独立した品詞ではなく、ときにニホン語の連体形・連用形にあたるものであったり、または動詞の派生形であったりする。アルタイ諸語においては、すでに見てきたように、動詞の活用形のなかに位置づけて、命令形、終止形などとともにあつかうことができます。

　分詞は現代英語でおなじみの現在分詞（能動）と過去分詞（受動）を例にすると、アルタイ諸語の連体形のような統語構造のなかに位置づいています。artist **drawing** a picture, a picture **drawn** by an artist。しかし分詞構文では時、

－ 431 －

第4部 「アルタイ」諸語ほか

条件などを示す連用形のようでもあります。ロシア語文法で形動詞とよばれるものは、能動分詞と受動分詞といってもさしつかえないもので、一般の形容詞とおなじく性、数、格による語形変化をする点で、動詞から形容詞に派生したもののようですが、**читающего** ученика（読んでいる学生の＝男性、単数、所属格）、テンスをもっている点では動詞的です。副動詞にいたっては、英語の分詞構文における用法にちかく連用形のようであります**читая** этот рассказ（この物語を読むと……）。

⑥…と（言って）

最後に、ニホン語で格助詞とよばれる、引用のトはオノマトペ（「オギャア」とひと声）のあとによく出てくるし、（と思う、と言う）などの動詞のまえにあらわれますが、アルタイ諸語では共通して、「言う」の連用形が使われることに注目してみたい。

（ウ）	Bowaq	iŋä	**däp**	tuγuldi.	（dä-言う）
	赤んぼが	オギャー	と	生まれた。	
（ハ）	Bi	tedend	suucgaa	**gej**	xelev. （ge-言う）
	私は	かれらに	すわれ	と	言った。
（シ）	Bii	gisurəki	**semə**	gonimə.	（se-言う）
	私は	話そう	と	思う。	

〔参考文献〕

竹内和夫『現代ウイグル語四週間』大学書林 1991

小沢重男『モンゴル語四週間』大学書林 1986

山本謙吾『満州語口語基礎語彙集』アジア・アフリカ言語文化研究所 1969

（2002.1『国文学解釈と鑑賞』67巻1号至文堂）

6. 膠着・孤立・屈折‥‥‥
―言語の形態論的なタイプの位置づけと日本語―

①形態タイプ入門

　形態論は単語の変化をあつかいます。単語が変化するか、しないか、変化するとすれば、どのように変化するか。これがタイプのわかれみちです。変化しなければ形態論的に孤立のタイプに属します。変化する場合は、語幹と接辞とに容易にわけることができるか、どうか。両者のむすびつきは、かたいのか、ゆるいのか。こうしたことをはっきりさせて、はじめて膠着タイプとか屈折タイプとか、きめることができます。

　現代英語の例からはじめましょう。He lives in Okayama. という文でHeはhis, him とともに、第3人称単数の人称代名詞の体系のなかにあって、「かれ」という実質的な素材的な意味と、「は、が」のような文法的関係的な意味（主格）とをもっています。しかし、これらの語形変化は語幹と接辞によっておこなわれているのではありませんから、屈折タイプに属するとします。ところがliveは、lives, lived, livingのように語幹に接辞をつけて変化（活用）させることができ、しかも /liv-/ と /-z, -d, -iŋ/ とのむすびつきは、ゆるくて、とったりつけたりすることが可能です。/liv-z/ のような語形変化のしかたを膠着といいます。in Okayamaについては、うえのような語形変化をしませんから、それぞれ孤立タイプに属します。ロシア語では固有名詞も格変化します。On živët v Okayame.

　現代日本語の Kare wa Okayama ni suñde iru. はどうでしょうか。はじめの4語が孤立タイプであることは、いうまでもありません。suñdeは、語幹 /suñ-/ と接辞 /-de/ とにわけることができますが、英語の /liv-/ が /liv/ という独立した自立語としても存在しうるのに反して、/suñ/ という自立語は存在しません。いわば、かたいむすびつきが、ここにはあるといえます。これは屈折タイプに属します。iruは /i-/ と /-ru/ とにわけることができ、/i/ という自立語としても存在しえますから（「見」とおなじ活用体系の語として）、こちらは膠着タイプということができます。

　うえの例から、ごく単純な計算をしてみると、英語の膠着度は25%、孤立度は50%、屈折度は25%、日本語の膠着度は17%、孤立度は67%、屈折度は

17％となります。なお複合語（kitakaze, blackboard）は、どのタイプにも属しません。図式化すると

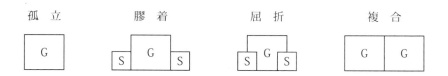

②タイプ分類の歴史と日本語

　言語の形態上の類型的分類がはじまったのは、19世紀にはいってからのことです。18世紀末までには、世界のことなる言語が500ぐらいしられるようになっていました。それらを形態上のタイプによって分類するこころみが開始されました。F. von Schlegelは *Über die Sprache und Weisheit der Indier.* (1808) のなかで、諸言語をふたつのタイプにわけ、接辞による言語と屈折による言語としました。A. W. von Schlegelは *Observations sur la Langue et Litérature Provençales.* (1818) のなかで、3分法をとり、語形変化のない言語をくわえました。W. von Humboldtは *Über die Verschiedenheit des menschlichen Sprachbaues.* (1836) のなかで、抱合語をくわえて4分法をとりました。H. Steinthalは *Klassification der Sprachen.* (1850) のなかで、8分法をとりました。A. Schleicher は *Compendium der vergleichenden Grammatik der indogermanischen Sprachen.* (1861) のなかでSchlegel兄弟の3分法にもどって考察がふかめられ、今日にいたっています。その後E. Sapirは *Language.* (1921) のなかで別の観点から細分化をこころみています。

　日本語が、どのタイプの言語に属するかは以上の文献に徴しても、あきらかではなく、Sapirの細分類にも日本語は登場しませんでした。日本語が世界の言語学書によく登場するようになるのは、おおむね1960年代からのことです。膠着タイプの言語の代表にはトルコ語が、よくとりあげられてきましたが、トルコ・モンゴル・ツングースの、いわゆる「アルタイ」諸語と日本語との同系関係がとかれるようになると、それと並行して日本語も膠着タイプの言語だとかんがえられるようになりました。日本の近代言語学は、明治19年に東京大学に博言学科がおかれ、輸入された学問として出発しました。ときの上田万年

教授の講義録（明29・30年度、新村　出筆録）が出版され、その『言語学』（昭50、教育出版）65ページ、122ページ、195ページなどをみると、かれが日本語を膠着タイプの言語とかんがえていたらしいことがわかります。

　日本では、すでに明治の末年ヨーロッパの言語学書が翻訳されています。いまは定着している膠着ということばagglutinationに、いろいろな訳語がありました。A.H. Sayce上田万年・金沢庄三郎訳『言語学』（明31）では付着語、W.D. Whitney保科孝一訳『言語発達論』（明32）では加添語、M. Müller金沢庄三郎・後藤朝太郎訳『言語学上・下』（明39・40）では添着語、H. Sweet金田一京助訳『新言語学』（明45）では膠着語と訳されています。保科氏は著書『言語学講話』（宝水館、明35）194ページで、日本語が加添語に属することをとき、金田一氏も上の『新言語学』（子文社）自序で「日本語は膠着語に属する」と明言されています。

　以来、この日本語膠着タイプ説は、ひろくゆきわたり、現在の国語辞典類のすべてが、それをうけついでいます。それらのなかにあって、いくつか疑問をなげかけている論考もあります。『日本語の歴史、全8巻』（平凡社、昭38 ～ 41）その別巻234ページには、「しばしば日本語は〈膠着語〉とよばれる。これは、ある意味ではかなり不精確なレッテルである」とあります。また泉井久之助『言語の構造』（昭14弘文堂27ページ、1967紀伊国屋24ページ）にも、「日本語を単純に膠着語とするのは日本語の現実に沿はないもの（そぐわない議論）と云（い）はなくてはならない」とあります。

③問題は、わかちがきに

　単語が変化していなければ孤立タイプ。まず、ここには議論の余地がないでしょう。たとえば現代中国語（北方漢語）の他住在岡山Ta zhu zai Gangshan.をとりあげてみます。この文にあらわれる4つの単語は、どれも語形変化していませんから孤立度100%です。他的tadeとか住了zhuleとか語形が変化すれば、これらは膠着タイプに属するとしなければなりません。

　日本語の「かれは岡山に」を、いくつの単語からなるとすべきかによって議論がわかれます。「かれ」のうしろに「は」がつき、「岡山」のうしろに「に」がついていることは、たしかですが、「は」や「に」を接辞（格語尾）とみる立場をとれば、当然これらは膠着タイプで、Karewa Okayamani…とわかちが

第4部 「アルタイ」諸語ほか

きされるでしょう。そして、わたしは賛成しませんが、karemo, kareyorimo, karekarano, karenimade…などの語形変化があるとしなければなりません。ところが、ふしぎなことに、国語辞典類（文法辞典、百科事典などをふくむ）のほとんどが、そのよっているとみられる「橋本」文法に反して、名詞と助詞のくっつきを膠着の例としてかかげているのです。たとえば『日本文法大辞典』（明治書院224ページ）には、

ワタシガ・コドモニ・ゴハンオ……

という例があげてあります。「橋本」文法で「ガ、ニ、オ」などの助詞は、付属語という、れっきとした単語なのですから、これらはすべて孤立タイプの例になるはずです。こんなことがゆるされるならば、英語やフランス語の前置詞 of, in, to; de, dans, à などと名詞とのつながりも膠着になってしまって、「英語もフランス語も膠着語である」ということになってしまいます。前置詞だからという理屈はとおりません。前置詞か後置詞かは、語順のタイプSVOかSOVかにかかわることであり、形態論のタイプとは別のことがらです。もっとも He sailed from Dover to Calais. を例として「下線部の要素は、語の前に位置しているが、これは日本語などの膠着に相当する」とかいてあるものがあり（『現代言語学辞典』成美堂20ページ）、めずらしい見解です。

　動詞の語形変化はどうでしょうか。英語の write/rayt/→wrote/rowt/ が屈折タイプであることに議論の余地はないとおもいます。しかし、「来る」→「来た」→「来ない」を膠着とみるひとが、もしかしたら、いるかもしれません。語幹「来」と接辞「る、た、な、い」にわけることができると。でも実体は kuru, kita, konai で、みかけの文字づらの「来」語幹は内部変化していますから、屈折タイプとしなければなりません。「書く」→「書いた」、「見る」→「見た」はどうでしょう。「た」などを「助動詞」という付属語とする「橋本」文法では、屈折も膠着も論じられません。「山田」文法の複語尾説にたいする橋本氏の反論は、まことにさえません。橋本進吉『助詞・助動詞の研究』（岩波）231ページから236ページをごらんください。「書い」、「取っ」、「住ん」などという自立語が存在しないのは、日本人ならだれでもしっていることでしょう。「書」を語幹とする「国文法」は論外として、/kak-/を語幹とする説も、日本語の拍（モーラ）構造から賛成し

- 436 -

かねます。ですから、いわゆる五段活用の変化形は、おおくが屈折タイプに属することになります。一方、一段活用は膠着タイプの変化をします。たとえば、tabe-ta, tabe-sase-nai, tabe-rare-ru などこそ膠着の例として適当だとおもいます。このような手法が、日本語の文中にどれだけおおくもちいられているか、それをしらべれば日本語の膠着度がわかるというものです。

　明治以来、日本語は膠着語に属する、といわれ信じられてきました。それをうけつぐ国語辞典類30種についてしらべ、批判的に検討したことがあります。つぎの論文を参照してくだされればさいわいです。「国語辞典類にみえる「膠着語」の記述」（『岡山大学文学部紀要、第1号』1980・12。『国語学論説資料、第18号第4分冊』に再録）

④諸言語の形態タイプ

　ある言語の形態論的なタイプを論じるのには、いろいろな文体の資料を分析することが必要です。「おビール」や「お車」が、やたらにはいった会話文では、膠着度があがるでしょうし、漢語ずくめの文章では、孤立度がたかくなるでしょう。

　イソップの「北風と太陽」を、いまそのひとつの資料として分析してみました。河野与一訳『イソップのお話』（岩波少年文庫）をつかいました。膠着的手法のところを（-）で、屈折的手法のところを（=）で、その他の形態素のつぎめを（・）でしめしてあります。

Kita・kaze to taiyoo ga, do=cci ga cikara ga cuyo=i ka to it=te arasoi-masi=ta. Mici o arui=te i-ru niñgeñ no kimono o nuga=se-ta hoo ga kaci da to i=u koto ni kime-masi=ta. Kita・kaze no hoo ga saki ni hazime-te, hagesi=ku huki-masi=ta. Su=ru-to, niñgeñ ga kimono o osae-ta mono desu kara, kita・kaze wa masu・masu huki・cuke-masi=ta. Tokoro-ga niñgeñ wa, masu・masu samu=gat=te, hoka no kimono made ki・komi-masi=ta no・de, kita・kaze wa tootoo cukare・kit=te, taiyoo ni, koñ=do wa, kimi no bañ da to ii-masi=ta. Taiyoo wa, hazime wa ziwa・ziwa to terasi-masi-ta. Su=ru-to, niñgeñ ga kimono o nui=da no・de, motto, hikari o cuyo=ku si-masi=ta. Niñgeñ wa, simai ni so=no acu-sa ni gamañ deki-na=ku nari-masi=ta. So=ko-de, kimono o nugu to, kawa no nagare ni hait=te mizu o abi-

第4部　「アルタイ」諸語ほか

masi=ta.

　さて膠着のところが19か所、屈折のところが30か所あります。膠着性をしらべるには、語幹と接辞とのむすびつきの強弱をみればよいので、つぎの数式をもちいます。おなじ作業を英語、中国語、トルコ語の「北風と太陽」で、ロシア語についてはツルゲーネフの「ロシア語」という文章で、モンゴル語については『元朝秘史』のはじめの方の文章でやってみました。モンゴル以外の資料は『世界言語概説』（研究社）からとりました。その結果えられた膠着度は、つぎのようです。

$$\frac{膠着構造数}{形態素のつぎめの数} = \frac{19}{62} = 0.31$$

（以下すべて四捨五入）

日　　本　　語	0.31
英　　　　　語	0.47
中　　国　　語	0.38
ト　ル　コ　語	0.97
ロ　シ　ア　語	0.43
モ　ン　ゴ　ル　語	0.80

　つぎに屈折性をしらべるには、1語中の文法要素がになっている機能の多少を問題にしなければなりません。性、数、格、人称、時制、分詞、比較などの形態的カテゴリーが変化形式のなかに、いくつもふくまれているような言語、ここの例でいえばロシア語のような場合は、当然屈折性がたかくなります。機能数は英語のwereではふたつ（複数と過去）、ロシア語のrusskijではみっつ（男性、単数、主格）のようになります。つぎの数式をもちいます。

$$\frac{屈折機能数}{形態素数} = \frac{30}{176} = 0.17$$

6. 膠着・孤立・屈折……

日　本　語	0.17
英　　　語	0.16
中　国　語	0.01
ト　ル　コ　語	0.007
ロ　シ　ア　語	0.98

　つぎに孤立性をしらべるには、統語構造と接辞との関係をみる必要があります。数式の統合性をどうとらえるか、むずかしい問題がひそんでいますが、いまこれを主述関係、客述（補述）関係、修飾・被修飾関係をしめす文法関係のことと解釈しておきます。

$$\frac{統合型を語順や付属語だけで示す数}{統合型の数} = \frac{38}{41} = 0.93$$

日　本　語	0.93
英　　　語	0.74
中　国　語	0.82
ト　ル　コ　語	0.56
ロ　シ　ア　語	0.00

　以上、はじめにおことわりしましたように、これはひとつの資料です。分析のしかたや、もちいる材料がちがえば、結論はややことなるでしょう。もちろん言語は歴史とともにうつりかわるものですから、過去の文献をあつかえば、ちがった結論がえられます。

（1990. 1. 1『国文学解釈と鑑賞』55巻1号至文堂）

第4部　「アルタイ」諸語ほか

7. 膠着語における単語と接辞

この雑誌（『国文学解釈と鑑賞』）の1990年1月号に「膠着・孤立・屈折……
―言語の形態論的なタイプの位置づけと日本語―」という論文をのせていただ
きました。そこで論じたことをくりかえさないようにしつつ、問題のありかを
さぐっていこうとおもいます。

①単語のみとめかた

学校文法または国文法あるいは伝統文法で単語というものが、どのようにと
りだされているかをとうことから出発しなければなりません。しかし文法学説
はいろいろです。伝統文法とは、かなりちがった見かたをしている文法学説も
あり、単語のみとめかたという基本的なところで意見がわかれてしまいますと
膠着語どころではなくなってしまいます。

漢字カナをつかおうと、ローマ字をつかおうと、日本語をはなす人びとの頭
には、ある共通の文法のきまりがあるはずです。それを科学として体系化しよ
うというこころみが、ずっとつづけられているわけですが、そのひとつに宮田
幸一『日本語文法の論郭』（1948・三省堂）があります。出版まもなくによみ、
赤線をひいたり疑問点をかきこんだりしましたが、これはいい文法書だ、とひ
とくちでいえるものとおもいます。「書かない」を「書か」という単語と「ない」
という単語にきりはなす国文法とはわけがちがいます。

単語のみとめかたの原則をしめした論文に服部四郎「附属語と附属形式」（『言
語研究』第15号1950、のちに『言語学の方法』1960・岩波書店におさめる）
があります。それは、

　　　原則Ⅰ、職能や語形変化の異なる色々の自立形式につくものは自由形式
　　（すなわち、「附属語」）である。
　　　原則Ⅱ、二つの形式の間に別の単語が自由に現れる場合には、その各々
　　は自由形式である。従って、問題の形式は附属語である。
　　　原則Ⅲ、結びついた二つの形式が互いに位置を取りかえて現れ得る場合
　　には、両者ともに自由形式である。

－ 440 －

7. 膠着語における単語と接辞

　宮田・服部両氏の単語のみとめかたには、おおくの共通点があり、山田文法
などの伝統文法のかんがえかたとも結果的に一致する部分があります。「思は
れませんでせうよ」を7語とする橋本文法（「国語法要説」1934、のちに著作
集第2冊『国語法研究』1948・岩波書店におさめる）の立場は、どうかんがえ
ても、もはや通用いたしません。

　「単語」ということばを大部分の日本人がはじめて耳にするのは、おそらく
中学1年生のときでしょう。それは英語の先生が、わかち書きされたラテン
文字（ローマ字）のかたまりを、「単語」といっておしえるのです。「この単語
は大事だ」とか「単語帳をつくれ」とかいうのです。ながい苦心の歴史をへて、
きまってきた英語の単語表記を、生徒たちは「ははあ、このかたまりが単語と
いうものか」と頭にきざみつけるのです。

　国文法でも「単語」がでてくるでしょうか。たしかにでてきます。しかし、
日本語の立派なつかい手である生徒たちが、その説明になっとくするでしょう
か。戦後翻刻発行された文部省著作教科書『中等文法　口語』によると、

　　　　桜が　咲く。
　　　　桜を　植える。
　　　　見渡す　限り　桜です。
　この三つの文における「桜が」「桜を」「桜です」という文節を比べてみる
　と、「桜」という部分が共通している。この共通している部分が、単語と
　いわれるものである。また、これらの文節から「桜」という言葉を除くと、
　あとに「が」「を」「です」というのが残る。これも単語である。（4ページ）
　「桜」という単語は、
　　　　梅、桃、桜、そのほか　いろいろの　花が　一時に　咲き出します。
　などのように、それだけでも一つの文節になることができる。このような
　単語を自立語という。（10ページ）
　文節には、自立語が1つは必ず含まれている。（11ページ）

　さて、さきほどの「思はれませんでせうよ」は、かなづかいに関係なく、7
語で一文節の例だそうです。一文節には自立語がひとつあるはずです。それだ
けでもひとつの文節になりうるものが自立語です。しかし、「思は」も「思は

－ 441 －

第4部 「アルタイ」諸語ほか

れ」も「思はれませ」も文節の資格はありません。文を中止する形の「思はれ、」なら一文節になりますが、「思はれません」までこないと文節とはいえません。このような矛盾を活用という用語できりぬけようというのですが、どう見ても「思は」が自立語という単語だとは、おしえる先生たちも頭をなやますことでしょう。わかち書きすると、

　　　思は　　れ　　ませ　　ん　　でせ　　う　　よ

となりますが、これが国文法のいう「単語」なのです。実は3つの単語からなっています。

　文部省教科書は「桜が」「桜を」の「が」も「を」も単語（付属語）だとしています。この点では、大部分の文法学説が一致しているようです。しかし一部に、これらを名詞の接尾辞（語尾）とする見かたがあります。「接尾語」とか「接頭語」とかいう用語をよく見かけますが、語（単語）でないものをさすのですから、やめた方がよろしい。それはともかくとして、いわゆるテニヲハは単語なのでしょうか、そうではないのでしょうか。服部氏の原則によれば、あきらかに付属語です。

　新聞などの書きことばに、つぎのように（　）をはさんでテニヲハがきりはなされる例がたくさんあります。

　・いまの政治に71％もの人が「不満」（NHK世論調査・92年3月）を訴え
　　……
　・琵琶湖研究所（大津市）がハイテク……
　・主将の高見選手（東芝）は……
　・6日夜（日本時間7日未明）までの……

　1977年8月23日づけの『朝日新聞』をしらべたことがあります。うえのような部分が161か所ありましたが、国文法でいう「動詞の活用形」と「助動詞」のあいだが、このようにきりはなされた例はありませんでした。名詞が格変化する言語、たとえばトルコ語では、（　）で例示したりするとき、（　）のまえの名詞類は格変化した形をつかいます。（　）のあとに格語尾をもってくるこ

- 442 -

とはしません。たとえば

özel	ad-	lar-	ın	(dağ, ova, deniz, göl……vb.)
固有	名詞	（複数）	の	（山、平野、海、湖……など）
her		sözcüğü,	büyük	harf-	le……
それぞれの		単語は、	大	文字	で……

なお、形容動詞の語幹といわれるものは、名詞のなかまとすることで、なんらさしつかえありません。

②語幹のみとめかた

　膠着語の解説には、いろいろなものがあります。「文法的働きを示す接辞が単語や語根にゆるく接合し、その切れ目がかなり明確な言語」（『岩波国語辞典』第2版1971）というのも、そのひとつです。具体例があれば理解のたすけになるのですが、この説明のなかの「単語」は、「もと単語であったもの」とうけとっておきましょう。なぜなら「春めく」のような派生語のなかで「春」はもはや単語ではありませんから。あるいは、「思わ」を単語とし、それに「れ」がつくのをさしているのかもしれません。この辞書のおわりについている動詞活用表をみると、「言う」の語幹は「い」で、語尾が「わ」となっていますから、「思わ」を単語とみとめているようです。そして助動詞活用表をみると「れる」がはいっています。「思わ」（自立語？）プラス「れ」（付属語？）を膠着とすることは、まったく不可能なことですから、ここの説明にはあいません。

　膠着という語形変化の手法に、もっとも関係があるのは語幹のみとめかたです。国文法では「買う、書く、貸す、勝つ、咬む、刈る、嗅ぐ」の語幹は、すべて「か」だとします。この無意味さについては、もはや説明をする必要がないでしょう。日本語の教師は、こんな文法からはやく足をあらわなければなりません。そして国家は学説をもってはなりません。

　その一方で、いわゆる五段活用の動詞の語幹を子音おわりとする説が、かなりひろがっています。たとえば、鈴木重幸『日本文法・形態論』（1972・むぎ書房）、阪倉篤義『改稿日本文法の話』（1974・教育出版）、益岡隆志・田窪行則『基礎日本語文法』（1989・くろしお出版）などたくさんあります。阪倉氏のように

第4部　「アルタイ」諸語ほか

一段活用の語幹や「来る」「する」の語幹まで子音おわりか子音ひとつとする説
もあり、起 (ok-)、来 (k-)、為 (s-)、見 (m-)、着 (k-)、寝 (n-)、これでは
国文法の書 (ka-) をわらうことはできません。

　わたしのかんがえをのべて賛成できない理由をあげていきます。まず日本語
の拍（モーラ）構造は (C) V を基本としていること、これが歴史的事実です。
はねる音/ñ/、つまる音/ʔ/も一拍であって、子音おわりの単語は存在しません。
ウラル諸語や「アルタイ」諸語、朝鮮語などとちがう点です。文字をしらない
日本のこどもたちさえ「書かない」をkak-anaiときって発音することはありま
せん。トルコのこどもたちならkak-maz「押しこめ・ない」ときって発音でき
ます。

　つぎに、ローマ字をつかわないと日本語の文法がおしえられないとすれば、
大へんおかしなことです。カナ文法も成立するはずです。小学生に日本語のき
まりを学ばせ気づかせるのは、科学する心をやしなううえで、とても大切なこ
とです。ローマ字を導入するまえでも、立派な日本語のつかい手である生徒が
わかる文法でなければなりません。ローマ字は世界一すぐれた文字です。言語
に優劣はありませんが、文字にはあります。世界が真に平和で平等になったと
き、国際語はエスペラント、国際文字はローマ字という理想をいだいておりま
す。しかし文字と文法は別のことです。

　つぎに、子音語幹をみとめると -anai, -imasu のような接尾辞をみとめるこ
とになります。tabe-nai, tabe-masu と共通の接尾辞を‐(a) nai,‐(i) masu とし、
この(a)と(i)をつなぎ母音だとします。「ない」の語源説には、「ぬ」の形容詞化、
「なし」の転訛、東国方言「なふ」の変化などがあります。（松村編『日本文法大
辞典』576ページ）が、「あない」などという形は日本語の歴史をいつわるもの
です。「ます」についても同様「まゐらす」→「まゐらする」→「まらする（まい
する）」→「まっする」→「ます」という有力な説（同書798ページ）はありますが、
「います」などは机上の空論というべきです。「押した」os-ita などもおなじこ
とです。また、子音連続をさけるために、つなぎ母音があらわれることは、ほ
かの言語にもよくあることですが、それはせま母音であって、(a) のような母
音があらわれる理由を説明できないでしょう。

　つぎは、つなぎ子音の問題です。子音おわりの語幹をみとめるために、受
身の接尾辞は‐(r) are, 仮定は‐(r) eba, 使役は‐(s) ase, 意志は‐(y) oo となり

7. 膠着語における単語と接辞

ます。ここにはr, s, yという３種の子音があらわれます。母音が連続するから
といって、なぜrやsが出てくるのでしょうか。どこかの日本語にkakrebaとか
kaksaseruとかいう形があったというのでしょうか。つなぎ子音にyがあらわれ
るのはめずらしくありません。トルコ語ではİstanbul-a「イスタンブルへ」に対
してJaponya-ya「日本へ」となります。「書か」と「起き」「たべ」の語幹末母音
のちがいによって、後者でyが生じたと説明することができます。

　つぎに、いわゆる音便の語幹をとりあげます。子音おわりの語幹によると、
kak-i, kai-teのようになり、語幹がkak- 〜 kai-といれかわります。あたかも
語幹末のkが母音iにかわったかのようです。事実はkaki-がkai-にかわったの
であって、ここにも歴史のいつわりがあります。「ついたち」という語が「月立ち」
から変化してきたことと関係づけられます。同様に「弓手」→「ゆんで」となら
んで/yomi 〜 yoñ-/という異形態が存在するのです。「買う」にいたっては「書く」
をkak-uと分析したためkaw-uというおかしな形をつくりあげなければなりま
せん。これも /kai 〜 kaʔ-/ という異形態でかたがつきます。

　以上なん点かにわたって語幹のみとめかたに批判をくわえてみました。共時
態と通時態を区別しなければならないこと、それはあたりまえです。しかし、
ことばの歴史がわからない場合は別として、共時的記述は歴史をふまえて、そ
の変化のプロセスのうえにあるものとしての現在をとらえることが大切だとか
んがえます。共時態のしっかりした記述は通時論のためにあるといってもさし
つかえありません。いつの世でも人は歴史をせおっていきてきました。

　さて表題の膠着語における単語と接辞については、うえにのべた単語と語幹
のみとめかたにもとづいて諸言語をみわたせば、おのずから結論にいたります。
日本語の見本はローマ字がきの「北風と太陽」で、すでにお目にかけてありま
すが、全体として、その膠着性はたかくありません。要するに膠着という手法
は、接頭辞であろうと接尾辞であろうと、それらがつく語幹が自立語としても
機能できるときにあてはまるものです。

③膠着のいろいろ

　膠着agglutinationという用語のもとになっているラテン語glu-は、たしかに
ニカワです。ニカワは木工細工などでつかわれる強力な接着剤で、一度くっつ
いたら容易にはなれないものです。ところが言語の形態変化の手法としての膠

- 445 -

第4部　「アルタイ」諸語ほか

着は、名は体をあらわさず、「ゆるく接合し、その切れ目がかなり明確」（『岩波国語』）、「容易に見分けられ連接分離が自由」（『国語学辞典』東京堂）、「比較的自由な連接」（『日本国語大辞典』小学館）などの記述にみられるように、容易にはなれうるものをさします。また「膠着状態」が「固定して少しも変化しないこと」（『新明解国語』三省堂）を意味するのとも、おおいにことなります。

　さて、膠着がおこるときの語幹は独立性がつよく、自立語としても機能することができる、これを基本としながら、もうすこしくわしくみていくと、語幹と接辞とのあいだには、むすびつきの「ゆるい」ものから「かたい」ものへと程度の差があることがわかります。もちろん「かたい」といってもニカワでくっつけたような「かたさ」ではありません。

　具体例を出しながら、つぎの3段階にわけて考えていきます。

　　A　単純な機械的な膠着
　　B　条件づきの規則的な膠着
　　C　屈折的な膠着

　Aは、接辞の形態素に変化がなく機械的にくっついている場合で、日本語の例としては o-cya, o-tegami, go-siñsecu, mi-ru 〜 mi-rare 〜 mi-se-reba, kuro-i 〜 kuro-sa, ame-rasii ame, haru-meku など。これらのうち膠着にあたってアクセントがかわるものがありますから、その点でさらに下位分類をすることもできます。英語の例では un-just-ly, happi-ness, sing-er, sing-ing, long-est など、トルコ語の例では tarih（歴史）〜 tarih-î（歴史的な）、hava（空気）〜 hava-dar（風とおしのよい）など、ロシア語の例では strojka（建築）〜 pere-strojka（改築）、v-xod（入口）〜 vy-xod（出口）などがあります。

　Bは、接辞の形態素に異形態があり、それが規則的にできている場合です。日本語の -ta 〜 -da, -te 〜 -de という語尾はいわゆる1段動詞では機械的に膠着しますから、むしろAに近いとかんがえられます。しかし、5段動詞では語幹が変化してしまいますから膠着とはいえません。現代日本語の動詞は約4,500あり、うち2,500が5段、2,000が1段に属していて（『日本語尾音索引現代語篇』笠間書院によって計算）、おおきく2種類の形態変化規則がはたらいています。不規則動詞はごくすくない。したがって tabe 〜 tabe-te 〜 tabe-ta

- 446 -

などが膠着の例です。

　英語のlive-d, like-d, want-edなどでは語尾が規則的に/-d 〜 -t 〜 -id/のように あらわれます。現代英語の動詞の変化は、be動詞など一部をのぞいて人称 や数といった形態カテゴリーとのかかわりがよわくなっていますから、屈折と いうよりBに属するとすることができます。しかし、人称や数にかかわる現在 時制第3人称単数形にあらわれる/-z 〜 -s 〜 -iz/はCとした方がよさそうです。 ところで、名詞の複数形boy-s, book-s, rose-sにも/-z 〜 -s 〜 -iz/が規則的に あらわれます。動詞の活用体系とくらべて、もはや性や格といった形態カテゴ リーとは縁がなくなっていますから、これはBに属するといってよいでしょう。

　トルコ語では、さきにあげた接尾辞-î, -darのようなアラビア・ペルシャ起 源のものをのぞいて、ほとんどすべての接尾辞が異形態をもっています。これ は母音（子音）調和という音韻規則に形態変化が全面的に支配されているから です。異形態が2つのもの、たとえば複数語尾at-lar（馬）〜 köpek-ler（犬）、 4つのもの、たとえば目的格の語尾et-i（肉を）〜 at-ı（馬を）〜 göz-ü（目を） 〜 buz-u（水を）、8つのもの、たとえば完了の語尾gel-di（来た）〜 al-dı（取っ た）〜 gül-dü（笑った）〜 oku-du（読んだ）〜 kes-ti（切った）〜 at-tı（投げ た）〜 dök-tü（注いだ）〜 unut-tu（忘れた）など語幹末音に調和してきわめて 規則的に接尾辞が変化します。トルコ語の膠着はBの典型のようなものです。 ただし、外来語や例外をのぞいて、名詞語幹末の子音が母音ではじまる接尾辞 につくときに有声化する法則があります。(/-p, -t, -k, -ç［ʧ］→ -b-, -d-, -ğ-, -c-［ʤ］)。たとえばkitap（本）〜 kitab-ı（本を）、kurt（オオカミ）〜 kurd-u（オ オカミを）、ayak（足）〜 ayağ-ı（足を）、ağaç（木）〜 ağac-ı（木を）。動詞語 幹でこのようになるのはet-（する）、git-（行く）、güt-（追う）、tat-（味わう） など少数です。これらをB'と位置づけておきます。

　Cは、ひとつの接辞に2つ以上の形態カテゴリーがふくまれている場合です が、膠着的屈折というべきかもしれません。なぜならば、もともと膠着という 手法では、接辞がになっている文法的意味はひとつなのが一般ですから。たと えばtebe-sase-rare-ta, この順序でトルコ語ではye-dir-il-diといえますが、と もに接尾辞は使役・受身・完了という意味をそれぞれにになっているにすぎま せん。

　さきにあげた英語の3単現の-sは動詞の活用体系からみて、すなわち過去形

- 447 -

第4部　「アルタイ」諸語ほか

や現在・過去分詞形との対比から、かなり膠着的になってきているとかんがえられます。参考までに『英語学辞典』（研究社・737ページ）によると「方言・俗語では三人称にも-s形を用いず、また逆にすべての人称に-s形を用いることがある」といいます。-sをとりさった形が自立語としても機能しうる点で、ロシア語とは大へんちがった感じがします。

　一方ロシア語の過去接辞は、動作主の性と数によって変化します。すなわち「読んだ」はčita-l（男単）、čita-la（女単）、čita-lo（中単）、čita-li（複）。またstakan（コップ・男単）はstakan-a（コップの）、stakan-u（コップへ）、staka-nom（コップで）のように変化し、語幹は自立していますから、この例でみるかぎり膠着的ですが、そこにはロシア語形態論全般を支配している性と数と格がかかわっていて、屈折性がつよくはたらいています。

　言語は変化の途上にある連続体です。膠着という手法ひとつをとってみても、そこにはいろいろな程度のちがいがあることに気づくことになります。

（1993. 1『国文学解釈と鑑賞』58巻1号至文堂）

8. 第3人称について

　ここに記す文章は、日本言語学会第95回大会（岡山大学）での講演をもとに、それに若干手をいれたものである。結論的に言うならば、言語の世界で「第3人称」とよばれる形態論上のカテゴリーは、unmarkedなものとしてとらえられるのに対して、第1・2人称はmarkedな存在である。そのあらわれかたは、個々の言語（方言）によってことなるけれど、以下に見るトルコ諸語、モンゴル諸語、アイヌ語においては、「第3人称」を立てる必要がない、ということになる。

1

　文法範疇として、形態論的カテゴリーとしての人称についてOEDは、つぎのような簡単な説明をしている：

　　1. the person speaking
　　2. the person spoken to
　　3. the person or thing spoken of

　音素を記号とするコミュニケーションの道具である言語は、口から耳へという話し手と聞き手の存在を基本としていて、そこに出てくるのは人間であるのに対して、第3人称というのは、その他のすべて、あらゆる人も物もふくんでいるから、第1・2人称と同列に論じられないという議論がしばしば行われてきた。

　人称は普通、名詞のたぐいと動詞のたぐいに見られる。名詞のたぐいには代名詞や数詞がふくまれるが、それらが品詞としては独立しえないと思われる日本語、朝鮮語、中国語などがある。もちろん下位分類はいくらでも可能であるが。名詞類の文法カテゴリーには、性、数、格、人称などが、動詞類には、格の代りにテンスやアスペクトなどがあり、言語によってこれらを明かに示すものと、そうでないものとの程度はさまざまである。すべてをそなえているものから、まったく無関心のものへと、世界の言語は連続的にならんでいるものと思われる。また、これらのカテゴリーを形態論的な手法（接辞、屈折など）であらわすもののほかに、付属語などを用いるsyntacticな手法で示すものもある。

第4部 「アルタイ」諸語ほか

　人称をもつ言語においても第3人称が文法カテゴリーとして存在するのかどうか、もっと疑ってかかる必要があるのではないか。代名詞に関するtypologyにおいても、例のGreenberg（1963-113）はuniversals 45の42番目に：

All languages have pronominal categories involving at least three persons and two numbers.

と記している。pronominal categoriesを意味論的にとらえるならば、そうであろうが、日本語などのように人称が形態論的には問題にならない言語、あるいは第1・2人称だけが認められるような言語もあるから、こういう言明をそのままに受けとることは危険をともなう。個々の言語の差が無視されてしまう。
　D. Ingram（1978-243）は多くの言語の人称代名詞をとりあげ：

Four-person system		Languages (page no. in Forchheimer)	
I	we	KOREAN（65）	
thou		KAMANUGU（66）	
he			

Five-person system			
A. I	we	BURMESE（43）	
thou	you		
he			
B. I	we	ENGLISH	
thou			
he	they		

Six-person system			
A. I	we	CHINESE（42）	TURKISH（54）
thou	you	JAPANESE（43）	EAST SUKETI（55）
he	they	KOTTISH（48）	CHUKCHEE（56）
		SUMERIAN（49）	KHASI（61）

8. 第3人称について

SHILH (50)	MASAI (67)
TSHIMSHIAN (75)	AKKADIAN (68)
LATIN (76)	AZTEC (74)
HAUSA (71)	TLINGIT (78)
HOPI (73)	WIYOT (105)
FINNISH (53)	

Fifteen-person system まであるとし、Six-person system がもっとも多く、中国語やトルコ語、日本語が入っているが、我们と咱们をどう扱うのか、日本語はこれでいいのか、など疑問がある。typology のひとつの限界かもしれない。

　日本語では、もちろん文法カテゴリーとしての「第3人称」というものはなく、いわゆる人称代名詞は、自称、対称、他称という用語で呼ばれる一種の名詞である。この三者が歴史的に入れかわったり、指示詞からの転用（あなた、手前、こち、そち）であったり、かれ・かの女のような区別は最近のことであったりして、定まった人称代名詞といえるものがあるのか、どうか疑わしい。

2

　以下トルコ諸語、モンゴル諸語、アイヌ語の「第3人称」というものを考えてみたい。

　トルコ諸語は下のように約1億人の話し手を有し、明らかにトルコ語族を形成する。

語派	言　語　名	話し手[1]	「来る」	「行く」	「とどく」
	チュワシ	150万人	kil	pir	śit
北方	ヤクート	32万人	kel	bar	sit
	トゥワ	17万人	kel	bar	čet
	ハカス	6万人	kil	par	čit
	アルタイ	5万人	kel	bar	jet
中央	カザック	730万人	kel	bar	jet
	カラカルパック	29万人	kel	bar	jet
	キルギズ	200万人	kel	bar	jet
	ノガイ	5万人	kel	bar	yet

－ 451 －

第4部 「アルタイ」諸語ほか

西方	タタール	540万人	kil	bar	jit
	バシキル	92万人	kil	bar	yet
	クムック	23万人	gel	bar	yet
	カラチャイ・バルカル	19万人	kel	bar	jet
東方	ウズベック	1,350万人	kel	bɔr	yet
	ウイグル	620万人	kel	bar	yet
南方	トルコ	4,500万人	gel	var	yet
	アゼルバイジャン	1,150万人	gel	var	yet
	トルクメン	260万人	gel	bar	yet
	ガガウズ	15万人	gel	var	yet

〔注〕1) *Численность и Состав Населения СССР*, Москва 1984. Barbara F. Grimes (ed.)：
Ethnologue 1978, California.
「中国の少数民族」(『北京周報』No.22, 1983)。トルコ共和国の人口5,150万人
(1985)

　語派の分けかたは*Philologicae Turcicae Fundamenta*のそれにならっている。
これらの代表としてトルコ語の用例を多く用いることにする。トルコ語の文
法書は、たくさんあるがJ. Deny (1921), A.N. Kononov (1956), G.L. Lewis
(1967) の3つが基本的なものであるから、これらを批判しながら考えていき
たい。
　例 (1) のトルコ語の文中で下線の部分が「第3人称単数」と呼ばれてきたも
のである。

(1) Kaza　　sonucu　　anne　　ve　　babasını　　yitiren　　öksüz
　　事故　　の結果　　母　　　と　　父　を　　　失った　　みなし
　　çocuğa　　yakınları　　bakıyor.
　　子を　　　近所の人たちが　　見ている。

　動詞をbakıyorlarのように複数語尾-larをつけることもできるが、意味がち
がう。それは「おおぜいで色々と面倒を見ている」といったところである。
　さてトルコ語の人称については、柴田 (1954) がすでに「第3人称」を認め
ない立場を表明し、わたくしも同意見である。その論拠をごく簡単にまとめる
と、動詞については第1・2人称と「第3人称」とが「文法的手順」を異にする

－ 452 －

8. 第3人称について

こと、名詞については「第3人称」の意義素が「限定された対象」あるいは「限定されたものに所属すること」であって限定語尾とすればよいこと、代名詞については「第3人称」は指示代名詞の体系の中で考えればよいこと、以上の3点になると思われる。いくつか別の観点もくわえながら見ていくことにしたい。

3

トルコ諸語の人称代名詞「第3人称」は、つぎのようにヤクート語をのぞいて、指示代名詞と同形である。なお西方語派にカライ語を、東方語派にユグル語とサラール語をくわえてあるが、これらは正書法をもたない。

	人称代名詞	指示代名詞		人称代名詞	指示代名詞
Čuv.	văl	văl	Kum.	o	o
Yak.	kini	ol	Karač. B.	ol	ol
Tuv.	ol	ol	Karay	ol	ol
Xak.	ol	ol	Özb.	u	u
Alt.	ol	ol	Uyg.	u	u
Kaz.	ol	ol	Yug.	(k) ol	(g) ol
Karak.	ol	ol	Sal.	vu	vu
Kirg.	ol	ol	Türk	o	o
Nog.	ol	ol	Azer.	o	o
Tat.	ul	ul	Türkm.	o	o
Bašk.	ul	ul	Gag.	o	o

ヤクート語の「かれ、かの女」をあらわすkiniは、別の語源から来ているらしく説がある。ひとつは*kihi＜kisi「人」をもとにkihiniki「人のもの」からkiniが出たとする考え、もうひとつはkimniki「だれかのもの」から来たとする考えがある。いまヤクート語を別とすれば、これらの「第3人称」代名詞は指示代名詞からの転用であること疑う余地がない。ところが、ほとんどの文法書は、たとえばDeny（1921-199, 200）：

- 453 -

第4部　「アルタイ」諸語ほか

PLURIEL.			SINGULIER.		
1ʳᵉ pers.	بز(لر)	*biz (-ler)* «nous»;	1ʳᵉ pers.	بن	*ben* «moi»;
2ᵉ pers.	سز(لر)	*siz (-ler)* «vous»;	2ᵉ pers.	سن	*sen* «toi»;
3ᵉ pers.	آنلر اونلر	*on-lar* ou *an-ler* «eux, elles».	3ᵉ pers.	او	*o* «lui, elle, lui».

のように示される。oはbenやsenとことなり指示形容詞としてもはたらくし（o
kitap その本）、bu（近称）――şu（中称）――o（遠称）という3項体系の指示
代名詞のひとつである。

　よく自分の知らない言語の動詞の記述などに 'he......' のような訳を見かける
ことがあるが、この動詞は男性ひとりの動作を示しているのかどうか疑う必要
がある。にわかに信用しないことが大切だろう。たとえばLewis（1967-130）
にgelseという仮定形が出てくるが、英語の訳は 'if he were to come' である。こ
れは誤訳とはいえないまでも、誤解をまねく恐れがある。日本語なら「来たら」
のひと言ですむ。男とか女とか人以外（汽車など）とか、単数や複数といった
内容をもたない形である。'if were to come' ではまずいのだろうか。主語明示
の言語とのちがいを考えさせられる。こうした「第3人称」代名詞の扱いに例
外もごくわずかにある。フランスのL. Bazin（1978-37）は、つぎのように第1、
2人称だけを認めている：

　　　Le turc n'a de pronoms personnels proprement dits que pour les *premières et
　　　deuxièmes personnes du singulier et du pluriel*（pour les troisièmes personnes,
　　　il se sert des *démonstratifs*：voir plus loin, B）. Ces pronoms sont：
　　　　　1ʳᵉ　　PERSONNE DU SINGULIER：*ben*　《je, moi》
　　　　　2ᵉ　　――――　　　――――　　：*sen*　《tu, toi》
　　　　　1ʳᵉ　　PERSONNE DU PLURIEL　：*biz*　《nous》
　　　　　2ᵉ　　――――　　　――――　　：*siz*　《vous》.

　またウクライナのO. Pritsak（1959-358）のカラチャイ・バルカル語の記
述もそうである。しかし、これらはきわめて珍しい。ついでに、トルコ語
のbu, şu, oに相当するウイグル語はbu, šu, uであるが、トルコ語では3者と
も deictic にはたらくのに対し、ウイグル語ではbuのみが deictic で、šu と u は

－ 454 －

anaphoric といったちがいがある。

4

　つぎに名詞の人称語尾について。どの文法書もトルコ語の人称語尾をつぎのように記述している。たとえばKononovとLewisでは：

Kononov（1956-74）：

Лицо	Единственное число	
	для гласных основ	для согласных основ
1-е	–m	–ım ｜ –um ｜ –im ｜ –üm
2-е	–n	–ın ｜ –un ｜ –in ｜ –ün
3-е	–sı ｜ –si– ｜ –su ｜ –sü	–ı ｜ –i ｜ –u ｜ –ü

Lewis（1967-39）：

	After consonants	*After vowels*
Singular		
1	–im	–m
2	–in	–n
3	–i	–si
Plural		
1	–imiz	–miz
2	–iniz	–niz
3	–leri	

この点では、さきほどのBazin（1978-31）などもすべて同じである。トルコ諸語の「第3人称」語尾は、つぎのようである：

第4部　「アルタイ」諸語ほか

（　）は母音のあと、―°はi, ü, ɨ, uを。

Čuv.	-(i)〜-ĕ		Kum.	-(s)°
Yak.	-(t) a〜e〜o〜ö		Karač. B.	-(s)°
Tuv.	-(z)°		Karay	-(s)°
Xak.	-(z)ɨ〜i		Özb.	-(s) i
Alt.	-(z)ɨ〜i		Uyg.	-(s) i
Kaz.	-(s)ɨ〜i		Yug.	-(s) ə
Karak.	-(s)ɨ〜i		Sal.	-(s) ə〜i
Kïrg.	-(s)°		Türk	-(s)°
Nog.	-(s)ɨ〜i		Azer.	-(s)°
Tat.	-(s)ɨ〜e		Türkm.	-(θ)ɨ〜i
Bašk.	-(h)ɨ〜e〜o〜ö		Gag.	-(s)°

　これらは「第3人称」語尾ではなく、限定語尾として人称からはずすべきである。その理由は、第1・2人称には単複の区別があるのに、「第3人称」では単複同形でもよいこと、2つ以上の名詞をまとめて、それらがまとまった名詞句であることを示すためにはたらくこと、たとえば：

（2）yaz　　tatil<u>i</u>,　　posta　　pul<u>u</u>,　　Okayama　　　Üniversite<u>si</u>
　　　夏　　　休み、　　郵便　　切手、　　岡山　　　　大学

のように、前の名詞に限定されていることを示すのが–i, –u, –siである。また、

（3）çocuğ<u>un</u>　　　　　　kitab<u>ı</u>　（＜çocuk こども、kitap 本）
　　　あるこどもの　　　本

のように前の名詞に所属格の語尾（ここでは–un）がついているときも、あとに限定語尾が必要であるが、第1・2人称では、つぎのように人称語尾の省略が可能である：

- 456 -

8. 第3人称について

(4) ben*im*　　　ev*im* 〜 ev
　　　わたしの　　　家
　　　sen*in*　　ev*in* 〜 ev
　　　君の　　　　家

しかし「第3人称」では省略が可能ではない：

(5) onun　　　　　　　ev*i*（*ev）
　　　かれ・かの女の　　　家

つぎの例は4語からなる名詞句である：

(6) Japonya*nın*　　　hızla　　gelişen　　　endüstris*i*
　　　日本　　　の　　　速く　　発達した　　工業

　このような名詞の限定性を示す語尾は、バルカン圏や北ヨーロッパ諸語の「後置定冠詞」と呼ばれるものの用法と似ていて、ユーラシア大陸に広くひろがっているものかもしれない。ウイルタ語の–ni、アイヌ語の–haなど参照。
　さらに、第1・2人称の語尾が接尾した形と、この限定語尾の形とでは、曲用のしかたがちがう。共時的には母音間に–n–があらわれるとすることができるが、普通の「つなぎ子音」–y–ではない点が注意される。

(7) baba–<u>y</u>–a,　　anne–<u>y</u>–e
　　　父　　　へ、　　母　　　へ

(8) baba–sı–<u>n</u>–a,　　　anne–si–<u>n</u>–e
　　　その父　へ、　　　その母　へ

この–n–は指示代名詞の曲用形にもあらわれる。

－ 457 －

第4部　「アルタイ」諸語ほか

(9) bu 　　　bu-<u>n</u>-a

　　şu 　　　şu-<u>n</u>-a

　　o 　　　o-<u>n</u>-a

5

つぎに述語となる付属語の人称について。Deny（1921-350）のパラダイムをかかげる：

«Je suis, tu es, etc.».

SINGULIER.

1ʳᵉ pers.. 　اَيِم , يَم . مَ　-(y)im, -(y)ı̂m, -(y)üm, -(y)um «je suis»;

2ᵉ pers.. (سِن) سَك　-sin, -sı̂n; -sün, -sun «tu es»;

3ᵉ pers.. 　دِر　-dir, -dı̂r; -dür, -dur «il est».

PLURIEL.

1ʳᵉ pers.. 　ز , يز , ايز　-(y)iz, -(y)ı̂z; -(y)üz, -(y)uz «nous sommes»;

2ᵉ pers.. 　سكز　-siñiz, -sı̂ñı̂z; -süñüz, -suñuz «vous êtes»;

3ᵉ pers.. 　[در]لر　-dirlèr, -dı̂rlàr (ou comme le sin-gulier) «ils sont».

すべての文法書が、これらを語尾、接尾辞としているが、アクセントや形態論上のちがいから明らかに単語である。それは柴田（1948, 1954）、服部（1950）で明らかにされている。問題の「第3人称」dir ～（tir ～）については、そこをゼロとする Kononov（1956-222）、Gencan（1966-199）などがあり、（　）に入れて問題視する Lewis（1967-96）、Bazin（1978-59）などがある。この第1・2人称の形は人称代名詞の後置によって生じた形であるのに対して、「第3人称」は tur-「立ちどまる、そこにいる」という動詞語幹を起源としている。dir ～（tir ～）は話し手の確認ムードを示す付属語であって、「第3人称」とはとうてい言うことができない。事実これは文の動作主が第1・2人称であっても用いることができる。たとえば、

－ 458 －

8. 第3人称について

(10) Ona　　　　　　　　bir　　　mektup　　yazmışımdır.
　　　かれ（かの女）に　　一つ　　手紙　　　書いたようだ。

第1人称が「書いたらしい」ことを自分にしっかり言いきかせている表現と見られる。

(11) Bunu　　　　　biliyorsunuzdur.
　　　これを　　　知っていらっしゃるのですね。

sunuzという第2人称複数形を用いた敬語表現に念をおしたものである。トルコ諸語では、つぎのように、d°rをもたないもの、duのように短縮されたもの（東方語派）などがある。

Čuv.	ø	Kum.	d°r
Yak.	ø	Karač. B.	d°
Xak.	ø	Karay	d°r, d° ; t°r, t°
Tuv.	ø	Özb.	di
Alt.	ø	Uyg.	du
Kaz.	ø	Yug.	dro ; tro（全人称）
Karak.	ø	Sal.	tər 〜 （ 〃 ）
Kirg.	ø	Türk	d°r ; t°r
Nog.	dır 〜 dir	Azer.	d°r
Tat.	ø	Türkm.	dır 〜 dir
Bašk.	dır 〜 16形	Gag.	d°r ; t°r

いわゆるcopulaは使わないことも多い。ウイグル語の例：

(12) Män　　　　　oquɣuči (män).　　　U　　　　　kim?
　　　わたしは　　学生　　だ。　　　その人は　　だれ。

－ 459 －

第4部 「アルタイ」諸語ほか

6

つぎに動詞の人称について。つぎの表はGencan（1966-199）のものであるが、「第3人称」の語尾は単数でゼロ（―）、複数では人称語尾ではなく複数語尾が接尾する。第Ⅱ種は前述の付属語であるから、問題外として、第Ⅲ種は意志・勧誘を示す形につくものである。

	Ⅰ. çeşit	Ⅱ. çeşit	Ⅲ. çeşit	Ⅳ. çeşit
1. tekil kişi	-m	-im	-yim	-yim
2. tekil kişi	-n	-sin	-sin	―
3. tekil kişi	―	―	―	-sin
1. çoğul kişi	-k	-iz	-lim	
2. çoğul kişi	-niz	-siniz	-siniz	-in, -iniz
3. çoğul kişi	-ler	-ler	-ler	-ler*

* -sinler のミス

問題は第Ⅳ種で、普通には命令形と記述されているものである。命令というのは話し手が聞き手に対して行うのが基本であるから、当然第1人称には存在しない、空白になっている。第2人称では語幹そのままを使うか、丁寧な形として複数の人称語尾を使う。すると「第3人称」とされる-sinの扱いが残された問題となる。-sinは「……であるように、であればよいが」という意味をもつ願望形の活用語尾である。命令形とはことなり疑問文を作ることもできる。

（13）Geçmiş olsun.

文字どおりには「通りすぎてしまいますように」で、病気やけがをした相手に対して言う「お大事に」という文である。

（14）Tatil　　　günleri　　　bize　　　　gelmesinler.
　　　休み　　　の日には　　　わたしたち　　　大勢して来ないように。
　　　　　　　　　　　　　　　のところへ

－ 460 －

8. 第3人称について

（15）Yemeğini　　　　getir<u>sin</u>　　　　　　　mi?
　　　お食事を　　　　もって来させましょう　　　か。

トルコ諸語の形はつぎのようである。

Čuv.	–tăr		Karač. B.	–s°n
Yak.	–d°n		Karay	–s°n
Xak.	–zin 〜 zin, sin 〜		Özb.	–s n
Tuv.	–z°n, –s°n		Uyg.	–sun
Alt.	–zin 〜 zin, –sin 〜		Yug.	ø
Kaz.	–sin 〜 sin		Sal.	ø
Karak.	–sin 〜 sin		Türk	–s°n
Kirg.	–s°n		Azer.	–s°n
Nog.	–sin 〜 sin		Türkm.	–s°n
Tat.	–sin 〜 sen		Gag.	–s°n
Bašk.	–hin 〜 hen 〜 hon 〜 hön			
Kum.	–s°n			

　さきの人称付属語は完了形idiと条件仮定形iseとして、普通つぎのようなパラダイムが提出されている。Lewis（1967–99, 100）：

Singular			*Singular*	
1	idim		1	isem
2	idin		2	isen
3	idi		3	ise
Plural			*Plural*	
1	idik		1	isek
2	idiniz		2	iseniz
3	idiler		3	iseler

そして101ページでは、上の2つの付属語が重なる場合をつぎのように示し

– 461 –

第4部 「アルタイ」諸語ほか

ている。

Suffixed

<i>Singular</i>	<i>After vowels</i>		<i>After consonants</i>	
1	-ydimse	-ydımsa	-dimse	-dımsa
2	-ydinse	-ydınsa	-dinse	-dınsa
3	-ydiyse	-ydıysa	-diyse	-ydıysa
<i>Plural</i>				
1	-ydikse	-ydıksa	-dikse	-dıksa
2	-ydinizse	-ydınızsa	-dinizse	-dınızsa
3	-ydiyseler	-ydıysalar	-diyseler	-dıysalar

　ここでは第1・2人称のidim, idinなどと「第3人称」のiseが共存するという
矛盾が生じている。また基本となる活用語尾の「第3人称」に、第1・2人称の
付属語がつくということも普通に行われている。

（16）Dün　　　　yola çıksa idiniz（çıksaydınız）　　şimdiye　　kadar
　　　きのう　　　出かけていたなら　　　　　　　　　いま　　　までには
　　　varmış idiniz（varmıştınız）.
　　　着いていただろうに。

　また文を中止しつつ動詞を重ねていくとき、動作主が第1・2人称であるのに、
途中の動詞は「第3人称」であるというのも、おかしな話である：

（17）Ben　　　　gündüz　　çalışıyor,　　gece　　okuyorum.
　　　わたしは　　ひるま　　働いて　　　夜　　　勉強しています。
　　　　　　　　　　　　　　　　　　　　　　　　　（勝田 1986-178）

（18）Mektubuma　　burada　　son　　verir,　　sağlıklar　　dilerim.
　　　わたしの手紙に　ここで　　終を　　あたえ　　健康を　　　いのります。
　　　　　　　　　　　　　　　　　　　　　　〈敬具〉（勝田同ページ）

- 462 -

8. 第3人称について

　以上のようにトルコ語の「第3人称」と言われてきたものは、代名詞、名詞、付属語、動詞のすべてにわたって存在しない。その人称カテゴリーは第1・2人称だけを立てればよく、その方が矛盾がない。このことはウイグル語など他のトルコ諸語についても言うことができる。

7

　つぎにモンゴル諸語の場合を見ていくことにする。まず代名詞について、人称代名詞と指示代名詞の体系はつぎのように示される。ブリヤート語の例（Amogolonov 1958-177, 186）：

			単　数	複　数
人　称	1.		bi	bide
	2.		ši	ta
	3.		tere	tede
指　示	これ		ene	ede
	それ		tere	tede

　「第3人称」のtereは指示代名詞からの転用であり、その曲用形もまったく同じである。トルコ諸語の場合と同じく、「第3人称」は指示形容詞としてもはたらく（ハルハter zam その道）。他のモンゴル諸語では：

		（人称）	（指示）
（小沢　1963）	ハルハ	ter	ter
（道布　1983）	内モンゴル	tər	tər
（布和・刘　1982）	保安	ndzaŋ	tər
（刘　1981）	东乡	hə	tərə
（照那斯图　1981）	东部裕固	tere	tere
（仲　1982）	达斡尔	iin; tər	tər
（Ramstedt　1935）	カルマック	ter	ter

　青海省の保安（バオナン）語、甘粛省の东乡（ドンシャン）語、東北地方ほか

- 463 -

第4部 「アルタイ」諸語ほか

の达斡尔（ダグール）語では、第3人称の代名詞が別にあるようである。ただしダグールのiinは古老だけが使うと記されている。これらをのぞくモンゴル諸語では、「第3人称」の代名詞はないといってよいであろう。

つぎに名詞の人称語尾について、ハルハ語の場合を例にとる（小沢 1963-104）：

	単　数	複　数
1.	-mĭnĭ	-mānĭ
2.	-čĭnĭ	-tānĭ
3.	-nĭ	-nĭ

これらは正書法では離して書かれる。人称代名詞の所属（所有）格の形から来ている。第3人称の-nĭは、前述のtereとは別の、モンゴル文語のinu,『元朝秘史』で「他的」と漢訳されている亦訥から来ているものと見られる。そしてčĭnĭ, nĭは「とりたて助詞」のような用法もある。なお小沢（1977-89, 97）は、すべての現代語で-nでおわる若干の語、たとえばハルハ語のoxin「娘」、xatan「后」、xan「王」、xün「人」などが、『元朝秘史』ではoki, qatu, qa, küüのように-nのない形でも存在することを見出し、このちがいは-n形の方が「限定された、特定の対象」を意味するものとしている。モンゴル諸語では：

内モンゴル	-n	（複数も）
保安	nə	（1、2、3人称とも単複・主格に多く）
东乡	-ni	（複数も）
东部裕固	-nə, -ə, -inə	（　〃　）
达斡尔	-inj, -jinj	（　〃　）
カルマック	-ń, -ń̥	（　〃　）
ブリヤート	-nĭ	（　〃　）

保安語では主格が助詞化している。その他を限定語尾として、人称カテゴリーからはずすべきかどうか、研究を要する。

つぎに動詞の人称について。動詞に人称語尾が認められるのは、ブリヤート

8. 第3人称について

語、カルマック語、ダグール語においてのみである。Amogolonov（1958-202）
では

1. Настоящее время.

Число Лицо	Единственное	Множественное
1-е	би харанаб	бидэ харанабди
	би харанам	бидэ харанамди
2-е	ши харанаш	таанар харанат
3-е	тэрэ харана	тэдэ харанад

服部（1943-231）では：

	一人稱	二人稱	三人稱
單　數	jabănăb	jabănăʃ	jabănă
複　數	jabănăbdī	jabănăt	jabănă

となっている。活用語尾 -na のあとに接尾している人称語尾は、人称代名詞の
後置によって生じたものであるが、「第3人称」の単数では人称語尾ゼロ、複
数では -d がつくのかどうか。方言差であろう。
　カルマック語について Ramstedt（1935-XVIII）は「第3人称」の形を示して
はいない。

　11）Praesens imperfecti：*irnɛ̄, irn̥* 'kommt'（ich, du, er, man usw., wir,
ihr, sie usw.）, *jomnā*（< *jownā*）～ *jowᵖn, jown̥* 'geht', *amnä* ～ *awn̥* 'nimmt',
ögnɛ̄ ～ *ögn̥* 'gibt'. Wenn persönliche pronomina enklitisch angefügt werden,
entstehen folgende kombinationen：

'ich komme'　= *bi irnɛ-w, bi irnɛ* od. *irnɛ-w*
'du kommst'　= *tši irnɛ̄-tš, tši irn̥-tš, irnɛ̄-tš, irn̥-tš*
'wir kommen'　= *bidn̥ irnɛ̄-wdn̥, irnɛ̄-wdn̥, bidn̥ irnɛ̄*
'ihr kommt'　= *ta irnɛ̄-t, ta irn̥-tˀ, irnɛ̄-t, irn̥-tˀ*.

－ 465 －

第4部　「アルタイ」諸語ほか

ダグール語でも（仲 1982-58）「第3人称」に人称語尾はない：

bii　　id-səŋ-bii（或 -məi/ -wəi），我吃了。
我　　吃　　（我）
baa　　　id-səŋ-baa（或 -waa）．我们吃了。
我们　　吃　　（我们）
bed　　　id-səŋ-daa．咱们吃了。
咱们　　吃　　咱们
ʃii　　id-səŋ-ʃii．你吃了。
你　　吃　　（你）
taa　　　id-səŋ-taa．你们吃了。
你们　　吃　　（你们）

8

つぎにアイヌ語の「第3人称」について。アイヌ語の人称については多くの議論がなされてきたが、「第3人称」というカテゴリーを立てる必要はないと思われる。最近の中川（1987-163）の表が、人称接辞をまとめて示しているので、それを参照する：

表1：金田一・知里説

	雅　　語		口　　語	
	sing.	pl.	sing.	pl.
I.	a− −an ｝（我）	a− −an ｝（我等）	ku−	ci− −as ｝（excl.） a− −an ｝（incl.）
II.	e−　（汝）	eci−　（汝等）	e− a− −an ｝（honor.）	eci− a− −an ｝（honor.）
III.	——　（彼）	——　（彼等）	——	——

- 466 -

8. 第3人称について

表2：田村説（1）

	人称代名詞	人称接辞 主　格
1人称単数	kani	ku–
除外的一人称複数《私たち（相手を含まない）》	coka	ci–,–as
包括的一人称複数《私たち（相手を含む）》	aoka	a–,–an
引用の一人称単数《私（引用句中）》	asinuma	a–,–an
引用の一人称複数《私（引用句中）》	aoka	a–,–an
2人称単数《おまえ》	eani	e–
2人称複数《おまえたち》	ecioka	eci–
2人称敬称《あなた、あなたがた》	aoka	a–,–an
3人称単数《彼》	sinuma	ø
3人称複数《彼ら》	oka	ø
不定人称《不定のひと》	…	a–, (–an)

表3：田村説（2）

	単　　数		複　　数	
	人称代名詞	人称接辞	人称代名詞	人称接辞
一　人　称	kani	ku–	coka	ci–, –as
二　人　称	eani	e–	ecioka	eci–
三　人　称	(sinuma)	ø	(oka)	ø
不　定　人　称	asinuma	a–, –an	aoka	a–, –an

田村（1984）p.19の表より、中川が作成。

　名詞についても動詞についても「第3人称」の接辞は、この表にない目的格の場合もふくめて、いずれもøである。全人称的にmarkedなa–, an–という接辞はあるが、第1・2人称と対立する「第3人称」は認められない。

　人称代名詞「第3人称」とされるサル方言のsinumaとokaについては、それぞれこの形をふくむものが別の人称にも顔を出していて、なにか独立した「第3人称」の語形とは思えない。田村（1971-3）ではsinumaは「《自分、当人》ということらしい」と記されている。また『アイヌ語方言辞典』にもsinuma, okaは見あたらない。そして「あのひと he/ she」と「あれ that/ it」は、つぎのように

- 467 -

第4部 「アルタイ」諸語ほか

出てくる：

服部（1964-308, 309）

	[7]あのひと 102. he/ him〔*or* she/ her〕
八	to'ánkur；to'án'áynu；to'ánpe《あいつ》；to'ánnispa（目上に）；'iné'akur（見えない人について）
幌	to'ánkur；né'akur《例の人》；'aní《彼、彼女》
沙	to'ánkur；né'akur《例の人》
帯	to'ónkur；'aníhi《彼、彼女》（？）
美	tu'ankur
旭	ta'ánkur；né'a kur《うちわの人、知人》
名	ta'ankur；ta'án'áynu
宗	téta'an'aynu
樺	ta'an'aynu；tara'aynu〔老〕
千	tan guru（122, 123）

	[13]あれ 5. that（one）（over there）*or* it
八	to'ánpe；ta'ánpe；*to'ánpe* nén kórpe ta'an.《あれは誰のだ》
幌	to'ánpe；*to'ánpe* nén korpe ta'án.《あれは誰のだ》
沙	to'ánpe
帯	to'ónpe
美	tu'anpe
旭	túymano'ánpe；遠称「あれ」に丁度該当するものはない
名	ta'ánta（〜 to'ánta）'ánpe
宗	tánteta'anpe
樺	ta'ah；ta'anpe〔丁〕；taranpe〔老〕；*ta'ah* naata koropehe?《あれは誰のだ》
千	tambi（122）

ここでは接頭辞to-, tu-, ta-を共通にもち、ちがいはan-kur（ある人）とan-pe（ある物）にあることがわかる。

- 468 -

8. 第3人称について

　田村さんは、第3人称を立てず「いわゆる'3人称'を表わす積極的な形式は
ない（代名詞も人称接辞も）」（福田―1956-48）という立場から「その後考察
を進めた結果、3人称の人称接辞ø（ゼロ）を認めることにした」という立場へ
変られたけれど、わたくしは前の立場の方を支持したい。このøについては、
つぎのような問題がある。田村（1964-44）は概念形ték《手》に対し

> kutékehe　　　　《わたしの手》
> 'etékehe　　　　《おまえの手》
> húci tekéhe　　　《おばあさんの手》

をあげ、最後の所属形tekéheにøの人称接頭辞を認める。しかし、この形は人
称とは関係のないものではないか。接尾辞‑eheを限定（所属）というカテゴリー
に属するものとするだけでよい。こうすると服部（1961-12, 13）：

§5.2.3.　さて上述の

　　　'esine setaha

　　　'eponno poro setaha

などのsetahaは《3の犬》の意味を表わす形式ではあり得ない。もしそう
だとすれば、たとえば、'esine setahaは《おまえの1匹の彼の犬》というよ
うな矛盾したこととなるからである。これらの形式は、まずそれぞれsine
或いはponno poroと'e... setahaとに分析し、その'e... setahaという非連続
直接構成成分（これも「形式」と呼ぶことにする）が《2単の犬》の意味を
表わすものとしなければならない。そうするとその断片であるsetahaは、
§5で言及した《3の犬》を意味する形式setahaとは異なる形式だということ
になる。たとえば

　　　sine setaha

のsetahaは後者であって、「1、2ではなく3の犬」であることを、まぎれ
もなく表わす。そこで、このsetahaは「ゼロの人称接頭形式を有する」と
し、上の'esine setahaなどのsetahaは「何らの接頭形式をも有しない」とし
て、両者を区別することとする。

－ 469 －

第4部 「アルタイ」諸語ほか

　ここに出てくる2つのsetahaを「異なる形式」とする必要はなくなる。トルコ諸語の-(s)iは第1・2人称語尾と共存しないのに対し、アイヌ語ではe-...-haのように共存しうる点でも、-ehe、-haなどを限定（所属）語尾とすることが適当ではないだろうか。ちなみにサル方言ではsetaに-haは接尾しないようである（田村 1964-55）。

9

　いうまでもなく英語の複数形態素のひとつにøが認められるのは、/ buk：buks, dog：dogz, rowz：rowzəz/に対して/ šiyp：šiyp ø /が体系的に積極性をもっているからなのである。
　J. Lyonsはいう（1968-277, 国広訳 1973-304）：

　　　Finally, it seems reasonable to say that, whereas first and second person
　　are the positive members of the category of person, third person is essentially
　　a negative notion.
　　　最後に、第1人称と第2人称は人称という範疇の積極的な【正の】
　　（positive）成員であるのに対し、第3人称は、本質的には消極的な【負の】
　　（negative）概念であると言っても不当ではないであろう。

　É. Benveniste（1966）は、動詞の人称について考察し、「第3人称は」機能として非人称であるとし、セム語、トルコ語、オスチャク語、ハンガリー語、グルジア語、ドラヴィダ語、エスキモー語などの例をあげ、つぎのようにのべる：

　　　Loin de représenter un type constant et nécessaire, elle est, au sein des
　　langues, une anomalie. La 3ᵉ personne a été conformée aux deux premières
　　pour des raisons de symétrie et parce que toute forme verbale indo-européenne
　　tend à mettre en relief l'indice de sujet, le seul qu'elle puisse manifester. Nous
　　avons ici une régularité de caractère extrême et exceptionnel.
　　「印欧語の特異性は、必然的で恒常的な典型であるどころか、諸言語のな
　　かにあって1つの変則をなすものなのである。3人称は、対称のために、
　　はじめの2つの人称にあわせて形成されたのであって、それは、印欧語の

－ 470 －

8. 第3人称について

あらゆる動詞形は、主辞の指標――動詞形が表出しうる唯一の指標――を
きわ立たせる傾向をもっているからなのである。ここに見られるのは、極
端で例外的な性質の規則性なのである」（岸本他訳 p. 208）。

　世界の多くの言語が、わたしたちの視野に入ってきて、類型論がさかんであ
る。その資料となる個々の言語の記述は、より正確なものであることが求めら
れている。ここにとりあげた「第3人称」のような文法カテゴリーにかぎらず、
共時的研究はますます重要であるが、ラテン文法や近代ヨーロッパ諸語の規範
にとらわれず、それぞれの言語の法則をその言語のなかに正しく位置づけてい
かねばならない。また、もっと通時的研究と手をむすぶ必要があると思われる。

諸言語の形態論的人称カテゴリー

	代名詞の人称	名詞の人称	付属語の人称	動詞の人称
ø	日本；漢；朝鮮；アイヌ	日本；漢；朝鮮；英；ロシア；フランス	日本；漢；朝鮮；ユグル、サラール	日本；漢；朝鮮；ユグル、サラール；ハルハなど；英（?）
1. 2.	トルコなど、ユグル、サラール；ハルハなど、ブリヤート、カルマック	トルコなど、ヤクート、ユグル(?)、サラール；アイヌ	トルコなど、ヤクート	トルコなど、ヤクート；ブリヤート、カルマック、ダグール；アイヌ
1. 2. 3.	ヤクート（?）、保安、東乡、ダグール（?）；英；ロシア；フランス	モンゴル諸語（?）	英；ロシア；フランス	ロシア；フランス

第4部 「アルタイ」諸語ほか

〔引用文献〕

D.D. Amogolonov（1958）：*Sovremennyj Burjatskij Jazyk.* Ulan-ude.

Louis Bazin（1978）：*Introduction à l'étude pratique de la langue turque.* Paris.

É. Benveniste（1966）：'Structure des relations de personne dans le verbe'（*Problèmes de linguistique générale 1.* Paris. Chapitre XVIII p.225-236）. バンヴェニスト、岸本通夫他訳（1983）「動詞における人称関係の構造」（『一般言語学の諸問題』p. 203-216　みすず書房）

布和・刘照雄（1982）：『保安语简志』北京

道布（1983）：『蒙古语简志』北京

Jean Deny（1921）：*Grammarie de la langue turque.* Paris.

T.N. Gencan（1966）：*Dilbilgisi.* İstanbul.

J.H. Greenberg（1966）：'Some universals of grammar with particular reference to the order of meaningful elements'（*Universals of Language*）.

服部四郎（1943）：『蒙古とその言語』湯川弘文社

服部四郎（1950）：「附属語と附属形式」（『言語研究』No.15）

服部四郎（1961）：「アイヌ語カラフト方言の「人称接辞」について」（『言語研究』No.39）

服部四郎（1964）：『アイヌ語方言辞典』岩波書店

福田すゞ子（1956）：「アイヌ語の動詞の構造」（『言語研究』No.30）

David Ingram（1978）：'Typology and Universals of Personal Pronouns'（J.H. Greenberg ed. *Universals of Human Language Vol.3* Stanford Univ.）.

照那斯图（1981）：『东部裕固语简志』北京

勝田　茂（1986）：『トルコ語文法読本』大学書林

A.N. Kononov（1956）：*Grammatika sovremennogo tureckogo literaturnogo jazyka.* Moskva-Leningrad.

G.L. Lewis（1967）：*Turkish Grammar.* Oxford.

刘　照雄（1981）：『东乡语简志』北京

John Lyons（1968）：*Introduction to Theoretical Linguistics.* Cambridge. ライオンズ、国広訳（1973）：『理論言語学』大修館

中川　裕（1987）：「アイヌ語の人称接語」（『国文学解釈と鑑賞』2月号）

小沢重男（1963）：『モンゴル語四週間』大学書林

8. 第3人称について

小沢重男（1977）：「元朝秘史モンゴル語に於ける oki（斡乞）について」（『東京外国語大学論集 27』）

Philologiae Turcicae Fundamenta. Tomus 1. Wiesbaden 1959（PTF）.

O. Pritsak（1959）：'Das Karatschaische und Balkarische'（PTF）.

G.J. Ramstedt（1935）：*Kalmückisches Wörterbuch.* Helsinki.

柴田　武（1948）：「トルコ語の文節とその構造」（『日本学士院紀要』第6巻2、3号）

柴田　武（1954）：「トルコ語の人称」（『言語研究』No.26-27）

竹内和夫（1986）：「トルコ諸語の動詞」（『国文学解釈と鑑賞』1月号）（ただし訂正：カラカルパック290万人→29万人）

田村すゞ子（1964）：「アイヌ語沙流方言の名詞（その1）」（『早稲田大学語学教育研究所紀要』3）

田村すゞ子（1971）：「アイヌ語沙流方言の人称代名詞」（『言語研究』No.59）

埃・捷尼舎夫（1981）：『突厥语言研究导论』北京

仲　素纯（1982）：『达斡尔语简志』北京

第4部 「アルタイ」諸語ほか

ON THE THIRD PERSON CATEGORY

Kazuo Takeuchi

The first person as speaking and the second as spoken to are morphologically marked and positive categories, whereas the third as unmarked and negative. The so-called third person affixes in the Turkic, Mongolian and Ainu languages are zero in nouns and also in verbs. Japanese, Korean, Chinese etc. have no category of person. Those which have been treated as the third person pronouns are diversed from demonstratives. Turkic -(s)i is not the third person suffix, but a definite ending, and -sin is not an imperative third person suffix, but an optative conjugational ending.

（1988.11『言語研究』第94号 日本言語学会）

付記：1988年9月26日から10月3日まで開かれた国際トルコ語学会（Uluslararası Türk Dili Kongresi）において、第3人称に関する研究発表を行った。右の写真はその時のもの。

著 者 略 歴

1927. 1. 5	東京都江東区（旧東京府下南葛飾郡城東区）亀戸町5-182に生れる
1934	同亀戸町8-2に転居
1939. 3	江東区亀戸水神小学校卒業
1944. 3	江戸川区関東商業学校卒業
1945. 3	東京大空襲にあう
1947. 3	東京外国語学校（外事専門学校）モンゴル科卒業
1947. 4	GHQ、CCDに就職
1952. 3	東京大学文学部言語学科卒業
1952. 9	東京都葛飾区立本田中学校に就職
1976. 1	岡山大学法文学部教授
1980. 4	同文学部教授（改組により）
1992. 3	同定年退職
1993. 4 ～ 1997. 3	姫路獨協大学非常勤講師
1996. 9 ～ 2002. 3	倉敷芸術科学大学非常勤講師
1996. 10	岡山大学名誉教授

著 作 目 録

（＊は収録論文）

1954年 2月 ＊「トルコの国語国字改革」
（『美しい国語、正しい国字』武藤辰男編　p. 146 ～ 159　河出書房）

　　　 8月 「トルコの国語国字改革」（増補）
（『国語問題の現代的展開』民科言語部会監修　p. 128 ～ 136　理論社）

1956年 4月 「言語改革 「トルコ」」

（『講座日本語』第6巻　金田一京助編　大月書店）

1957年12月　＊「Türk 語の長母音について」

（『言語研究』第32号　p. 43 〜 59）

1960年10月　「トルコ民話」翻訳・解説

（『少年少女世界文学全集』第4巻　p. 257 〜 276, p. 413　講談社）

1961年 4月　「東京も広うござんす」

（『言語生活』第115号　p. 81 〜 83）

　　　 5月　「ハカス」（項目執筆）

（『アジア歴史事典』第7巻　p. 336　平凡社）

1964年 3月　「現代ウイグル語の曲用」

（『民族学研究』第28巻 第2号　p. 49 〜 60）

1968年 4月　「トルコ文学」（項目執筆）

（『現代教養百科事典』第9巻（文学）　p. 332　暁教育図書出版）

1970年 2月　『トルコ語文法入門』大学書林

1973年12月　「ウイグル語」「ウイグル文字」（項目執筆）

（『学芸百科事典エポカ』No. 2　p. 250　旺文社）

1974年 7月　「Turkic Peoples　チュルク語系諸族」（項目翻訳執筆）

（『Britannica International Encyclopaedia ＝ ブリタニカ国際大百科事典』　p. 266 〜 270）

1975年 6月　「トルコ語」（項目執筆）

（『学芸百科事典エポカ』No. 13　p. 285　旺文社）

1976年 1月　「トルコにひかれて大学教授」

（『文芸春秋』2月号）

　　　 4月　「日本語を愛するということ」

（『国語の授業』14号　児童言語研究会著　p. 73 〜 81　一光社）

　7月〜9月　『山陽新聞』の「一日一題」欄を担当。

（毎週木曜夕刊に13回執筆）

　　　11月　『中学教育』（小学舘）に随想

1977年　3月　＊「基本語彙に関する一考察　―トルコの教科書から―」
　　　　　　　（『一橋論叢』第77巻第3号　p. 1 〜 20）

　　　　4月　　「日本語の動詞語尾 -ta 〜 -da について」
　　　　　　　（『音声学会会報』第154号　p. 8 〜 10）

　　　　9月　　「学問と戦争と　―「戦う兵隊」上映によせて―」
　　　　　　　（『山陽新聞』夕刊、春夏秋冬欄）

1978年　1月　＊「日本語はどんな言語か　―類型論的考察―」
　　　　　　　（『岡山大学法文学部学術紀要』第38号　p. 107 〜 118）
　　　　　　　（『国語学論説資料』第15号第一分冊に収録）

　　　　2月　＊「新疆ウイグルの文字改革」
　　　　　　　（『朝日新聞』文化欄）

　　　　6月　＊「トルコ諸語について」
　　　　　　　（『月刊シルクロード』第4巻第5号　p. 51 〜 53）

　　　　12月　＊「トルコ諸語をたずねて」
　　　　　　　（『岡大広報』No. 37　p. 24 〜 26）

1979年　1月　　『トルコ語基礎1500語』大学書林
1980年　1月　　「現代ウイグル語」
　　　　　　　（『月刊シルクロード』第6巻第1号　p. 12 〜 13）

　　　　2月　＊「世界の中の日本語（一）」
　　　　　　　（『高3講座　国語』　p. 1 〜 4　福武書店）

　　　　3月　＊「世界の中の日本語（二）」
　　　　　　　（『高3講座　国語』　p. 1 〜 4　福武書店）

　　　　3月　　「中国の少数民族と民族政策」
　　　　　　　（『日中友好新聞』第1151号　日本中国友好協会）

　　　　4月　　「世界の中の日本語（三）」
　　　　　　　（『高3講座　国語』　p. 1 〜 4　福武書店）

　　　　9月　＊「黒子は私よ」
　　　　　　　世界のことば・こぼれ話、トルコ語
　　　　　　　（『翻訳の世界』9月号　p. 9）

　　　　12月　＊「国語辞典類に見える「膠着語」の記述」
　　　　　　　（『岡山大学文学部紀要』第1号　p. 85 〜 90）

（『国語学論説資料』第18号第4分冊に収録）

1981年 5月 「世界の新聞トルコ『ミルリイェット』紙より」
（『月刊言語』Vol. 10　No. 5　p. 82 〜 83）

5月 『Oxford Reference Books ＝ オックスフォード辞書』のカタログ1981 (p. 102) にトルコ系辞書4冊の紹介文執筆。

9月 『トルコ民話選』（勝田茂氏と共著）　大学書林

1982年 1月 「日本語系統論に思う」
（『季刊邪馬台国』第11号（1982年冬号）　p. 216 〜 219）

4月 「トルコのナーニーナーニー」
（『翻訳の世界』4月号　p. 70 〜 73）

4月 ＊「言語学へのいざない（一）　日本語の語順を考える」
（『高2講座　国語』　p. 1 〜 4　福武書店）

5月 ＊「言語学へのいざない（二）　音のことばを考える」
（『高2講座　国語』　p. 1 〜 4　福武書店）

6月 「外来語のすすめ　―トルコ語」
（『月刊言語』Vol. 11　No. 6　p. 56 〜 57）

12月 ＊「ウイグル語音声資料　―北京放送」
（『岡山大学文学部紀要』第3号　p. 197 〜 209）
（『中国関係論説資料』第24号第2分冊下に収録）

1983年 3月 「貴婦人のためいきと麻婆豆腐」
（『博学ゼミナール・もの知りになる本』　p. 97 〜 98　光文書院）

4月〜8月 『日中友好新聞』に随想6回を執筆。

9月 「トルキスタンへの旅　―ウイグル族の都カシガル―」
（『日中友好新聞』）

11月 「これでいいのか外国語教育」
（『英語教育』Vol. 35　No. 7　p. 1　開隆堂）

1984年 3月 「わたしの「言語学概論」」
（『Nidaba』No. 13　p. 71 〜 72）

6月 「トルコのなぞなぞ」
（『世界なぞなぞ大事典』＜共著＞　p. 346 〜 359　大修館）

7月 ＊「トルコにおける外来語と外来語論」
（『言語生活』No. 391　p. 39 〜 41）

12月 ＊「「現代かなづかい」のゆれ　―中学・高校・大学生460人に
ついて調べる―」
（『岡山大学文学部紀要』第5号　p. 231 〜 245）

1985年12月　『現代ウイグル語基礎1500語』　大学書林

1986年 1月 ＊「トルコ諸語の動詞」
（『国文学解釈と鑑賞　特集日本語動詞のすべて』　p. 142 〜
147　至文堂）

1987年 7月 ＊「トルコ語の言文一致・不一致」
（『国文学解釈と鑑賞　特集はなしことばとその周辺』　p. 137
〜 141　至文堂）

7月　『トルコ語辞典』　大学書林（新村出賞　受賞）

10月　日本言語学会第95回大会（岡山大学）公開講演
「第3人称について」

1988年 1月 ＊「母語からみた他言語と他言語からみた母語」
（『国文学解釈と鑑賞　特集日本語と他言語』第53巻第1号
p. 6 〜 13　至文堂）

8月　「実践ウイグル語講座」
（『地球の歩き方39、中国B　シルクロード』　p. 40 〜 45
ダイヤモンド社）

9月　「国際トルコ語学会レポート　Türk lehçe ve şivelerinde üçüncü
kategori hakkında」

11月 ＊「第3人称について」
（『言語研究』第94号　p. 25 〜 49）

12月 ＊「モンゴル諸語とトルコ諸語の親族関係　1」
（『岡山大学文学部紀要』第10号　p. 127 〜 147）

1989年 1月 ＊「二か国語辞典の理想と現実」
（『国文学解釈と鑑賞　特集「ことば」をあつめる』第54巻1
号　p. 80 〜 84　至文堂）

1月 ＊「国際トルコ語会議報告」

（『月刊言語』Vol. 18　1月号　p. 108 ～ 109）

7月　＊「ことばの近代化」

（『国文学解釈と鑑賞　特集現代日本語』第54巻7号　p. 6 ～ 11　至文堂）

7月　「トルクメン語音声資料」

（『岡山大学文学部紀要』第11号　p. 211 ～ 227）

12月　『トルコ語辞典　ポケット版』　大学書林

1990年　1月　＊「膠着・孤立・屈折…言語の形態論的タイプの位置づけと日本語」

（『国文学解釈と鑑賞　特集日本語の特徴　―諸言語からみた』第55巻1号　p. 12 ～ 17　至文堂）

1月　＊「動詞の機能的カテゴリ　―日本語とトルコ語」

（『国文学解釈と鑑賞　特集日本語の特徴　―諸言語からみた』第55巻1号　p. 93 ～ 101　至文堂）

6月　＊　日本言語学会第100回大会（東大）研究発表

「トルコ諸語音韻史上の Rhotacism と Lambdacism」

1991年　2月　＊『現代ウイグル語四週間』　大学書林　のうち　p. 408 ～ 418

「トルコ諸語のなかでの現代ウイグル語の位置」

5月　＊「中国のカザック語（方言）、とくに数詞とその音声をめぐって」

（『岡山大学言語学論叢』創刊号　p. 3 ～ 21）

12月　＊「モンゴル諸語とトルコ諸語の親族関係　2」

（『岡山大学文学部紀要』16号　p. 129 ～ 144）

1992年　1月　＊「日本のアルタイ諸語研究のあけぼの（江戸時代）」

（『国文学解釈と鑑賞　特集「民間学」と日本語』57巻1号　p. 56 ～ 62　至文堂）

9月　「国際トルコ語学会レポート　Türk dil tarihinde Rhotasizm ve Lambdasizm」

（9月26日―10月1日）

10月　『日中友好新聞』10月15日号に「漢字あれこれ①」

以後1996年3月25日号まで「74回」書く。

12月 ＊「国際トルコ語学会報告」
　　　（『月刊言語』12月号　p. 93）
1993年　1月 ＊「膠着語における単語と接辞」
　　　（『国文学解釈と鑑賞　特集ことばの体系と周辺』第58巻1
　　　　号　p. 65 ～ 72　至文堂）
　　　9月 ＊「トルコ語とウイグル語の文末ムード」
　　　（『言語類型論と文末詞』藤原与一編　p. 103 ～ 119　三弥井
　　　　書店）
　　　10月 ＊「アゼルバイジャン語　音声資料」
　　　（『岡山大学言語学論叢』第3号　p. 1 ～ 24　岡山大学言語学
　　　　研究会）
1994年　1月 ＊「東京下町　はなしことば亀戸方言」
　　　（『国文学解釈と鑑賞　特集はなしことばの現在』第59巻1
　　　　号　p. 78 ～ 87　至文堂）
1995年　4月　「ウイグル語」
　　　（『第二外国語をモノにするためのカタログ』　KKアルク）
1996年　1月 ＊「トルコ諸語の品詞」
　　　（『国文学解釈と鑑賞』第61巻1号　p. 127 ～ 133　至文堂）
　　　1月　「アゼルバイジャン語　音声資料（つづき）」
　　　（『岡山大学言語学論叢』第4号　p. 1 ～ 23　岡山大学言語学
　　　　研究会）
　　　2月　小川津根子著『祖国よ…中国残留婦人の半世紀』（岩波新書）
　　　　の紹介
　　　（『日中友好新聞』第1737号）
　　　4月　「トルコ系の言葉」
　　　（『第二外国語をモノにするためのカタログ '97』　KKアルク）
　　　10月　『トルコ語辞典　改訂増補版』　大学書林
1997年　1月 ＊「旧ソ連文字事情　―トルコ系諸国でロシア字からローマ字
　　　　へ―」
　　　（『国文学解釈と鑑賞　特集日本語の"国際化"とローマ字』
　　　　第62巻1号　p. 117 ～ 123　至文堂）

	5月	「ウイグル語、リレー連載　中国の諸言語　［14］」

（『月刊しにか』5月号　p. 100 〜 101　大修館書店）

　　　　　7月　「鵲考」

（『語源探究』5　日本語語源研究会編　p. 97 〜 123　明治書
院）

1998年　3月　「トルコ諸語の近代化」

（『京都産業大学国際言語科学研究所　所報』第19巻　p. 67
〜 78）

　　　　12月　「わたし　あなた　すき」

（『女性のひろば』12月号　p. 100 〜 101　日本共産党中央
委員会発行）

1999年　8月　「悼念南京大虐殺遇難者」

（『部落問題調査と研究』No. 141　岡山部落問題研究所）

　　　　10月　＊「トルコの詩人　ナーズム・ヒクメット」

（『詩人会議』10月号　No. 37　p. 36 〜 37）

2000年　5月　＊『日本語トルコ語辞典』　大学書林　のうち　p. vi 〜 xiv　「日
本語の要点」

　　　　　8月　「アジアのなかの日本（1）―中国人強制連行犠牲者法要のこ
と―」

（『部落問題調査と研究』No. 147　岡山部落問題研究所）

　　　　10月　「アジアのなかの日本（2）―朝鮮語を捨てて国語に帰一すべ
き―」

（『部落問題調査と研究』No. 148　岡山部落問題研究所）

　　　　12月　「アジアのなかの日本（3）―北海道旧土人の百年―」

（『部落問題調査と研究』No. 149　岡山部落問題研究所）

2001年　1月　＊「日本語系統論・類型論とアルタイ語学」

（『国文学解釈と鑑賞　特集21世紀の日本語研究』第66巻1
号　p. 133 〜 141　至文堂）

　　　　　2月　「アジアのなかの日本（4）―マナベ！ツカヘ！日本語ヲ！」

（『部落問題調査と研究』No. 150　岡山部落問題研究所）

　　　　　4月　「アジアのなかの日本（5）―インドネシア語は変なことば―」

　　　　　　　（『部落問題調査と研究』No. 151　岡山部落問題研究所）

　　6月　　　「アジアのなかの日本（6）―アジア蔑視の源流、本居宣長―」
　　　　　　　（『部落問題調査と研究』No. 152　岡山部落問題研究所）

　　10月　　　「アジアのなかの日本（7）―アジア蔑視と侵略の師匠、福沢
　　　　　　　諭吉―」
　　　　　　　（『人権21　調査と研究』No. 154　岡山部落問題研究所）

　　10月　　　日中文化講座　講演「ウイグル・トルコ語の世界」　京山公
　　　　　　　民館

　　12月　　　「アジアのなかの日本（8）―展望―」
　　　　　　　（『人権21　調査と研究』No. 155　岡山部落問題研究所）

2002年　1月　＊「形動詞・副動詞とアルタイ諸語・ニホン語」
　　　　　　　（『国文学解釈と鑑賞―特集 文法用語をみなおす―』第67巻
　　　　　　　第1号　p. 62 ～ 68　至文堂）

2003年12月　　「日中友好と中国「残留孤児」問題」
　　　　　　　（『人権21　調査と研究』No. 167　岡山部落問題研究所）

2004年　7月　＊「トルコ諸語の指示語」
　　　　　　　（『国文学解釈と鑑賞』第69巻7号　p. 180 ～ 187　至文堂）

2005年　1月　＊「トルコ語のなかの外来語」
　　　　　　　（『国文学解釈と鑑賞』第70巻1号　p. 143 ～ 151　至文堂）

2007年　6月　　「「五族協和」のひとりはブリヤート人」
　　　　　　　（『岡山・十五年戦争資料センターニュース』通巻No. 32）

2008年　1月　　「アルタイ語学者からみたニホン語文法」
　　　　　　　（『国文学解釈と鑑賞』第73巻1号　p. 149 ～ 153　至文堂）

　　11月　　　「ニホン初のモンゴル語・満州語の記録」講演　大東文化大
　　　　　　　学

2010年　7月　　「CCD（検閲）で、なにがわかったか」
　　　　　　　（『岡山の記憶』第12号　p. 32 ～ 34　岡山・十五年戦争
　　　　　　　資料センター）

2011年　1月　　「膠着語はどうなったか？」
　　　　　　　（『長田夏樹先生追悼集』　p. 282 ～ 283　好文出版）

　　1月　　　「学術用語（言語学）のいくつかについて」

（『国文学解釈と鑑賞』第76巻第1号　p. 125 ～ 131　至文堂）

ニホン語・トルコ語・アルタイ語研究

2018 年 1 月 5 日	初版第 1 刷発行
著　者	竹内　和夫
発行者	横野　博史
発行所	岡山大学出版会
	〒700-8530　岡山県岡山市北区津島中 3-1-1
	TEL 086-251-7306　FAX 086-251-7314
	http://www.lib.okayama-u.ac.jp/up/
印刷・製本	友野印刷株式会社

ⓒ 2018　竹内 和夫　Printed in Japan　ISBN 978-4-904228-56-2
落丁本・乱丁本はお取り替えいたします。
本書を無断で複写・複製することは著作権法上の例外を除き禁じられています。